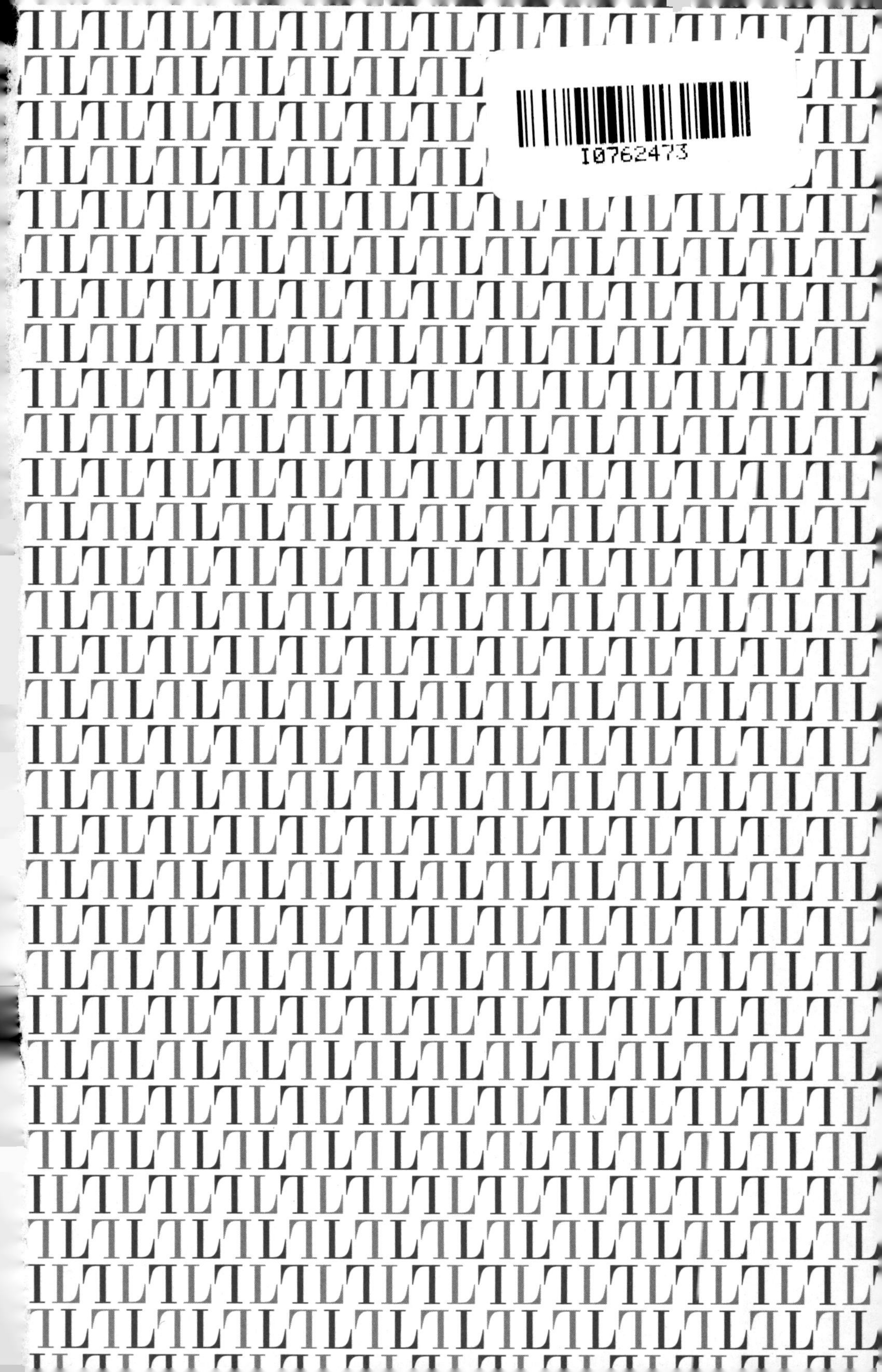

La invención de sor Juana
(sus ediciones, sus editores, sus textos)

La invención de sor Juana

(sus ediciones, sus editores, sus textos)

Jorge Gutiérrez Reyna

Lumen

---

ensayo

Papel certificado por el Forest Stewardship Council®

La invención de sor Juana
(sus ediciones, sus editores, sus textos)

Primera edición: enero, 2026

ISBN: 978-607-386-873-0

Impreso en México – *Printed in Mexico*

Impreso en los talleres de Diversidad Gráfica S.A. de C.V.
Ciudad de México

Introducción
Sor Juana, un fenómeno editorial

Pocas figuras de la historia de México resultan tan seductoras, avivan tanto interés y suscitan tan apasionadas controversias como la de sor Juana Inés de la Cruz. No es para menos: en lo que a mí respecta, veo razones de sobra para sumarla al grupo de los genios de la historia cultural de Occidente. Y más que como *genio*, palabra cuyo sentido actual dista mucho del que tenía en el siglo XVII, quizás sea más preciso categorizarla como *monstruo*, en su sentido barroco, que el *Diccionario de Autoridades* define como «cosa excesivamente grande o extraordinaria en cualquier línea». Sor Juana fue una mujer de ingenio precoz que cultivó su erudición a las alturas del portento y aplicó su aguda inteligencia al estudio y cultivo de las más diversas disciplinas. Supo, y supo bastante, de astronomía; dominó las arduas matemáticas; fue diestra para los negocios —fungió por muchos años como contadora de su convento—; compitió dignamente con los predicadores más eminentes en disputas teológicas; no le era desconocido, por lo que se deduce de algunos de sus versos, el arte de la pintura —¿ella misma pintaba?—; ni siquiera las artes culinarias escaparon a su interés. De haber sobrevivido a los rigores del tiempo, su tratado musical, *El caracol*, le habría conferido, además, un lugar nada desdeñable en la historia de la música. A sor Juana, el mundo entero se le abría como un gran y único libro que le ofrecía sus saberes en armonía.

Pero aun los monstruos, los genios, a pesar de desempeñarse extraordinariamente en varios campos del saber, pasan a la historia en uno solo de éstos. Sor Juana es, qué duda cabe, la escritora más célebre del periodo virreinal mexicano (siglos XVI, XVII y XVIII), autora de algunas de las más bellas composiciones de los Siglos de Oro españoles, de una obra como el *Sueño*, de probado interés universal, y de la *Respuesta a sor Filotea*, ensayo tan vigente ahora como en 1691.

Si gracias a su obra literaria sor Juana ocupa ese lugar tan prominente, ello se debe, aunque esto puede parecer una obviedad, a que esa obra, al contrario de lo ocurrido con sus pinturas —si las hubo—, sus anotaciones sobre teoría musical o sus recetas, ha sobrevivido al inclemente paso del tiempo. Y si sus obras perduraron, ello fue gracias al milagro de la imprenta. La preeminencia de sor Juana en el panorama de la literatura se debe, en buena medida, a que numerosos proyectos editoriales, tanto antiguos como modernos, tanto en América como en Europa, se han dado a la tarea de preservar, imprimir y difundir su obra. Su caso contrasta con el de otros autores novohispanos, de cuya obra nos queda, en muchos casos, apenas una noticia, un título sin cuerpo: Luis de Sandoval Zapata, el «Homero mexicano», que nunca vio impresa su obra reunida y de quien apenas conocemos, entre otros pocos textos, un puñado de sonetos que sobrevivieron en un viejo manuscrito; Agustín de Salazar y Torres, admirado y emulado varias veces por sor Juana, cuya obra se imprimió al otro lado del océano en dos volúmenes (1681 y 1694), pero que, a falta de ediciones modernas, hoy resulta prácticamente desconocida; los textos de Carlos de Sigüenza y Góngora, vasto cultivador de tantas ciencias, o se han perdido para siempre o no se imprimen desde el siglo XVII, y de los cuales sólo unos pocos pueden hoy encontrarse, con suerte, en alguna librería. A diferencia de lo que ocurre, pues, con tantos autores de su periodo, no es preciso creer, con un acto de fe, en la vastedad y altura de sus obras: desde hace siglos, los lectores las hemos tenido ahí, palpables, en letra de molde, ocupando un espacio en los libreros. El fenómeno de sor Juana es, ante todo, un fenómeno editorial.

La historia editorial de la Décima Musa puede dividirse en dos periodos de intensa actividad a los que denominaré *antiguo* y *moderno*. El periodo antiguo abarca desde 1668, fecha de la primera publicación conocida de sor Juana, hasta 1725, año en que vio la luz la última edición de sus obras reunidas impresa en Europa. Este periodo debe subdividirse en dos facetas, si atendemos a criterios geográficos.

La primera estaría conformada por las diversas ediciones realizadas en América. Tenemos, antes que nada, unos cuantos poemas de sor Juana publicados como textos preliminares en obras ajenas y otros más que se imprimieron como parte de volúmenes colectivos, por ejemplo, el *Triunfo parténico* (1684), certamen poético, o los *Epinicios gratulatorios* (1691), colección de versos en honor al conde de Galve. En segundo lugar, tenemos las ediciones sueltas, impresas tanto en la Ciudad de México como en Puebla: las de los juegos de villancicos (1676-1691), la del *Neptuno alegórico* (1680), descripción de su arco triunfal, las de la prosa religiosa —los *Ejercicios de la Encarnación*, los *Ofrecimientos del Rosario* (ca. 1685), la *Carta atenagórica* (1690) y la *Protesta de la fe* (1695)— y, finalmente, la del *Divino Narciso* (1690), auto sacramental.

La segunda faceta del periodo antiguo corresponde, sobre todo, a los tres volúmenes de obras reunidas publicados en Europa: la *Inundación castálida* (1689), el *Segundo volumen* (1692) y la *Fama y obras póstumas* (1700). Estos tres tomos suman casi una veintena de reediciones que vieron la luz entre 1690 y 1725 en ciudades como Madrid, Zaragoza, Barcelona, Valencia o Lisboa. En el tránsito del siglo XVII al XVIII, sor Juana fue un verdadero *bestseller* de la literatura en nuestra lengua. Estos gruesos volúmenes verdaderamente preservaron del olvido las obras de la monja hoy más conocidas y celebradas.

Aunque algunos textos siguieron imprimiéndose de forma autónoma en México y en España durante el siglo XVIII y principios del XIX, a saber, los *Ofrecimientos del rosario* y las comedias profanas o fragmentos de éstas, el otro periodo de verdadero furor editorial de sor Juana, el moderno, sobrevino en la década de 1920, en el que aparecen figuras pioneras como Manuel Toussaint, responsable, por ejemplo, de una antología de *Poemas inéditos, desconocidos y muy raros* de 1926, y Ermilo Abreu Gómez, que dio a conocer la primera edición moderna del *Sueño* en 1928 y, además, dos ediciones de *Poesías completas* en 1941 y 1948. El clímax de este periodo lo constituyen los blancos volúmenes de *Obras completas* publicados en México por el Fondo de Cultura Económica entre 1951 y 1957, que todos conocemos y en los que la mayoría hemos leído a la poeta. Este proyecto editorial fue concebido por el sacerdote michoacano Alfonso Méndez Plancarte, pero su muerte, acaecida en febrero de 1955, le impidió concluirlo: alcanzó a preparar y dar a la imprenta los primeros tres tomos —*Lírica personal, Villancicos y letras sacras* y *Autos y loas*—; el último, *Comedias, sainetes y prosa*, corrió a cargo de su discípulo, Alberto G. Salceda. Podría decirse que este segundo periodo concluye en 2009, con la reedición del primer tomo de las *Obras completas* que realizó el filólogo jalisciense Antonio Alatorre. A estos editores modernos, a la naturaleza de sus ediciones y a los testimonios antiguos en que éstas se basaron me refiero continuamente a lo largo de este texto.

Además del lúcido ensayo de Siegfried Unseld, *Goethe y sus editores* (2000), este libro toma inspiración de la obra de Alatorre, *Sor Juana a través de los siglos* (2007), que a su vez continúa y amplía la de Francisco de la Maza, *Sor Juana Inés de la Cruz ante la historia* (1980). En su obra, Alatorre reunió en dos tomos todo aquello que otros escribieron sobre la poeta novohispana entre 1668 y 1910. Al igual que el de Alatorre, este libro es un retrato poliédrico, una biografía coral, de la Décima Musa construido a partir de terceros: la historia de sor Juana, como la de cualquier otro escritor, es también la historia de sus editores. Habría que decir, sin embargo, que en la época de la monja no existía como la entendemos hoy la figura del editor. Para decirlo de otra forma, la labor editorial dependía de los trabajos de impresores, mecenas, nobles, autoridades eclesiásticas y demás intelectuales que laboraban en torno a la producción de impresos, ya sea en forma de libros o de ediciones sueltas.

En las páginas siguientes, el lector verá a una sor Juana que corrige escrupulosamente sus propias obras, incluso cuando éstas ya habían sido impresas, o que las reúne y prepara para su publicación; a una María Luisa Manrique de Lara, condesa de Paredes y virreina de la Nueva España, que no se conformó con ser la mecenas de la poeta y dedicataria de la *Inundación castálida*, sino que ella misma parece haber concebido el volumen y solicitado sus materiales; a un don Juan Camacho Gayna, noble oriundo del Puerto de Santa María, que costeó y cuidó ese mismo tomo; a un Juan de Orúe y Arbieto, caballero de la Orden de Santiago, metido a editor por única vez en su vida cuando preparó para la imprenta los originales del *Segundo volumen* y para éste solicitó una gran cantidad de textos preliminares en alabanza de la autora; a un Ambrosio de Lima, médico de la Corte virreinal, quien en 1690 tuvo la feliz ocurrencia de dar a luz una suelta mexicana de *El divino Narciso*; y, asimismo, a miembros de alguna institución tramitar las licencias necesarias para la impresión, por ejemplo, a los maestros de la capilla catedralicia para los juegos de villancicos. A veces, veremos a impresores y libreros cuyo papel en la difusión editorial de sor Juana va mucho más allá de prestar su taller o sus estanterías: destaco al erudito Matías de Lezáun, librero de Zaragoza, que, además de costear una edición impresa por Manuel Román en 1692, mejoró notablemente la organización —un tanto caótica— que tenía la *Inundación castálida* y añadió, a modo de apéndice, obras de otros que dialogaban con los poemas de la monja; también resalto la labor del cultísimo impresor valenciano Antonio Bordazar, exquisito corrector de los versos de sor Juana. A veces, el editor, además de realizar todas las labores anteriores, ya de por sí arduas y loables, adquiere tintes que no podemos calificar sino de heroicos: se me viene a la mente Juan Ignacio de Castorena y Ursúa, joven zacatecano que, además de preparar y cuidar por sí solo y de principio a fin el alumbramiento de la *Fama y obras póstumas*, atravesó un océano colmado de piratas enemigos con los manuscritos de sor Juana bajo el brazo.

Como se irá viendo, cada uno de estos individuos, de los cuales he tratado de reunir la mayor cantidad de información posible a través de distintas fuentes —sus propias ediciones de sor Juana y otros autores, diccionarios de impresores, estudios biográficos y bibliográficos, mi propia investigación en archivos—, tuvo motivaciones diversas para emprender su respectiva edición. A muchos, por supuesto, los movería el deseo de obtener beneficios económicos —impresores y mercaderes vivían del oficio de hacer y vender libros—; otros querrían o bien promocionarse para obtener algún cargo o título de importancia, o bien presumir el hecho de que ya eran poseedores de alguno; otros más, incluso, confiaban en conseguir prebendas sobrenaturales y dedicaron los libros de sor Juana a san José y a la Virgen para que intercedieran en el buen término de sus afanes; los más encumbrados, virreinas, caballeros, marquesas y condesas, albergarían la esperanza de eternizar el propio nombre junto al de la Décima Musa.

Aunque cada editor tuvo sus razones particulares, es evidente, y esto también atañe a los modernos, que a cada uno de ellos, sin distinción, lo movió una profunda admiración hacia la figura y la obra de sor Juana, así como un sincero deseo de que sus versos llegaran a la mayor cantidad de lectores posibles; ello se deduce de las intrincadas diligencias realizadas para la materialización de las publicaciones sueltas y en libros, del cuidado puesto en la elaboración de epígrafes y corrección de los textos, de lo asentado en portadas, dedicatorias y prólogos. Ya lo decía Alfonso Reyes: resulta imposible acercársele sin enamorarse de ella. Me alegra poder dedicar este ensayo a la labor de estos personajes, a los editores, cuya contribución a la historia de la literatura pasa muchas veces desapercibida, y poder sumar sus nombres, hasta ahora apenas mencionados, a la constelación de figuras relevantes dentro del universo de los estudios sorjuanistas.

He dedicado los últimos diez años de mi vida, quizá un poco más, a rastrear, localizar, estudiar y clasificar las ediciones antiguas de sor Juana. En este ensayo hago un esfuerzo, como no podía ser de otro modo, por ofrecer una historia de esas ediciones, las cuales he podido tener entre mis manos gracias a mis viajes por diversas bibliotecas alrededor del mundo: México, Chile, Estados Unidos, España, Italia… En cada caso, hago una descripción del género o los géneros literarios a los que se adscriben sus contenidos, de la forma en la que éstos fueron dispuestos y de su materialidad, en la medida de lo posible. Busqué, asimismo, situar cada edición o conjunto de ediciones en el contexto del mercado editorial de la época, destacando ya su adscripción plena a una práctica editorial recurrente ya su excepcionalidad.

Para casi todas las ediciones de las obras de sor Juana he propuesto teorías sobre las fases del proceso y fechas precisas de su elaboración, esto es, sobre la preparación de los manuscritos por parte de la autora o de un editor, la transportación marítima de los mismos para el caso de las ediciones españolas, la recepción de textos preliminares, la elaboración de los trámites legales para la publicación, etcétera. Además, dedico un par de apartados exclusivamente a las intervenciones manuscritas de la propia sor Juana a las ediciones de sus villancicos a san Pedro Nolasco y de su *Neptuno alegórico*.

Este ensayo es también una historia de las erratas en los textos de sor Juana. Para la escritura de estas líneas fue importantísimo estudiar la relación entre los diversos textos presentados por cada una de las ediciones. He copiado y cotejado, verso a verso, línea a línea, la mayoría de los testimonios antiguos y modernos a través de los cuales se nos ha transmitido la obra de sor Juana. Ello me ha permitido, como constatará el lector, ofrecer muestrarios de las variantes presentadas entre cada una de las ediciones, y presentar, pues, algunos lugares de su obra que, luego de ser comparados en sus diversas ediciones, resultan problemáticos. La crítica textual suele llamar a ese tipo de pasajes *loci critici*. A partir de lo anterior, elaboro esos árboles genealógicos que la crítica textual llama *stemmas*, cuyo objetivo es filiar y jerarquizar los diversos testimonios.

El estudio individualizado de los editores, la indagación sobre sus biografías, sus relaciones familiares, sobre las calles en las que estaban instalados sus talleres tipográficos, me permitió ver las ediciones no solamente como una fría sigla en una bibliografía, sino como el resultado de los afanes de seres humanos concretos, que vivieron en un tiempo y un lugar, en un recoveco de la historia. Comprender esto me permitió lanzar algunas hipótesis no sólo sobre la relación entre los textos de las ediciones, sino también sobre las redes comerciales, inter y transcontinentales, entre las distintas imprentas que alumbraron las obras de sor Juana. El *stemma* devino, pues, en lo que a mí me gusta llamar un *geostemma*.

Como quizás el lector ya haya adivinado, me gano el pan de cada día, desde hace ya mucho tiempo, explicando los poemas de sor Juana en diversos salones de clase, espacios académicos y foros de divulgación cultural. Uno no puede negar la cruz de su parroquia: mi formación es la de filólogo y la de crítico literario y, por eso, en este libro el lector encontrará desperdigados por aquí y por allá numerosos análisis y comentarios de algunos de sus poemas, versos o pasajes. A veces, hablo no sólo de la forma en la que los textos se nos han transmitido hasta nuestros días, sino de lo que esos textos están diciendo, de su contenido. A final de cuentas, si no convenzo al lector de la importancia y, sobre todo, de la belleza que poseen las obras de sor Juana, no lograré transmitirle el porqué es tan importante, por poner un ejemplo, imprimir *centrífica* y no *científica* en una edición de *Primero sueño*.

Al contrario de lo que pudiera esperarse, los trabajos sobre la transmisión textual constituyen una parcela muy reducida en el campo de estudios sobre sor Juana. Con cada uno de éstos reconozco mi deuda. Corresponde el título de pionero a Pedro Henríquez Ureña, que publicó en 1917 una «Bibliografía» de la autora en *Revue Hispanique*; le sigue muy de cerca Dorothy Schons, que publicó una *Bibliografía* en 1927, y Ermilo Abreu Gómez, que en 1934 publicó su *Bibliografía y biblioteca*. Al final de estas páginas puede consultarse una bibliografía, la cual elaboré a la zaga de estos tres estudiosos y que, me parece, es la más completa hasta ahora; a diferencia de aquéllos, tuve la oportunidad de tener entre mis manos prácticamente todas las ediciones allí consignadas, a las cuales asigno las siglas correspondientes. En esta bibliografía sólo hay tres ediciones fantasma: la primera de los *Ejercicios de la Encarnación* (*ca.* 1685) y la primera (*ca.* 1685) y la segunda (1695) de los *Ofrecimientos del rosario*, que ni los sorjuanistas arriba mencionados ni yo hemos podido localizar.

Hubo que esperar décadas luego de la publicación de estas tres bibliografías para que Georgina Sabat de Rivers diera a conocer en 1995 otro trabajo relevante para el estudio de las antiguas ediciones de sor Juana; se trató de una recopilación de ensayos recogidos bajo el título de *Bibliografía y otras cuestiúnculas sorjuaninas*. De sumo interés es también el trabajo de Enrique Rodríguez Cepeda: «Las impresiones antiguas de las *Obras* de sor Juana en España (un fenómeno olvidado)», aparecido en 1998. Mención aparte merecen los dos artículos de Antonio Alatorre titulados «Hacia una edición crítica de sor Juana» (2003 y 2006), que llamaron la atención sobre las fallas en los textos editados en las *Obras completas* de Méndez Plancarte y de Salceda. Además mi propia tesis doctoral, *Sor Juana a través de sus editores*, defendida en la UNAM en 2023, el antecedente más importante de mi ensayo lo constituye la admirable tesis doctoral de Gabriela Eguía-Lis Ponce, «*La prisa de los traslados*». *Análisis crítico e interpretación de variantes encontradas en las ediciones antiguas (siglos XVII y XVIII) de los tres tomos de la obra de sor Juana Inés de la Cruz* (2002). A pesar de que tienen un mismo objeto de estudio, las diferencias entre mi libro y aquella tesis no son pocas. El mío se centra mayoritariamente no en un análisis de la estructura de los tres tomos antiguos de obras reunidas —aunque toca el asunto—, sino, como ya he dicho, en contextualizar las ediciones en el mercado editorial de su tiempo y en perfilar la figura de los editores y de los motivos que tuvieron para editar a sor Juana. A diferencia de aquella tesis, que dedica poca atención a las ediciones sueltas americanas, mi libro les dedica la mitad de sus páginas. Además, el hecho de haber consultado muchas ediciones a las que Eguía-Lis no tuvo acceso me permite trazar un panorama más completo del fenómeno editorial de sor Juana.[1]

Según la Aprobación de Diego Calleja, su primer biógrafo en serio, cuando Juana Inés no llegaba a los ocho años compuso una loa para la fiesta del Santísimo Sacramento del pueblo de Amecameca, distante unos 30 kilómetros de su natal Nepantla, ubicado en el actual Estado de México; la movió la promesa de que recibiría por premio un libro, «riqueza de que tuvo siempre sedienta codicia». Para ella fueron también riqueza incalculable los pocos libros que poseía su abuelo, y en los cuales aprendió a amar el saber y la literatura. A lo largo de su vida, reunió en su celda del Convento de San Jerónimo, hoy la Universidad del Claustro de Sor Juana, una rica biblioteca conformada, quizá, por miles de volúmenes: murallas que a un tiempo la cercaban y le abrían las puertas a un mundo mucho más extenso y vasto. En algunos lugares de sus ediciones antiguas, se da a entender que sor Juana mostraba poco interés por dar a conocer sus obras, que las publicó sólo por obedecer el mandato de los poderosos o que las sentía indignas de las prensas. No nos dejemos engañar: ningún poeta escribe solamente para sí. Aunque la escritura es un oficio solitario, no adquiere pleno sentido hasta que los versos engendrados en medio del insomnio salen a la luz y revolotean entre las manos de los lectores. Apenas puedo imaginar la emoción que sentiría aquella poeta de Nepantla al preparar los originales de sus propios textos para la imprenta, al ver sus versos ocupar un sitio en los estantes, ya transformados por la alquimia de la imprenta en un libro, en ese objeto que para ella siempre constituyó el mayor de los tesoros.

J. G. R.
Convento de San Jerónimo, 06 de septiembre de 2025

[1] Cuando este libro estaba ya listo para la imprenta, llegó a mis manos el de Carla Fumagalli, *«Solamente lo que toco veo». Las ediciones antiguas de sor Juana Inés de la Cruz (1689-1725)* (Madrid/Frankfurt: Iberoamericana-Vervuert, 2025); no me fue ya posible aprovechar la información contenida en dicho texto, aunque lo haré sin duda en el futuro.

Nota preliminar sobre la regularización de la ortografía en los documentos antiguos

He decidido regularizar la ortografía de todos los textos antiguos presentados a lo largo de este trabajo. Modernizo las grafías antiguas cuyo cambio no supone para el lector actual una alteración fonética: *hazen* > *hacen*; *baxó* > *bajó*; *qual* > *cual*; *assí* > *así*. Tampoco conservo las grafías latinizantes o grupos consonánticos cultos: *triumpho* > *triunfo*; *assumpto* > *asunto*; *Christo* > *Cristo*. Junto palabras de acuerdo a la norma actual: *de el* > *del*; *a el* > *al*. No altero en modo alguno formas como *acete*, *induzga* o *deprienden*. Tampoco modernizo las oscilaciones vocálicas del tipo: *recebir/recibir*; *destilar/distilar*; *virtiendo/vertiendo*; *mismo/mesmo*. Modernizo, por último, la puntuación, la acentuación y el empleo de mayúsculas y minúsculas de acuerdo al uso actual; desato, asimismo, cada una de las abreviaturas.

PRIMERA PARTE
La Fénix de México

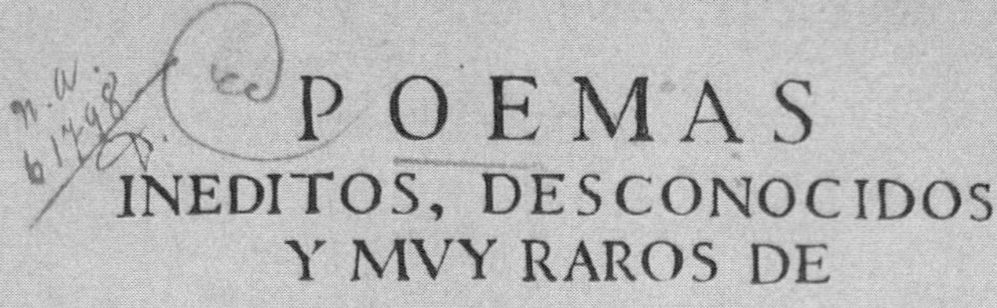

POEMAS

INEDITOS, DESCONOCIDOS

Y MVY RAROS DE

SOROR JVANA INES

DE LA CRVZ, LA DECIMA MVSA.

Descubiertos y recopilados por Manuel Toussaint.

PVBLICALOS EL "GRVPO ARIEL"

Como homenaje a la Poetisa

En el 275.º Aniversario de su natalicio.

EN MEXICO: Por Manuel León Sánchez. Año de 1926

Fig. 1. Portada de los *Poemas inéditos, desconocidos y muy raros*, de Toussaint (México: Manuel León Sánchez, 1926)

1. Una celebridad local

En el crepúsculo de su vida, quizá en los primeros años de la década de 1690, sor Juana Inés de la Cruz, poeta célebre, autora de la *Inundación castálida* —*bestseller* publicado en Madrid y reeditado en otras ciudades europeas—, recibe en el Convento de San Jerónimo de México, donde vive enclaustrada desde hace más de veinte años, uno de los cientos de cartas que sus lectores debían enviarle frecuentemente desde distintas partes del mundo. Rompe el sello, desdobla el pliego, pasa sus ojos por las líneas de tinta y sonríe: un caballero extranjero —la posteridad nos ha velado su nombre— le ha escrito un poema muy elogioso —es uno más de sus admiradores— en el que la compara con el ave Fénix. Y ya sabemos lo que dicen los mitógrafos: en un bosque de la remota Arabia, más fragancia que follaje, hay una fuente que murmura. Cada mañana, un pájaro sin par en todo el mundo, el único de su especie, desciende para sumergir en las aguas el fuego de sus plumas. Se cree, dado que nadie lo ha visto alimentarse, que el ave se sustenta únicamente del rocío de los cielos. Luego de mil años —algunos aseguran que eso llega a vivir—, el Fénix se acurruca en un nido tejido con ramas de canela e incienso en el que se calcina en una fragante llamarada; luego, desde su propia muerte, resurge y extiende las alas para sacudirse sus propias cenizas. Durante otros mil años, no vuelve a las aguas de aquella fuente. El Fénix es un ave única, prodigiosa e inmortal.

Sor Juana sonríe ante la carta que acaba de recibir porque está acostumbrada a que la comparen con este pájaro solar. Sucede que mucho antes de conquistar el mercado editorial europeo, ya era una celebridad local. En una primera fase de su carrera literaria, circunscrita solamente al ámbito de lo mexicano, veo a una Juana Inés completamente inmersa en la república de las letras del virreinato, la veo escribir como los demás poetas de su generación —formar, de hecho, con ellos una constelación, un coro— y participar activamente en todas las formas y espacios en los que era posible socializar la literatura en la Nueva España. Su primer poema publicado, cuando contaba apenas con diecinueve años, está dirigido al que en su juventud era el poeta señero de la Nueva España, Diego de Ribera; ese poema sería el primero de los numerosos homenajes que dirigiría a otros poetas y artistas de su tiempo, a quienes admiraba y quienes la admiraban a ella. La estructura que sostenía el edificio político y religioso del virreinato estaba en buena medida hecha de arte: pintores, arquitectos, músicos ponían sus habilidades y saberes al servicio del Estado y de la Iglesia. También los poetas: ahí está sor Juana componiendo villancicos para las celebraciones litúrgicas de las Catedrales de México, Puebla y Oaxaca. En aquel tiempo, ya se ve, el arte y la literatura eran apreciados de un modo que hoy nos cuesta trabajo siquiera imaginar: para recibir a sus nuevos virreyes —el acto y la fiesta políticos más importantes, sin duda, del periodo—, el Cabildo eclesiástico de la Ciudad de México le encargó a sor Juana en 1680 que ideara el plan iconográfico de un arco triunfal (compuesto por madera, telas coloridas, metales preciosos y demás adornos) por el que atravesarían los mandatarios para encaminarse al acto final de su bienvenida al nuevo territorio. La monja participó también en un certamen poético a la Inmaculada Concepción motivado, más que por fervor religioso, por la necesidad de justificar la reelección de un rector universitario y de quedar bien con el virrey. Religiosa comprometida, escribió también textos para que, con ayuda de sus rosarios y ejercicios, otras monjas pudieran dirigirse a Cristo y a la Virgen. Antes, insisto, de someter sus obras maestras y más perdurables a la lectura de los extranjeros, sor Juana puso su talento y erudición al servicio de los poderes y los principios que sostenían, como pilares, el edificio de su mundo, el virreinato de la Nueva España.

Las labores literarias de sor Juana dentro de este complejo aparato literario, político y religioso dejaron testimonio de dos maneras: en sus poemas impresos en obras colectivas o dentro de las obras de otros autores y en las varias ediciones sueltas (cuadernillos breves) de sus obras que se imprimieron en América, concretamente, en las ciudades de México y Puebla. Como podrá el lector imaginarse, el estudio de las sueltas americanas de sor Juana —que hoy podríamos calificar de folletos— me ha costado muchísimo más trabajo que el que me costó el de las ediciones europeas de obras reunidas —volúmenes de cientos de páginas y con tirajes nutridos—. De hecho, como se irá viendo, la labor de localizar y reunir estas ediciones muchas veces toma tintes detectivescos. Lo anterior se debe, principalmente, a la escasez de los ejemplares que han sobrevivido hasta nuestros días. De muchas de estas ediciones conservamos solamente una pieza, a veces dos o pocas más, desperdigadas por las bibliotecas alrededor del mundo y constituye una verdadera proeza hallarlas y dimensionarlas en su contexto original.

Considérese, en primer lugar, que muchas de estas sueltas están ligadas a literatura que se ha llamado «de circunstancias», y que cumplían su función primordial una vez concluido el acontecimiento para el cual fueron creadas. El *Panegírico* de don Carlos de Sigüenza y Góngora, por ejemplo, en el que se incluyó un soneto de sor Juana, quizá fuera repartido entre los asistentes a la bienvenida de los ya mencionados virreyes a la Ciudad de México; su objetivo era que, al tiempo que se escuchaba, pudiera leerse el poema que un actor recitó a la sombra del arco triunfal. Tómese en cuenta que para cumplir con este objetivo tan específico se realizaría un tiraje muy reducido: ¿resguardarían los pocos poseedores estos impresos, tan ligados a un tiempo y un lugar, celosamente? El caso es que, al cabo de los siglos, solamente un ejemplar del *Panegírico* ha llegado hasta nosotros y para verlo he tenido que viajar desde mi ciudad, México, hasta la Biblioteca Nacional de Chile.

En segundo lugar, tómese en cuenta la relación de los lectores con algunos de estos impresos: los *Ofrecimientos del rosario*, los *Ejercicios de la Encarnación* o la *Protesta de la fe* no estaban destinados, como esas gruesas obras de consulta que adornan los libreros con sus llamativos lomos —diccionarios, enciclopedias—, a permanecer quietos; por el contrario, sus páginas se desharían entre las manos de los devotos que, auxiliados por las palabras de sor Juana, día tras día repasarían sus páginas. Por eso actualmente, como se verá, apenas conservamos ejemplares de estas ediciones devotas, aunque se imprimieron por cientos, y algunos de esos pocos ejemplares que conservamos se encuentran seriamente mutilados.

Por último, no hay que olvidar la destrucción, el saqueo y la dispersión que a lo largo de los siglos han sufrido los acervos bibliográficos del virreinato novohispano: dada su naturaleza, frágil y perdidiza, las ediciones sueltas contaron con menos oportunidades de salvarse ante tales embistes. Y si se salvaron, fue gracias al cuidado de algunos y muy loables bibliógrafos y bibliófilos: prueba de ello es la diligencia de quien compiló y encuadernó una serie de sueltas de villancicos de sor Juana (y otras a ella atribuidas); ese volumen, como un tesoro, lo legó Francisco González de Cossío a Salvador Ugarte y éste, a su vez, lo legó a Alfonso Méndez Plancarte. Hoy se resguarda en la Biblioteca Cervantina del Instituto Tecnológico de Monterrey, al norte de México; varios de los ejemplares que contiene son únicos en el mundo. Pero no todas las ediciones sueltas de sor Juana han corrido con tan buena suerte.

Considerada en el contexto del circuito editorial novohispano, sor Juana, hay que decirlo, es una autora que dista mucho de ser excepcional —salvo por el caso de la impresión de su auto sacramental *El divino Narciso*, esa sí, como veremos, muy anómala—. Ya dije que las obras que de la monja se imprimieron en el virreinato caen, por lo general, dentro del rubro de la que podríamos denominar literatura «oficial»: textos piadosos y edificantes producidos en el seno de la Iglesia y versos propios del ámbito cortesano, destinados al encomio de los poderosos miembros de la élite novohispana. La impresión de su arco, sus villancicos, su poema para un certamen está ligada, en concreto, a la fiesta pública. Se trata precisamente del tipo de literatura que echaba a andar las prensas virreinales. Las sueltas americanas se insertan, pues, de lleno en las prácticas editoriales de la época: al igual que sor Juana, numerosos autores vieron impresos sus villancicos, sus ejercicios devotos, sus relaciones de fiestas, sus poemas de certamen y los escritos para los preliminares de alguna obra ajena.

Si bien sus ediciones realizadas en América no constituyen en modo alguno un caso extraordinario dentro de su contexto, es evidente que a la figura de sor Juana se le concedía una preminencia de la que no gozaba, ni por asomo, el resto de los poetas de su generación. Ya desde su primera publicación, los editores parecen afanarse por distinguirla del resto de los poetas de su ciudad y de su tiempo; empiezan a construir algo que podríamos llamar un personaje, a *inventar* a sor Juana. Ese afán, esa invención, se plasma tanto en las portadas de las sueltas como en los epígrafes, es decir, en esas inscripciones breves y explicativas que en la época se imprimían antes de los poemas. Entre estos paratextos, un epíteto se repite con particular insistencia: «Fénix del indiano Parnaso», «Fénix de la poesía», «Fénix de la erudición», «Mexicano Fénix». Me gusta que los editores de sor Juana de este lado del Atlántico se esmeran por dejar en claro que esta Fénix, este personaje, no es oriunda de Arabia, sino de esta tierra que ya sienten orgullosamente suya y a la que empiezan a llamar *mexicana*.

Por eso, sor Juana se sonríe al ver que este extranjero la llama Fénix: así la han llamado sus coetáneos por décadas, y con razón. Los dos son una *rara avis*: el Fénix es el único de su especie y la monja, una poeta sin rival; a ninguno se le ha visto: el uno se oculta tras los cedros de Arabia y la otra, tras los muros de un convento. Y lo más importante, como el Fénix, sor Juana puede renacer de sus propias cenizas: cuando parece que el ingenio de la poeta no puede ya escribir un verso más brillante, el resplandor de alguno nuevo opaca al del anterior. Y seguirá resucitándose en cada una de las lecturas que de sus versos hagan las generaciones siguientes. Con la seguridad y la confiada soltura que le confieren los muchos años dedicados a la escritura, sor Juana responde a los versos de aquel caballero con otros versos, en los que, mejor que en muchos otros, se nos pinta de cuerpo entero, abraza de lleno su identidad de Fénix, plasma el orgullo de su tierra bendecida por el sol, canta su propia libertad y pone de manifiesto su confianza en la inmortalidad que otorga la poesía:

> dice que yo soy la Fénix
> que, burlando las edades,
> ya se vive, ya se muere,
> ya se entierra, ya se nace…
> Quizá por eso nací
> donde los rayos solares
> me mirasen de hito en hito,
> no bizcos, como a otras partes…

¿Hay cosa como saber
que ya dependo de nadie,
que he morirme y vivirme
cuando a mí se me antojare…
que yo soy toda mi especie
y que a nadie he de inclinarme…
que mi tintero es la hoguera
donde tengo de quemarme,
supliendo los algodones
por aromas orientales;
que las plumas con que escribo
son las que al viento se baten,
no menos para vivirme
que para resucitarme[?]
(*OC*, 49: vv. 53-156).

2. *Extra opera omnia*
(1668, 1676, 1681)

Las llamadas *Obras completas* o *reunidas* de cualquier poeta son siempre una construcción hipotética y provisional. Quienes emprendan la labor de compilar uno o varios volúmenes de esta naturaleza tropezarán siempre con la imposibilidad de trazar de manera definitiva cada una de las etapas en la trayectoria poética de un autor: habrá versos ocultos bajo curiosos pseudónimos que pasen inadvertidos; otros, perdidos entre las páginas de publicaciones remotas e inaccesibles; algunos más, desaparecidos adrede por un poeta arrepentido de su publicación. La labor no es más sencilla —acaso se complique— en los casos en que el propio autor toma las riendas de la compilación. La poesía es, para quien la escribe, una criatura viva y proteica: aquello cuyo signo es el cambio y la continua transformación no puede ser contenido fácilmente en un volumen que, de principio, aspira al estatismo y la permanencia. En 1996 Octavio Paz destinó a su poesía dos tomos de sus *Obras completas*. Apenas dos años después, se supo que no estaban tan *completas* aquellas *Obras*; a regañadientes, Paz, poco antes de morir, publicó un tercer volumen en el que reunía «las tentativas de un escritor primerizo», versos que había dejado fuera de la selección «definitiva»: «si yo no publico esos poemas [...], lo harán otros» (1998: 21). El caso de José Emilio Pacheco es célebre: fueron varias las reediciones que, desde 1980 y hasta poco antes de su muerte, ocurrida en 2014, publicó de *Tarde o temprano*, su obra poética reunida; en cada una, el material no sólo se acrecentaba, sino que se modificaba considerablemente. José Emilio nos había advertido ya desde la primera edición: «No acepto la idea de "texto definitivo". Mientras viva seguiré corrigiéndome» (1980: 10). Hace poco, en 2016, Francisco Hernández compiló su *Poesía reunida* en dos volúmenes, cuyo título es un acierto en más de un sentido: *En grado de tentativa*. El genial Nicanor Parra dio a conocer dos tomos, en

2006 y 2011 respectivamente, bajo un título juguetón que pone en entredicho la definitud de este tipo de compilaciones: *Obras completas & algo +*.

Cuando llegue el momento, contaré la historia de cómo sor Juana preparó, hacia 1689, los textos que conformarían la *Inundación castálida*, y hacia 1692, los que conformarían el *Segundo volumen* de sus obras reunidas. Dejó fuera de estos volúmenes, hasta donde sabemos, seis poemas que contaban ya con una publicación previa en América; de tres de esos seis poemas me encargo en este apartado. Mientras su obra compilada en los tomos europeos se reimprimía una y otra vez, estas composiciones fueron cayendo poco a poco en el olvido. Desde el punto de vista de su transmisión textual, este grupo es excepcional: se trata de la única porción, entre toda la obra de sor Juana, que cuenta con una primera y única edición antigua. El hecho de no haber sido incluidos por la autora en sus volúmenes compilatorios, aunado a la rareza, en nuestros días, de los ejemplares de las ediciones en las que fueron publicados, vuelve a estos poemas extraordinariamente perdidizos. Su localización, edición e inclusión en las *Obras completas* de sor Juana son el resultado de los desvelos y las infatigables pesquisas de varias generaciones de apasionados bibliógrafos y estudiosos.[1]

El primero que dio nombre a este grupo de poemas fue nada menos que el poeta mexicano Xavier Villaurrutia; poeta de ensueños, sombras, ecos, cuya obra, afortunada mezcla de tradición y vanguardia, debe mucho a la de sor Juana. Al grupo al que pertenecía Villaurrutia, Contemporáneos, debemos, de hecho, varias de las empresas editoriales que revitalizaron la lectura y la difusión de sor Juana en el siglo xx. En 1931, apenas tres años después de que Ermilo Abreu Gómez realizara la primera edición moderna del *Sueño*, el

[1] Hay otros poemas, además de estos seis, que no se han transmitido a través de los tres volúmenes de obra reunida, pero han quedado fuera de este ensayo, que se dedica sólo a la tradición impresa de sor Juana; considérese, por ejemplo, el soneto «Verde embeleso de la vida humana» (*OC*, 152), copiado por Juan de Miranda en su famoso retrato de la monja (que hoy cuelga en un muro de la Rectoría de la UNAM) o aquel que empieza «Érase un preste cara de testuz» (*OC*, 205bis), que se conservó únicamente en un manuscrito de la Biblioteca Nacional de España.

poeta de *Nostalgia de la muerte* dio a luz una edición anotada —y casi crítica— de los *Sonetos* de la Décima Musa. Ésta constituye el segundo número de la «Colección de Clásicos Mexicanos Agotados», iniciada por las ediciones de La Razón ese mismo año —el primer número había sido *La calandria*, de Rafael Delgado—. La edición, cuya realización estuvo dirigida por el también poeta de Contemporáneos, Salvador Novo, fue concebida como una exquisitez bibliográfica: se realizó en cuarto mayor (de aproximadamente 30 cm de largo), en papel de gran calidad (Garamond Text), y fue, tal como se indica en el colofón, «totalmente compuesta a mano con tipos Firmin Didot por el cajista Luis Muñoz». Se tiraron únicamente quinientos ejemplares «numerados y fuera de comercio» que hoy, naturalmente, no son fáciles de encontrar; he tenido entre mis manos el 134, que resguarda actualmente la Biblioteca de la Universidad del Claustro de Sor Juana. En esta primera edición de los *Sonetos* reunidos de sor Juana —a la que su editor calificó, no sin cierta temeridad, de «definitiva»— aparecen ya cuatro composiciones bajo el rubro de *Ex opera omnia*: a tres de éstas volveremos más tarde; la otra es un soneto a un jilguerillo («Cítara de carmín que amaneciste»), atribuida sin ningún fundamento a la monja. El soneto lo descubrió en un manuscrito anónimo Manuel Toussaint, le pareció que era de la monja por «la semejanza retórica» —ambigüedad sin fundamento— y lo publicó en 1926. Ya en 1945 Méndez Plancarte señaló —y yo lo he podido corroborar— que el soneto corría impreso desde 1632, o sea, más de diez años antes de que sor Juana naciera, en el volumen misceláneo *Para todos* de Juan Pérez de Montalbán, al final de la novela *Al cabo de los años mil* (f. 101rv).

Méndez Plancarte respetaba a Villaurrutia mucho más que a otros editores de sor Juana que le antecedieron (a Abreu Gómez, por ejemplo). Aunque esto apenas suele señalarse, su edición de las *Obras completas*, sobre todo en lo que respecta a los sonetos, debe mucho a la del poeta de Contemporáneos. Méndez Plancarte reconoce que ha dispuesto estas composiciones dentro de la *Lírica personal*, el primero de los cuatro tomos que publicó el FCE, «recordando, sin duda, pero acaso afinando un poco más las divisiones con que editó estos mismos sonetos el sutil Xavier Villaurrutia» (*OC*, I: L). Hay que decir que la clasificación de Méndez Plancarte no «recuerda» a la de su antecesor: es prácticamente la misma. Añade únicamente una categoría, la de los «Histórico-mitológicos», pero todas las demás se mantienen idénticas a las de Villaurrutia. Varía, eso sí, los nombres: mientras que en la edición de 1931 hay sonetos «Amorosos», en la de 1951 los hay de «Amor y de discreción»; los que antes eran sólo «Burlescos» pasan a llamarse «Satírico-burlescos»; los que eran de «Homenaje» se transforman en «Homenajes de corte, amistad o letras»; los «Religiosos» se truecan por los «Sagrados». Méndez Plancarte también toma de Villaurrutia el nombre del grupo conformado por aquellos poemas que se quedaron fuera de las obras reunidas de sor Juana, aunque le enmienda —sacerdote al fin— los latines al poeta: ya no los llama *Ex opera omnia*, sino, más precisamente, *Extra opera omnia*. La corrección es afortunada: mientras que *extra* significa 'fuera de', *ex* es preposición latina que indica procedencia y origen ('de, desde'); con su rótulo, pues, Villaurrutia daba a entender exactamente lo opuesto de lo que se proponía: no los poemas 'fuera' de las obras completas de la monja, sino los 'procedentes' de las mismas.

Es el jueves 22 de diciembre de 1667. Aunque pasarán más de cien años para que adquiera el aspecto con el que hoy se yergue en el corazón de México, la Catedral Metropolitana, gracias a las diligencias de Antonio Sebastián de Toledo, marqués de Mancera y virrey de la Nueva España, ve finalmente cerradas sus bóvedas, reparados sus muros y concluido el ornato de sus interiores. Por eso, esa mañana, tiene lugar el festejo de la dedicación del sagrado recinto; se ha elegido precisamente esa fecha para que coincida con el cumpleaños de la reina de España, Mariana de Austria —en la Nueva España pocas cosas ocurren por casualidad—. La ciudad entera, desde su supremo gobernante hasta el más humilde de los esclavos, todavía emocionada por los fuegos artificiales de la noche anterior, se amontona en el interior sofocante de un templo anegado en el resplandor de cientos de velas y candiles, aquí y allá multiplicado por el reflejo de los retablos dorados, de los metálicos y dolientes crucifijos, de la custodia de plata bruñida. El bosque de columnas parece estremecerse con los primeros acordes de la música emanada por la capilla; los sacerdotes, oro y albura, dan comienzo a la misa desde el altar. La multiforme audiencia se apresta a disfrutar de una de las festividades más suntuosas del periodo virreinal, que se siente como un verdadero alivio. Mil seiscientos sesenta y siete ha sido un año particularmente difícil: el hueco que dejó la muerte del arzobispo electo provocó una serie de convulsas disputas en el Cabildo catedralicio; ante la inclemencia de una enfermedad infecciosa, un tabardillo, hubo que traer de su santuario a la Virgen de los Remedios, cuya piadosa presencia no bastó para refrenar los temblores que, desde el 30 de julio, han venido atemorizando a la población. El ocurrido el 13 de septiembre, dicen, duró lo que «tres credos».

Una muchacha que acaba de cumplir los diecinueve años, hermosa por los rasgos con que la ha dotado la naturaleza y por las prendas que viste para el lujo del festejo, contempla la celebración a través de la celosía de madera de la tribuna, esa suerte de balcón a la izquierda del altar mayor, encima de la sala capitular, desde donde, sin mezclarse con el resto de los concurrentes, la virreina, Leonor Carreto, en compañía de sus damas, puede acudir a los oficios religiosos. Para esa joven llamada Juana Inés de Asuaje, debe ser muy difícil concentrarse en misa: luego de pasar un par de años en la Corte, con el título de «muy favorita de la señora virreina», entró como novicia, el 14 de agosto pasado, al Convento de San José (hoy el museo Ex Teresa Arte Actual), pero, incapaz de mantener su frágil salud entre los rigores de la áspera regla de las carmelitas descalzas, se vio obligada a salir muy poco tiempo después, el 18 de noviembre. No tuvo más remedio que acogerse, una vez más, tras los muros del Palacio. Para la joven, la salida del convento debía sentirse como una suerte de fracaso y, en ese momento, no debía ver tan claro su futuro.

Por eso está aquí hoy, en compañía de las damas palaciegas, que le es tan familiar, y alcanza a ver entre la concurrencia, desde su privilegiado mirador, a algunas personas que son y serán capitales en su vida, y que reaparecerán en las páginas de este libro: el capellán Diego de Ribera, casi veinte años mayor que ella, quien toma notas apresuradamente, pues se le ha encargado la escritura de una relación en verso del festejo; Isidro de Sariñana y Cuenca, de la misma edad de Ribera, nervioso porque va a predicar el sermón al terminar la misa, y quien publicará luego una *Noticia breve*, una crónica en prosa de la fiesta (México: Francisco Rodríguez Lupercio, 1668), de la que obtengo muchos de los datos que ahora ofrezco al lector —llegará a ser obispo de Oaxaca y encargará a Juana Inés, muchos años después, unos villancicos para su Catedral—; no faltaría su confesor y padre espiritual Antonio Núñez de Miranda, ya cincuentón, a quien se le había ocurrido la desatinada idea de que ella ingresara a la Orden del Carmelo Descalzo.

También alcanza a ver a algunos jóvenes, más o menos de su edad, sus amigos y los escritores de su generación: Antonio de Robles, curioso personaje que durante casi cuatro décadas (1665-1703) registró los acontecimientos más relevantes de la sociedad novohispana en su *Diario de sucesos notables*, valioso testimonio del que me sirvo para escribir estas líneas y muchas otras a lo largo de este ensayo; Juan de Guevara, con quien Juana va a coescribir, años más tarde, la comedia *Amor es más laberinto*; Ambrosio de Lima, que será el editor de su obra sacra *El divino Narciso*. Y, por supuesto, divisaría, al que llegaría a ser, con el tiempo y junto con ella, el personaje más relevante de la cultura del virreinato: Carlos de Sigüenza y Góngora, escuálido, larguirucho, severo, de pómulos salientes, acomodándose a cada rato los quevedos sobre el tabique de la ganchuda nariz, y cuyo destino se entrelazaría con el suyo. El muchacho debía sentirse tan atribulado como Juana Inés, pues apenas en agosto, a causa de sus misteriosas correrías nocturnas, se le había instado a abandonar la Compañía de Jesús —sería expulsado formalmente al año siguiente—, donde había realizado estudios por más de siete años y en cuyo seno tenía esperanzas, sin duda, de hacer una carrera eclesiástica. También para Carlos el panorama pintaba bastante sombrío.

Al término del sermón, el damerío regresa al Palacio. La joven Juana Inés sigue inquieta: aunque, como ya dije, fue incapaz de permanecer entre las carmelitas, ha tomado ya la decisión de volverse monja, lo cual ha de ocurrir más temprano que tarde. Y volverse monja en el México del siglo XVII era cosa seria: implicaba no sólo hacer los votos —los juramentos— de pobreza, castidad y obediencia, sino también el de clausura, que implicaba la total e inquebrantable permanencia entre los muros del convento durante el tiempo que restara de vida. Me la imagino, por tanto, no sólo contemplando desde el Balcón de la Virreina, en Palacio, sino disfrutando, casi con avidez, de la visión de los festejos por la dedicación del templo, que concluyeron esa tarde con una procesión; sabe que, muy probablemente, ésta será la última vez que goce de la fiesta callejera, extravagante y suntuosa, de su ciudad.

Me resulta imposible siquiera intentar describir lo que Juana Inés vio a través de la celosía de madera que revestía el balcón. Si el propio Sariñana y Cuenca, que se halló presente, al referir luego por escrito la procesión confiesa que se vio obligado a ceñir «al tamaño de mi pequeñez la grandeza de su estilo» (1668: f. 32v), cuán limitado no estaré yo, que intento imaginar en esta otra tarde, siglos después, la dicha procesión a través de las palabras de aquel cronista. Como un dragón de lomo tornasol, centelleante bajo el sol tibio de las cuatro de la tarde de ese invierno, la procesión sale de la puerta de Catedral que mira al poniente (hoy da a la calle de Monte de Piedad), llevando en andas, bajo palio, una talla de la Virgen, vestida con resplandores de oro. Ataviados con sus mejores galas, marchan presididos por sus estandartes y crucifijos los miembros de las cofradías, las órdenes religiosas, el Cabildo eclesiástico y el civil, los tribunales, la Real Audiencia y, finalmente, el virrey. Van acompañados de la música y las danzas de los indios. La procesión se detiene en cada uno de los diez altares que con primor han dispuesto las congregaciones y las órdenes religiosas a lo largo de un circuito que arranca en el atrio de la Catedral, continúa su andar por la Plazuela del Marqués, sobre la actual calle de Monte de Piedad, ya referida, baja por esa misma arteria hasta la esquina de la calle de San Francisco (hoy Madero), cruza la Plaza Mayor (nuestro Zócalo) hasta las puertas del Palacio y avanza por la calle del Reloj (hoy Pino Suárez) hasta la esquina de la actual calle de Moneda para, desde ahí, volver a entrar al templo por la puerta que da al oriente (todavía no existe el Sagrario Metropolitano).

Los diez altares son estructuras, como muchas de las que se construyeron para las festividades de nuestro virreinato, espectaculares y efímeras. Sobre tablados o carros de madera, estos altares alzan sus formas caprichosas —pirámides, columnas, obeliscos—, aderezadas con vistosas alfombras, destellos de plata, espejos, ricas telas, coloridos lienzos. Además de los Cristos, los ángeles y las Vírgenes, en cada altar se yerguen esculturas de los santos más representativos de cada orden —santo Domingo de Guzmán, san Felipe Neri, san Francisco Xavier— ricamente vestidos con perlas y joyeles. En este tipo de festividades mexicanas no falta nunca el color local, el rasgo que las distingue de las de la Metrópoli. El magnífico altar de la Orden de San Francisco, por ejemplo, que mide 17 metros de alto y 10 de ancho, presentaba tres niveles: en el superior se asienta, sobre nubes, la Trinidad; en el de en medio, una estatua de la Asunción sobre un trono de pluma rodeada de ángeles; en el más bajo, un san Francisco sobre tres gradas de espejos. En la fiesta novohispana ningún ornato es gratuito, todo tiene su significado: «si dio mucho que ver a la curiosidad en la novedad de la fábrica, dio mucho más que admirar en lo profundo de sus alusiones» (Sariñana, 1668: f. 36v). A los pies del santo, «estaba arrojado el ídolo Quetzalcóatl», cuyo templo, situado justamente en el sitio que ahora ocupa la Catedral, derribaron los franciscanos durante la temprana evangelización de estas tierras. Por eso, ondula un rótulo por encima de san Francisco con estas palabras extraídas del libro de los Jueces (6:25-26): «Destrues aram Baal et aedificabis altare Domino Deo tuo in summitate petrae huius», o sea, 'destruirás el altar de Baal [deidad pagana] y edificarás un altar al Señor, tu Dios, en lo alto de esta piedra'. Los conceptos, las alusiones y las alegorías detrás de los altares son tan complejos e intrincados que hace falta que, frente a cada uno, un personaje recite a la multitud un poema explicativo.

La fiesta se desvanece; quedan las palabras. Hasta donde sabemos, el primer poema publicado por Juana Inés es un soneto dedicado a Diego de Ribera, personaje al que ya vimos tomar notas al vuelo de la celebración, y que forma parte de los preliminares de la obra *Poética descripción de la pompa plausible* (México: Francisco Rodríguez Lupercio, 1668), en la que el propio Ribera da cuenta, en verso, de la dedicación de la Catedral de México.[2] Prácticamente no se imprimía libro alguno en la época que no contuviera en sus primeras páginas, además, claro está, del Prólogo, las aprobaciones y otras licencias de rigor, uno o varios poemas laudatorios.[3] La comunidad

[2] Existe una edición moderna de la *Poética descripción* de Efraín Castro Morales (1986).

[3] Los preliminares pueden dividirse en dos tipos: los legales y los literarios. Dentro de los primeros tendríamos que contar el privilegio, la tasa, la aprobación, la licencia y la fe de erratas; dentro de los segundos, que no son de inclusión obligatoria, las dedicatorias, los prólogos, poemas encomiásticos al autor del libro, etcétera (Garone, 2021: 27-31).

de las letras, entonces como ahora, era reducida y endogámica, así que todo literato debía escribir, en algún momento, una de estas composiciones para sus colegas y, en su momento, recibía también los debidos laudes. Estos poemas suelen ser poco interesantes: se trata casi siempre de alabanzas formulaicas e hiperbólicas que no pretenden, ni mucho menos, lanzar un comentario inteligente de la obra o el autor en cuestión. De esta práctica, como bien recordará el «desocupado lector», se mofa Cervantes en el Prólogo del *Quijote* (1605) y por eso estampa al inicio de su novela, a modo de burla, los supuestos versos de algunos personajes de ficción, provenientes de los libros de caballería que leía obsesivamente don Quijote: la hechicera Urganda la Desconocida, Amadís de Gaula, Belianís de Grecia, el Caballero de Febo, etcétera.

La aprobación, el sentir y la licencia de la *Poética descripción*, textos legales que suponen la lectura por parte de los censores de un manuscrito terminado, cuya publicación aprueban y autorizan, se firman entre 10 y el 14 de enero de 1668. Ello implica que tanto la obra de Diego de Ribera y los poemas laudatorios debieron escribirse en el breve lapso que va del 23 de diciembre de 1667, luego de la dedicación, y los primeros días de enero del año siguiente. La obra debió estar impresa y en circulación ya en la segunda mitad de enero de 1668.

Supongo que muchas veces, en medio de periodos de adversidad, el hecho de ver sus obras en letras de molde, de algún modo plasmadas para la eternidad, debía sentirse para Juana Inés como abrir una ventana y dejar entrar la luz y el aire fresco. Imagino la profunda emoción, apenas contenida, de esa jovencita de diecinueve años, que no sabe bien a bien qué le depara el futuro, si se cumplirán sus afanes de asentarse en un convento y convertirse en religiosa, al recibir su ejemplar en Palacio y darse cuenta de que su poema encabeza el desfile de los poemas laudatorios —va delante de los de sus amigos, Guevara, Lima, Sigüenza—. Y no sólo eso: el epígrafe con que se presenta su composición no puede ser menos elogioso: «De doña Juana Inés de Asuaje, glorioso honor del museo mexicano». No sabe si será monja, pero ya se sabe poeta, y sabe que los suyos la consideran, además, una poeta no menor: es el «glorioso honor», el miembro que da honor y gloria al «museo mexicano». No entendemos *museo* en su sentido actual; según el *Diccionario de Autoridades* (1726-1730), el primero jamás publicado por la Real Academia Española y en el que se recoge el sentido que tenían en los llamados Siglos de Oro las voces de nuestra lengua, *museo* vale por el «lugar destinado para el estudio de las ciencias, letras humanas y artes liberales», es decir, la 'comunidad intelectual', la 'república de las letras'. Quizá se sonrojaría al comparar el suyo con el escueto epígrafe que precede a las composiciones de sus pares, éste por ejemplo: «Del bachiller don Carlos de Sigüenza y Góngora». ¿Qué sentiría don Carlos, de carácter bastante colérico, al ver los epígrafes?

Juana Inés notaría además el halago de vincular para siempre, a través de este impreso, su nombre al de Diego de Ribera, que era por entonces un poeta profesional y experimentado y había publicado diversas obras en las que describía, en verso, diversas festividades de la vida pública novohispana: dedicaciones de templos, procesiones de imágenes religiosas, entradas de virreyes, honras fúnebres de monarcas, etcétera.[4] Hay que considerar a este poeta como el padrino literario de la joven Juana Inés, quien la recibió en la república de las letras de su tiempo. Y no sólo a ella: gracias a que casi todos publican aquí por primera vez, a los jóvenes autores que contribuyen con poemas en los preliminares de la *Poética descripción* podríamos agruparlos bajo la etiqueta de Salvador Cruz (1998): la Generación del 68 —pero de 1668—, la generación de sor Juana.

Conocemos este primer texto publicado de nuestra poeta gracias a la existencia de un único ejemplar de la *Poética descripción*, consignado en la bibliografía bajo la sigla *PD*, el cual se resguarda en la preciosa Biblioteca Palafoxiana de la ciudad de Puebla, en México, y el cual debe considerarse como una de las piezas más valiosas de este acervo.[5] Pionera en esto como en tantas otras cosas, el hallazgo de este poema se debe a la que fuera profesora de la Universidad de Texas, Dorothy Schons, la primera mujer de la historia en dedicarse académica y seriamente al sorjuanismo.

---

[4] No en balde la filóloga Carmen Araceli Eudave, en el título de su tesis doctoral (2009), lo ha llamado «cronista lírico de la Ciudad de México».

[5] Salvador Cruz realizó en 1995 un facsimilar de la obra de Ribera y lo dio a conocer con el título de *Juana Inés de Asuaje —o Asuage. El verdadero nombre de sor Juana.*

No deja de resultar interesante que su trabajo lo haya realizado, diríamos hoy, bajo una perspectiva de género: uno de sus artículos, publicado en la revista *Equal Rights* en 1925, justamente se titula «The First Feminist in the New World» («La primera feminista en el Nuevo Mundo»). Ese carácter feminista lo transmitió la profesora Schons a quien fuera su alumna más ilustre y quien llegaría a convertirse, a su vez, en una de las más destacadas sorjuanistas: Georgina Sabat de Rivers.

Schons realizó varios viajes al extranjero en busca de las pistas de Juana Inés —sus ediciones, sus ancestros—; creo que ninguno tan entrañable como el que realizó a México en 1928, y del que nos queda una preciosa crónica, anónima, publicada en *Jueves de Excélsior* el 23 de agosto de ese mismo año. Como se ve en las fotografías que acompañan la crónica, «Miss Schons», «la rubia amiga» de Juana Inés, posó frente al retrato de la Décima Musa pintado por Miguel Cabrera (que en ese entonces no estaba en Chapultepec, sino en el Museo Nacional, antes Casa de Moneda y actual Museo Nacional de las Culturas del Mundo) y se paseó por el templo y convento de San Jerónimo, que en ese entonces no era una universidad sino un caserío (fig. 2).

La profesora guardó cuidadosamente esa publicación y todavía hoy se conserva, entre el resto de sus papeles en la Colección Latinoamericana Nettie Lee Benson. Entre estos papeles se encuentra el borrador mecanografiado de una novela histórica inédita con traducciones de la poesía de sor Juana al inglés hechas por la hermana de Dorothy, Emiliy: *Sor Juana: A Chronicle of Old Mexico* (*Sor Juana: una crónica del México Viejo*). Ana Castaño, en cuyas clases aprendí a leer en serio la poesía de nuestra Fénix, pudo consultar hace no mucho el acervo y me proporcionó una copia de la novela. Luego de revisar sus páginas, tanto a Ana como a mí nos parece una tremenda injusticia que esta obra, dedicada por su autora «To the Mexican people» ('al pueblo mexicano'), permanezca, casi un siglo después, inédita.

La propia vida de Dorothy Schons, como la de su querida monja jerónima, tiene algo de novelesca: en 1961, luego de que le fuera negado el *full professorship* en la Universidad de Texas, se quitó la vida en su departamento. Tenía setenta años. «Hoy un parque guarda su memoria en Austin, la entrada del Zilker Botanical Garden está

México, D. F., 23 de agosto de 1928. JUEVES DE EXCELSIOR

Sor Juana Inés Visitada por su Rubia Amiga Miss Schons

Fig. 2. Crónica de la visita de Dorothy Schons a San Jerónimo en *Jueves de Excélsior* (23 de agosto de 1928); reproducida en Gaspar (2020)

protegida por dos puertas de forja antigua que fueron ofrendadas *In Memoriam* de Dorothy Schons, por ellas ingresan al jardín trescientas mil personas cada año» (Schmidhuber, 2012: 13).

Decíamos, pues, que el primer soneto que sor Juana publicó en su vida fue descubierto y dado a conocer por la profesora Schons. En 1925, gracias a las diligencias de Genaro Estrada, que por entonces era subsecretario de Relaciones Exteriores, se dio inicio a la colección «Monografías Bibliográficas Mexicanas», cuyos números se imprimieron en los talleres tipográficos de la misma Secretaría. Durante diez años se publicaron «31 títulos sobre bibliografía general, especializada y regional, historia de la imprenta y bibliotecas, archivología, geografía, literatura y temas sociales» (Farfán, 2014: 24). El número siete de la colección, aparecido en el muy significativo año de 1927 —tercer centenario de la muerte del poeta Luis de Góngora—, lo constituyó la *Bibliografía de sor Juana Inés de la Cruz*, de Schons.

Genaro Estrada admitía en las palabras liminares del volumen: «no es ligero afirmar que el trabajo de la señorita Schons es la mejor contribución con que puede contarse, hasta ahora, para llevar a cabo la edición "crítica y definitiva" de sor Juana» (1927: VIII-XIX). Aunque casi cien años después esa anhelada edición aún no se concreta, no hay duda de que la *Bibliografía* de la estudiosa norteamericana es uno de los cimientos del sorjuanismo moderno. Se tiraron mil ejemplares; el que poseo y he utilizado para la realización del presente estudio me lo obsequió el siempre generoso poeta mexicano David Huerta. En 2013, luego de haberme escuchado leer una ponencia más bien ingenua sobre el gongorismo de sor Juana en la Facultad de Filosofía y Letras de la UNAM, David se me acercó y me puso el librito en las manos; me dijo algo como: «a estas alturas de la vida, sé que hay muchas cosas en mi biblioteca que ya no voy a utilizar; tú le vas a sacar mucho más provecho que yo».

Schons ya advertía en su estudio que sor Juana había publicado «algunas "poesías de ocasión" en México» (1927: 14). Como prueba de ello, ofrecía a los lectores el soneto de la monja dedicado a Ribera: «este poema es de un interés más que pasajero, y como nunca ha sido reimpreso, lo doy aquí como aparece en el original» (1927: 16). Conoció, según sus propias palabras, el ya referido ejemplar poblano de la *Poética descripción*, pero tuvo que haberlo hecho a partir de alguna copia, puesto que no pisaría tierras mexicanas, como dije, sino hasta 1928, un año después de la publicación de la *Bibliografía*. Tal vez la baja calidad de esa copia haya provocado que Schons cometiera algunos errores en la transcripción.

A pesar de pertenecer a un género tan formulaico, como ya dijimos, el soneto de sor Juana es sumamente ingenioso y certero, sobre todo considerando que lo escribió a los diecinueve años. Luego de afirmar en los cuartetos que el «dulce acento» de Diego de Ribera haría abandonar la «dulce lira» a Apolo, quien preferiría retirarse a cantar en compañía del pastor Admeto con una rústica «zampoña», y avergonzaría también al mismo Orfeo, la poeta asegura, en los tercetos, que es tal la «dulzura» —nótese la reiteración de este vocablo y sus derivados— en la «clara voz» de Diego de Ribera, que ésta, al cantar al recién consagrado templo, aun cuando su portentosa arquitectura aventaja la de griegos y romanos, en vez de elogiarlo, «le apoca». El último verso resume perfectamente la idea que mueve la composición entera; en la *editio princeps* (la primera edición) se lee: *mientras más le engrandece más le apoca*. Además de cometer un par de errores más —trocó *hacer a* por *hazerá* y *concento* por *cencento* en el v. 4—, Schons alteró ese endecasílabo final: *mientras más le agrandece más le apoca*. A diferencia de los dos primeros errores, que podría corregir el menos sagaz, éste no es tan evidente.

Los editores posteriores —Villaurrutia en sus *Sonetos* de 1931, Ermilo Abreu Gómez en sus *Poesías completas* de 1941, Méndez Plancarte en sus *Obras completas* de 1951— no tuvieron en sus manos el ejemplar de la *Poética descripción*; se limitaron a copiar el texto ofrecido por Schons y, naturalmente, perpetuaron el error: en vez de *le engrandece* ofrecieron la lección *le agrandece*. En 1995, Salvador Cruz llamó la atención sobre este detalle y fue Antonio Alatorre, en su propia edición de la *Lírica personal* de 2009, quien ofreció a los lectores el texto, correcto en su integridad por primera vez en varios siglos, del primer poema publicado de la entonces muy joven Juana Inés.

Un poema del Barroco novohispano tal vez sea una partitura que se interpreta con la voz de quien lo lee. Antes de hurgar en el significado de sus palabras, de adentrarse en los pasillos de su sintaxis laberíntica, de esclarecer sus referencias a la mitología grecolatina, recomiendo al lector que lea en voz alta este poema —y todos los otros— de sor Juana, que atraviese por su lectura como quien atraviesa una experiencia física, y escuche y sienta la sonora textura de sus palabras, el ritmo y palpitación de los versos:

Suspende, cantor cisne, el dulce acento,
mira por ti al señor que Delfos mira
en zampoña trocar la dulce lira
y hacer a Admeto pastoril concento.
Cuanto canto süave, si violento,
piedras movió, rindió la infernal ira,
corrido de escucharte se retira.
Y al mismo templo agravia tu instrumento:
que aunque no llega a sus columnas cuanto
edificó la antigua arquitectura,

> cuando tu clara voz sus piedras toca,
> nada se vio mayor sino tu canto,
> y así como le excede tu dulzura,
> mientras más le engrandece, más le apoca
> (*OC*, 202).

Sabemos, gracias a un documento publicado por Alejandro Soriano Vallès (2020: 98), que el 6 de febrero de 1668, muy poco después de ver impreso su primer poema, Juana Ramírez de Asuaje estaba ya en el Convento de San Jerónimo, cuya regla era mucho más laxa que la de las carmelitas descalzas, y en el que habría de permanecer el resto de sus días. El 8 de febrero de 1668, las monjas jerónimas se comprometen a dar el hábito de bendición a Juana Ramírez, lo que implicaba recibirla en calidad de novicia dentro de la comunidad religiosa.

En nuestro tiempo, me parece, casi cualquier decisión que se pueda tomar en la vida es reversible: uno puede alterar su corte de cabello en cualquier momento, divorciarse, borrar o modificar un tatuaje, cambiar de profesión o de carrera; quizá por eso nos sea difícil entender las implicaciones que conllevaba, como decía más arriba, ingresar a un convento en el siglo XVII mexicano. Deseada o no, era una vía sin regreso.

Estoy seguro de que, aunque publicado muchos años después, por esas fechas nuestra poeta debió haber escrito otro soneto, que me encanta, y que contrasta con el anterior, festivo y luminoso, por haber sido concebido por una suerte de sombría resignación. El soneto lleva un epígrafe transparente: «Encarece de animosidad la elección de estado durable hasta la muerte». Si el navegante, el torero o el jinete, dicen los cuartetos, supieran de veras del peligro al que se enfrentan al pararse frente al mar, al toro o al caballo brioso, no se atreverían ni a embarcarse, ni a provocar a la cornuda bestia, ni a lanzarse a la carrera desbocada. Su temeridad se sustenta en su ignorancia. En los tercetos se afirma que hay uno, en cambio, valiente de a de veras: Faetón, hijo bastardo de Febo Apolo, del sol. Al reconocerlo como hijo suyo, el dios promete darle a Faetón el regalo que él elija; el joven pide conducir el carro tirado por cuatro caballos con el que su padre día a día recorre el mundo para iluminarlo. Aun a sabiendas de que su inexperta mano no sería capaz de controlar el carro y que le esperaba una muerte segura, su padre se lo advirtió muy claramente, Faetón decide «gobernar con atrevida / mano el rápido carro en luz bañado». Ése, el más valiente entre los valientes, dice Juana Inés, «todo lo hiciera» excepto una sola cosa: tomar «estado que ha de ser toda la vida», como este que ahora estoy tomando.

> Si los riesgos del mar considerara,
> ninguno se embarcara, si antes viera
> bien su peligro, nadie se atreviera,
> ni al bravo toro, osado, provocara;
> si del fogoso bruto ponderara
> la furia desbocada en la carrera
> el jinete prudente, nunca hubiera
> quien con discreta mano le enfrenara;
> pero si hubiera alguno tan osado
> que, no obstante el peligro, al mismo Apolo
> quisiese gobernar con atrevida
> mano el rápido carro en luz bañado,
> todo lo hiciera y no tomara sólo
> estado que ha de ser toda la vida
> (*OC*, 149).

Como si el universo se hiciera eco de su valiente decisión, el 11 de febrero de 1668, a los tres días de haber sido aceptada como novicia, tembló la tierra tres veces, a las cuatro, a las seis y a las ocho de la tarde, según apunta en su *Diario* Antonio de Robles. Del 5 al 19 de marzo, surcó el cielo de la noche mexicana la fría y blanca cauda de un cometa, del que, como anota el mismo Robles, «no se vio la estrella». El 24 de febrero de 1669, poco más de un año después de haber ingresado y con veinte recién cumplidos, la poeta se convierte ya para siempre en sor Juana Inés de la Cruz al profesar en el Convento de San Jerónimo, del que no habría de salir nunca más, y en el que su osamenta todavía permanece, en el mismo sitio donde hace siglos fue enterrada.

Al final de su registro en el *Libro de profesiones* del convento, donde se asentaba, entre otras cosas, la entrada al convento y la muerte de cada una de las religiosas —precioso manuscrito que, por cierto, Dorothy Schons compró a un librero en la Ciudad de México y que se resguarda en la antes mencionada biblioteca de Austin—, sor Juana escribió: «Dios me haga santa».

Trato ahora de otras dos composiciones de sor Juana *extra opera omnia*. En agosto de 1676 —casi una década después de la dedicación de la Catedral y en la que sor Juana no publicó, que sepamos, texto alguno— Diego de Ribera volvió a solicitar a la autora, ya profesa en San Jerónimo, un poema para los preliminares de una de las últimas obras que publicaría: el *Defectuoso epílogo, diminuto compendio* (México: Viuda de Bernardo Calderón, 1676), que da cuenta, en verso, de algunas de las acciones realizadas por fray Payo Enríquez de Ribera, de quien hablaremos más adelante, durante su gestión como arzobispo-virrey.

Parece que fray Payo fue, ante todo, un gobernante constructor: en su obra, Ribera da cuenta de calzadas, desagües, acueductos, torreones y murallas; merecen especial mención las obras relacionadas con la resolución de las frecuentes inundaciones que aquejaban —aquejan— a la Ciudad de México. Tengo noticia de dos ejemplares del *Defectuoso epílogo*: el primero, y que he consultado, se encuentra resguardado en la Hispanic Society of America; el segundo, en la Colección Genaro García, que forma parte de la Benson Latin American Collection de la Universidad de Texas.

El nombre de sor Juana vuelve a encabezar la ristra de poemas preliminares, entre los que se cuenta uno de Juan de Guevara y otro de Ambrosio de Lima. Sorprende que, habiendo publicado tan poco, la autora, de entonces veintisiete años, quede tan bien parada en el epígrafe, quizá debido al propio Ribera, que parecía admirarla profundamente: «De la nunca bastantemente alabada, armónica Fénix del indiano Parnaso».

El soneto de nuestra Fénix hace gala de un concepto complejo, difícil de desentrañar, propio de estos contextos oficiales. La idea es ésta: el «pastor sacro», o sea fray Payo, es tan humilde que se ha empeñado en ocultar «la llama» de «la victoria», la «gloria» de sus acciones como gobernante; sin embargo, el «mármol» y la «piedra», que conforman los puentes, las avenidas y los templos que construyó durante su gobierno, construyen también «el templo de su fama».

Ahora bien, «el discurso en las piedras» está cifrado, es decir, oculto; y aquí es donde entra el autor del *Defectuoso epílogo*: sólo Ribera puede alabarse de que a ese cifrado discurso le construye «el sentido», de interpretar, pues, con su poema, el lenguaje de las piedras.

¿Qué importa al pastor sacro que a la llama
de su obrar negar quiera la victoria,
si cuando más apaga tanta gloria
la misma luz a los recuerdos llama?
Si en cada mármol mudamente clama
de sus blasones indeleble historia,
por que sirva de letra a su memoria
lo que de piedra al templo de su fama.
A la sagrada cifra que venera
el discurso en las piedras comedido
y en duración eterna persevera,
esenta y libre del oscuro olvido,
alabarte podrás, culta Ribera,
que sólo le construyes el sentido
(*OC*, 203).

También este poema lo descubrió Dorothy Schons: «hasta donde yo sé, este soneto jamás ha sido reimpreso. Por lo tanto, lo inserto aquí» (1927: 18). Lo transcribió directamente del ejemplar que poseía su propia universidad, así que no cometió error alguno; Villaurrutia, Abreu Gómez y Méndez Plancarte copiaron (por fortuna, bien) el poema de la *Bibliografía* de Schons. Hay que reconocer que Alatorre sí se tomó, a diferencia de todos sus antecesores, la molestia de acudir al original. La estudiosa norteamericana olvidó copiar el epígrafe del soneto; Alatorre lo restituye y lo imprime en su *Lírica personal*, por primera vez desde la *editio princeps*.

Un tercer poema para preliminares, escrito cinco años después que el de fray Payo, también *extra opera omnia*, es la décima siguiente:

En tus versos, si se apura,
hallo una dificultad,
que es ver tanta claridad

junta con tanta cultura:
claros son por la luz pura
que celebra su atención,
claros por su perfección,
y así hallo, aunque lo rehúses,
que muy dignas tantas luces
de la luz públicas son
(*OC*, 108).

Como podrá corroborar el lector, el poemita, aunque escrito por la mismísima sor Juana, tiene poco chiste. Se añadió a los preliminares de una obra del bachiller José de la Barrera Barahona —nacido en México y de quien apenas poseemos información— llamada *Festín plausible con que el religiosísimo Convento de Santa Clara... celebró... a la condesa de Paredes* (México: Juan de Ribera, 1681). Ocupa, una vez más, el primer lugar entre todos los poemas preliminares, y está precedido por un epígrafe por demás elogioso: «Del mexicano Fénix de la poesía, la madre Juana Inés de la Cruz, religiosa profesa en el Convento de San Jerónimo de esta ciudad».

El *Festín plausible* es una obra que da cuenta, como deja ver ya su título, de un festejo dancístico y teatral orquestado por las monjas clarisas para dar la bienvenida a la ciudad a María Luisa Manrique de Lara, virreina llegada a la ciudad en 1680, y de quien ya hablaré largamente. Las niñas que estudiaban en el dicho convento (cuyo templo es hoy la Biblioteca del H. Congreso de la Unión) fueron las encargadas ese día de representar la obra de teatro escrita por Barrera Barahona: bailaron, cantaron y encarnaron personajes mitológicos como Tetis, diosa del mar, Flora y Fama —ya se ve que los conventos novohispanos no eran en todo momento un espacio para la oración y la piedad; también en ellos cabe el regocijo y el profano deleite—. Los versos que conforman esa obra son justamente a los que alude sor Juana en su décima, cuyo juego tiene que ver con el nombre del convento, Santa *Clara*: además de cultos, los versos de Barrera son *claros*, primero por la «luz pura» a la que celebran, a la virreina, y segundo por su propia «perfección»; por ello, concluye sor Juana, sus «tantas luces» no pueden sino ver «la luz pública», o sea, imprimirse.

La historia del hallazgo y difusión de este claridoso poema es más interesante que el poema mismo. Sucede que lo descubrió, allá por los años cuarenta, Guillermo M. Echániz, que, según sé, poseía una librería de viejo en la capital del país llamada México en Libros. Este librero en algún momento debió comunicar el hallazgo a Ermilo Abreu Gómez, por entonces un conocido sorjuanista, quien publicó una reproducción de la página donde aparece la décima —y otra de Diego de Ribera— en su artículo «En la fama de sor Juana Inés de la Cruz», publicado en *Letras de México* (1945: 53). Es *vox populi* el hecho de que Abreu era algo descuidado: no menciona la fuente de la página en cuestión y no dice palabra alguna sobre la décima; se limita únicamente a señalar, en el pie de imagen con más erratas de la historia, que «Estas décimas [*sic*], encontradas recientemente, no han sido aún incluidas en ninguna antología o colección de versos de sor Juan [*sic*]. El hallazgo los hizo [*sic*] don Guillermo M. Echániz».

Fue Méndez Plancarte quien localizó, después de publicado el artículo de Abreu, la obra en cuyos preliminares se había impreso este poema. Él mismo poseía un ejemplar del *Festín plausible*, el único del que tengo noticia, y que ahora se resguarda en la Biblioteca Cervantina del Tecnológico de Monterrey. El sacerdote michoacano, en las notas a su edición de las *OC*, se limita a citar el nombre del descubridor, Echániz, pero no da ningún crédito a Abreu. Es injusto: hago constar que este último publicó la décima antes que nadie. Abreu Gómez, curiosamente, no incluye esta décima, que él mismo dio a conocer, en su segunda edición de las supuestas *Poesías completas* de sor Juana en 1948. Como he dicho ya, don Ermilo era descuidado.[6]

A propósito de estas composiciones *extra opera omnia* de sor Juana, impresas en América y cuya transmisión textual hemos repasado a lo largo de las páginas anteriores, decía ya Dorothy Schons en 1927: «No es probable que se encuentren muchas, puesto que la Iglesia en México miraba con desfavor la demasiada actividad literaria de parte de sus monjas. Tampoco es probable que se haga nunca una completa reconstrucción de esta fase de su labor, puesto que mucho del material de este periodo se ha perdido» (14). Quizá Schons tenga razón al afirmar que nunca se logre llevar a cabo «una

[6] Hay una edición del *Festín plausible* realizada por Judith Farré (2009).

completa reconstrucción» de esta fase creativa de sor Juana, pero me parece que el mero hecho de intentarlo rinde sus frutos.

Como hemos visto, el camino que estos tres poemas han debido recorrer, desde su *princeps* hasta las ediciones modernas, ha sido, en todos los casos y por diversos motivos, sinuoso y fascinante. Para que éstos llegaran óptimamente editados a las manos de los lectores modernos, han debido sumar esfuerzos generaciones de sorjuanistas que han contribuido, a lo largo de los siglos, con algún hallazgo, alguna corrección, alguna pesquisa bibliográfica. ¿Compuso la Fénix otros poemas para los preliminares de las obras de sus colegas? Corresponde a la generación presente y a las futuras responder esa interrogante.

3. La pluma canta, la voz escribe: villancicos en sueltas americanas (1676-1685)

Cuando entramos a cualquier galería de arte virreinal, cuando cruzamos, entre el dorado resplandor de los retablos, la nave de alguno de nuestros templos barrocos, o al mirar los frontispicios, vegetación de piedra, que orlan los umbrales de viejos edificios, saltan a la vista, una y otra vez, los santos: nimbados, con un fiero león agazapado mansamente a sus pies, sosteniendo una bandeja sobre la que ruedan sus propios ojos o con el filo de un machete partiéndoles por el medio la cabeza.

Sus atributos articulan un lenguaje —de colores, de símbolos— que resulta ya indescifrable salvo para un puñado de entendidos; porque, a pesar de que su culto pervive en nuestras sociedades —ahí está el fervor que mes con mes atiborra la iglesia de San Hipólito en la Ciudad de México, donde se venera a san Judas Tadeo, para probarlo—, creo que hoy un devoto promedio sería incapaz de identificar por su nombre a todas esas numerosas figuras que formaban parte de la realidad cotidiana de los novohispanos.

Figuras que fungieron durante siglos como «modelo de virtudes» —al igual que los superhéroes de nuestros tiempos—, como pródigos dadores de «bienes, salud e hijos» y protectores contra «las enfermedades y las catástrofes», como símbolos cohesionadores de identidades colectivas, bajo cuyo patronato se amparaban cofradías, conventos, instituciones educativas, poblaciones enteras (Rubial, 2010: 29). La faz, pues, de la sociedad y la cultura novohispanas fue moldeada en buena medida por el culto a los santos.

Aunque se remonta a los orígenes de la cristiandad, ese culto alcanzó su auge, o uno de sus momentos más encendidos, durante el Barroco, arte que, como se sabe, se imbrica en España y sus dominios con el programa contrarreformista. Si los protestantes abjuraron de su veneración, los católicos la abrazarían con particular vehemencia.

Durante la sesión XXV del Concilio de Trento, celebrada en diciembre de 1563, se decretó que «piensan impíamente los que niegan que se deben invocar los santos que gozan en el Cielo de eterna felicidad». Se deben tener, resolvió el mismo Concilio, junto con las de la Virgen y Cristo, las imágenes de los santos en los templos, y a todas «se les debe dar el correspondiente honor y veneración»; ello, porque «se saca mucho fruto de las sagradas imágenes»: recuerdan, por un lado, a los fieles «los beneficios y dones que Cristo les ha concedido» y, por otro, «exponen a los ojos de los fieles los saludables ejemplos de los santos», con el fin de que «arreglen su vida y costumbres» y se muevan a «adorar y amar a Dios y practicar la piedad».

A partir de estas resoluciones, las diversas iglesias del orbe hispánico comisionaron a pintores, escultores y ebanistas, la producción de las imágenes de santos que todavía pueblan nuestros museos, altares y nichos. «Pero la imagen no sólo fue objeto de las artes visuales, toda una retórica expresada en sermones que contaban la vida de Cristo, la Virgen y los santos generó también una narrativa llena de imágenes verbales» (Rubial, 2010: 28): como el resto, los artistas de la palabra también consagraron sus empeños a pintar y labrar imágenes con las cuales poner ante los ojos —no los de la carne, sino los de la imaginación— las excelencias, las glorias y las hazañas de los santos con el objeto de atizar la piedad de los fieles.

Sor Juana Inés de la Cruz, al igual que todos los demás poetas del Barroco, puso al servicio de los altos poderes de la Corona y de la Iglesia, durante la segunda mitad del siglo XVII mexicano, su talento, su erudición y su amplio dominio de los géneros literarios de la época, en particular, del villancico. Aunque algo conserva de su esplendoroso pasado, el significado de la palabra *villancico* tiene ahora un alcance mucho menor que el que tenía en tiempos de la Nueva España. Para la segunda mitad del siglo XVII se conocía como villancico a cada una de las composiciones, de muy variadas formas métricas, que se cantaban en el interior de los templos o en las procesiones durante las grandes festividades religiosas: Navidad, Corpus Christi, la Asunción; el día de san Pedro o san José; la profesión de una religiosa o un fraile.

Los villancicos que mejor conservamos y conocemos son aquellos que se componían para ser cantados en las catedrales a la hora de maitines, es decir, entre las diez y las doce de la noche. Se organizaban en juegos de siete, número estrechamente relacionado con la estructura del oficio sagrado al que engalanaban. El rezo de maitines se divide en tres partes llamadas nocturnos: a cada uno de los primeros dos correspondían tres villancicos y al tercero, dos; en vez de un villancico, al final del tercer nocturno se cantaba un himno en latín, el tedeum. El séptimo de los villancicos por lo general recibe el nombre de *ensalada*, verdadero fin de fiesta en el que, en variadas formas métricas, dialogaba un surtido número de personajes, no sólo en español sino también en náhuatl, en latín y en la supuesta habla de los esclavos negros, y que, quizá, se acompañaba de alguna dramatización elemental y de danzas, según creo yo (Gutiérrez, 2017) y también Anastasia Krutitskaya (2018: 165-167), tenaz estudiosa rusa a quien debemos muchos conocimientos sobre el villancico virreinal mexicano.

El Cabildo de la Catedral, por ese entonces presidido por el arzobispo fray Payo Enríquez de Ribera, le confió a sor Juana en 1676 —tenía veintiocho años— las letras de los villancicos que se cantarían durante los maitines de la Asunción de la Virgen. El cuerpo de prelados debió quedar complacido con ese primer trabajo villanciqueril de la madre Juana, pues a partir de ese año y hasta 1690, le seguiría encargando villancicos dedicados a la Concepción de María, a san Pedro Apóstol y otros más a la Asunción.

En 1677 la Orden de la Merced le comisionó unos villancicos para ornar los maitines dedicados a su santo fundador, san Pedro Nolasco, en México. También la Catedral de Puebla, durante el arzobispado de Manuel Fernández de Santa Cruz (personaje importantísimo para entender la biografía de sor Juana, al que volveré más adelante), solicitó sus servicios entre 1689 y 1690, periodo durante el cual se le solicitaron a la poeta letras sacras para los maitines de la Concepción, Navidad y san José.

Por último, ya hacia el final de su vida, en 1691, sor Juana entregó al Cabildo de la Catedral de Oaxaca, con Isidro de Sariñana y Cuenca a la cabeza, unos villancicos para los maitines de santa Catarina de Alejandría.

A lo largo de casi veinte años, la monja compuso un total doce juegos de villancicos para los maitines de algunas de las instituciones religiosas más importantes de la Nueva España. Por eso, al tratar de esta parcela de su obra en *Las trampas de la fe*, Octavio Paz no duda en tildarla, valiéndose del concepto acuñado por Antonio Gramsci, de «intelectual orgánico»: una productora de poesía social, «sólo que poesía social no significaba crítica y oposición sino poesía que celebraba el orden social y su ideología» (1983: 414), en este caso, el orden de la Iglesia católica y el programa ideológico de la Contrarreforma.

Me gustaría resaltar aquí el hecho de que la primera publicación importante de sor Juana, la primera en la que fungía como autora única, fue precisamente el juego de villancicos a la Asunción de 1676, compuesto para la Catedral de México. Suele referirse como extraordinario el hecho de que el Cabildo catedralicio le comisionara, en 1680, la idea del arco triunfal, del *Neptuno alegórico*, del que ya hablaré; no me parece menos extraordinario el hecho de que ese mismo Cabildo le confiara a la poeta, en una fase temprana de su carrera, la gala de estas importantes ceremonias religiosas.

Aquel cuerpo de clérigos, solemne y poderoso, fue, no cabe duda, gran impulsor de la trayectoria poética de sor Juana, le dio la oportunidad, antes que nadie, de lucir públicamente sus versos. Debía contar con amigos poderosos entre los miembros de esa institución: ahí está, por ejemplo, el canónigo García de Legazpi Velazco Altamirano y Albornoz, que mereció la Dedicatoria del juego de san Pedro de 1677.

Una ojeada a sus villancicos, de hecho, revela rápidamente que sor Juana formaba parte de una compleja red artística y política que hacía posible la celebración de los maitines. En las portadas, licencias y dedicatorias, aparecen los nombres de los patrocinadores gracias a cuya acaudalada devoción los villancicos se cantaban e imprimían o de los que dedicaban el pliego a algún poderoso con el fin de obtener algún beneficio. El estudio de esa red, me parece, es todavía un asunto pendiente. No es descabellado calificar a sor Juana, insisto, como un «intelectual orgánico»; la devoción a la Virgen y a los santos en la Nueva España era, en buena medida, un asunto político.

El más poderoso, sin embargo, de estos amigos de sor Juana era el propio arzobispo, fray Payo Enríquez de Rivera, que ocupó el cargo entre 1668 y 1681 y quien debía aprobar cada decisión del Cabildo.

También fue virrey: en Nueva España los poderes de la Iglesia y el Estado se confunden. Al finalizar el gobierno de los marqueses de Mancera en 1673, primeros protectores de Juana Inés, la Corona nombró como virrey a Pedro Nuño Colón de Portugal, quien hizo su entrada pública en la Ciudad de México el 8 de diciembre de ese año. Robles apuntó en la correspondiente entrada de su *Diario*: «fue gran día». El entusiasmo se trocó demasiado pronto en pesadumbre, pues apenas cinco días después registra el mismo diarista que, a las cinco de la mañana, murió el novísimo virrey «sin sacramentos».

A partir de entonces fray Payo fue también virrey interino, cargo en el que permanecería hasta 1680. Sevillano, agustino, nacido en 1622, fray Payo, escritor él mismo, fue no sólo mecenas de sor Juana sino de otros poetas de su generación en la primera fase de su carrera literaria (véase Soriano, 2020: 105-132).

Hay dos momentos que, me parece, perfilan bastante bien el tipo de relación, íntima, estrecha, que había entre sor Juana y este poderoso príncipe de la Iglesia. En un simpático romance, en el que le pide el sacramento de la confirmación luego de haber padecido un tabardillo que casi se la lleva a la tumba, la monja se dirige a fray Payo en estos términos:

> Mío os llamo, tan sin riesgo,
> que al eco de repetirlo,
> tengo yo de los ratones
> el convento todo limpio
> (*OC*, 11: vv. 9-12).

O sea: tantas veces la poeta llamaba *mío* al arzobispo de México que no parecía sino que maullaba; y de tanto *mío*/*miau* huían despavoridos los ratones del convento. De ser cierta, otra anécdota, publicada tardíamente en el periódico *El Mundo* de 1891, revelaría también la complicidad entre Juana Inés y fray Payo. Alguna priora de San Jerónimo, muy ignorante, dijo una barrabasada; nuestra poeta no se contuvo y exclamó: «calle, madre, que es una tonta». Indignada, la agraviada dirigió la queja correspondiente al arzobispo, del que obtuvo una lacónica y burlona respuesta: «pruebe la madre superiora lo contrario y se le hará justicia» (en Alatorre, 2007, II: 567).

Las letras de los villancicos que, acompañados de la música de la capilla catedralicia, deleitaban el oído de los feligreses durante los maitines solían imprimirse en pliegos sueltos, es decir, en «cuadernillos en cuarto de dos a ocho hojas que constan de portada descriptiva y de los textos» de los poemas «repartidos entre sus páginas» (Torrente y Marín, 2000: xv). La impresión de pliegos de villancicos fue práctica habitual en todo el orbe hispánico durante los siglos xvii y xviii.

En España, la primera suelta de villancicos conocida vio la luz en Sevilla en 1612 (Torrente y Marín, 2000: xix); el primer juego conocido de nuestro virreinato, dedicado a san Laurencio —o Lorenzo—, se imprimió en Puebla en 1648; por su parte, la Catedral de México imprimió su primer juego, dedicado a san Pedro, dos años después, en 1650 (Krutitskaya, 2020: 11, 14). En ambos lados del Atlántico, la práctica decayó a partir de la segunda mitad del siglo xviii. Es muy probable que los cuadernillos se repartieran entre algunos de los asistentes al oficio sagrado y otros más se vendieran a la entrada del templo: así, la vista podía seguir las letras de los villancicos al tiempo que los escuchaba (Torrente y Marín, 2000: xv).

Gracias a documentación resguardada en los archivos de las catedrales novohispanas, sabemos que, para el caso de Puebla, por ejemplo, se imprimían alrededor de cuatrocientas copias de estos pliegos para cada celebración, y que el costo para la impresión de los mismos regularmente rondaría los diecisiete pesos.[1] Los encargados de realizar los trámites burocráticos, esto es, la obtención de las licencias para la publicación de los juegos de villancicos que habían de cantarse en las catedrales de México y Puebla, eran los propios maestros de capilla, es decir, los responsables de musicalizar —de poner «en metro músico», se decía en la época— las letras de estos poemas y de dirigir

[1] Ello se deduce de un documento de 1714 resguardado en el Archivo del Venerable Cabildo de la Catedral de Puebla, recogido por Tello (2018b: 316): «Ilustrísimo señor Don Francisco de Atienza, presbítero, maestro de capilla de esta Santa Iglesia, parezco ante vuestra señoría y digo que en la dotación de los maitines solemnes de la Natividad de Nuestra Señora están asignados diez pesos para imprimir las letras de los villancicos que se cantan en dichos maitines, con la cual porción no se puede costear la impresión, respecto de pagar once pesos por la estampa de cuatrocientos cuadernillos, y seis que vale una resma de papel ordinario».

su ejecución en la celebración de los maitines (Krutitskaya, 2020: 16-17); para el caso de los villancicos de sor Juana, estos maestros fueron José de Agurto y Loaysa, Mateo Dallo y Llana y el célebre Antonio de Salazar. Esos cuadernillos tenían, como es de esperarse, un carácter predominantemente efímero, pues a pesar de que se imprimían por cientos, conservamos actualmente un número muy reducido de ejemplares de cada una de estas ediciones sueltas.

El costo derivado de la impresión de los villancicos para maitines, así como el de la composición y ejecución musical, se cubría, en la mayoría de los casos, gracias a una «fundación piadosa» (Krutitskaya, 2018: 203), o sea, gracias a una fuerte cantidad de dinero invertida por algún particular, la cual generaba réditos y hacía posible la realización, año con año, de la fiesta litúrgica.

La mayor parte de los villancicos que sor Juana escribió, por ejemplo, estuvo patrocinada por Simón Esteban Beltrán de Alzate y Esquivel quien, en palabras de Rubio Mañé, fue «uno de los eclesiásticos mexicanos más distinguidos del siglo XVII»: nacido en México en 1619, ocupó siempre altos cargos dentro de las instituciones de la capital novohispana, entre los cuales destacan el de juez ordinario del Santo Oficio, el de maestrescuela del Cabildo y el de rector (tres veces) de la Real Universidad (1983, I: 278). Aunque muerto desde 1670, su dotación de cuatro mil pesos y doscientos de réditos siguió cubriendo por varios años los gastos de los maitines de Asunción como los de san Pedro de la Catedral de México.[2] Por eso, las portadas de los juegos de villancicos impresos para esas dos fiestas escritos por la jerónima ostentan el nombre del ilustre patrocinador. Pero no había que estar muerto para patrocinar los villancicos para maitines: el juego de santa Catarina, que sor Juana compuso para la

[2] El dato puede corroborarse, como ya lo apuntaba Méndez Plancarte (*OC*, II: LXXIII-LXXIV), en la *Gaceta de México* que circuló en septiembre de 1730. Además, allí se nos informa que los maitines que la Catedral de México dedicaba a la Natividad de María habían sido dotados «con el principal de seis mil pesos y trescientos de réditos el ilustrísimo señor don García de Legazpi»; los de la Concepción, «con el principal de cinco mil pesos y doscientos y cincuenta de réditos», por don Juan de Chavarría Valera; los de la Virgen de Guadalupe, «con el principal de ocho mil pesos y cuatrocientos de réditos», por don Bartolomé Quesada, etcétera.

Catedral de Oaxaca en 1691, fue dotado por Jacinto de Lahedesa —o la Hedesa— Verástegui, chantre (maestro de coro) de esa misma iglesia, quien dedica la publicación a Francisco de Reyna, provincial de la Orden Santo Domingo.

En Nueva España se publicó, al menos, una edición suelta de cada uno de los doce juegos escritos por sor Juana, y de un par de juegos se publicaron dos; tenemos noticia, en total, de catorce de estas ediciones volantes, de las cuales ocho son anónimas y seis se imprimieron con el nombre de su autora. Dado que, como ya dijimos, tenían un carácter efímero, conservamos un solo ejemplar de cada pliego suelto, con excepción de los dedicados a san José (1690) y santa Catarina (1691), de los cuales se ha preservado más de un ejemplar de cada uno.

A mediados del siglo pasado, once copias de diversos juegos se hallaban repartidas en los anaqueles de dos bibliófilos mexicanos: Salvador Ugarte y Federico Gómez de Orozco. Las bibliotecas de estos últimos pasaron luego a acrecentar el acervo de la Cervantina del Instituto Tecnológico de Monterrey y de la del Instituto Nacional de Antropología e Historia, respectivamente.

Cuando los consulté en la Biblioteca Cervantina, me di cuenta, por una nota al inicio del encuadernado que los reúne, de que los villancicos que pertenecían a Ugarte antes pertenecieron a Francisco González de Cossío: «A mi muy apreciable amigo el señor don Salvador Ugarte, en cuyas manos, mejor que en otras, se encontrarán estos opúsculos de Sor Juana Inés, que tengo el gusto de obsequiarle en testimonio de la estimación singular de F. González de Cossío, México, agosto de 1948».

Entre los juegos que poseía Gómez de Orozco se encuentra el dedicado a la Navidad (Puebla, 1689), que se imprimió sin nombre de su autora; de ese juego se realizó, el mismo año, una suerte de edición gemela con el nombre de sor Juana, que se resguarda en la colección de la Hispanic Society en Nueva York.

También se realizaron ediciones gemelas del juego dedicado a san José, sobre las que volveré más tarde: la primera, de la cual sobreviven dos ejemplares —en la Biblioteca Cervantina y en la biblioteca del INAH—, ya se conocía; de la segunda, resguardada en la Biblioteca Nacional de Chile, doy primera noticia en este trabajo.

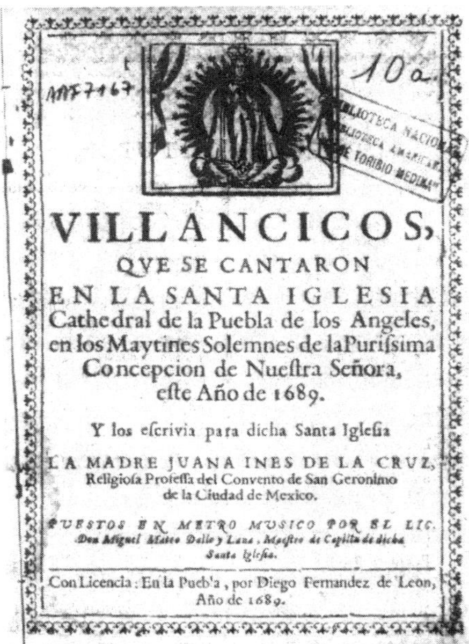

VILLANCICOS,
QVE SE CANTARON
EN LA SANTA IGLESIA
Cathedral de la Puebla de los Angeles,
en los Maytines Solemnes de la Puriſsima
Concepcion de Nueſtra Señora,
eſte Año de 1689.

Y los eſcrivia para dicha Santa Igleſia

LA MADRE JUANA INES DE LA CRUZ,
Religioſa Profeſſa del Convento de San Geronimo
de la Ciudad de Mexico.

PUESTOS EN METRO MUSICO POR EL LIC.
Don Miguel Matheo Dallo y Lana, Maeſtro de Capilla de dicha
Santa Igleſia.

Con Licencia: En la Puebla, por Diego Fernandez de Leon,
Año de 1689.

Fig. 3. Portada de los villancicos a la Concepción (Puebla: Diego Fernández de León, 1689)

Del juego dedicado a la Concepción (Puebla, 1689) sólo he localizado un ejemplar, que ningún editor de sor Juana hasta ahora parece haber consultado: perteneció a José Toribio Medina y se resguarda también en la Biblioteca Nacional de Chile. Reproduzco, por su extrema rareza, la portada de este juego (fig. 3). Debajo de las líneas de tinta en las ediciones de los villancicos, ecos petrificados, aún se escucha la música de los lejanos y esplendorosos maitines. La pluma canta, la voz escribe.

Por su rareza y primor de factura, la consulta directa de estos pliegos de villancicos constituye una experiencia fascinante. Si se conservaron tan pocos, ello está relacionado, por supuesto, con la dispersión y destrucción de los fondos bibliográficos virreinales durante los siglos XIX y XX, pero también con la naturaleza misma de las ediciones: frágiles, volantes, cuyo uso estaba sujeto a un solo tiempo y lugar.

Ahora bien, como puede verse en las figuras 3 y 4, las portadas de estos juegos de villancicos estaban decoradas con grabados, casi siempre exquisitos, de los santos o la Virgen. No dudaría que estos grabados se recortaran con el fin de transformar el ornato de una

VILLANCICOS,
QVE SE CANTARON
EN LA SANTA IGLESIA METRO-
politana de Mexico.
EN LOS MAITINES DE LA PVRISSIMA
CONCEPCION de Nuestra Señora.
A devocion de vn afecto al Misterio.
Año de 1676.

Con licencia — En Mexico.

Compuestos en Metro musico, por el B. Ioseph de Agurto y Loaysa, Maestro
Compositor de dicha Santa Iglesia.
Por la Viuda de Bernardo Calderon, en la calle de San Augustin.

Fig. 4. Portada de los villancicos a la Concepción (México: Viuda de Bernardo Calderón, 1676)

portada en una estampa piadosa, es decir, los fieles no destinarían estos folletos a acumular polvo en los libreros, sino que se les desharían entre las manos fervorosas, formarían parte de una devoción viva.

En ocasiones, los grabados de las portadas dialogan con los textos mismos. Tomemos por caso la edición suelta de los villancicos a san Pedro Nolasco, de 1677, en cuya primera página se imprimió un grabado del escudo de la Orden de la Merced, compuesto de dos cuarteles: en el superior, se ve la blanca cruz de Barcelona; en el inferior, las cuatro barras provenientes del escudo de Jaime I, rey de Aragón y patrocinador de los mercedarios. Debajo del escudo, se imprime una Dedicatoria, en dos décimas, de la propia sor Juana a la Virgen María, que se acompaña de la siguiente apostilla: «—*Cuius est imago hæc et super scriptio?* —*Cæsaris.* —*Redite ergo quæ sunt Cæsaris Cæsari*», palabras dichas por Cristo en el evangelio que significan: «"¿De quién es esta imagen e inscripción?" "De César", le respondieron. Entonces les dijo: "pues paguen a César lo que es de César"» (Mateo 22:20-21) (fig. 5).

El conjunto de texto e imagen funciona como una sola y laberíntica unidad. Con base en la sentencia de Cristo, sor Juana deduce una

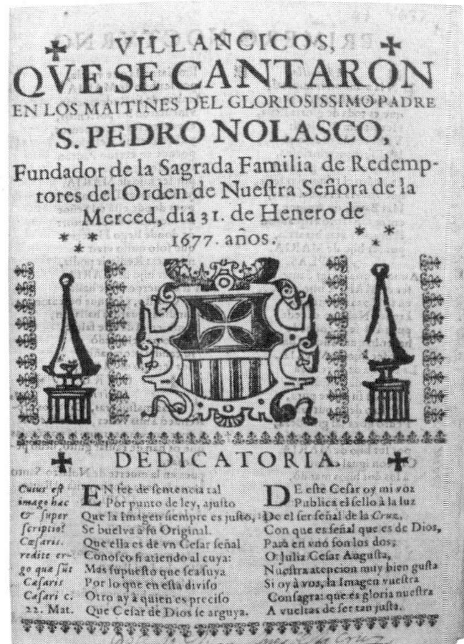

VILLANCICOS,
QVE SE CANTARON
EN LOS MAITINES DEL GLORIOSISSIMO PADRE
S. PEDRO NOLASCO,
Fundador de la Sagrada Familia de Redemptores del Orden de Nueſtra Señora de la Merced, dia 31. de Henero de 1677. años.

DEDICATORIA.

Cuius eſt imago hæc & ſuperſcriptio? Cæſaris. reddite ergo quæ ſũt Cæſaris Cæſari c. 22. Mat.

En fee de ſentencia tal
Por punto de ley, ajuſto
Que la Imagen ſiempre es juſto,
Se buelva à ſu Original.
Que ella es de vn Ceſar ſeñal
Conoſco ſi atiendo al cuya:
Mas ſupueſto que ſea ſuya
Por lo que en eſta diviſo
Otro ay à quien es preciſo
Que Ceſar de Dios ſe arguya.

De eſte Ceſar oy mi voz
Publica el ſello à la luz
De el ſer ſeñal de la *Cruz*,
Con que es ſeñal que es de Dios,
Para en vnó ſon los dos;
O Julia Ceſar Auguſta,
Nueſtra atencion muy bien guſta
Si oy à vos, la Imagen vueſtra
Conſagra: que es gloria nueſtra
A vueltas de ſer tan juſta.

Fig. 5. Portada de los villancicos a san Pedro Nolasco (México: Viuda de Bernardo Calderón, 1677)

ley: hay que restituir las imágenes al original del cual dependen. Si Cristo miró la imagen del César en el denario, y por eso pidió darle al César aquello que era suyo, sor Juana mira el escudo de la orden, coronado por la blanca cruz de san Pedro Nolasco, otro César, e infiere que el original del santo es el mismo Dios: Nolasco es su imagen, su retrato («De este César hoy mi voz / publica el sello a la luz / del ser señal de la cruz, / con que es señal que es de Dios»). De hecho, todo el juego se centrará en la idea de que, en tanto redentor, Nolasco es el más fiel imitador de Cristo: «para en uno son los dos». Ahora bien, si este último es imagen de María, su madre, entonces a ella es, finalmente, a quien debe, por justicia, restituirse esta imagen de Cristo, estos versos a san Pedro Nolasco. Así, al final de esta enrevesada Dedicatoria, sor Juana termina dedicando este juego de villancicos a María, a «Julia César Augusta», que resulta ser una suerte de César original de la que dependen las dos imágenes de Cristo y Nolasco:

> En fe de sentencia tal,
> por punto de ley ajusto
> que la imagen siempre es justo

se vuelva a su original.
Que ella es de un César señal
conozco si atiendo al cuya,
mas supuesto que sea suya,
por lo que en ésta diviso,
otro hay a quien es preciso
que César de Dios se arguya.
De este César hoy mi voz
publica el sello a la luz
del ser señal de la cruz,
con que es señal que es de Dios.
Para en uno son los dos,
¡oh, Julia César Augusta!:
nuestra atención muy bien gusta
si hoy a vos la imagen vuestra
consagra, que es gloria nuestra
a vueltas de ser tan justa
(*OC*, 233; 17).[3]

He dicho antes que los artistas del Barroco —incluidos los artistas tipográficos—, cada uno valiéndose de las herramientas de su propia disciplina, produjeron para la Iglesia imágenes con las cuales promover el culto a los santos. No he dicho, sin embargo, que esas imágenes no las recibían los devotos aisladamente o por separado, sino como un conjunto coherente y en armonía que reforzaba, haciéndose entrar por todos los sentidos, un mismo mensaje.

Tratemos de imaginar la experiencia de los maitines en la Nueva España: un devoto entra, con su pliego suelto decorado con piadosos grabados entre las manos, a una catedral iluminada por cientos de

[3] Cito los villancicos de sor Juana por mi edición crítica, presentada como tesis de maestría (2016; bajo la sigla *JGR* en la bibliografía), debido a que ofrezco allí, como se verá a lo largo de estas páginas, muchas lecciones que considero correctas y que discrepan de las ofrecidas por Méndez Plancarte en su edición de los *Villancicos y letras sacras* (tomo II de las *OC*). Entre paréntesis indico, como en el resto de este trabajo, el número que ocupa la composición citada en las *OC*, seguido del número que ocupa en mi edición; se indica, posteriormente, el número de los versos citados.

velas, como una estrella caída en el centro de la ciudad; la luz, que dora las neblinas del incienso, rebota en las doradas sinuosidades de los retablos, cada uno dedicado a uno o a varios santos, que con sus ojos de madera miran desde sus nichos lánguidamente al Cielo. El devoto se acomoda entre la multitud que, a pesar de sus diferencias —indios, negros, gachupines, mestizos—, se cohesiona en una sola fe. Después de un breve silencio expectante, la capilla catedralicia suelta, cabalgando sobre la música, unos versos, hasta entonces nunca oídos, de la Fénix de México.

Desde la clausura conventual, la madre Juana, que quizá estuviera rezando los maitines junto a las otras monjas de su comunidad, apenas podría concentrarse o conciliar la calma y no dejaría de morderse las uñas. Debían parecerle larguísimas las horas transcurridas hasta que alguno llegara al convento para darle noticias de la recepción que sus villancicos habían tenido en la Catedral, en la sagrada noche de los maitines.

Sor Juana no sólo corrió con la suerte de ver sus villancicos impresos en hojas volantes, sino que pudo verlos incluidos, además, en dos de los tres volúmenes de sus obras reunidas y sus reediciones, impresos en Europa. Por esta razón, aunque algunas de las ediciones sueltas sean anónimas, podemos asegurar —aunque no en todos los casos, como veremos más adelante— que los villancicos que contienen son de la autoría de sor Juana.

En esos gruesos tomos, mejor resguardados de los rigores del tiempo que en las frágiles hojas volantes, los versos que había compuesto para los maitines de las catedrales americanas por un lado se asentaron y preservaron; por otro, gracias a la red de comercialización editorial, se difundieron por Europa junto con el resto de sus célebres obras: sus redondillas a los hombres necios, *Los empeños de una casa*, el *Sueño*...

Esa difusión benefició a los villancicos en más de un sentido. Aunque hemos perdido irremediablemente las partituras con que originalmente se entonaron, músicos de otros territorios tuvieron acceso a las letras a través de las obras reunidas y pudieron musicalizarlas, darles en sus respectivos templos una segunda vida. Fue lo que ocurrió con los maestros de capilla de Sucre, en Bolivia, quienes a principios del siglo XVIII escribieron nueva música para los villancicos de sor Juana, cuyas partituras sí se conservan. Esa música ha sido rescatada y grabada en el disco *Le Phénix du Méxique* (2000), bajo la dirección de Gabriel Garrido y a partir de la investigación musicológica de Bernardo Illari. Gracias a aquellas partituras y a la grabación, podemos hacernos una idea (muy cercana) de cómo debieron sonar en su estreno los villancicos de la madre Juana.

VILLANCICOS INCLUIDOS EN LA *INUNDACIÓN CASTÁLIDA* Y SUS REEDICIONES

Entre 1676 y 1685, sor Juana escribió seis juegos de villancicos, todos para la Catedral de México, que fueron publicados, una segunda vez, en la *Inundación castálida* (Madrid: Juan García Infanzón, 1689), el primer tomo de sus obras reunidas. Son los que siguen: Asunción, México, 1676 (*a1*); san Pedro Nolasco, México, 1677 (*spn*); san Pedro Apóstol, México, 1677 (*sp1*); Asunción, México, 1679 (*a2*); san Pedro Apóstol, México, 1683 (*sp2*); Asunción, México, 1685 (*a3*). Todos los anteriores, salvo el último, impreso por sus herederos, salieron de las prensas de Paula Benavides, la viuda de Bernardo Calderón.

La mayoría de las obras de sor Juana impresas en América salieron de la imprenta de Paula Benavides. Nacida en México hacia 1609, Benavides estuvo al frente de una imprenta y librería durante más de cuarenta años, desde 1640 hasta su muerte, acaecida en 1684. Ingresó al mundo de la imprenta a raíz de su matrimonio con el bien conocido impresor y librero Bernardo Calderón, celebrado el 25 de febrero de 1629 en el Sagrario Metropolitano de la Catedral de México. Calderón, proveniente de Alcalá de Henares, había llegado a México hacia 1625, y para 1628 tenía ya un taller tipográfico y librería en la calle de San Agustín (actualmente República de Uruguay). El impresor murió en 1640 y, a partir de ese año, su viuda decide hacerse cargo del taller tipográfico y la librería. Ese taller, fundado por el peninsular y luego manejado por su viuda y sus hijos, se convertiría en el más destacado y prolífico del siglo XVII (Montiel y Beltrán, 2006). De hecho, todos los juegos de villancicos que se imprimieron en la Ciudad de México salieron de este mismo taller, ya estuviera a cargo de la viuda o bien de sus herederos (Krutitskaya, 2020: 15).

Puede asegurarse que el texto de los villancicos que se edita en la *Inundación* deriva directamente de las ya referidas ediciones sueltas. Considérese el hecho de que los editores de la *IC* están plenamente conscientes de que esos villancicos se hallaban ya impresos: en los títulos, luego de referir el año en que cada uno de los juegos se cantó, añaden la leyenda «en que se imprimieron». Llama también la atención el hecho de que buscan reproducir tanto los titulillos de cada uno de los poemas como los ornatos de imprenta presentes en las sueltas mexicanas. Tómese por ejemplo el caso de los villancicos a san Pedro de 1677: en la suelta los villancicos van titulados únicamente con un número romano, custodiado por dos cruces; exactamente lo mismo ocurre en la *IC*. En cambio, la suelta de Asunción de 1685 nombra cada poema, además de con el número romano correspondiente, con la palabra «Villancico»; la *IC* copia al pie de la letra. Los villancicos del juego de san Pedro Nolasco se rotulan solamente con un «Otro», entre dos cruces, lo que se reproduce con exactitud en la *IC*.

De que los editores peninsulares se basan en las sueltas novohispanas también hallamos pruebas en los textos mismos. Por un lado, la *IC* puede llegar a corregir errores evidentes que se colaron en las sueltas por la premura, el descuido o algún error de carácter técnico. Por ejemplo, ahí donde se lee *si su se nombre pronuncia*, *IC* acertadamente lee *si su nombre se pronuncia* (*OC*, 222; 6: v. 41); también restituye las debidas vocales a *axagera*, *consonuncias* y *valantón*; y endereza tipos malabaristas que en la suelta se pusieron de cabeza: en vez de *cantivos*, ofrece *cautivos*. Otras correcciones introducidas por la *IC* requieren algo más de sagacidad. En un poema que compara a María con la amada del Cantar de los Cantares (*OC*, 221; 5: vv. 7-8) la suelta lee *hirió con ojo / prendió en un cabello*; el primer verso es claramente hipométrico, así que *IC* enmienda: *hirió con un ojo*. En lugar de dar la lección *predicador de su glorias*, como la suelta, decide concordar el número de ese posesivo: *de sus glorias* (*OC*, 239; 23: v. 12). Asimismo, hace que concuerden en género el artículo y sustantivo en el verso *que amilanó a las Carranzas* (*OC*, 248; 33: v. 12) y lee lo que debe ser: *los Carranzas*, curioso plural formado a partir del apellido del célebre maestro de esgrima del siglo XVII, Jerónimo de Carranza, con quien sor Juana compara a san Pedro, también diestro espadachín, pues, como se sabe, cortó de un tajo a Malco, criado del sumo sacerdote, una oreja en el momento del prendimiento de Cristo en el huerto de Getsemaní.

¿Son estas pequeñas correcciones obra de sor Juana? Podría ser, pero lo cierto es que para corregir esos despistes no se necesita ser una décima musa: me inclino a pensar que los editores de *IC* recibieron las sueltas de los villancicos y enmendaron, a veces, lo que era un error notorio. Otra posibilidad es que sor Juana haya enviado las ediciones sueltas con sus correcciones manuscritas (véase, más abajo, el caso de los villancicos dedicados a san Pedro Nolasco). Lo que importa destacar, en todo caso, es que los textos de los villancicos de *IC* no presentan diferencias significativas con respecto a los de las ediciones sueltas impresas en México.

Fuera de esas correcciones elementales, *IC* no introduce sino errores. Bien advertía la monja en un simpático romance al lector español sobre sus versos: por «la prisa de los traslados» —dice—, no tuve «lugar para corregirlos» y hay errores que «matan de suerte el sentido, / que es cadáver el vocablo» (*OC*, 1: vv. 33-40). Donde la suelta lee *a hacer la beldad hermosa*, *IC* lee *la beldad hermosura* (*OC*, 257; 42: v. 6), que estropea el metro y la rima; también estropea el metro del octosílabo de la suelta, *y a honorar las mismas honras*, pues imprime *a honrar las mismas honras* (*OC*, 257; 42: v. 8); y en vez de *podemos sólo* lee *podemos serlo* (*OC*, 261; 46: v. 39). Un caso más interesante lo encontramos en el primero de los villancicos dedicados a la Asunción de 1685. En la edición suelta se lee:

> Tan breve el hermoso cuerpo
> espera *verificarse*,
> que repugna la materia
> la introducción al cadáver.
> Como no tuvo la muerte
> razón para ejecutarle,
> no la pagó como deuda
> y la aceptó como examen
> (*OC*, 267; 52: vv. 9-16).

San Pablo escribe que «el salario del pecado es la muerte» (Romanos 6:23); María, que nació inmaculada, no puede, en teoría, morir y por eso, al final de sus días no enfrenta una muerte, sino un estado particular que se conoce como tránsito o dormición. El villancico nos presenta ese instante justamente, en el que el cuerpo y el alma de María combaten por no apartarse el uno del otro pues, a diferencia del resto de los seres humanos, María sería elevada en cuerpo y alma a las alturas poco después de su «muerte», y no hasta la llegada del juicio final. La lección *verificarse* fue trocada, indebidamente, en todas las ediciones posteriores a la suelta —incluida la de Méndez Plancarte— por *vivificarse*. Sin embargo, *verificarse* tiene pleno sentido y, además, va mejor con la idea que sor Juana desarrolla en el pasaje. Según el *Diccionario de Autoridades*, *verificar* es «probar [...] que alguna cosa que se dudaba es verdadera», y una *verificación* es un «examen [...] que se hace de alguna cosa para averiguar o confirmar la verdad». Así, el cuerpo de la Virgen espera *tan breve* ('tan pronto') *verificarse*, es decir, probar que en realidad no ha perecido, que no ha reprobado el *examen* de la muerte. La lección *vivificarse*, aunque también tiene sentido, es mucho más imprecisa y tendríamos que clasificarla como una *lectio facilior* que, en la jerga de la crítica textual, refiere a los casos en los que un copista o un testimonio transforman la lección original de un texto que no entienden del todo en otra que más fácilmente se adecua a su interpretación.

Errores como los anteriores —abundantes, por cierto— pueden parecer una nimiedad comparados con otros garrafales cometidos por la *IC*. En sus pp. 264-265, se imprimieron los vv. 65-71 de una ensalada a la Asunción (*OC*, 224; 8), seguidos de los vv. 33-119 de la misma. Luego se interpuso el villancico «Silencio, atención...», en el que sor Juana transforma a la Virgen en una virtuosa cantante y aguda conocedora de la teoría musical (*OC*, 220; 4). Debido al trasiego de folios, no se imprimió en la *IC* el villancico «La retórica nueva» (*OC*, 223; 7), el cual prevaleció únicamente en la suelta mexicana y nunca llegó a los lectores de aquel lado del Atlántico. En este villancico, que debió imprimirse inmediatamente antes que la ensalada, la poeta transforma a la Virgen en una erudita catedrática de Retórica. Ya se ve cómo al hablar en sus villancicos de la madre de Dios o de otras santas, sor Juana finalmente habla de sí misma. Por último, en la p. 266, se imprimen los vv. 1-24 de la ya mencionada ensalada, de la cual quedaron fuera los vv. 25-32. La pieza, pues, para los lectores españoles nunca tuvo pies ni cabeza y seguramente, al toparse con tremendo caos, daban vuelta a la página desconcertados.

Es una pena, porque se trata de un poema interesante dentro del conjunto de ensaladas, ya interesante de por sí, de sor Juana: como era habitual en este género, parateatral como ya dije, y que servía de conclusión a los maitines, la poeta introduce en ésta personajes con los que podían sentirse identificados miembros de los estratos más desfavorecidos de la sociedad novohispana. Primero, intervienen «dos negros», quienes dialogan en un lenguaje que podríamos tildar de *pseudolecto*, es decir, un habla de uso literario que busca reflejar mediante estereotipos el tipo de español empleado por las comunidades afromexicanas de la época. Uno de los dos defiende que la asunción de María es motivo de regocijo; el otro asegura que no es motivo sino de tristeza. Al final, estos dos personajes, probablemente interpretados por niños del coro de la Catedral, se ponen de acuerdo y juntos entonan un estribillo en el que echan en cara a los asistentes a los maitines que la Virgen «no es blanca como tú», «ni española, que no está/es buena», pues como ella misma dice, valiéndose de las palabras de la amada en el Cantar de los Cantares, «soy morena porque me ha mirado el sol» (1:6):

> Ah, ah, ah,
> que la reina se nos va,
> uh, uh, uh,
> que non blanca como tú,
> nin pañó que no sá buena,
> que ella dici: «so molena
> con las sole que mirá»
> (*OC*, 224; 8: vv. 65-71).

Para cerrar el festejo, aparecen «los mexicanos alegres», o sea, los indígenas descendientes de los mexicas —¿auténticos?, ¿niños caracterizados?—; sor Juana los presenta con cariño: habla de su «lealtad», y también de «las cláusulas tiernas», las «voces suaves», del «mexicano lenguaje», es decir, del náhuatl, lengua que al parecer la Fénix hablaba fluidamente y en la cual está escrita toda la pieza que sigue y que cierra el festejo completo, la cual lleva el nombre de

VILLANCICOS,
QVE SE CANTARON EN LA SANTA IGLESIA
Cathedral de MEXICO: En los Maytines del Gloriosissimo
Principe de la Iglesia, el Señor SAN PEDRO.
Que Instituyò, y Dotò la devocion del Señor Doctor, y M. Don Simon
Estevan, Beltran de Alzate, y Esquibel, (que Dios aya) Cathedratico
Jubilado de Prima de Sagrada Escriptura, en esta Real Universidad, y
dignissimo Maestrescuela de dicha Santa Iglesia.
Año 1683.
IHS
Compuestos en metro Musico por el Br. Joseph de Agurto, y Loaysa,
Maestro de dicha Santa Iglesia.

Fig. 6. Portada de los villancicos a san Pedro Apóstol (México: Viuda de Bernardo Calderón, 1683)

tocotín, vocablo que entre el pueblo mexica designa un tipo de canto y de danza.

Nótese que sor Juana decidió finalizar una celebración importante en la Catedral de México, los maitines de la Asunción, con un villancico escrito en una lengua originaria. En este tocotín, los mexicanos le piden a la Virgen que, ya que está allá en el Cielo, ruegue a su Hijo por los seres humanos, que nos quedamos en la tierra; le piden, además, que si se niega, le recuerde que fue justamente una humana quien lo llevó en su vientre y lo crio:

> *Ca miztlacamati*
> *motlaçopiltzintli,*
> *mactel, in tepampa*
> *xicmotlatlautili.*
> *Tlaca ammo qui nequi,*
> *xicmoilnamiquili*
> *camo nacayotzin*
> *oticmomaquiti.*
> *Mochichihualáyotl*

oquimomitili,
tlamo secmitia
ihuac Tetepitzin
(*OC*, 224; 8: vv. 93-104).

Según la traducción de Patrick Johansson (1995), estos versos significan: «Pues te obedece / tu precioso hijo, / así que por la gente / ¡ruégale! // Si no quiere / recuérdale / que en tu carne / lo abrigaste, // con tu leche / lo hartaste, / si no se moría / y muy chiquito».

LAS CORRECCIONES AUTÓGRAFAS AL JUEGO DE SAN PEDRO NOLASCO

Entre todos los pliegos sueltos que conservamos de los villancicos de sor Juana, el dedicado a san Pedro Nolasco (México, 1677) ocupa, sin duda, un puesto privilegiado (*spn*). Contiene un conjunto de villancicos que celebran al santo fundador de la Orden de la Merced o de Redención de Cautivos. Los frailes de esta orden intercambiaban su libertad por la de los cristianos presos de los musulmanes: eran, pues, como Cristo lo fue del género humano, redentores de los cautivos; de ahí que sor Juana repita a lo largo del juego el motivo de que entre todos los santos, que ya son de por sí imitadores de Cristo, Nolasco es quien más se le parece.

Este juego que, al igual que otros de la misma época, fue incluido en la *Inundación castálida* presenta una particularidad: el único ejemplar de la suelta que conocemos, el cual perteneció a Salvador Ugarte y actualmente se conserva en la Biblioteca Cervantina de Instituto Tecnológico de Monterrey, presenta correcciones autógrafas de la misma sor Juana. En los márgenes, la poeta garabateó algunos versos, tachó otros que no terminaban de convencerla, superpuso su delicada caligrafía a los caracteres impresos. Se trata, junto con las que veremos más adelante en la suelta del *Neptuno alegórico*, de las únicas correcciones autógrafas conocidas de sor Juana a su propia obra.

A pesar de que Alfonso Méndez Plancarte revisó con cuidado el ejemplar de la suelta allá en los años cincuenta y creíamos que se había dicho todo al respecto, esas pocas páginas amarillentas aún pueden

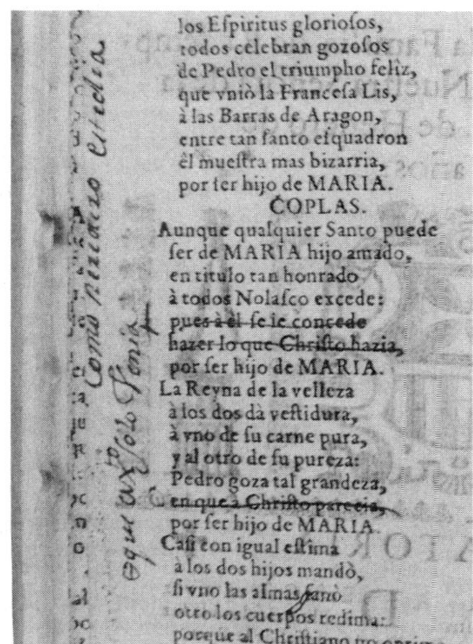
los Espiritus gloriosos,
todos celebran gozosos
de Pedro el triumpho feliz,
que vniò la Francesa Lis,
à las Barras de Aragon,
entre tan santo esquadron
èl muestra mas bizarria,
por ser hijo de MARIA.
COPLAS.
Aunque qualquier Santo puede
ser de MARIA hijo amado,
en titulo tan honrado
à todos Nolasco excede:
~~pues à èl se le concede~~
~~hazer lo que Christo hazia,~~
por ser hijo de MARIA.
La Reyna de la velleza
à los dos dà vestidura,
à vno de su carne pura,
y al otro de su pureza:
Pedro goza tal grandeza,
~~en que à Christo parecia,~~
por ser hijo de MARIA.
Casi con igual estima
à los dos hijos mandò,
si vno las almas sanò
otro los cuerpos redime:
porque al Christiano no oprime

Fig. 7. Correcciones autógrafas al juego de villancicos a san Pedro Nolasco (México: Viuda de Bernardo Calderón, 1677)

darnos unas cuantas sorpresas. Antes que nada, puede observarse que sor Juana tachó tres versos del primer villancico del juego (*OC*, 234; en mi edición ocupa el núm. 18 y los vv. tachados son el 18, el 19 y el 26; fig. 7). En la edición suelta se imprime la siguiente estrofa, en la que sor Juana convierte a Cristo y a Nolasco en hermanos, en tanto que María los vistió a los dos: al primero con su propia carne y al segundo con el hábito blanco, símbolo de su pureza, el cual personalmente pidió a Nolasco que portaran los miembros de su orden religiosa:

> La reina de la belleza
> a los dos da vestidura,
> a uno de su carne pura
> y al otro de su pureza:
> Pedro goza tal grandeza,
> en que a Cristo parecía,
> por ser hijo de María.

La corrección de sor Juana en este caso es muy clara: tacha el verso *en que a Cristo parecía*, y al margen escribe con el que debe sustituirse: *que a Xto* —Cristo— *sólo venía*.

No es tan clara, en cambio, la corrección que corresponde al par restante. La primera copla del villancico dice:

Aunque cualquier santo puede
ser de María hijo amado,
en título tan honrado
a todos Nolasco excede,
pues a él se le concede
hacer lo que Cristo hacía
por ser hijo de María.

Puede verse que sor Juana tachó los versos: *pues a él se le concede / hacer lo que Cristo hacía*, pero en el margen sólo puede leerse su propuesta para sustituir el segundo: *como heredero este día*. Si nos fijamos con atención, veremos que el folio se halla mutilado, pues le falta la franja vertical del extremo izquierdo; mutilación que seguramente ocurrió, como es frecuente, durante el proceso de encuadernación. En esa tirita de papel que el encuadernador rasgó y desechó iba un verso autógrafo de la Décima Musa. Dicho lo anterior, no podemos simplemente sustituir el segundo de los dos versos tachados y conservar el primero (como hizo Méndez Plancarte). Necesitamos, irremediablemente, el verso perdido para poder leer la estrofa tal como la corrigió sor Juana.

Hay otro cambio, minúsculo, del que Méndez Plancarte no se percató cuando revisó el ejemplar (fig. 8). Es muy difícil verla a simple vista: se trata de una *g*, la cual sor Juana sobrescribió a la *s* inicial de la palabra *sanó* (*OC*, 234; 18: v. 30). La autora nos dice, con razón, que Nolasco redimió los cuerpos mientras que Cristo no *sanó* las almas como quiso el impresor de este juego, sino que las *ganó* para el Cielo:

Casi con igual estima
a los dos hijos mandó,
si uno las almas *ganó*,
otro los cuerpos redima

Si bien en el género los límites entre el trabajo de uno y otro villanciquero podían llegar a difuminarse, como se ha visto ya en el caso del juego de Navidad, sor Juana no solía atribuirse composiciones

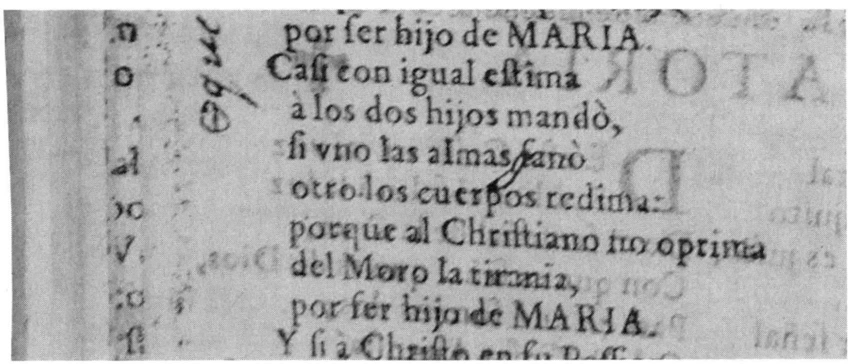
por ſer hijo de MARIA.
Caſi con igual eſtima
à los dos hijos mandò,
ſi vno las almas ſanò
otro los cuerpos redima:
porque al Chriſtiano no oprima
del Moro la tirania,
por ſer hijo de MARIA.

Fig. 8. Correcciones autógrafas al juego de villancicos a san Pedro Nolasco (México: Viuda de Bernardo Calderón, 1677)

que no eran suyas. Al final de esta misma edición suelta a san Pedro Nolasco, la monja escribe, refiriéndose a dos villancicos: «Estos de la misa no son míos, Juana Inés de la +» (fig. 9). A pesar de esta advertencia manuscrita, los editores españoles incluyeron estas dos piezas junto al resto del juego en los tomos de sor Juana que se imprimieron de aquel lado del océano. Estamos ante una prueba más de que hay que ser extremadamente cuidadosos al momento de atribuirle villancicos a la jerónima.[4]

Estas correcciones autógrafas y las realizadas a los villancicos que conformaron el *Segundo volumen* nos revelan, por un lado, a una sor Juana que, como casi todos los escritores de a de veras, vive permanentemente insatisfecha con su trabajo literario: aunque las letras de estas canciones sacras se hallaban ya impresas y publicadas, ello no impidió que una tarde decidiera tomar la pluma y ponerse a corregir, sobre la misma edición, sus propios versos. También nos obligan a cuestionar la idea de que sor Juana no tendría estas obras suyas, los villancicos, en alta estima, que las consideraría un peldaño inferior en la escalinata de su quehacer literario y que, por ende, habría procedido descuidadamente en su edición. Me parece que ocurría algo muy distinto: se preocupaba en primer lugar porque

[4] Krutitskaya (2020: 15-16) propone la hipótesis de que el autor de estos villancicos a san Pedro Nolasco que se cantaron para la misa es un mercedario, Ramón Gascón, quien solicitó la licencia para que se imprimiera el juego.

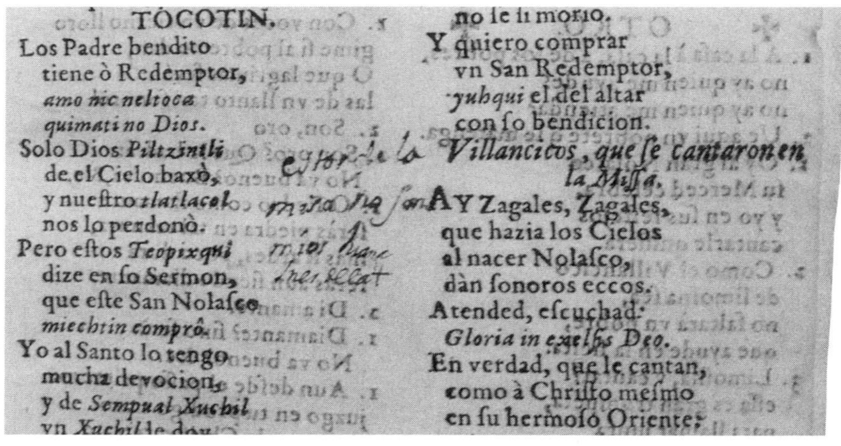
TOCOTIN.
Los Padre bendito
tiene ò Redemptor,
amo nic neltoca
quimati no Dios.
Solo Dios *Piltzintli*
de el Cielo baxò,
y nueſtro *tlatlacol*
nos lo perdonò.
Pero eſtos *Teopixqui*
dize en ſo Sermon,
que eſte San Nolaſco
miechtin comprò.
Yo al Santo lo tengo
mucha devocion,
y de *Sempual Xuchil*

no le li morio.
Y quiero comprar
vn San Redemptor,
yuhqui el del altar
con ſo bendicion.

Villancicos, que ſe cantaron en la Miſſa.

AY Zagales, Zagales,
que hazia los Cielos
al nacer Nolaſco,
dàn ſonoros eccos.
Atended, eſcuchad:
Gloria in exelsis Deo.
En verdad, que le cantan,
como à Chriſto meſmo
en ſu hermoſo Oriente:

Fig. 9. Anotación autógrafa al juego de villancicos a san Pedro Nolasco (México: Viuda de Bernardo Calderón, 1677)

sus versos, acompañados de la música, se lucieran en los maitines catedralicios y después procuraba ofrecer a los lectores la mejor versión posible de su trabajo. A veces ello no ocurría debido a que, en su transmisión de impresor en impresor, en el traslado de las sueltas americanas a las ediciones europeas, el texto de los villancicos se iba oscureciendo, como un río que, nítido en su origen, desemboca turbio en el mar. Consecuentes con esa preocupación de la autora, los editores modernos debemos conocer cada recodo de ese sinuoso río, y proceder con suma cautela, provistos de todas las herramientas posibles, al momento de ofrecer el texto de sus villancicos.

No me sorprende que sor Juana cuidara cada detalle pues, a diferencia de otros, estos poemas no sólo iban a ser leídos por sus amigos o por quienes compraran los volúmenes de sus obras, sino que iban destinados a complacer el oído del gran público: desde el virrey hasta el más humilde de los esclavos. En los villancicos de la madre Juana, la Nueva España, multiforme, mestiza, plural, se encontraba consigo misma y, milagrosamente, se cohesionaba. Al mismo tiempo, a través de esa voz poética con la que construyó sus villancicos —lírica al mismo tiempo personalísima y colectiva—, sor Juana dialogaba con la sociedad de la que formaba parte: eran un transparente puente de palabras entre la soledad de la celda y la muchedumbre.

4. La virreina, Neptuno y el cometa (1680)

En el ocaso del siglo XIX, José Toribio Medina, diplomático chileno e infatigable bibliógrafo, recorrió el Viejo y el Nuevo Mundo en busca de los impresos producidos en Hispanoamérica durante los siglos virreinales. Sus andanzas y pesquisas rindieron frutos. Por un lado, produjo el estudioso varias obras de carácter enciclopédico, de consulta obligada aún en nuestro tiempo, en las que enlista, ordena y da sentido a sus hallazgos; destaco los ocho tomos de *La imprenta en México*, publicados entre 1909 y 1911, en los que se da cuenta de los más de doce mil impresos que entre 1539 y 1821 alumbraron los cerca de ochenta talleres tipográficos de la Ciudad de México. Por otro lado, Toribio Medina reunió un acervo conformado por miles de ejemplares que, desde 1929, se resguarda entre los muros de la Biblioteca Nacional de Chile. Ese fondo, que lleva su nombre, constituye una de las fuentes de conocimiento más importantes para los interesados en la literatura hispanoamericana del virreinato.

Además de múltiples ediciones de los tomos de obras reunidas que de la Décima Musa se imprimieron en Europa entre 1689 y 1725, la biblioteca chilena cuenta con no pocos ejemplares verdaderamente extraordinarios, de los que hablaremos más adelante. Sin embargo, quizá la más preciada de las joyas del acervo bibliográfico de Toribio Medina en torno a sor Juana haya pasado, hasta ahora, inadvertida. Se trata de un ejemplar de la suelta del *Neptuno alegórico*, texto en el que sor Juana da, por un lado, relación de la triunfal entrada de los condes de Paredes y describe, por otro, el arco alegórico ideado por ella misma en honor a los virreyes entrantes en 1680. Sobreviven, hasta donde tengo noticia, dos ejemplares de la suelta del *Neptuno*: el ya mencionado y uno más resguardado en la Nettie Lee Benson Collection de la Universidad de Texas. El que se resguarda en la Biblioteca Nacional de Chile es excepcional por partida doble: además de haber sobrevivido al paso del tiempo, descubrí que algunas de sus líneas fueron tachadas, enmendadas, y sus márgenes, poblados de correcciones de puño y letra de la Décima Musa.

RELACIÓN DE FIESTA

7 de mayo de 1680. Carlos II, triste monarca español a quien se le conoce como El Hechizado, último de los Austrias, nombra a Tomás Antonio de la Cerda, conde de Paredes y marqués de la Laguna, virrey de la Nueva España. Junto con su esposa, la distinguida dama de la reina, María Luisa Manrique de Lara, inicia, muy apresuradamente, los preparativos para emprender el largo viaje desde la Corte de Madrid hasta el corazón de México. Él tiene cuarenta y un años; ella, treinta. Llevan casados apenas cinco años, y ya han perdido dos hijos. En México perderán uno más; también engendrarán el único que sobrevivirá hasta la adultez.

28 de junio. La Casa de Contratación en Sevilla, según consta en un documento del Archivo General de Indias, autoriza la salida hacia América del conde de Paredes «con la señora condesa, su mujer, un capellán y ochenta criados» (CONTRATACIÓN, 5443, N.2, R.127). La virreina, acostumbrada a los placeres de Palacio, cierra los ojos y suspira: le esperan casi tres meses en altamar (y ocho años lejos de casa).

19 de septiembre. México se alborota. A las dos de la mañana llega la noticia de que los virreyes han desembarcado en Veracruz. Entre los ochenta criados, uno destaca: dice Antonio de Robles en su *Diario* que viene en el séquito un «gentilhombre, caballero del Orden de Santiago» (286). Se trata, seguramente, de don Juan Camacho Gayna, quien, aunque entonces no lo sabía, habría de quedar cautivado por cierta monja poeta y se ofrecería a pagar, años después, la primera publicación de ésta en Europa (pero a ese asunto volveremos más tarde). A las cuatro de la mañana, seguramente para el desconcierto y enfado de muchos, repicaron al unísono todos los campanarios de la ciudad. Según opinó el poeta Juan Antonio Ramírez Santibáñez, quien hizo relación en quintillas de la fiesta en su *Piérica narración* (México: Francisco Rodríguez Lupercio, 1680), el hacer tanto escándalo con las noticias del nuevo virrey en hora en que no se había despertado ni el mismo sol fue tremenda descortesía de la deidad mitológica de la Fama:

> ...la volante Fama,
> que a la ciudad alborota
> y al nuevo virrey aclama
> con las nuevas de la flota,
> a Apolo cogió en la cama
> (en Tenorio, 2010: 709).

20 de septiembre. Ni tardos ni perezosos, los Cabildos se reúnen para determinar quiénes serán los ingenios comisionados para idear los correspondientes arcos triunfales, monumentales, alegóricos y efímeros, y compuestos de emblemas, esos discursos pictórico-textuales que se pusieron tan de moda a partir de la publicación en Alemania de 1531, reeditada muchas veces en los años siguientes, del *Emblematum Liber* de Andrea Alciato.

El emblema típico tiene una constitución triple: un lema, generalmente en latín, una imagen y un epigrama o poema breve; a partir de la lectura de esos tres elementos, debe extraerse el sentido o significado global del emblema. En la Ciudad de México se erigían dos arcos: uno, a cargo del Cabildo civil, en la Plaza de Santo Domingo, y otro, en una de las entradas laterales de la Catedral, a cargo del Cabildo catedralicio. El civil toma una decisión esperable: elige a don Carlos de Sigüenza y Góngora, de treinta y cinco años, reconocido profesor universitario, apasionado de los astros y la historia antigua de México, para el arco, de doble fachada, que habría de levantarse en el centro de la Plaza de Santo Domingo. El eclesiástico, en cambio, al elegir al responsable del que habría de adosarse a una de las puertas de la Catedral, actúa de forma inusitada: los clérigos, en concreto el tesorero Ignacio de Hoyos Santillana (Saucedo, 1999: 189), deciden apostar por el talento de una madre profesa en el Convento de San Jerónimo, Juana Inés de la Cruz, el único en toda la urbe —reza el decreto— que está «a la par» del de Sigüenza y Góngora (en Alatorre, 2007: I, 21-22). Fray Payo Enríquez de Rivera, quien había sido arzobispo y virrey por ya varios años y tenía, además, una buena relación con la jerónima, apoya la decisión. Ese día, el Cabildo convierte a sor Juana en la única mujer en toda la historia de la Nueva España a la que se comisionó un arco triunfal.[1]

20-22 de septiembre. Sor Juana, a punto de cumplir treinta y dos años, lleva una vida tranquila en el convento y, aunque está acostumbrada a que la celebren por su prodigiosa inteligencia y universalidad de saberes, está lejos todavía de alcanzar la fama y la gloria como escritora. No ha publicado gran cosa: apenas dos sonetos de circunstancias y cinco juegos de villancicos. Es, en todo caso, la poeta más prometedora entre los de su ciudad. Nada más. Quizá por eso, asustada ante el tremendo desafío que se le ponía en frente, se niega «tres o cuatro veces» a cumplir con el encargo del Cabildo, según consta en su propia confesión vertida años después en 1682, en la *Carta* a su confesor, el padre Antonio Núñez de Miranda. Las autoridades eclesiásticas no están acostumbradas a recibir este tipo de desaires: en una suerte de acto intimidatorio, envían al convento a dos jueces hacedores —que se encargaban de los diezmos—, quienes mandan llamar, no sólo a sor Juana sino también a la madre priora, ya no para pedir sino para ordenar que la monja construyera, con las armas de su erudición y de su ingenio, el mentado arco triunfal, porque así lo había votado el Cabildo y aprobado el arzobispo. Sor Juana no tenía escapatoria:

> ¿Respondería que no podía? Era mentira. ¿Que no quería? Era inobediencia. ¿Que no sabía? Ellos no pedían más que hasta donde supiese. ¿Que estaba mal votado? Era sobre descarado atrevimiento, villano y grosero desagradecimiento a quien me honraba con el concepto de pensar que sabía hacer una ignorante mujer lo que tan lucidos ingenios solicitaban (en Alatorre, 1987: 619).

Así pues, el 22 de septiembre, el Cabildo empieza a gestionar lo respectivo a los gastos para la construcción del arco (Saucedo, 1999: 188) y sor Juana se apresura a revolver su biblioteca, a echar a andar toda la maquinaria de su inteligencia, para idear el arco triunfal que,

[1] Arenal afirma que, de hecho, sor Juana es «la única mujer en la historia de Occidente a quien se le contratara para la invención y el diseño literario de un arco triunfal» (2009: 11).

aunque entonces no lo sabía, sería la obra que definiría el rumbo de su carrera literaria.

27 de octubre. Fray Payo entrega al conde de Paredes, su sucesor, el bastón de mando en el pueblo de Otumba. Sor Juana se apresura a terminar el arco; los virreyes están ya muy cerca.

8 de noviembre. Sor Juana entrega, poco más de un mes después de haber aceptado el encargo, el plan iconográfico y los versos que conformarían el arco de la Catedral. El Cabildo revisa el trabajo y se da cuenta de que no erró en su elección: el trabajo que ha realizado la monja es espléndido. Dado que la poeta «había trabajado con toda puntualidad» y «ha discurrido muy bien» en la formación del arco, y a razón de «lo singular de la circunstancia de que una mujer hubiese emprendido esta obra y ser una pobre religiosa digna de ser socorrida», los eclesiásticos, especialmente el ya mencionado tesorero Hoyos Santillana, deciden recompensarla con la extraordinaria suma de 200 pesos —solían pagarse por este tipo de trabajos solamente 150 (en Alatorre 2007: I, 21-22)—.

Era la primera vez que sor Juana cobraba tanto dinero por su trabajo. Al verse tan rica, temió, tal como lo expresa en unas simpáticas décimas de agradecimiento que dirigió a los miembros del Cabildo, perder la divina inspiración —se sabe que el poeta, si poeta, es pobre—:

Esta grandeza que usa
conmigo vuestra grandeza
le está bien a mi pobreza
pero muy mal a mi Musa.
[…]
No ha sido arco en realidad
quien mi pobreza socorre,
sino arcaduz por quien corre
vuestra liberalidad.
De una llave la lealtad,
a ser custodia se aplica
del caudal que multiplica
quien oro me da por cobre,
pues por un arco tan pobre
me dais un arca tan rica.

[...]
y aun estas décimas quiero
dar, de estar flojas, excusa:
que estar tan tibia la Musa
es efecto del dinero
(*OC*, 115: vv. 1-40).

15 de noviembre. El que luego se conocerá como el Gran Cometa de 1680 surca por primera vez la noche mexicana. El pueblo se atemoriza: los cometas, eso es lo que cree todo mundo, no aparecen sino para anunciar grandes desgracias. Es la segunda vez que sor Juana ve un cometa; el anterior apareció poco después de su entrada al convento: ¿la aparición de éste qué significa? La virreina se atemoriza aún más porque sabe, o cree saber, que entre las muchas desgracias que los cometas anuncian está la muerte de los príncipes. Su temor se afianza por el hecho de que pocos días antes, el 8 de noviembre, su marido enfermó seriamente: «amaneció el virrey malo de la orina y lo sangraron» (Robles, 1972: I, 290). Sólo Sigüenza y Góngora, verdadero y moderno hombre de ciencia, se entusiasma ante la oportunidad de poder contemplar y estudiar un espectáculo astronómico de semejante envergadura.

30 de noviembre (sábado). El día más importante en la vida de sor Juana. Luego de una prolongada estancia entre los amenos jardines de Chapultepec y del susto de la enfermedad del conde, los virreyes hacen su entrada pública a la Ciudad de México. Sor Juana, que de los nervios se muerde las uñas en la clausura del convento, y Sigüenza, testigo presencial de la ceremonia, han puesto todo su empeño y han dispuesto de toda su imaginería y erudición —que no es poca— en la elaboración de sus arcos triunfales. Asumen, de hecho, aquel encargo como una suerte de competencia que se entabla entre ambos por el favor de los virreyes.

Alrededor de las cuatro de la tarde, los condes de Paredes llegan acompañados de una vistosa y numerosa procesión, envuelta por la música de clarines y atabales y conformada por las más distinguidas autoridades del virreinato, a la Plaza de Santo Domingo, donde el flamante mandatario recibe las llaves de la ciudad. El arco de Sigüenza y Góngora sorprende a todo mundo. Mide 25 metros de altura, 14 metros de ancho, y tiene 3.3 metros de profundidad. Siempre extravagante, el sabio criollo ha procedido de una manera absolutamente novedosa y original. Ha concebido un espejo de príncipes en el que cada uno de los antiguos tlatoanis de México Tenochtitlan, representados en los lienzos del arco, debidos a los pinceles de José Rodríguez y Antonio de Alvarado, ejemplifican las diferentes virtudes con las que el virrey ha de gobernar: de Itzcóatl aprendería la prudencia, de Moctezuma Ilhuicamina, la piedad, de Axayacatzin, la fortaleza, etcétera. Lo dice él mismo: es «agraviar a su patria mendigar extranjeros héroes» (1984: 174). Ante la abundancia de huipiles y penachos de este arco triunfal, sin duda adelantado a su tiempo —me parece que otro igual, con motivos mesoamericanos, no volverá a verse en México hasta los tiempos de Porfirio Díaz—, el poeta Ramírez Santibáñez opinó en su ya referida *Piérica narración*:

Un arco bien levantado
la ciudad, sin interés,
aquí le tuvo formado,
que alabándole, cortés,
no dejó de estar aindiado
(en Tenorio, 2010: 720).

A las cuatro y cuarto de la tarde, las fuentes escritas parecen indicar que el, ya de por sí asombrado, auditorio ve aparecer a un actor, por una suerte de artilugio de tramoya, en las alturas del arco, «entre unas nubes» o «sobre una nube». Era costumbre que ante los arcos triunfales novohispanos, antes de que cruzara sus umbrales el señor virrey, un personaje recitara unos versos escritos por quien los había ideado, los cuales buscaban explicar los emblemas dispuestos en la fachada y su sentido general. En este caso, como no podía ser de otro modo, nuestro actor va caracterizado del «Imperio Mexicano, en traje propio», es decir, lleva el atuendo de los indios mexicanos. Al verlo, el público abre el breve impreso que se les ha repartido —o vendido— momentos antes: se intitula *Panegírico* y contiene los versos escritos por Sigüenza, una serie de diecisiete estrofas que, mientras son recitadas por nuestro actor, el público puede también seguir con la vista sobre la página.

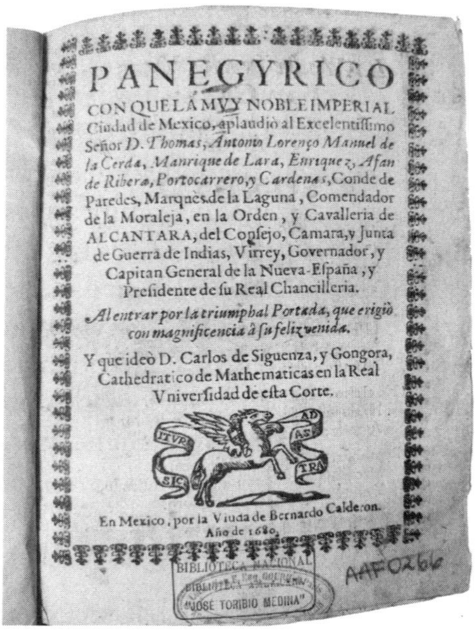

PANEGYRICO
CON QUE LA MUY NOBLE IMPERIAL
Ciudad de Mexico, aplaudiò al Excelentiſſimo
Señor D. *Thomas, Antonio Lorenço Manuel de
la Cerda, Manrique de Lara, Enriquez, Afan
de Ribera, Portocarrero, y Cardenas*, Conde de
Paredes, Marquès de la Laguna, Comendador
de la Moraleja, en la Orden, y Cavalleria de
ALCANTARA, del Conſejo, Camara, y Junta
de Guerra de Indias, Virrey, Governador, y
Capitan General de la Nueva-Eſpaña, y
Preſidente de ſu Real Chancilleria.

*Al entrar por la triumphal Portada, que erigiò
con magnificencia à ſu feliz venida.*

Y que ideò D. Carlos de Siguenza, y Gongora,
Cathedratico de Mathematicas en la Real
Vniverſidad de eſta Corte.

En Mexico, por la Viuda de Bernardo Calderon.
Año de 1680.

Fig. 10. Portada del *Panegírico*, de Sigüenza y Góngora (México: Viuda de Bernardo Calderón, 1680)

De esos ejemplares que debieron repartirse por cientos aquella tarde, he localizado el que, hasta donde tengo noticia, constituye el único que sobrevive de este rarísimo impreso; se encuentra resguardado en el Fondo José Toribio Medina, dentro de la Biblioteca Nacional de Chile, y lo consigno en la bibliografía bajo la sigla *pan*. El bien conocido soneto que sor Juana dedicó a su amigo, «Dulce, canoro cisne mexicano» (*OC*, 204), se imprimió por primera y única vez en tiempos antiguos en la primera página de este *Panegírico*; es, como los que hemos revisado antes, un poema *extra opera omnia*, que quedó fuera de las ediciones de obras reunidas.

Dado que hasta ahora ningún editor de sor Juana consultó directamente el impreso, incluyo aquí una reproducción de su portada (fig. 10). Permítaseme una pequeña digresión para señalar dos elementos que me parecen relevantes sobre la misma: primero, la clara indicación de que con este poema la Ciudad de México «aplaudió» a su virrey justamente «Al entrar por la triunfal portada que erigió con magnificencia a su feliz venida»; segundo, el grabado de Pegaso rodeado de una filacteria en la que se lee el verso de Virgilio «Sic itur ad astra» ('así se va a las estrellas').

Fig. 11a. Grabado de Pegaso en el *Panegírico*

Fig. 11b. Grabado de Pegaso en el *Teatro de virtudes políticas*

Como se sabe, un grabado con estas características aparece en prácticamente todas las portadas de los impresos de Sigüenza publicados a lo largo de su vida; falta sólo en la *Primavera indiana* (México: Viuda de Bernardo Calderón, 1668). Sin embargo, como puede observarse, el Pegaso en el *Panegírico* es notablemente distinto al del resto de las ediciones de Sigüenza (fig. 11ab); es, por otro lado, idéntico al que aparece en la portada de las *Glorias de Querétaro*, obra impresa en agosto de 1680. Así pues, sólo existirían dos obras conocidas de Sigüenza que ostentan este grabado, de trazo notablemente más torpe que los otros y con la filacteria dispuesta alrededor y no encima del Pegaso: las *Glorias de Querétaro*, de agosto de 1680 (fig. 12), y este *Panegírico*, de noviembre de ese mismo año. En todos sus impresos posteriores, desde el *Teatro* hasta el *Mercurio volante* (México: Viuda de Bernardo Calderón, 1693), el sabio criollo utilizaría el otro grabado, bien conocido.[2]

2 Tanto Marina Garone Gravier como yo hemos identificado, cada uno por su cuenta y de forma independiente, la existencia de estos dos pegasos en los impresos de Sigüenza: ella a partir de la portada de las *Glorias de Querétaro*; yo, de la del *Panegírico*. Según me ha informado hace muy poco, ella había señalado, antes que nadie, la diferencia entre estos dos grabados en una ponencia, aún inédita y en la que no estuve presente, leída en el XXX Encuentro de Investigadores del Pensamiento Novohispano, «Roberto Heredia Correa», en noviembre de 2017 (Instituto de Investigaciones Filológicas, UNAM); trató de nuevo el asunto en su ponencia «Juan de Ribera, impresor del *Triunfo parténico*», presentada en el XII Simposio Internacional Modernidad y Tradición de la Literatura Española e Hispanoamericana, Homenaje a José Pascual Buxó, In Memoriam, en agosto de 2021 (Instituto de Investigaciones Bibliográficas, UNAM).

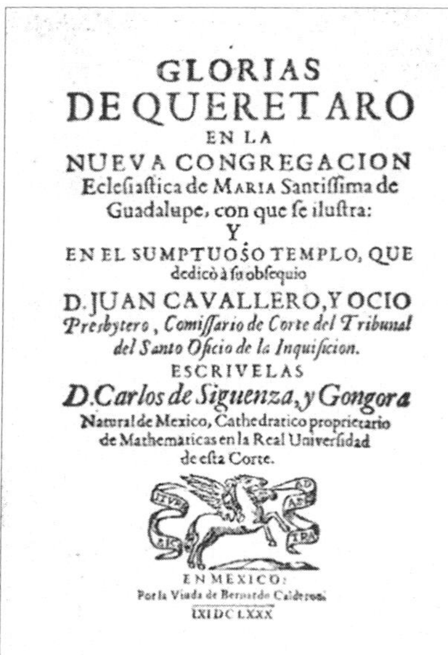

GLORIAS
DE QUERETARO
EN LA
NUEVA CONGREGACION
Eclesiastica de MARIA Santissima de
Guadalupe, con que se ilustra:
Y
EN EL SUMPTUOSO TEMPLO, QUE
dedicò à su obsequio
D. JUAN CAVALLERO, Y OCIO
*Presbytero, Comissario de Corte del Tribunal
del Santo Oficio de la Inquisicion.*
ESCRIVELAS
D. Carlos de Siguenza, y Gongora
Natural de Mexico, Cathedratico proprietario
de Mathematicas en la Real Universidad
de esta Corte.
EN MEXICO:
Por la Viuda de Bernardo Calderon.
IXIDCLXXX

Fig. 12. Portada de las *Glorias de Querétaro*, de Sigüenza (México: Viuda de Bernardo Calderón, 1680)

Volvamos, pues, al soneto de sor Juana dedicado a Sigüenza (fig. 13). He dicho antes que ningún editor consultó el *Panegírico*: ¿de dónde obtuvieron entonces el conocido poema? Sucede que Juan José de Eguiara y Eguren lo reimprimió, por primera vez desde 1680, en el primer y único tomo que vio la luz de su *Bibliotheca Mexicana* en 1755. Allí, al final de la entrada dedicada a Sigüenza (*s.v. Carolus de Siguenza et Gongora*) en ese catálogo biobibliográfico en latín que es la *Bibliotheca*, afirma que el soneto «inter editas non extantem», o sea, 'destaca entre las obras inéditas de la monja' (483). Lo anterior indica que Eguiara y Eguren no conoció el *Panegírico* y que habría manejado, al momento de redactar el texto, una copia manuscrita del soneto; ello explica las diferencias entre su versión y la ofrecida por la *princeps*. Eguiara, por ejemplo, transforma *teucro*, que es lo que se lee en el v. 5 del *Panegírico*, en *Teseo*; también *el alto numen* en *el sacro numen* (v. 9); y *al que pulsas sonante* en *el que pulsar divino* (v. 10). José Mariano Beristáin de Sousa, en la entrada correspondiente a Sigüenza de su *Biblioteca hispanoamericana septentrional* (1816-1821, III: 161-162), copia —añadiendo varios errores— el soneto desde la *Bibliotheca Mexicana*. Con base en la versión ofrecida por estos dos bibliógrafos, todos los

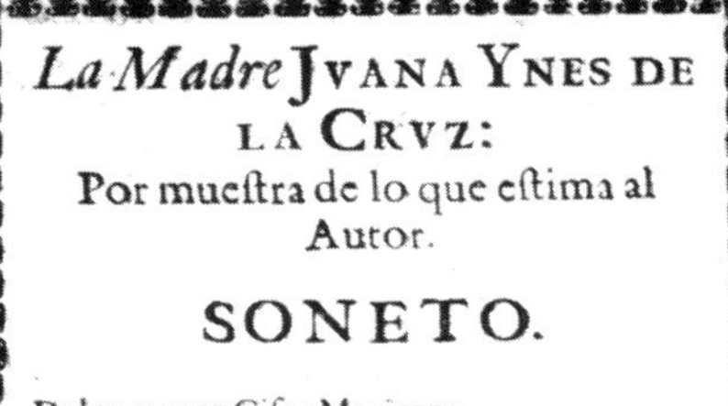

La Madre JVANA YNES DE LA CRVZ:
Por mueſtra de lo que eſtima al Autor.

SONETO.

Dulce canoro Ciſne Mexicano,
Cuya voz ſi el Eſtigio Lago oyera
Segunda vez à Euridice te diera,
Y ſegunda el Delphin te fuera humano:

A quien ſi el Teucro muro, ſi el Tebano
El ſer en dulces clauſulas deviera,
Ni à aquel el Griego incendio conſumiera,
Ni à eſte poſtrara Alexandrina mano.

No el alto Numen con mi voz ofendo,
Ni al que pulſas ſonante Plectro de oro
Agreſte avena concordar pretendo:

Pues por no profanar tanto decoro,
Mi entendimiento admira lo que entiendo,
Y mi Fe reverencia lo que ignoro.

Fig. 13. Soneto de sor Juana en el *Panegírico*, de Sigüenza

editores posteriores de sor Juana ofrecieron la suya. Aunque varios de éstos —particularmente Méndez Plancarte— hicieron al texto un par de correcciones acertadas, ninguno consultó directamente el *Panegírico*.

Ofrezco a continuación la primera edición moderna, basada en el impreso original, del soneto que sor Juana dedicara a don Carlos en 1680. Como conviene a este tipo de obras, la hipérbole aquí se lleva al extremo. En el primer cuarteto, la autora compara a Sigüenza, cuyo canto es tan «dulce» y «canoro» como el del «cisne», con Orfeo y con Arión, que obtuvieron grandes favores gracias a sus dotes musicales: el primero logró que el Hades le devolviera a su amada Eurídice; el segundo, luego de ser arrojado por la borda de un navío, que un delfín lo condujera a salvo hasta la playa. En el siguiente cuarteto el elogio se acrecienta: si las murallas de Troya —levantadas con la música de Apolo— o las de Tebas —con la de Anfión— le debieran «el ser» al canto de Sigüenza, aquéllas no habrían perecido a causa del «griego incendio» —introducido en aquel famoso caballo de madera— ni éstas habrían sido postradas por la mano de Alejandro Magno. Los tercetos, descarado despliegue de la *humilitas*, son una suerte de contrapeso a la pesada hipérbole de los versos anteriores:

sor Juana no pretende «concordar» la pobre música de su soneto, de «su agreste avena», con el «sonante plectro de oro» de Sigüenza; se mantiene, por el contrario, al borde de «tanto decoro», y se limita, como el feligrés ante los misterios sagrados, a admirar lo que alcanza a entender y a reverenciar lo que ignora.

Como ha señalado sobre todo Alatorre, el elogio final es ambiguo: el hecho de que una intelectual de la talla de sor Juana le diga a su colega que hay cosas en su obra que ni ella misma entiende es como decir que en ésta quizá haya más oscuridad de la que debiera. Además de las correctas lecciones de varios versos, restituyo también el cariñoso epígrafe del poema, hasta ahora inédito:

La madre Juana Inés de la Cruz,
por muestra de lo que estima al autor.

Soneto

Dulce, canoro cisne mexicano,
cuya voz si el estigio lago oyera,
segunda vez a Eurídice te diera
y segunda el delfín te fuera humano.
A quien si el teucro muro, si el tebano,
el ser en dulces cláusulas debiera,
ni a aquél el griego incendio consumiera,
ni a éste postrara alejandrina mano.
No el alto numen con mi voz ofendo,
ni al que pulsas sonante plectro de oro
agreste avena concordar pretendo,
pues, por no profanar tanto decoro,
mi entendimiento admira lo que entiendo
y mi fe reverencia lo que ignoro.

El público, pues, va siguiendo en su ejemplar del *Panegírico* los versos que se recitan desde lo alto del arco triunfal. Si nos atenemos a las fuentes escritas, podríamos pensar que nuestro actor disfrazado del Imperio Mexicano no pudo concluir de recitar las estrofas porque la tramoya lo traicionó: «se cayó un indio del arco de la Ciudad y se medio murió» (Robles, 1972: I, 291).

Poco antes de las cinco de la tarde, la ilustre comitiva, quizá un poco espantada por el accidente recién presenciado, llega, a través de la actual calle de República de Brasil, que se convierte en Monte de Piedad, a las puertas del costado derecho de la Catedral. Salen a recibir al nuevo virrey el arzobispo fray Payo y todos los miembros de su Cabildo que, orgullosos, señalan el imponente y hermoso arco de la madre Juana Inés de la Cruz. Sus tres cuerpos, sostenidos por columnas que «fingían ser de finísimo jaspe», se elevan 25 metros sobre una base de 13 de ancho. Luego de unos minutos, aparece una actriz —«una cómica explicó / la montea con elocuencia», dice Ramírez Santibáñez (en Tenorio, 2010: 722)—, que comienza a recitar el poema escrito por sor Juana, el cual todo el auditorio tiene ya impreso entre las manos en un folleto intitulado *Explicación sucinta* (existe una edición facsimilar, hecha por el Instituto de Investigaciones Estéticas de la UNAM). Si bien ello no se explicita en fuente alguna, creo que la actriz que recibió al virrey frente al arco de sor Juana debió estar investida como la figura mitológica de la Fama, es decir, alada, quizá provista con alguna trompa de bronce, tal como solía representarse este personaje.[3]

El poema que todos escuchan con atención es una larga composición polimétrica. Presenta la dificultad propia del estilo elevado del Barroco novohispano, gongorino, pero, a pesar de sus recónditas alusiones y sus laberínticos periodos sintácticos, posee, en la medida de lo posible, una apacible transparencia. En los primeros 68 versos, un romance, la «cómica» invoca al virrey y le presenta el altísimo arco triunfal, debido a la generosidad del Cabildo catedralicio:

> Este, señor, triunfal arco,
> que artificioso compuso
> más el estudio de amor
> que no el amor del estudio;

---

[3] Lo infiero, sobre todo, a partir de los siguientes versos recitados por la actriz a las faldas del arco: «si acaso cuando a mi voz / se encomienda tanto asunto, / no rompe lo que concibo / las cláusulas que pronuncio» (*OC*, 402: vv. 5-8). Recuérdese que a la voz de la Fama se encomienda divulgar los altos asuntos de los hombres.

este Cicerón sin lengua,
este Demóstenes mudo,
que con voces de colores
nos publica vuestros triunfos;
este explorador del aire,
que entre sus arcanos puros
sube a investigar curioso
los imperceptibles rumbos;
[...]
este Prometeo de lienzos
y Dédalo de dibujos,
que impune usurpa los rayos,
que surca vientos seguro...
(*OC*, 402: vv. 17-40).

La muchedumbre eleva la vista hacia las pinturas del arco —cuya autoría no ha quedado registrada en ningún lado—. Mucho menos disruptiva, quizá más astuta, que su colega Sigüenza, sor Juana ha decidido ir a la segura: a partir del acuífero título nobiliario de marqués de la Laguna, ha decidido comparar al virrey con Neptuno. Lo habitual era comparar a los virreyes entrantes con una deidad o héroe de la mitología grecolatina y, a partir de ahí, desplegar todo el programa iconográfico del arco: otros ingenios, antes y después de ella, tendieron puentes entre el virrey y Perseo, Júpiter, Eneas, Cadmo, Hércules, Belerofonte... Ahí, en el lienzo central de toda la composición, se ve al conde de Paredes, junto a la virreina, María Luisa Manrique de Lara, transformados en el dios de los mares y en su esposa Anfitrite; la pareja, metamorfoseada por la alquimia de la alegoría y acompañada por una corte de criaturas marinas, surca los mares sobre un carro jalado por caballos escamados.

En *El arte de la poesía*, Ezra Pound recomienda al poeta no ser descriptivo y le recuerda: «un pintor puede describir un pasaje mucho mejor que tú»; le recomienda también presentar en su poema «algo que el pintor no presenta» (2016: 23). En la larga silva de pareados (vv. 69-284) en los que la Fama describe, uno a uno, los ocho lienzos principales que conforman la fachada del arco, sor Juana ofrece información para los ojos de la imaginación, diferente a la que el lienzo ofrece a los ojos de la carne. Me parece hermoso cómo en el primer lienzo, por ejemplo, a través de la palabra, la poeta superpone a la imagen que el pincel ha dibujado de las aguas, la de un toro azul de «lunada frente» que se rinde ante la fuerza de Neptuno y lo sostiene, a él y a la «turba nadante» que lo acompaña y festeja, sobre su lomo cristalino:

> el Océano, padre de los mares,
> que al cerúleo tridente
> inclina humilde la lunada frente;
> y el que fue con bramidos terror antes
> a los náufragos tristes navegantes,
> ya debajo del yugo que le oprime,
> tímido muge y reverente gime,
> sustentando en la espalda cristalina
> tanta de la república marina
> festiva copia, turba que nadante
> al árbitro del mar festeja amante
> (*OC*, 402: vv. 79-87).

Mientras la actriz continúa explicando los emblemas neptunianos, la virreina, ya cansada de la larga ceremonia que México consagra a su marido, baja la vista y la detiene en dos pequeños emblemas en la base del arco, dispuestos en los intercolumnios. La actriz no habría de detenerse a explicarlos y posiblemente los espectadores, deslumbrados por los otros emblemas, no se detendrán a mirarlos, pero están dedicados a ella. Aunque son pequeños y están a ras del piso, sostienen toda la fábrica que brota por encima de ellos. En uno de ellos se ve al lucero de Venus, que simboliza a María Luisa, bañar con su resplandor una nave en medio del mar, que simboliza el viaje de la dama hacia las Américas. El otro es intrigante: un mar lleno de ojos; su lema reza: «Alit et allicit» ('alimenta y seduce'); los versos que confieren sentido al conjunto son los siguientes:

> Si al mar sirven de despojos
> los ojos de agua que cría,
> de la belleza es María

Mar, que se lleva los ojos
(*OC*, 401: líneas 1610-1613).

Así como el mar puede presumir de que posee múltiples «ojos de agua», María, cuyo nombre, según sor Juana, significa justamente 'mar', puede presumir de que su belleza «seduce» a todos los «ojos» que la miran. La monja que concibió el emblema parece decirle a la virreina: nunca te he visto, pero sé que eres más hermosa que el mar. Ella sonríe. Que el Cabildo se congracie con el virrey; sor Juana ha tirado un dardo, secretamente, por debajo del agua, al corazón de María Luisa.

Con un soneto (vv. 285-298), que cierra la *Explicación* no tan *sucinta*, la Fama invita al virrey a atravesar el arco y entrar a la Catedral, donde se llevará a cabo la ceremonia que lo bendecirá y consagrará, definitivamente, como el nuevo virrey de la Nueva España. La complejidad, el carácter erudito y hasta hermético de los arcos triunfales, no son gratuitos: un arco es una puerta, un portal que conduce hacia otro sitio, y un rito de paso; sólo quien prueba ser capaz de descifrar sus alegorías e inscripciones es digno de atravesarlo.

Cae la noche. Ya desde el balcón del Palacio, los virreyes contemplan los cientos de antorchas que iluminan las fachadas de la ciudad, cuya luz celebra su llegada y busca competir con la cauda del ominoso cometa que surca los cielos. El largo viaje a través del océano, que sólo pudieron ser capaces de emprender y sobrevivir Neptuno y Anfitrite, ha llegado a su fin.

1 de diciembre. Imagino a María Luisa pedir un coche para dirigirse al Convento de San Jerónimo. Quiere conocer de inmediato a la monja que la ha comparado con la diosa de los mares en el arco triunfal de la Catedral. No la decepciona el primer encuentro y, a partir de entonces, la simpatía entre ambas mujeres crece como la espuma. María Luisa se convertiría en la principal cómplice de la trayectoria intelectual y de la carrera literaria de sor Juana: la pondría en contacto con los grandes ingenios y poetas peninsulares de su tiempo, la incitaría a escribir algunas de sus mejores obras, inspiraría algunos de sus más encendidos poemas de amor y publicaría con ayuda de Juan Camacho Gayna, a su regreso a Madrid, la *Inundación castálida* (Juan García Infanzón, 1689), el volumen que la convertiría en la célebre Décima Musa y cuya historia contaré luego. El cometa, después de todo, parece que no fue para sor Juana un heraldo de infortunios, sino todo lo contrario.

HALLAZGO DE LAS CORRECCIONES AUTÓGRAFAS

Aquel poema de la jerónima, recitado por una «cómica» el día de la bienvenida de los virreyes, no agotaba en lo absoluto el significado ni los alcances de las alegorías del arco triunfal. La apreciación final de este último dependió de otra obra, impresa en la Nueva España como suelta, lo decía yo unas páginas atrás, bajo el título de *Neptuno alegórico*. Además de incluir, al final, la *Explicación sucinta*, el *Neptuno*, en prosa y verso, describe el arco triunfal, justifica mediante una erudición nutrida de numerosas autoridades la elección de su asunto —la comparación entre el virrey y el dios de los mares— y explica pormenorizadamente cada uno de los emblemas que lo componen. El *Neptuno* se imprimió después del 30 de noviembre de 1680; yo creo, de hecho, que debido a su gran complejidad —tiene, por ejemplo, una buena cantidad de apostillas—, no vio la luz sino hasta los primeros meses de 1681.

Tanto la *Explicación sucinta* como el *Neptuno alegórico* son impresos extremadamente raros. Del primero no he tenido ejemplar alguno entre mis manos: conozco únicamente la edición facsimilar que realizó en 1952 el Instituto de Investigaciones Estéticas de la Universidad Nacional Autónoma de México, y que se acompañó de un estudio pionero de Manuel Toussaint. No se menciona allí el repositorio de donde se obtuvo el impreso empleado para la reproducción. De la suelta del *Neptuno alegórico* conozco sólo los dos ejemplares que mencioné atrás, sin diferencias entre sí: el de la Nettie Lee Benson Collection y el del fondo Toribio Medina, al que volveremos más adelante. Como puede verse en la portada reproducida abajo (fig. 14), la edición suelta del *Neptuno alegórico* salió de las prensas de Juan de Ribera. La *Explicación sucinta* no tiene pie de imprenta, pero debido, entre otras cosas, a que su tipografía y los ornatos en su orla son idénticos a los del *Neptuno*, podemos afirmar que ambos folletos salieron del mismo taller tipográfico.

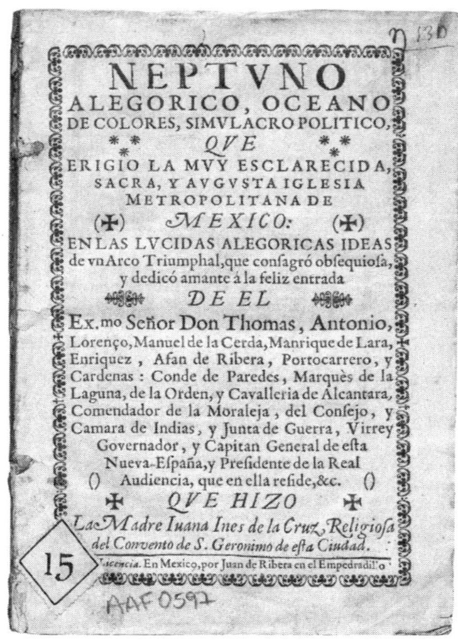

NEPTVNO
ALEGORICO, OCEANO
DE COLORES, SIMVLACRO POLITICO,
QVE
ERIGIO LA MVY ESCLARECIDA,
SACRA, Y AVGVSTA IGLESIA
METROPOLITANA DE
MEXICO:
EN LAS LVCIDAS ALEGORICAS IDEAS
de vn Arco Triumphal, que conſagró obſequioſa,
y dedicó amante á la feliz entrada
DE EL
Ex.mo Señor Don Thomas, Antonio,
Lorenço, Manuel de la Cerda, Manrique de Lara,
Enriquez, Afan de Ribera, Portocarrero, y
Cardenas: Conde de Paredes, Marquès de la
Laguna, de la Orden, y Cavalleria de Alcantara,
Comendador de la Moraleja, del Conſejo, y
Camara de Indias, y Junta de Guerra, Virrey
Governador, y Capitan General de eſta
Nueva-Eſpaña, y Preſidente de la Real
Audiencia, que en ella reſide, &c.
QVE HIZO
La Madre Iuana Ines de la Cruz, Religioſa
del Convento de S. Geronimo de eſta Ciudad.
Licencia. En Mexico, por Juan de Ribera en el Empedradillo.

Fig. 14. Portada del *Neptuno alegórico* (México: Juan de Ribera, 1681)

Este parto doble de textos relacionados con el arco triunfal parece ser la norma general. Por cada arco levantado en la Ciudad de México a la bienvenida de sus virreyes debieron imprimirse, por un lado, cuadernillos en los que únicamente podía leerse la descripción sucinta en verso, los cuales se repartían o vendían justamente al momento de la entrada triunfal; por otro, días o incluso meses después, aparecía una relación mucho más amplia y detallada del arco. Ello ocurrió exactamente con el arco de Sigüenza: tenemos un *Panegírico*, que incluye sólo el poema explicativo, y también el más extenso y detallado *Teatro de virtudes políticas* (ambos impresos en México, por la Viuda de Bernardo Calderón, en 1680). En la impresión del *Teatro*, por cierto, Sigüenza dejó fuera el soneto que sor Juana le había dedicado y que había visto la luz en el *Panegírico*.

Sobre el *Neptuno alegórico* la crítica se ha pronunciado poco y casi siempre en términos negativos: durante el siglo xix, por ejemplo, Francisco Pimentel lo acusa de estar cargado de «erudición innecesaria»; José de Jesús Cuevas afirma que éste pertenece a la galería de las «aberraciones de su siglo»; Juan León Mera, simple y llanamente, escribe que esta obra es «lo que menos vale de los escritos de sor Juana» (estos juicios, entre otros, pueden leerse en Alatorre, 2010a: 269-270). Ya en el siglo xx, Toussaint aún decía que el *Neptuno*, «preñado de citas en latín», está escrito «en una prosa barroca que nadie entiende» (1952: 7). Si bien se trata de un texto indiscutiblemente arduo, yo creo que, armados con un poco de paciencia, una buena edición de las *Metamorfosis* de Ovidio, un diccionario de latín y una (o varias) tazas de café, podemos sumergirnos sin problema en una deleitosa lectura del *Neptuno*. Octavio Paz compara el texto y la pieza de arte efímero que la motiva con ciertas obras modernas; esa comparación podría ser, hoy más que nunca, sugerente para los amantes del arte contemporáneo, la intermedialidad u otros campos afines:

> Como el *Gran Vidrio* de Marcel Duchamp, ininteligible sin las notas de la *Boîte Verte*, los arcos triunfales de la edad barroca tenían como complemento un libro en el que se explicaba ingeniosamente y con la ayuda de la más extravagante erudición el sentido de las pinturas, los emblemas y las inscripciones (1983: 202).

No sabemos qué reacción tendrían los marqueses de la Laguna ante el arco de Sigüenza, pero es un hecho que, si aquella bienvenida fue efectivamente una competencia entre la monja y el universitario, en ésta resultó ganadora la primera. Aunque Sigüenza les dedicó, un par de meses después, un *Manifiesto filosófico en contra de los cometas* para calmar sus angustiados ánimos ante la aparición del astro, no pudo ganarse del todo el favor de los virreyes. A sor Juana, en cambio, ni los 200 pesos hicieron mella en su vena poética ni el cometa le acarreó infortunio alguno: ese 30 de noviembre de 1680, llamó la atención de la condesa de Paredes, que habría de convertirse, con el tiempo, en su más importante mecenas.

Decíamos antes que varios años después de su primera publicación, el *Neptuno alegórico* volvió a imprimirse en 1689, en el primer tomo de las obras reunidas de sor Juana publicado en Madrid, la *Inundación castálida*. Como ya he probado en las páginas anteriores, sor Juana no introdujo cambio alguno en muchos de los textos previamente publicados cuando los envió a Madrid para su inclusión en este primer tomo de sus obras reunidas; todos los textos de los villancicos, por ejemplo, se imprimen en la *Inundación* tal cual aparecieron en las ediciones sueltas americanas. El caso del *Neptuno alegórico* es diferente. Aunque no existe hasta ahora una edición crítica que dé cuenta, en el debido aparato de variantes, de las diferencias puntuales entre el texto de la suelta y el que se publica en las últimas páginas de la *Inundación castálida*, es evidente, si se lleva a cabo un cotejo, que en este texto sí se introdujeron cambios.

Hoy podemos conocer, además, de un modo mucho más exacto el procedimiento mediante el cual se transmitieron los cambios que existen entre el texto de la suelta y el de la *Inundación*. Sobre el ejemplar del *Neptuno* resguardado en la Biblioteca Nacional de Chile, la propia sor Juana realizó un total de treinta y dos correcciones de su puño y letra. La autora subrayó aquellos pasajes que debían ser modificados, y anotó al margen el texto que debía añadirse o con el cual debía sustituirse el pasaje subrayado (fig. 15); siguió el mismo procedimiento cuando corrigió el juego de villancicos dedicado a san Pedro Nolasco de 1677, que ya revisamos líneas arriba.

De este ejemplar corregido no tuvo noticia Alberto G. Salceda, que editó el texto en 1957; tampoco lo conoció Vincent Martin, que publicó recientemente, en 2009, el *Neptuno alegórico* dentro de la colección de Letras Hispánicas de la editorial Cátedra; hasta donde sé, tampoco lo tuvo en cuenta Claudia Parodi, que trabajó, hasta su fallecimiento en 2015, en una edición crítica del texto —todavía inédita— en la Universidad de California (Parodi, 2016). Antonio Alatorre (2010a), que criticó duramente la edición de Cátedra, su introducción y texto, tampoco supo de este ejemplar de la suelta del *Neptuno* que se custodia en la ciudad de Santiago de Chile.

La única estudiosa que ha señalado, hasta donde sé, la existencia de estas anotaciones al margen es Linda A. Curcio-Nagy (2004: 426), que realizó una traducción al inglés de esta obra de sor Juana; sin embargo, consignó en su trabajo solamente algunas de estas anotaciones, no todas, y sobre las mismas se limita a comentar lo siguiente: «Footnote variants record MS adversaria on the copy text» ('notas de las variantes al margen del manuscrito que contrastan con la copia del texto').

A pesar de que estas correcciones no están firmadas, a diferencia de las ya mencionadas en los villancicos de san Pedro Nolasco, hay

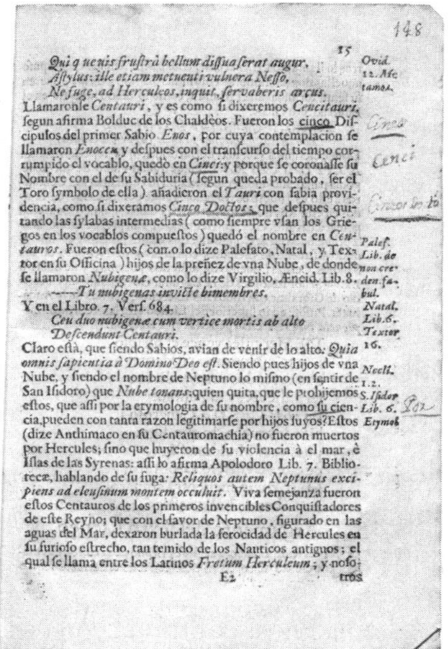

148

15

Qui q uenis fruſtrà bellum diſſuaſerat augur,
Aſtylus: ille etiam metuenti vulnera Neſſo,
Ne fuge, ad Herculeos, inquit, ſervaberis arcus.

Llamaronſe *Centauri*, y es como ſi dixeremos *Cencitauri*, ſegun afirma Bolduc de los Chaldèos. Fueron los cinco Diſcipulos del primer Sabio *Enos*, por cuya contemplacion ſe llamaron *Enocca* y deſpues con el tranſcurſo del tiempo corrumpido el vocablo, quedò en *Cinci*: y porque ſe coronaſſe ſu Nombre con el de ſu Sabiduria (ſegun queda probado, ſer el Toro ſymbolo de ella) añadieron el *Tauri* con ſabia providencia, como ſi dixeramos *Cinco Doctos*; que deſpues quitando las ſylabas intermedias (como ſiempre vſan los Griegos en los vocablos compueſtos) quedó el nombre en *Centauros*. Fueron eſtos (como lo dize Paleſato, Natal, y Textor en ſu Officina) hijos de la preñez de vna Nube, de donde ſe llamaron *Nubigenæ*, como lo dize Virgilio, Æneid. Lib. 8.

------Tu nubigenas invicte bimembres.

Y en el Libro. 7. Verſ. 684.

Ceu duo nubigenæ cum vertice mortis ab alto
Deſcendunt Centauri.

Claro eſtà, que ſiendo Sabios, avian de venir de lo alto: *Quia omnis ſapientia à Domino Deo eſt*. Siendo pues hijos de vna Nube, y ſiendo el nombre de Neptuno lo miſmo (en ſentir de San Iſidoro) que *Nube tonans*: quien quita, que le prohijemos eſtos, que aſſi por la etymologia de ſu nombre, como ſu ciencia, pueden con tanta razon legitimarſe por hijos ſuyos? Eſtos (dize Anthimaco en ſu Centauromachia) no fueron muertos por Hercules; ſino que huyeron de ſu violencia à el mar, è Iſlas de las Syrenas: aſſi lo afirma Apolodoro Lib. 7. Bibliotecæ, hablando de ſu fuga: *Reliquos autem Neptunus excipiens ad eleuſinum montem occuluit*. Viva ſemejanza fueron eſtos Centauros de los primeros invencibles Conquiſtadores de eſte Reyno; que con el favor de Neptuno, figurado en las aguas del Mar, dexaron burlada la ferocidad de Hercules en ſu furioſo eſtrecho, tan temido de los Nauticos antiguos; el qual ſe llama entre los Latinos *Fretum Herculeum*; y noſo-

E2 tros

Ovid. 12. Metamor. *Paleſ. Lib. de non creden. fabul.* *Natal. Lib. 6.* *Textor 16.* *Noell. 1. 2.* *S. Iſidor Lib. 6. Etymol.*

Fig. 15. Correcciones autógrafas de sor Juana en el ejemplar del *Neptuno alegórico* conservado en la Biblioteca Nacional de Chile

varios factores que vuelven indudable su atribución a la Décima Musa. En primer lugar, tenemos el hecho de que, como veremos después con más detenimiento, la mayoría de las correcciones realizadas sobre la suelta se ven reflejadas en el texto de la *Inundación*, publicado posteriormente. Ahora bien, aunque la caligrafía de estas correcciones podría parecer descuidada, son distinguibles ciertos trazos que podemos asociar con otros autógrafos conocidos de la monja; por ejemplo, la similitud entre la *g* aislada en la suelta de los villancicos y la *g* de *obligaciones* en la del *Neptuno* (fig. 16ab); son idénticas, asimismo, las *r* que componen la palabra *heredero* en el margen de los villancicos y la de *cierta*, en el texto relativo al arco triunfal (fig. 17ab).[4]

He decidido dividir estas 32 correcciones en cuatro tipos. En primer lugar, tenemos aquellas que se ven reflejadas en el texto

[4] Lo descuidado de la caligrafía de las anotaciones en la suelta del *Neptuno* me hace recordar lo expresado por sor Juana en la *Carta* al padre Núñez: «Que hasta hacer esta letra algo razonable me costó una prolija y pesada persecución, no más de porque dicen que parecía letra de hombre y que no era decente, conque me obligaron a malearla adrede» (en Alatorre, 1987: 621).

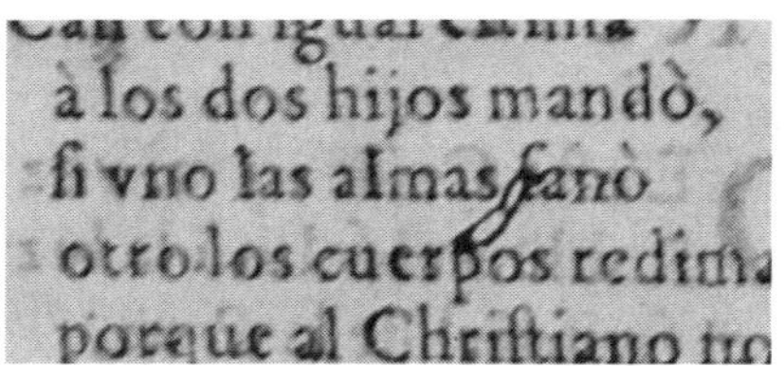
à los dos hijos mandò,
ſi vno las almas ſanò
otro los cuerpos redim
porque al Chriſtiano

Fig. 16a. Trazo de la *g* en las correcciones autógrafas de la suelta de los villancicos a san Pedro Nolasco

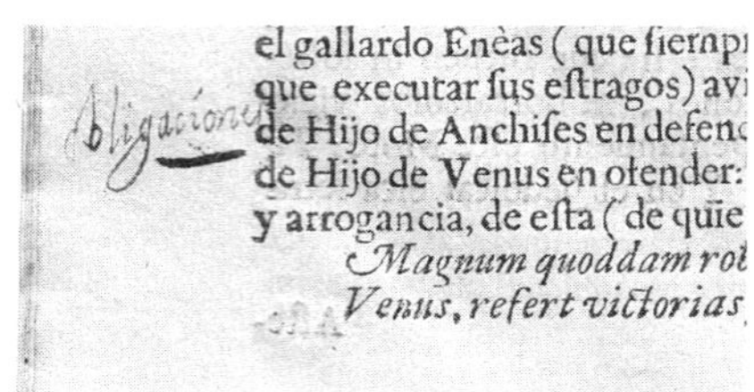
el gallardo Enèas (que ſiemp
que executar ſus eſtragos) av
Obligaciones
de Hijo de Anchiſes en defen
de Hijo de Venus en ofender:
y arrogancia, de eſta (de quie
Magnum quoddam ro
Venus, refert victorias

Fig. 16b. Trazo de la *g* en las correcciones autógrafas de la suelta del *Neptuno alegórico*

de la *Inundación castálida* y que, efectivamente, lo mejoran. Éstas son la mayoría y pongo sólo unos pocos ejemplos. En la suelta (que consigno bajo las siglas *na*) se lee:

> había Eneas cumplido con todas **las de** hijo de Anquises en defenderse, mas no sé si con todas las de hijo de Venus en ofender (*na*: f. 13v).

Como puede verse, no queda claro con qué cosas exactamente había cumplido Eneas, como hijo de Anquises; sor Juana indica que al pasaje debe añadirse la palabra *obligaciones*, con lo cual el texto que aparece en la *Inundación* cobra un sentido cabal:

> había Eneas cumplido con todas **las obligaciones de** hijo de Anquises en defenderse, mas no sé si con todas las de hijo de Venus en ofender (*IC*: 298).

Uno de los pasajes mayormente corregidos por sor Juana en la suelta del *Neptuno* es aquel que concierne a los centauros (fig. 18). En el quinto lienzo de su arco triunfal, se representó a estas criaturas mitológicas galopando sobre la playa con dirección al océano. Huían éstos del cruel ataque de Hércules y buscaban hallar, en tanto sabios, protección en Neptuno, a quien sor Juana llama «tutelar numen de las ciencias». Con este lienzo la monja llevaba agua a su molino: solicitaba al virrey entrante que, al igual que la deidad marina, amparara a los sabios de la Nueva España.

El pasaje en que sor Juana explica la etimología de la voz *centauro* se imprimió en la suelta de la manera siguiente:

Fig. 17a. Trazo de la *r* en las correcciones autógrafas de la suelta de los villancicos a san Pedro Nolasco

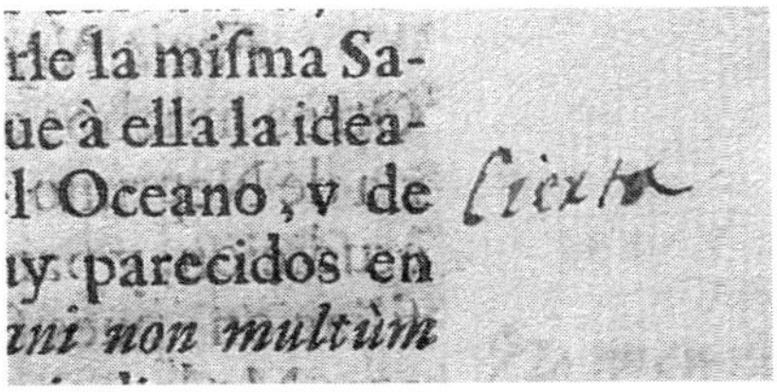

Fig. 17b. Trazo de la *r* en las correcciones autógrafas de la suelta del *Neptuno alegórico*

> Fueron los **cinco** discípulos del primer sabio Enos, por cuya contemplación se llamaron ***enocci***, y después, con el transcurso del tiempo, corrompido el vocablo quedó en ***cinci***, y porque se coronase su nombre con el de su sabiduría (según queda probado ser el toro símbolo de ella) añadieron el *tauri* con sabia providencia, como si dijeramos ***cinco doctos***, que después, quitando las sílabas intermedias (como siempre usan los griegos en los vocablos compuestos), quedó el nombre en *centauro* (*na*: f. 15).

Acuciosamente, sor Juana corrige e indica que debe sustituirse en este pasaje *cinco* por *cineos*, *cinci* por *cenci* y *cinco doctos* por *cineos doctos*. Nótese que, aunque la autora no lo indicó, también se sustituyó *enocci* por *enocei*. El texto se imprimió, ya enteramente corregido, en la *Inundación*:

> Fueron los **cineos** discípulos del primer sabio Enos, por cuya contemplación se llamaron ***enocei***, y después, con el transcurso del tiempo, corrompido el vocablo quedó en ***cenci***, y porque se coronase su nombre con el de su sabiduría (según queda probado ser el toro símbolo de ella) añadieron el *tauri* con sabia providencia, como si dijéramos ***cineos doctos***, que después, quitando las sílabas intermedias (como siempre usan los griegos en los vocablos compuestos), quedó el nombre en *centauro* (*IC*: 301).

Un segundo tipo de correcciones está conformado por aquellas que, aunque se ven reflejadas en el texto de la *Inundación*, no lo

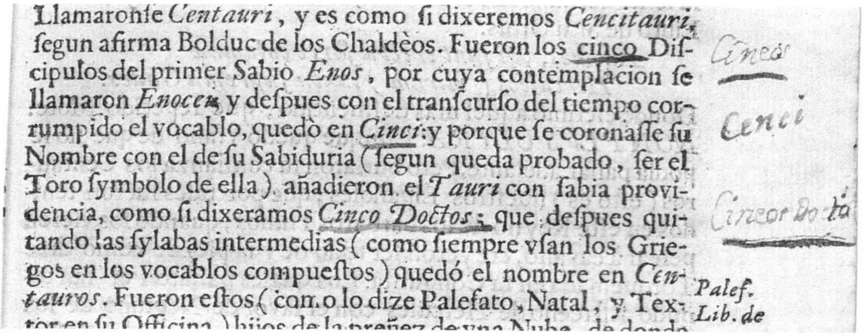
Llamaronſe *Centauri*, y es como ſi dixeremos *Cencitauri*, ſegun afirma Bolduc de los Chaldèos. Fueron los cinco Diſcipulos del primer Sabio *Enos*, por cuya contemplacion ſe llamaron *Enocen*, y deſpues con el tranſcurſo del tiempo corrumpido el vocablo, quedò en *Cinci*: y porque ſe coronaſſe ſu Nombre con el de ſu Sabiduria (ſegun queda probado, ſer el Toro ſymbolo de ella), añadieron el *Tauri* con ſabia providencia, como ſi dixeramos *Cinco Doctos*; que deſpues quitando las ſylabas intermedias (como ſiempre vſan los Griegos en los vocablos compueſtos) quedó el nombre en *Centauros*. Fueron eſtos (como lo dize Palefato, Natal, y Textor en ſu Officina) hijos de la preñez de vna Nube, de donde

Palef. Lib. de

Cinco

Cenci

Cinco Docto

Fig. 18. Correcciones autógrafas al fol. 15 de la suelta del *Neptuno alegórico*

mejoran. Hay una que, desde mi punto de vista, se malentendió. En la suelta se lee:

> De aquí infiero que **era esta** imagen del Océano u de Neptuno que (como dice Cartario) eran muy parecidos en los retratos (*na*: f. 4).

Sor Juana subrayó las palabras *era esta* y anotó al margen: *cierta* (fig. 19). Los editores de la *Inundación* sustituyeron por entero el texto subrayado e imprimieron una oración carente de verbo principal:

> De aquí infiero que **cierta** imagen del Océano u de Neptuno que (como dice Cartario) eran muy parecidos en los retratos (*IC*: 278).

Lo correcto habría sido añadir el *cierta* que sor Juana escribió al margen luego del subrayado para que el texto quedara de la forma siguiente:

> De aquí infiero que **era esta cierta** imagen del Océano u de Neptuno que (como dice Cartario) eran muy parecidos en los retratos.

La edición de Salceda, que utiliza *na* como base, ofrece la primera lección, que no refleja la última voluntad de la autora (*OC*, 401: líneas 256-257); la de Martin, que se basa en *IC*, ofrece una oración agramatical (2009: 92).

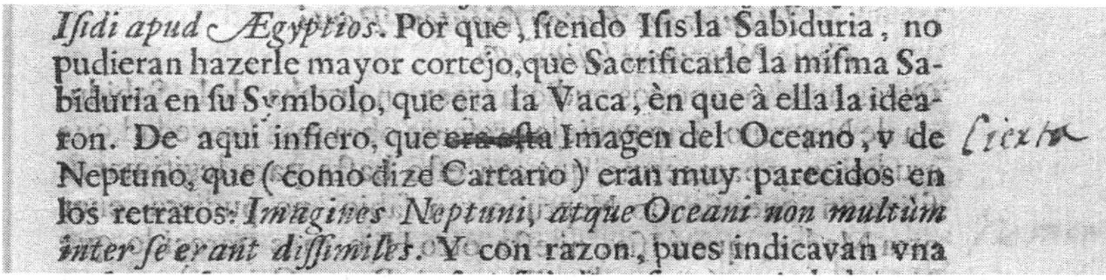

Iſidi apud Ægyptios. Por que, ſiendo Iſis la Sabiduria, no pudieran hazerle mayor cortejo, que Sacrificarle la miſma Sabiduria en ſu Symbolo, que era la Vaca; en que à ella la idearon. De aqui infiero, que ~~era eſta~~ Imagen del Oceano, y de Neptuno, que (como dize Cartario) eran muy parecidos en los retratos: *Imagines Neptuni, atque Oceani non multùm inter ſe erant diſſimiles*. Y con razon, pues indicavan vna

Fig. 19. Corrección autógrafa al fol. 4 de la suelta del *Neptuno alegórico*

Un tercer tipo de correcciones son aquellas que no se ven reflejadas en la *Inundación*, pero debieron haberse reflejado. En la Dedicatoria, antes de introducir una cita en latín, se lee:

> Y con no **mejor** majestad Plutarco (*na*: s.f.).

Sor Juana apunta al margen que no debe leerse *mejor*, sino *menor*, lo cual tiene mucho más sentido, pues busca equiparar a Plutarco con Ovidio, a quien ha citado antes. Sin embargo, la *Inundación* mantiene el texto incorrecto de la suelta e imprime, de nueva cuenta, *mejor* (*IC*: 270). Otra corrección que no se transmite a la *Inundación* es aquella concerniente a una cita latina extraída de la obra *De Oggio Christiano*, escrita por Jacobo Bolduc (1640: lib. ɪɪ, cap. v, 111). En la suelta se lee:

> Ita ut vacca quae isidem seu divinam sapientiam significat, duorum virorum qui primi post diluvium fuerunt in Aegypto chiliarchi, nempe Misrain et Heber, aliquibus notis distingueretur ab illa quae postea fuit (*na*: f. 5).

La monja escribe al margen dos palabras que deben añadirse al final de la cita, que está incompleta: *in Joseph*. Este añadido fue pasado por alto por los editores del primer tomo de las obras reunidas de sor Juana impreso en Madrid y, naturalmente, también por los modernos, Salceda y Martin.

Por último, hay otros cambios, no del todo precisos, y que no se ven reflejados, por fortuna, en la *Inundación*. Cita sor Juana en la Dedicatoria dos versos de Ovidio:

Non census magnus, nec clarum nomen avorum:
Sed probitas Magnos, **Ingeniumque** facit (*na*: s.f.).

La cita no es directa: la autora la extrajo, tal cual, de la Primera parte del *Teatro de los dioses de la gentilidad* de Baltasar de Vitoria (1657: lib. VI, 414). En su ejemplar de la suelta propone sustituir *Ingeniumque* por *Ingenuosque* (fig. 20), lo cual habría deturpado el pasaje. Por fortuna, ese cambio no se transmitió a la *Inundación castálida*.

Al igual que los villancicos ahí incluidos, es evidente, como ya sugirió Eguía Lis-Ponce, que los editores de la *Inundación* tenían a la mano la suelta mexicana del *Neptuno alegórico*: «podría pensarse que la condesa se llevó un ejemplar impreso en el Empedradillo, que sirvió como original para la edición española; incluso me parece que la formación tipográfica del *Neptuno* en *Inundación castálida* se vio influida por la composición mexicana. [...] se percibe un intento por conservar el modelo novohispano» (2002: 250). Efectivamente, la *IC* copia idénticos los títulos de las secciones, utiliza cursivas y versalitas en los mismos lugares que la suelta y emula el empleo de las capitulares al inicio de los apartados; incluso, la imprenta de Juan García Infanzón intentó reemplazar con los propios los ornatos que había utilizado la imprenta mexicana de Juan de Ribera.

Dado que, como ya dije, no todas las correcciones de nuestra suelta se ven reflejadas en el texto del *Neptuno* que finalmente se imprimió en la *Inundación*, me parece que es posible asegurar que este ejemplar anotado por sor Juana de la Biblioteca Nacional de Chile no es el que formaba parte del cuaderno que, como ya veremos más adelante, María Luisa se llevó a España en 1688 para imprimir el primer volumen de obras de su protegida. Dicho lo cual, puedo proponer la siguiente hipótesis: sobre el ejemplar con el que contamos trabajó sor Juana directamente y después sus anotaciones se habrán copiado —por ella o por alguien más— en otro ejemplar de la suelta mexicana del *Neptuno*, que sería el que finalmente se embarcó a España. En la copia de nuestra suelta a la otra, la transatlántica, y en el de esta última a la *Inundación*, algunas correcciones habrán terminado por refutarse, otras se habrán malentendido, unas más habrán pasado inadvertidas.

laudat. Y con ſu acoſtumbrada ſuavidad Ovidio.
Non cenſus magnus. nec clarum nomen avorum:
Sed probitas Magnos, Ingeniumq́ue facit.
Y con no mejor mageſtad Plutarcho in Agathoel.
Regem naſci nihil magni eſt, at regno dignum ſe præſtitiſſe maximũ eſt. Y ſobre todos el Luminar Mayor

Fig. 20. Corrección autógrafa a la Dedicatoria del *Neptuno alegórico*

Lo único que me parece indudable es que quien busque establecer el texto del *Neptuno alegórico* y emprenda una necesaria edición crítica del mismo deberá, por fuerza, considerar y sopesar cada una de las intervenciones manuscritas que sor Juana trazó cuidadosamente sobre ese ejemplar conservado en Chile. Son muchos, como ya he recalcado, los tesoros bibliográficos que José Toribio Medina reunió en sus andanzas por el mundo. A propósito de esta suelta del *Neptuno*, de la que doy noticia en el texto presente, surgen algunas interrogantes: ¿dónde la obtuvo el bibliógrafo chileno?, ¿de quién la obtuvo?, ¿cuál fue el camino que siguió, desde las manos de sor Juana a los anaqueles de la Biblioteca Nacional de Chile?

El *Neptuno alegórico*, aunque hoy podría parecernos un texto distante y complejo, ocupaba, sin embargo, un lugar primordial en la *Inundación castálida*. El acuoso título del volumen y la obra impresa al final del mismo parecen formar una suerte de paréntesis, como muros de agua que contuvieran al resto de las composiciones. *Inundación*, *Neptuno*, al principio y al final del libro, suscitan asimismo diversas sugerencias: nos hacen pensar en unos condes, deidades marinas, que protegen a una Musa que inunda con sus versos, dignos de la fuente Castalia, a los lectores europeos, nos hacen pensar también en una obra que cruza el océano con el favor de los señores de las aguas.

He dicho antes que ese 30 de noviembre de 1680 había sido un día capital en la vida de sor Juana. Me parece que la autora estaba perfectamente al tanto de la importancia que tenía el *Neptuno alegórico* en su trayectoria vital y dentro del volumen que le patrocinaba su mecenas, María Luisa Manrique de Lara; por eso se preocupó de corregir esa antes que ninguna otra obra de las que conformarían su primer libro, y de ofrecer a sus lectores el mejor texto posible de la misma. Pero del papel que jugó María Luisa como editora y del fenómeno editorial que suscitó en Europa la publicación de la *Inundación castálida* —que posicionó a sor Juana como un verdadero *bestseller* de su tiempo— nos encargaremos en la segunda parte de este estudio.

5. Juan Sáenz del Cauri (1683)

En nuestros días, al pensar en un certamen poético, quizá nos venga a la mente la imagen de un joven poeta que busca sus versos repartidos en cuadernos, en servilletas dobladas en los bolsillos, en los márgenes de sus libros. Pasa luego esos versos en limpio y escribe algunos nuevos para completar las sesenta cuartillas a doble espacio de tema y forma libre que la convocatoria del premio —convocado anualmente y cuyo nombre es el de un renombrado y difunto escritor— exige. Mientras las cuartillas, luego de viajar en un sobre por los vericuetos del correo postal, son examinadas por un desconocido jurado, el poeta se muere de los nervios y cada vez que recibe una llamada telefónica espera que alguien del otro lado de la línea lo felicite, le informe que su libro será publicado y que podrá cobrar un cheque después de la protocolaria ceremonia de premiación repleta de funcionarios gubernamentales. Sería maravilloso, piensa aquel joven: sus garabatos ocuparán un lugar modesto en la mesa de novedades de las librerías y tendrá con que pagar —porque no sólo de endecasílabos vive el poeta— la renta un par de meses más.

Un certamen poético de la época novohispana tiene poco en común con uno de la nuestra. No se convocaba periódicamente, sino únicamente a raíz de ocasiones especiales: la exaltación de un monarca al trono, la canonización de algún beato o la llegada de un nuevo virrey. Como ya se ha visto, religión, política y poesía en Nueva España suelen formar un trinomio indisoluble. Su celebración tampoco se limitaba a la convocatoria, recepción y ceremonia de premiación de los poemas ganadores: a la par de esos acontecimientos, la ciudad atestiguaba procesiones, cabalgatas, fuegos artificiales, etcétera.

Los concursantes, que podían participar y triunfar en cualquiera de las varias categorías, no contaban, por supuesto, con la prebenda del tema y forma libres: todas las composiciones debían ceñirse a asuntos y estructuras métricas muy específicos, que apenas daban oportunidad a que la inspiración corriera libremente sobre la página en blanco. Esas exigencias eran tales que sólo competían en estas justas los miembros de la élite culta, letrada, de la sociedad; podían solicitarse, por ejemplo, unas décimas que pudieran leerse al derecho y al revés en las que, además, se comparara el socorro brindado por la isla de Delos a Eneas y el brindado por la Virgen María a Felipe IV. Si bien los premios eran suntuosos —cucharones de plata, cintillas de rubíes, broches de oro—, los galardones que verdaderamente buscaban los contendientes eran el aplauso de los entendidos y, sobre todo, la impresión de sus versos en un exquisito volumen que proporcionaba una relación o relato de los festejos asociados al certamen y de sus triunfadores. Entonces solía pensarse que la imprenta era sinónimo de eternidad; lo dijo Quevedo en un soneto famoso: «Las grandes almas que la muerte ausenta, / de injurias de los años, vengadora, / libra [...] docta la emprenta».[1]

Entre 1682 y 1683, la Real Universidad de México convocó dos certámenes poéticos como consecuencia de que un nuevo y joven rector, Juan de Narváez, había decidido que la institución volviera a realizar las fiestas a la Inmaculada Concepción, las cuales por muchos años se habían dejado de lado. En ambos fungió como secretario —cargo que hoy equivaldría al presidente del jurado— don Carlos de Sigüenza y Góngora. Luego de su celebración, se publicó la relación de ambos certámenes, debida a la pluma del propio Sigüenza, bajo el título de *Triunfo parténico* (México: Juan de Ribera, 1683); *parténico* es un adjetivo derivado de la voz griega *parthenos*, que significa 'virgen', por lo que el título alude al triunfo de la virginidad o la pureza de María, salvada de la culpa del pecado original. Este impreso es bien conocido y no es difícil encontrar ejemplares en diversas bibliotecas tanto dentro como fuera de México; lo consigno

[1] Sobre la naturaleza del certamen poético virreinal pueden verse, entre otros, los trabajos de José Pascual Buxó (1959) o de Irving A. Leonard (1974); en *Certámenes poéticos novohispanos. Historia y actualidad*, Jessica C. Locke hace una descripción del fenómeno (2025); publiqué hace poco un capítulo en el que ofrezco un panorama de los concursos de poesía en el México virreinal (Gutiérrez, 2023).

bajo la sigla *TP*. El *Triunfo parténico* es famoso tanto por su ilustre secretario como por la celebridad de una de sus concursantes: sor Juana Inés de la Cruz.[2]

Estos dos concursos, y su consecuente publicación en forma de libro, son sin duda los más importantes realizados durante la vida de sor Juana, pero quizá también los más importantes de todo el periodo virreinal. Estamos ante un verdadero muestrario de los autores y de los intereses —políticos, religiosos, estéticos— más relevantes de la segunda mitad del siglo XVII. Además de sor Juana y Sigüenza —que fue jurado, participante y uno de los ganadores del certamen—, en la justa participaron autores de los que ya hemos hablado antes, como Juan de Guevara o Ambrosio de Lima, y otros que eran bien conocidos en la escena literaria del momento, como el capitán Alonso Ramírez de Vargas o Francisco de Sandoval Zapata (hijo del legendario don Luis), entre muchos otros (sólo en el primero de los dos concursos contendieron quinientos poemas). No me parece descabellado comparar el *Triunfo* con alguna de esas antologías modernas que definen a los protagonistas y los estilos de toda una generación: pienso, por ejemplo, en *Laurel* (1941) o en *Poesía en movimiento* (1966).

La celebración de un certamen en el México virreinal desencadenaba la celebración de un ritual más o menos establecido, complejo y espectacular. Luego de los cansinos trámites burocráticos y de la elección del jurado, se procedía a la publicación y paseo del cartel, en el cual se especificaban los requerimientos formales y temáticos del concurso. Luego de discurrir, acompañado por una comitiva compuesta de autoridades universitarias montadas sobre mulas y caballos ricamente adornados, y luego de ser leído en voz alta en la universidad, éste solía permanecer a la vista de todo mundo en un lugar público en lo que continuaba abierta la convocatoria. Creo que de todos los que se realizaron para las decenas de certámenes celebrados a lo largo de tres siglos de virreinato, ha sobrevivido solamente uno: el que, plegado, adherido a la cubierta posterior de un volumen manuscrito que da cuenta de un certamen celebrado en

---

[2] Martha Lilia Tenorio realizó recientemente una edición moderna del *Triunfo parténico*, a la que puede acudir el lector interesado (2021).

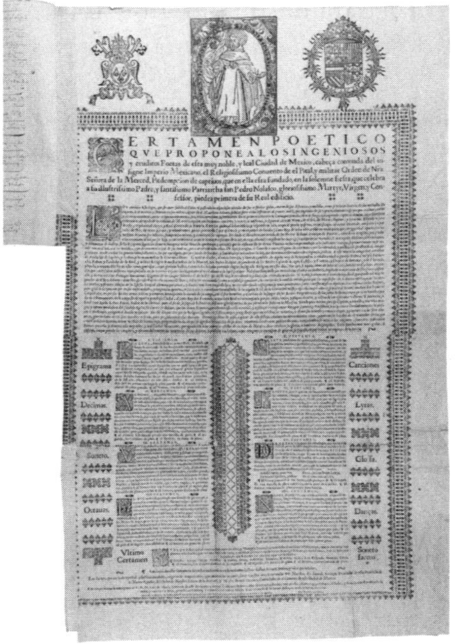
CERTAMEN POETICO
QVE PROPONE A LOS INGENIOSOS

Fig. 21. Cartel del certamen descrito en la *Relación historiada* (Biblioteca Nacional de México, Ms. 1799)

honor a san Pedro Nolasco en 1633, descubrimos hace no muchos años mi colega, la novohispanista norteamericana Jessica C. Locke y yo una tarde en la Biblioteca Nacional de México (fig. 21).

Los dos del *Triunfo parténico* no debieron ser muy distintos a éste: en el primero se establecía la comparación —a mí me gusta hablar de *supraconcepto*— entre la Virgen María, librada del pecado original para ser la madre de Cristo, y la isla de Delos, dotada de inmensos privilegios al ser la tierra en la que nacería el mismo Apolo; en el segundo, se comparaba a María, por diversas razones, con el águila, reina de las aves, pájaro solar.

En 1682, por ejemplo, el cartel se publicó el 18 de enero; la premiación se llevó a cabo el 1 de febrero: ello indica que los concursantes tuvieron menos de dos semanas para entregar sus composiciones. Pues bien, mientras los poetas tomaban nota de las exigencias establecidas en el cartel, se partían la cabeza frente a las hojas en blanco y, luego de varios desvelos, enviaban sus poemas al jurado calificador, podían suscitarse otros festejos relacionados con el certamen.

Bajo el sol de las tres de la tarde, el 24 de enero de 1682, la gente se atiborró en las calles, salió a los umbrales de las puertas y se asomó por los balcones para presenciar la deslumbrante procesión que salió del Templo de San Francisco, cuyos vestigios aún sobreviven en nuestra calle de Madero (los franciscanos son grandes defensores de la concepción sin mancha de María), y llegó hasta el edificio de la Universidad, que en ese entonces estaba al este de la Plaza del Volador (esta última ocupaba el espacio que hoy corresponde a la Suprema Corte de Justicia).

El desfile estaba compuesto por los miembros más destacados del cuerpo académico, que recorrieron la ciudad montados en cabalgaduras ricamente enjaezadas; llevaba cada uno en las manos una bujía, es decir, una vela pequeña. Las facultades iban de un color que las distinguía: la Teología de blanco, el Derecho Canónico de verde, la Medicina de amarillo, la Filosofía de azul… Mientras las ricas vestiduras capturaban las miradas, las campanadas de todas las iglesias de la ciudad, junto con el acompañamiento de clarines y atabales, adornaban el aire.

Ese mismo día, por la noche, hubo iluminación de la fachada y las bóvedas del edificio universitario y una cantidad sorprendente de fuegos artificiales disparados desde la Plaza del Volador. México es, desde entonces, un pueblo cuetero: no concebimos las fiestas, sobre todo las religiosas, sin la presencia de la pólvora. Según una composición en quintillas incluida en el *Triunfo parténico*, que quizá haya escrito el propio Sigüenza, los cohetes de 1682 no distaban mucho de los que podríamos ver hoy en cualquier fiesta patronal: toritos, castillos, ruedas. Me gustan, por lo hiperbólicas, las últimas dos estrofas de este poema. En la primera, vemos a los condes de Paredes, virreyes, asomados a la baranda de algún balcón; pero ellos, él un sol y ella un alba, son quienes dan luz a los mismos fuegos; en la segunda, ¿Sigüenza? afirma que no hizo falta el carro de Febo para volver en día aquella noche, cuya oscuridad *desmentía* el luminoso estallido de los cuetes:

> Sus excelencias, que estaban
> haciendo un balcón oriente,
> con las luces que mostraban

de un sol y un alba luciente,
los fuegos iluminaban.
   Allí defecto no hacía
de Febo el lucido coche,
pues salieron a porfía
por hacer más claro el día
y por desmentir la noche
(*TP*, 1683: f. 19v).

Durante los tres días siguientes, se representó en la universidad una obra de teatro intitulada *El mayor triunfo de Diana*, hoy perdida, de la autoría de Alonso Ramírez de Vargas.

La premiación tuvo lugar en el edificio de la universidad al atardecer. A la ceremonia asistió el virrey, importantes funcionarios, la comunidad universitaria y otros miembros prominentes de la sociedad. Para recibir a esta distinguida comitiva, la universidad se transfiguraba. Durante la edad de oro de los certámenes novohispanos, la rectoría y cada una de las facultades se hacía cargo de la decoración de una sección del edificio. En el *Triunfo parténico*, Sigüenza describe, por ejemplo, una serie de altares en extremo suntuosos, todos cargados de un complejo simbolismo alrededor de la concepción sin mancha de María: un obelisco de espejos, un tabernáculo de ébano recamado de cristales, etcétera. Hasta donde sé, todas las ceremonias de premiación contaban, además, con un conjunto de músicos que amenizaba la velada y con una mesa donde se exponían los premios que se otorgarían a los ganadores.

Podría pensarse que sor Juana Inés de la Cruz, la Fénix Americana, habría batido, sin demasiada dificultad, a todos sus rivales en una competencia poética. Resulta que no fue el caso. La categoría en la que participó, la cuarta, solicitaba un romance en el que se elogiara al virrey, marqués de la Laguna. Sucede que el segundo de los certámenes recogidos en el *Triunfo*, además de a la Virgen, celebraba la remodelación del Aula General universitaria, llevada a cabo por el rector Juan de Narváez. Este rector no hubiera podido llevar a cabo tal remodelación si el virrey no le hubiera concedido un indulto para reelegirse en el cargo: ya se ve porque era importante agradecerle efusivamente al mandatario.

Sigüenza hace verdaderos malabares para que esta categoría tenga relación con el concurso dedicado a la Virgen: los romanos coronaban sus edificios con un águila, y el Aula General se dedica al «Águila más pura», o sea, a la Virgen, que corona el edificio, como también lo coronan las águilas que extienden sus alas en los escudos nobiliarios del virrey... El caso es que los poetas debían escribir un poema en el que se elogiara al virrey comparándolo con el águila.

Eso fue justamente lo que hizo sor Juana en su romance «Cuando, invictísimo Cerda» (*OC*, 22). Quiero aquí señalar que la monja es la única de todos los participantes que no sólo habla del virrey en su poema, sino también, muy astutamente, de la virreina. En ese entonces se creía que el águila era, entre todos los animales, el único que podía mirar directamente al sol; el virrey, otra águila, bebe también los rayos del sol, pero del «animado», es decir, de su hermosa esposa, de la que el sol natural «mendiga» sus resplandores:

> de aquel sol, digo, animado,
> de cuyas luces mendiga
> los broches que campa el cielo,
> las galas que ostenta el día
> (*OC*, 22: vv. 53-56).

La monja no participó en el certamen con su nombre, sino con un anagramático seudónimo, Juan Sáenz del Cauri, y fue con este pseudónimo que obtuvo un primer lugar en la categoría, por lo cual se llevó como premio «dos bandejas de plata». Aunque ello no se revela nunca, se entiende, por el epigrama que Sigüenza, como a todos los ganadores, le dedica, que este triunfador vela su identidad tras un pseudónimo:

> ¿Qué importará que se encubra
> Sáenz, tu nombre en este trance,
> si espíritu en tu romance
> hay que tu nombre descubra?
> (*TP*, 1683: f. 113v).

Ahora bien, si uno se dirige a la sección en la que se incluye el poema ganador del tercer lugar, Francisco de Acevedo —que, dicho sea de paso, era miembro del jurado—, nos daremos cuenta de que el primer lugar de sor Juana es producto de un acto de aparente cortesía, pues aquél, al enterarse de la identidad de la derrotada, decidió cederle a ésta su lugar en el podio: Acevedo «por su grande y cultísimo numen poético merecía ser el primero», sin embargo, «es calificación de su grande modestia y talento el haber cedido a quien lo ocupa el lugar primero» (*TP*, 1683: f. 114v). A mí me parece que sor Juana no necesitaba para nada de este acto de «grande modestia» de Acevedo —cuyo poema, por cierto, no es mejor que el de la monja— y tampoco era necesario que Sigüenza aclarara en su texto lo que había sucedido tras bambalinas. Parece como si le dijera a la monja: «tu poema no es tan bueno, pero Acevedo, que es "modesto", te cede su primer lugar, y lo dejo por escrito aquí para que conste».

La información anterior, por simple que parezca, costó, como iré explicando en las líneas siguientes, muchos afanes a varias generaciones de editores y estudiosos de sor Juana. Dado que no lo incluyó en ninguno de los dos volúmenes de sus obras reunidas publicados en España, el romance al marqués, y a la marquesa, de la Laguna —otro poema *extra opera omnia*— fue, poco a poco, perdiéndose entre los muchos que contendieron por un premio en el *Triunfo parténico*.

En 1700, Juan Ignacio de Castorena y Ursúa, de quien hablaremos largamente en su momento, editó la *Fama y obras póstumas del Fénix de México* (Madrid: Manuel Ruiz de Murga), el tercero de los volúmenes de obra reunida publicados en Europa. Castorena sabía que sor Juana había participado en el *Triunfo* y quiso dar a conocer la composición ganadora, pero se equivocó: en vez del romance arriba aludido, imprimió una glosa con la que obtuvo un segundo lugar un tal Felipe de Salaizes Gutiérrez (*TP*, 1683: f. 99r). Méndez Plancarte, aunque reconocía que era éste un «raro seudónimo de sor Juana», incluyó la glosa en las *Obras completas*, y le asignó el número 139. En 1995, Salvador Cruz, notable sorjuanista poblano al que ya me he referido antes, dio a conocer que Salaizes Gutiérrez había sido un paisano suyo de carne y hueso. Alatorre, en su edición de 2009, suprime, al fin, el poema de Salaizes de las *Obras completas* de sor Juana, a quien se le había atribuido, erróneamente, durante más de tres siglos.

¿Cómo entonces se develó el romance que sor Juana sí escribió para el *Triunfo parténico*? Junto con los ya mencionados Villaurrutia, Schons y Abreu, Manuel Toussaint, aunque principalmente conocido por sus aportaciones a la historia del arte mexicano, merece un lugar privilegiado entre los editores pioneros de nuestra poeta. En 1916, fue el encargado de seleccionar y prologar unas *Poesías escogidas*, las cuales constituyeron el primer tomo —se anuncia que el segundo estaría dedicado a Rubén Darío— de una colección de «Buenos autores antiguos y modernos», auspiciada por la editorial Cvltvra; el librito, hoy muy raro, lo consulté en la Biblioteca Nacional de Chile e incluye algunas décimas, endechas, liras, redondillas, romances, sonetos, villancicos y fragmentos de *El divino Narciso*.

Diez años después, Toussaint dio a conocer unos *Poemas inéditos, desconocidos y muy raros de soror Juana Inés de la Cruz, la Décima Musa* (México: Manuel León Sánchez). Esta edición es una exquisitez bibliográfica: la tipografía, los grabados y los ornamentos emulan a la perfección los de los impresos virreinales (fig. 1, en la p. 20 de este libro). Se tiraron únicamente cien ejemplares; el que consulté se encuentra resguardado en la Biblioteca Nacional de México, y perteneció a la poeta veracruzana María Enriqueta Camarillo, a quien está, por cierto, dedicado: «A María Enriqueta, con la amistad y simpatía de M. Toussaint». En este volumen, el estudioso imprime, por primera vez desde 1683, el poema en cuestión: «He sido bastante afortunado para poder identificar esta obra de sor Juana, hasta hoy desconocida. Es un romance en elogio del virrey y aparece en el folio 113 y 113 vto. del *Triumpho*, con el nombre de Juan Sáenz del Cauri, anagrama perfecto de Juana Inés de la Cruz» (*MT1*, 1926: 4-5). Me resulta fascinante imaginar a Toussaint fatigando las páginas del certamen, repasando los nombres de cada uno de los contendientes, tejiendo conjeturas y reacomodando letras hasta dar, finalmente, con el anagrama, con el auténtico romance de sor Juana.

6. Reediciones y devociones (*ca*. 1685)

Como sucede con las de cualquier otro autor, algunas obras de sor Juana cruzan, con mayor facilidad que otras, por el ojo de aguja del tiempo. Una tarde de hace ya varios siglos, la poeta insufló algunos de sus versos con una emoción que aún perdura; no es difícil que a un lector actual se le encienda el pecho al llegar al final de aquel soneto de celos, lágrimas y amores: «mi corazón deshecho entre tus manos». Otras obras de la monja gozan de menos fortuna: hoy apenas sacudimos el polvo, por ejemplo, de esos sonetos históricos sobre Porcia, Pilatos o Lucrecia. Pero quizá sean los escritos religiosos en prosa, devocionales o teológicos, los que en nuestra época cuentan con menos lectores: ¿quién dedica sus ratos libres a leer sobre los dolores de María al pie de la cruz o elige cargar en su maleta, como lectura de placer en unas vacaciones, con las meditaciones en torno al misterio de la Encarnación? A las ediciones sueltas de dos obras de esta naturaleza, realizadas en la Ciudad de México, dedico las líneas siguientes: los *Ejercicios devotos para los nueve días antes de la purísima Encarnación* (referidos habitualmente como *Ejercicios de la Encarnación*) y los *Ofrecimientos para el santo rosario de quince misterios* (u *Ofrecimientos del rosario*).

A la frialdad e indiferencia con las que nos enfrentamos a estos textos en nuestro tiempo, hay que oponer el fervor y el entusiasmo con el que, en el suyo, se recibieron, comentaron y reeditaron. Antes que nada, hay que decir que buena parte de esta prosa religiosa se reimprimió muchas más veces y por un periodo más prolongado que cualquier otra sección de su obra: mientras que el *Neptuno alegórico* o casi todos sus juegos de villancicos se imprimieron una primera y única vez, los *Ofrecimientos del rosario*, tomemos por caso, gozaron de numerosas ediciones sueltas durante todo el siglo XVIII y hasta principios del XX.

Los mencionados *Ofrecimientos*, además de los *Ejercicios de la Encarnación*, se insertan en el muy redituable y prolífico mercado de la literatura devocional. Basta con hojear el catálogo que en *La imprenta en México* ofrece José Toribio Medina para darse cuenta de la gran oferta editorial de impresos devocionales en la Nueva España. Entre 1684 y 1688 (tomos II y III) —periodo en el que sor Juana, como veremos, pudo publicar sus *Ejercicios* y *Ofrecimientos*— encontramos cerca de quince obras de esta clase: ejercicios, métodos de oración, rosarios, novenas, etcétera. La celeridad y frecuencia con las que estas obras se reimprimieron recuerda la efervescencia editorial propia del libro de texto: «la preparación de libros destinados a reforzar las prácticas piadosas de públicos definidos garantizó su continua demanda y rentabilidad para las imprentas locales» (Moreno, 2017: 340). Estos pequeños libritos en dieciseisavo (11 cm), que hoy llamaríamos «de bolsillo», no sólo atizaban, sino que acompañaban y guiaban la devoción popular, sobre todo la de las monjas.

Podría decirse que los *Ejercicios de la Encarnación* son el relato del viaje que la Virgen María emprende por todas las regiones del universo, desde las ínfimas hasta las celestes. En la introducción a los mismos, sor Juana nos cuenta que Dios, durante los nueve días anteriores a la Encarnación y con el fin de «prevenirla y adornarla a la grandeza que había de tener, elevándola al inexplicable título de madre suya», hizo a la Virgen el tremendo favor de «mostrarle toda la creación del Universo, haciendo que todas aquellas criaturas la fuesen jurando reina y dándole obediencia» (*OC*, 406: líneas 32-34). Es decir, antes de convertirse en la madre del Mesías, a María le fue revelada la totalidad del cosmos: cuanto ha sido, es y será. El lector que sepa un poco de la obra de sor Juana se dará cuenta al instante de la gran similitud temática entre estos *Ejercicios* y la obra maestra de sor Juana, el *Primero sueño*, poema en que el alma de la poeta también contempla la totalidad del universo en una travesía onírica.

La finalidad de estos *Ejercicios* es preparar espiritualmente a las monjas durante los nueve días previos para recibir el de la fiesta de la Encarnación, o sea, aquel en que se rememora el momento en que Cristo comenzó a gestarse en el vientre de la Virgen. Para cada uno de esos nueve días el texto destina tres apartados. En el primero de éstos, bajo el rubro de «Meditación», sor Juana describe la región del universo que a la Virgen se le revela; esta descripción está estructurada de acuerdo con el Génesis: a cada uno de los primeros seis días de los ejercicios le corresponde un día de la Creación y las respectivas criaturas que en él fueron concebidas; los tres días faltantes, María conoce, una a una, a las jerarquías angélicas.

Es sobre todo en esta primera sección de cada día de los *Ejercicios* donde sor Juana hace gala de una prosa espléndida, insospechada en una obra de esta categoría. Considérese, por ejemplo, este breve pasaje, particularmente hermoso y emocionante, que llama la atención si consideramos que la autora que lo escribe, perpetua moradora del valle de los volcanes, jamás conoció el mar: «el mar con todas sus grandezas, con lo corpulento de sus olas, con lo cóncavo de sus cavernas, con lo oculto de sus mineros, con la variedad de sus monstruos, con lo admirable de sus flujos y reflujos y, en fin, con lo espantoso de su vastísimo cuerpo» (*OC*, 406: líneas 261-266).

Las otras dos secciones en que se divide cada uno de los nueve días reciben los títulos de «Ofrecimiento» y «Ejercicios». En la primera, sor Juana incita a sus hermanas a solicitar de Dios y de su madre algunas virtudes como la humildad o la sabiduría. La virtud solicitada está, naturalmente, siempre en relación con la sección anterior: al contemplar el sol y la luna, la Virgen, con su infusa sabiduría —concedida directamente por Dios—, comprende de golpe lo que ha costado siglos de desvelos a los astrónomos; por eso, dice luego «¡Oh, reina de la sabiduría, más docta y sabia que aquella reina Sabá! [...] alcanzadnos de Su Majestad la verdadera sabiduría, que es la virtud e inteligencia de las cosas celestiales» (líneas 402-406).

La última de las secciones tiene que ver con la práctica —aquí están los ejercicios propiamente dichos—. La autora aconseja a sus hermanas realizar acciones purificadoras, pero es siempre laxa: en los ejercicios del cuarto día debe decirse «nueve veces la *Magnificat*», pero «los que no saben leer latín», pueden decir «nueve credos»; en los del quinto hay que abstenerse de comer los manjares que más nos gustan; en los del sexto se debe poner en práctica la virtud contraria al pecado de la envidia, es decir, la caridad, «haciéndole algún servicio o limosna» a un enfermo; en los del tercero —y creo que este es el ejercicio más extremo— hay que cultivar la castidad, para lo que conviene mortificarse el cuerpo con un cilicio (pero sólo «si pudieren»).

Por su parte, los *Ofrecimientos del rosario* u *Ofrecimientos de los dolores* están destinados a guiar y acompañar un rosario de quince misterios que debe rezarse específicamente el Viernes Santo. Esta obra de sor Juana, me parece, está fuertemente emparentada con el rezo que hoy se conoce como *Via Matris*, suerte de versión paralela del *Via Crucis*, enfocada, no en los padecimientos de Cristo, sino en los de su madre camino del Calvario.

Los quince misterios giran en torno a los dolores que atraviesan el corazón de María cuando sube, junto a su hijo, por las veredas del Gólgota, cuando desanda esas mismas veredas luego de la crucifixión y cuando medita, en su soledad, durante los tres días que transcurren entre la muerte y la resurrección. Es de notar que la Virgen, luego de la muerte de su hijo, padece una serie de dolores *a priori*: le pesan los que habrán de morir sin bautismo, los herejes, los cristianos réprobos... Cosas, pues, que para entonces no han ocurrido pero que ella conoce porque, como ya se vio en los *Ejercicios de la Encarnación*, antes le ha sido revelada la totalidad: con «vuestra infusa sabiduría» —le dice sor Juana— «sentíais todo el daño de los hombres que estaban por nacer» (*OC*, 407: líneas 263-266).

En cada uno de los quince misterios que conforman estos *Ofrecimientos* es posible identificar, aunque éstas no sean explícitas, tres secciones: una invocación inicial a la Virgen, una descripción del dolor que ésta padece y un ofrecimiento a ese dolor (de ahí el nombre de la obra) que se acompaña de una petición específica por parte de los orantes.

Cada misterio es un ejemplo deleitable de cohesión y conceptismo barroco en el que sor Juana va hilando finamente la invocación, descripción y ofrecimiento; el hilo que une todos los retazos, según veo, es casi siempre un verbo. Tomemos por caso el segundo misterio: «Cuando le vio crucificar» (*OC*, 407: líneas 29 y ss.), en el que el verbo o acción que engarza todas las secciones es la de 'traspasar' o 'clavar'. Primero viene la invocación, en la que la Virgen se nos muestra convertida en una diana de agudos pesares: «Oh, Madre Santísima, hecha centro y blanco de todos los dolores». Viene luego la descripción de los clavos que atraviesan la carne de Cristo; ésta, como todas las demás en el texto, es vívida y estremecedora: un dolor «le traspasó» a María el corazón cuando vio «clavar contra el duro madero de la Cruz con tres clavos aquel delicadísimo y atormentadísimo cuerpo». Al final, se ofrecen a la Virgen diez avemarías, y se realiza la correspondiente petición:

> os suplicamos *traspaséis* nuestros pensamientos, y los *clavéis* con el santo temor de vuestro Hijo, para que no se extiendan a ofensa de Su Majestad: para que así *clavados* con los clavos de sus preceptos en la estrecha cruz de la guarda de nuestras obligaciones, merezcamos después la eterna libertad y soltura del Cielo [las cursivas son mías].

El texto de los *Ejercicios de la Encarnación* y de los *Ofrecimientos de los dolores* se nos ha transmitido principalmente a través de la *Fama y obras póstumas* (1700), tercer volumen de las obras reunidas de la monja, editado por Juan Ignacio de Castorena y Ursúa en Madrid, y al que nos hemos referido ya antes. Pero no se publicaron por primera vez en la *Fama* ni los *Ejercicios* ni los *Ofrecimientos*: Castorena y Ursúa debió obtener para su edición el texto de estas obras directamente de las sueltas publicadas en México en vida de sor Juana. De este par de ediciones sueltas nos informa la propia autora en un pasaje de la *Respuesta a sor Filotea*, que por abundar en valiosos detalles en lo que respecta a la materia que aquí se trata, me permito citar sin omitir ninguna frase:

> Y así, en lo poco que se ha impreso mío, no sólo mi nombre, pero ni el consentimiento para la impresión ha sido dictamen propio, sino libertad ajena que no cae debajo de mi dominio, como lo fue la impresión de la *Carta Atenagórica*; de suerte que solamente unos *Ejercicios de la Encarnación* y unos *Ofrecimientos de los Dolores* se imprimieron con gusto mío por la pública devoción, pero sin mi nombre; de los cuales remito algunas copias, porque (si os parece) los repartáis entre nuestras hermanas las religiosas de esa santa comunidad y demás de esa ciudad. De los *Dolores* va sólo uno porque se han consumido ya y no pude hallar más. Hícelos sólo por la devoción de mis hermanas, años ha, y después se divulgaron; cuyos asuntos son tan improporcionados a mi tibieza como a mi ignorancia, y sólo me ayudó en ellos ser cosas de nuestra gran reina: que no sé qué tiene el que en tratando de María santísima se enciende el corazón más helado (*OC*, 405: líneas 1384-1401).

En su *Respuesta*, sor Juana refiere directamente sólo cuatro de sus obras: obviamente la *Carta atenagórica*, de la que hablaremos más adelante, el *Sueño*, y estos *Ejercicios* y *Ofrecimientos*. Al igual que su gran silva filosófica, sitúa estas dos «obritas» piadosas en prosa en un sitio privilegiado de su producción literaria: si el *Sueño*, según ella, fue el único texto que escribió por propio gusto, los *Ejercicios* y *Ofrecimientos* fueron los únicos que se imprimieron «con gusto mío por la pública devoción, pero sin mi nombre».[1]

Así pues, hay que tener por seguro que existió una primera y anónima edición suelta de cada una de estas dos obras impresa en vida de sor Juana y muy probablemente en la Ciudad de México. De ambas sueltas sor Juana poseía ejemplares, algunos de los cuales —como hacen hoy casi todos los escritores que se auto-promocionan— envió a Manuel Fernández de Santa Cruz (alias sor Filotea) para que los repartiera entre su comunidad de religiosas, porque, como también nos informa la autora en el pasaje citado, ambos textos fueron escritos principalmente para la devoción del público monjil.[2] Hay que notar que, desde siempre, tuvieron mucho más éxito editorial los *Ofrecimientos* que los *Ejercicios*: mientras que de estos últimos envía al obispo de Puebla ejemplares suficientes, de los *Dolores* —como los llamaba su autora— «va sólo uno porque se han consumido ya».

¿En qué año fueron escritas y publicadas por vez primera estas dos obras devotas en prosa? Ya Alberto G. Salceda, en la nota introductoria a su edición de los *Ejercicios* en las *Obras completas*, conjeturaba,

---

[1] Aunque anónimos, de los *Ejercicios* podía inferirse, a partir de la «Introducción al intento», que la autora era del sexo femenino: «Sólo pido a los que en esto se ejercitaren, me paguen este pequeño trabajo con acordarse de mí en sus oraciones, deuda a que desde luego me constituyo *acreedora* delante del Señor» (*OC*, 406: líneas 56-59). ¿Recibiría sor Juana como pago por estas obras devocionales únicamente las oraciones de los fieles?

[2] El clero masculino, como puede leerse en la «Introducción al intento» de los *Ejercicios*, no estaba excluido: «porque como se escribe principalmente para los señores sacerdotes y señoras religiosas, se ponen algunas cosas que para otras personas fueran casi incompatibles, como son: salmos (que no sabrán los que no saben leer), disciplinas, obediencias y cosas semejantes, que en el religioso estado son ordinarias y en otros no» (*OC*, 406: líneas 67-73). Luego, en varios pasajes del mismo texto, se dirige a sus lectores como «Señores y señoras mías».

con toda razón, que ello debió ocurrir entre 1684 y 1688. Para obtener ese rango, Salceda cotejó la información contenida en tres fuentes. Por una parte, en el pasaje antes citado de la *Respuesta*, firmada el 1 de marzo de 1691, afirmaba sor Juana haber escrito estos textos «años ha». Por otra, en los *Ejercicios*, escribe «Rezarán [...] pidiéndole a la Señora que, como Señora de la Tierra, sosiegue los temblores que *pocos años ha* con tanto terror nos amenazaron. Y pidámoslo también a nuestro abogado, el gloriosísimo señor san José, en cuyo día sucedió el más espantoso de los que hemos visto» (*OC*, 406: líneas 332-341). El terrible temblor al que se refiere sor Juana no puede ser otro sino el registrado en el *Diario* de Robles, ocurrido el día de san José, el 19 de marzo de 1682: «Jueves 19, tembló la tierra horrorísimamente, cerca de un cuarto de hora; y se abrió la tierra por muchas partes, y se cayeron algunas casas viejas de adobe, a las tres de la tarde» (1972, II: 16).

A pesar de que sabemos, pues, que una edición suelta de los *Ejercicios de la Encarnación* autorizada por su autora se imprimió alrededor de 1685, anónima, y que esa suelta se difundió, al menos, en México y Puebla, no he podido localizar, hasta ahora, un solo ejemplar de dicha edición en biblioteca alguna. De hecho, ningún bibliógrafo ni editor moderno de sor Juana la ha visto jamás: no la registra Vicente de P. Andrade en su *Ensayo bibliográfico del siglo xvii* (1899), ni José Toribio Medina en su magno catálogo (1909-1911); Pedro Henríquez Ureña, que puso los cimientos de una «Bibliografía de sor Juana Inés de la Cruz», la consigna, basándose en las palabras de la *Respuesta*, pero tampoco la tuvo entre sus manos (1917: núm. 22).

Existen, hasta donde sé, dos ediciones modernas de los *Ejercicios*. Primero, la incluida en las *Obras completas*, a cargo de Alberto G. Salceda (1957), y que parece ser la primera realizada desde 1725, año en que la obra se incluyó en la última edición antigua del tercer tomo europeo de obras reunidas. Su texto proviene directamente de la *Fama*, no de la primera edición de 1700, sino de la segunda, impresa en Lisboa en 1701. Existe también, sorprendentemente, una edición bilingüe —inglés y español— de los *Ejercicios*, realizada por Grady C. Wray y publicada en 2005 bajo el título *The* Devotional Exercises/*Los* Ejercicios devotos *of Sor Juana Inés de la Cruz, Mexico's*

Prodigious Nun (1648/51-1695).[3] El texto de esta última proviene también de las ediciones y reediciones de la *Fama*, no de la suelta. Me parece que estamos, pues, ante el más escurridizo y misterioso entre todos los impresos antiguos de sor Juana.[4]

Esta aparente desaparición de la suelta podría estar relacionada con la obra que le sirve de, digamos, base teórica/teológica. Sor Juana reconoce en sus *Ejercicios de la Encarnación* que su idea central —la de «los inefables favores que su majestad divina hizo a su escogida y carísima madre» durante los nueve días antes de la Encarnación— la ha tomado de «la venerable madre María de Jesús» (*OC*, 406: líneas 29-31), monja concepcionista, profesa en un convento de Soria, y uno de los personajes religiosos más importantes del Barroco español. Además de haber sido una prolífica escritora, la monja de Ágreda jugó, como es bien sabido, un papel relevante en la política de su tiempo: mantuvo una relación epistolar con el mismísimo Felipe IV, de quien era una suerte de consejera, así como con otros nobles españoles de la talla de Fernando y Francisco de Borja (Baranda, 2008).

La Fénix Americana no sólo conocía y leía los textos de sor María, sino que la tomaba, a la par de otras mujeres sabias y virtuosas, como un modelo vital, cuyo ejercicio intelectual legitimaba y servía como defensa de su propio estudio y escritura. Alude a ella en la *Respuesta a sor Filotea* dos veces. A propósito de un versículo controversial de la primera Carta a los Corintios —«mulieres in ecclesiis taceant», 'callen las mujeres en la iglesia' (14:34)—, la autora acepta que callen las mujeres en los «púlpitos y cátedras», pero no que estudien

---

[3] Esa publicación es resultado de su tesis doctoral, presentada en Indiana University en 1999: *Spiritual Calisthenics: the Devotional Exercises of Sor Juana Inés de la Cruz.*

[4] Beristáin de Sousa (1816-1821, II: 323) consigna unos *Ejercicios devotos para celebrar la fiesta de la Encarnación del Divino Verbo* (México: Rodríguez Lupercio, 1688), pero los atribuye al presbítero secular Francisco Montemayor y Mansilla. ¿Puede tratarse de un error de atribución y que sea ésta la obra de sor Juana? Si la primera edición suelta era anónima, cabe la posibilidad de que Beristáin, en dado caso de que hubiera visto un ejemplar, la atribuyera a Montemayor y Mansilla y no, como era lo correcto, a la monja jerónima. La noticia la reproducen, sin haber visto el impreso en cuestión, Andrade (1899: núm. 899) y Toribio Medina (1908, III: núm. 1418). Tampoco he podido localizar, de cualquier forma, ningún ejemplar de los *Ejercicios* de Montemayor y Mansilla.

y escriban «privadamente». Como argumento de lo anterior, trae a colación, entre otras ilustres mujeres, a sor María de Jesús: «¿cómo vemos que la Iglesia ha permitido que escriba una Gertrudis, una Teresa, una Brígida, la monja de Ágreda y otras muchas?» (*OC*, 405: líneas 1136-1138). Más adelante arguye que, santas o no, las mujeres tienen todas por igual el derecho a la escritura, para lo cual vuelve a mencionar a la venerable de Soria: «la de Ágreda y María de la Antigua no están canonizadas y corren sus escritos» (*OC*, 405: líneas 1147-1148).

La obra a la que sor Juana alude concretamente en sus *Ejercicios* lleva por título: *Mística Ciudad de Dios, milagro de su omnipotencia y abismo de la gracia, historia divina y vida de la Virgen Madre de Dios, reina y señora nuestra, María santísima, restauradora de la culpa de Eva y medianera de la gracia.* Se trata de una muy voluminosa biografía de la Virgen que sor María comenzó a escribir en 1637, cuando contaba con treinta y cinco años (sor Juana tenía más o menos la misma edad cuando escribió los *Ejercicios*). Como ella misma confiesa, pocos años después esa primera versión de la *Mística Ciudad de Dios* fue echada al fuego, junto con otros textos en torno a «materias graves y misteriosas», «por consejo de un confesor», que sustituía en aquel tiempo al que habitualmente atendía a la madre, el cual opinaba que «las mujeres no habían de escribir en la Santa Iglesia». Por fortuna, la escritora volvió a tomar la pluma en 1655 y concluyó, por mandatos tanto terrestres —prelados y confesor— como divinos —Dios y la Virgen—, la magna obra por segunda vez (I, Introducción, §19: pp. 13-14). En 1670, apareció al fin, póstumamente, una edición madrileña en tres volúmenes.

Pues bien, sucede que la monja de Ágreda fue una figura polémica durante su vida —estuvo sujeta a una investigación inquisitorial entre 1649 y 1650—, y esa polémica siguió acompañando su legado literario muchos años después de su muerte, acaecida en 1665. Poco después de su publicación, la *Mística ciudad de Dios* «fue delatada al santo tribunal de la suprema Inquisición de España» y se le siguió una averiguación que se prolongó hasta 1686, año en que la institución «determinó concluir definitivamente la causa en favor de la obra» (Bringas, 1834: 8-9). Los detractores objetaban, sobre todo, que ésta «no podía ser una obra revelada por Dios», pero el telón de fondo parece haber sido la discusión entre maculistas e inmaculistas (75 y ss.). Por esas mismas fechas, la obra fue denunciada ante el Santo Oficio de Roma, y el papa Inocencio XI emitió un decreto que la prohibía el 26 de junio de 1681, conservado en el Archivo General de Simancas. Aunque el papa levantó la prohibición en noviembre de ese mismo año, la obra apareció en un «Appendix» al *Index Librorum Prohibitorum* de 1685, impreso en Roma. No fue sino hasta el 26 de septiembre de 1713 cuando «declaraba el Santo Oficio que la *MCD* [*Mística ciudad de Dios*] no estaba prohibida, antes bien estaba permitida su lectura en la Iglesia Universal» (Mendía y Artola, 2015: 146).

Como puede verse, las fechas de las denuncias, los decretos y las prohibiciones en el *Index* de la *Mística Ciudad de Dios* coinciden con el lapso antes propuesto para la posible redacción e impresión de los *Ejercicios de la Encarnación* (1684-1688). Es muy probable que la élite intelectual novohispana, de la cual sor Juana era el miembro más eminente, estuviera al tanto de la encendida polémica, al otro lado del Atlántico, en torno a la biografía de la Virgen escrita por la monja de Ágreda. No sé si la jerónima que no quería «ruido con el Santo Oficio» contara con los medios para «desaparecer» la edición de una obra tan ligada a otra procesada por los tribunales inquisitoriales europeos; lo que sí me parece lógico es que si sor Juana, como ella misma asevera en la *Respuesta*, decidió dar a las prensas tanto los *Ejercicios* como los *Ofrecimientos*, también pudo haber decidido cesar la difusión y las posibles reediciones de los primeros. Ello debió ocurrir, si es que ocurrió, después de marzo de 1691, fecha en que sor Juana, oronda, envía a sor Filotea, junto con la *Respuesta*, varios ejemplares de su «obrita» devocional sobre una Virgen María a la que se le revela la totalidad del cosmos.

Para concluir con este asunto de la misteriosa *princeps* de los *Ejercicios de la Encarnación*, no puedo dejar de citar las palabras que a tal obra dedica Juan Ignacio de Castorena y Ursúa en el Prólogo a la *Fama y obras póstumas*, volumen en donde, como ya vimos, fue incluida. Afirma el editor: «la Novena de la Encarnación contiene entre la Sagrada Escritura (mucha y bien entendida), breve resumen del tratado *De Opere Sex Dierum*, con autoridades varias de santos padres y doctores, unas meditaciones verdaderamente afectuosas» (*FOP*: s.p.). Es cierto que los *Ejercicios* están plagados de «mucha y bien entendida» Sagrada Escritura: ya vimos que están estructurados de acuerdo con el Génesis; se citan, además, los Salmos, los Evangelios, etcétera. Lo que no es cierto es que los *Ejercicios* sean un «resumen» del *De Opere Sex Dierum*, obra de Francisco Suárez publicada póstumamente en Lyon en 1621, y a la que sor Juana no alude, ni de lejos, en ningún pasaje de su escrito. La obra de Suárez, como su nombre lo indica, también se relaciona con los días en los que Dios creó el mundo, pero su asunto principal no podría estar más alejado del de la monja: se trata de un «comentario teológico de los tres primeros capítulos del Génesis» preocupado, sobre todo, por «el estado de inocencia original y la pérdida del mismo» (Prieto, 2020: 584). Las «autoridades varias de santos padres y doctores» mencionadas por Castorena se reducen, si alguna no se me escapa, a tres: el «glorioso san Gregorio», «el glorioso san Agustín» y san Buenaventura (*OC*, 406: líneas 758-759; 1129-1132). ¿Por qué el editor de la *Fama y obras póstumas* no sólo no menciona, a propósito de la «Novena de la Encarnación», a la monja de Ágreda —que sor Juana reconoce como su fuente principal y de la cual, por cierto y como se verá, Castorena era muy devoto— y trae a cuento otra obra que ni se cita en el escrito en cuestión ni se relaciona con éste?

Sea por la razón que sea, no contamos, por el momento, con la edición suelta americana de los *Ejercicios de la Encarnación*. La edición de Salceda, incluida, como ya dije, en el tomo IV de las *Obras completas*, sigue, casi al pie de la letra, el texto de la *Fama* —aunque el de su reedición de 1701—; por ende, me parece que se trata, salvo en poquísimas ocasiones, de una edición impecable.

Las ediciones sueltas americanas de los *Ofrecimientos del rosario* también son escurridizas, pero en mucho menor medida que las de los *Ejercicios*. Aunque no he podido tener cada una de ellas entre mis manos, he podido identificar cuatro ediciones sueltas de esta obra realizadas en México entre finales del siglo XVII y los primeros años del XVIII.

1) La primera edición, ésa de la que sor Juana —según sus propias palabras en la *Respuesta*, arriba citadas— envió al obispo de Puebla únicamente un ejemplar en 1691 porque ya escaseaba, debió imprimirse, anónima y en México, alrededor de 1685, en las mismas fechas en que también se imprimió la de los *Ejercicios*. Ningún bibliógrafo moderno ha visto esa edición, y yo tampoco he localizado ejemplar alguno (*or1*).

2) De la segunda edición tampoco he hallado ejemplares, pero la registra Andrade en su ya referido *Ensayo bibliográfico del siglo* XVII (1899: núm. 958); no tuvo la suelta ante sus ojos, pero se basa en una anotación de quien lo antecedió en su labor bibliográfica, el padre Agustín Fischer, quien sí parece haberla visto. Esta segunda edición salió de las prensas de los Herederos de la Viuda de Bernardo Calderón (¿la primera se imprimiría en ese mismo taller?). Andrade se equivoca al consignarla bajo la fecha de 1691: esta suelta tiene que ser, por un lado, posterior a la muerte de sor Juana, pues en la portada se lee la leyenda «que Dios haya» —frase que indicaba que quien se nombraba era ya difunto y que equivale, más o menos, a nuestro «Dios lo tenga en su gloria»—;[5] por otro lado, los Herederos estuvieron activos, de acuerdo con la información brindada por Toribio Medina (1909, I: CXLII y ss.), entre 1684 y 1703. Así pues, sitúo la impresión de esta segunda edición hacia 1695 (*or2*).

3) De la tercera edición (¡eureka!) se conservan, hasta donde sé, dos ejemplares: uno en la Biblioteca Nacional de Chile y otro en la biblioteca del Centro de Estudios de Historia de México (véase en la bibliografía bajo la sigla *or3*; fig. 22). Esta suelta no tiene fecha, pero si consideramos que en la portada se lee, junto al nombre de la autora, la frase «que Dios haya», podemos asegurar que también, como la segunda, es posterior a la muerte de sor Juana. Fue impresa por los Herederos de la Viuda de Francisco Rodríguez Lupercio, activos entre 1698 y 1736 (Toribio Medina, 1909: I, CLIV). Sitúo, por tanto, la fecha de esta edición alrededor de 1700. La consignan Toribio Medina, que poseía un ejemplar (1908: III, núm. 1859), y Henríquez Ureña, que se limita a copiar los datos de Toribio Medina (1917: núm. 29).

4) La suelta de 1709 (*or4*) salió de las prensas de Francisco Ribera Calderón y en su portada se indica claramente que estamos ante la «cuarta impresión». Se resguardan ejemplares en el Fondo Antiguo Biblioteca Franciscana de la Universidad de las Américas (Puebla) y en la Biblioteca Nacional de Chile. La describe Toribio Medina, que

[5] Esto ya lo había señalado Henríquez Ureña (1917: núm. 28).

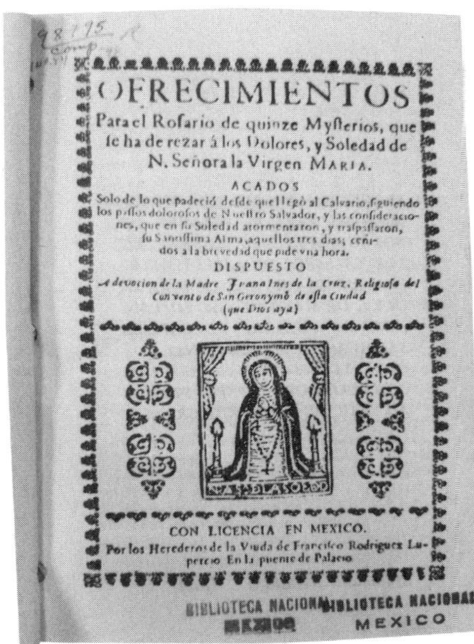

OFRECIMIENTOS
Para el Rosario de quinze Mysterios, que se ha de rezar à los Dolores, y Soledad de N. Señora la Virgen MARIA.
ACADOS
Solo de lo que padeció desde que llegò al Calvario, siguiendo los passos dolorosos de Nuestro Salvador, y las consideraciones, que en su Soledad atormentaron, y traspassaron, su Santissima Alma, aquellos tres dias; ceñidos a la brevedad que pide vna hora.
DISPUESTO
A devocion de la Madre Juana Ines de la Cruz, Religiosa del Convento de San Geronymo de esta Ciudad (que Dios aya)
CON LICENCIA EN MEXICO.
Por los Herederos de la Viuda de Francisco Rodriguez Lupercio En la puente de Palacio

Fig. 22. Portada de los *Ofrecimientos* (México: Herederos de la Viuda de Francisco Rodríguez Lupercio, *ca.* 1700)

poseía un ejemplar (1908: III, núm. 2206), y Henríquez Ureña, que, como en el caso anterior, se limita a copiar los datos de Toribio Medina (1917: núm. 36).

Ningún sorjuanista, desde Henríquez Ureña, parece haberse preocupado por la consulta de las sueltas de los *Ofrecimientos*. Quiero destacar el hecho curioso, desconocido hasta ahora, de que en las dos ediciones más antiguas que he podido revisar —*or3* (*ca.* 1700) y *or4* (1709)— se incluyó, al final, el soneto para un, hasta ahora, no identificado certamen en honor a san José: «Nace de la escarchada fresca rosa» (*OC*, 209; fig. 23). Sólo se conocía este soneto a partir de su impresión en el *Segundo volumen* (1692: 546) y sus reediciones; añado este testimonio impreso junto con los *Ofrecimientos*. No hay variantes entre el texto de *or3* y *or4* y el *Segundo volumen*; el único cambio radica en el epígrafe, que en el *SV* es más largo, pues, luego de «A señor san Joseph», añade: «escrito según el asunto de un certamen, que pedía las metáforas que contiene». Si el soneto estuviera incluido en la primera edición suelta de los *Ofrecimientos* (*ca.* 1685), que hasta ahora no he podido consultar, sería ése, y no el *SV*, el testimonio impreso más antiguo del soneto al santo.

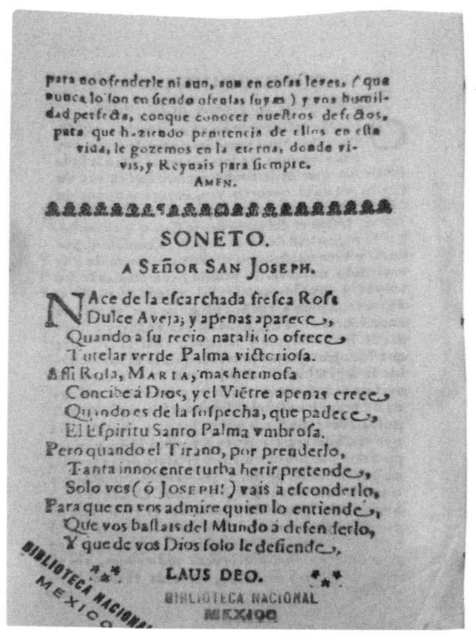

para no ofenderle ni aun, aun en cosas leves, (que nunca lo son en siendo ofensas suyas) y vna humildad perfecta, conque conocer nuestros defectos, para que haziendo penitencia de ellos en esta vida, le gozemos en la eterna, donde vivis, y Reynais para siempre.
AMEN.

SONETO.
A SEÑOR SAN JOSEPH.

NAce de la escarchada fresca Rosa
Dulce Aveja; y apenas aparece,
Quando a su recio natalicio ofrece
Tutelar verde Palma victoriosa.
Assi Rosa, MARIA, mas hermosa
Concibe à Dios, y el Viẽtre apenas crece
Quando es de la sospecha, que padece,
El Espiritu Santo Palma vmbrosa.
Pero quando el Tirano, por prenderlo,
Tanta innocente turba herir pretende,
Solo vos (ó JOSEPH!) vais a esconderlo,
Para que en vos admire quien lo entiende,
Que vos bastais del Mundo à defenderlo,
Y que de vos Dios solo le defiende,

LAUS DEO.

Fig. 23. Soneto a san José impreso en la edición suelta de los *Ofrecimientos del rosario* (México: Herederos de la Viuda de Francisco Rodríguez Lupercio, *ca.* 1700)

También me parece digno de destacar el hecho de que el ejemplar de la cuarta edición de 1709, conservado en la Biblioteca Franciscana de Puebla, se encuentra gravemente mutilado. Como puede verse en la fig. 24a, algún lector recortó, seguramente con fines devocionales, la parte inferior de la portada, en la que se hallaba impreso un grabado del descendimiento de la Cruz, según he podido determinar a partir de la consulta del otro ejemplar de la misma edición, en la Biblioteca Nacional de Chile (fig. 24b). ¿Recortarían otros lectores la portada de ediciones como éstas para extraer las «estampitas»? ¿Esta práctica podría estar relacionada con la escasez de los ejemplares conservados de estos impresos de sor Juana?

Otra muestra de la viva relación que los lectores mantenían con este tipo de impresos está en el hecho de que en ese mismo ejemplar de los *Ofrecimientos* resguardado en Chile, encuadernado junto con otras cuatro obritas devocionales de la primera mitad del siglo XVIII, en una página en blanco que antecede al primer misterio, algún devoto o devota sumó a las palabras de la Décima Musa las suyas propias y escribió una «Oración preparatoria», cuyo rezo serviría

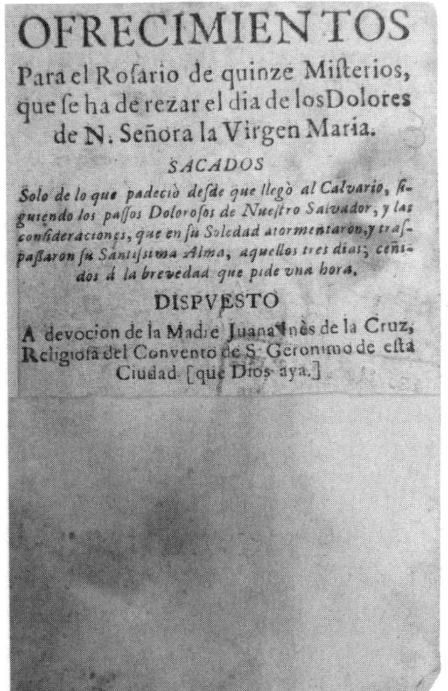

OFRECIMIENTOS
Para el Roſario de quinze Miſterios, que ſe ha de rezar el dia de los Dolores de N. Señora la Virgen Maria.

SACADOS

Solo de lo que padeciò deſde que llegò al Calvario, ſiguiendo los paſſos Doloroſos de Nueſtro Salvador, y las conſideraciones, que en ſu Soledad atormentaron, y traſpaſſaron ſu Santiſſima Alma, aquellos tres dias; ceñidos á la brevedad que pide una hora.

DISPVESTO

A devocion de la Madre Juana Inès de la Cruz, Religioſa del Convento de S. Geronimo de eſta Ciudad. [que Dios aya.]

Fig. 24a. Ejemplar mutilado de los *Ofrecimientos* (México: Francisco Ribera Calderón, 1709)

Fig. 24b. Grabado que se recortó, en el ejemplar de la Biblioteca Nacional de Chile

de antesala al del rosario.[6] Quizá ese mismo antiguo poseedor o poseedora dejó, tal como hacemos todavía algunos, una florecilla que, ya marchita por el paso de los siglos, aún permanece entre las páginas del pequeño tomo.

Suele decirse que la obra de sor Juana apenas se leyó durante los siglos XVIII y XIX. Esa aseveración puede ser cierta para el *Sueño* o *El*

[6] La oración dice así: «Abrí, Señor, nuestros labios, regid nuestras lenguas, moved nuestros corazones, para que con el respeto decente en vuestra presencia y con el sentimiento debido a la estremada soledad de vuestra dulcísima madre y dolorosísima reina nuestra, cantemos sus alabanzas, acompañemos sus penas, agradezcamos sus ternísimas finezas y, ocupada toda la alma en tan debidos sentimientos, no admitamos otro que de compasión, agradecimiento y amor de tan dulce madre y de la altísima providencia con que a costa suya y vuestra, la quisisteis hacer reina, amparo y madre de afligidos pecadores. Seais por ello bendito de todas las criaturas, dulcísimo Jesús nuestro, que con el Padre y el Espíritu Santo vives y reinas en los siglos de los siglos. Amén».

divino Narciso, pero definitivamente no para los *Ofrecimientos del rosario*. La Biblioteca Nacional de Chile resguarda la mayor colección que conozco de reediciones de esta obra de sor Juana, todas mexicanas: tenemos una de 1736 (*or5*), impresa en el Nuevo Rezado de doña María de Ribera, que incluye al final una «Oración» dirigida a la Virgen, versión ampliada de la actual Salve; otra, de 1755 (*or6*), con un bello grabado de la Dolorosa, realizada en la Imprenta Nueva de la Biblioteca Mexicana; una más, con el mismo grabado de la anterior, salida de las prensas de Felipe Zúñiga y Ontiveros en 1767 (*or7*), que incluye al final una «Oración o coloquio a la santísima Virgen, nuestra señora y madre dolorosísima, madre de la verdadera confianza»; viene luego otra de 1804 (*or8*), alumbrada en el taller de María Fernández de Jáuregui, y que incluye al final la *Protesta de la fe*, extraída de alguna edición de la *Fama y obras póstumas* —creo que es la primera vez que estas dos obras se imprimen juntas en un solo volumen—; finalmente, en ese mismo taller, vio la luz en 1812 una reedición más (*or9*), que también incluía la dicha *Protesta de la fe*.

En el catálogo de la Biblioteca Nacional de Chile existe el registro de otra edición realizada por los Herederos de la Viuda de Francisco Rodríguez Lupercio en 1770, pero no la he podido consultar y, por ende, no puedo asegurar que efectivamente exista; según me informó don Mario Monsalve, guardián de los tesoros de la Sala Medina, la biblioteca compró el ejemplar a un repositorio argentino, pero éste, aunque se registró en el catálogo, nunca se recibió. Ninguna obra de sor Juana se reimprimió tantas veces durante esos años.

Todavía en 1946 se realizó una exquisita —y rarísima— edición facsimilar (de *or3*, impresa *ca.* 1700) en la Casa Editorial Beatriz de Silva. La edición se limitó a tirar cien ejemplares numerados, de los cuales he podido consultar el 71, resguardado en la Biblioteca Nacional de México. Según datos de la Enciclopedia de la Literatura en México (ELEM), la Editorial Beatriz de Silva estuvo activa desde 1875 y, al menos, hasta 1961, año de algunos impresos de esta misma editorial conservados, asimismo, en la Biblioteca Nacional de México. Quiero hacer hincapié en el formato de veras diminuto de todas estas ediciones en dieciseisavo, las cuales caben en la palma de la mano: me parece fascinante imaginar que durante más de un siglo miles de lectores llevaron consigo estos libritos y que, cuando sentían la necesidad, los sacaban de su bolsillo o faldriquera para rezar un rosario, guiados por las fervorosas palabras de sor Juana.

Luego de las continuas ediciones realizadas a lo largo de tantos años, los *Ofrecimientos* dejaron de imprimirse y cayeron en el olvido, casi total, en el que aún permanecen. Además de la facsimilar, la única edición moderna de esta obra de sor Juana, la primera realizada desde 1812, es la de Alberto G. Salceda, incluida en el tomo IV de las *Obras completas* (1957). Su texto no proviene de las sueltas, que el editor no conoció, sino de la *Fama y obras póstumas*, volumen en el que esta obra de sor Juana, como dije, fue incluida junto con los *Ejercicios de la Encarnación*. Castorena y Ursúa en su Prólogo se limita a caracterizar los *Ofrecimientos* como unas «deprecaciones tiernamente fervorosas» (1700: s.p.). Entre el texto de la suelta más antigua que hasta ahora he podido consultar —*ca3*, ca. 1700— y el de la *Fama* se presentan numerosas diferencias.

A partir del cotejo entre estos dos testimonios, identifico tres tipos de variantes. En primer lugar, están las relativas al leísmo y loísmo; la edición americana prefiere, por lo general, utilizar *lo* para el objeto directo, a diferencia de la española, que es leísta: *cuando lo levantaron en la cruz*/*cuando le levantaron en la cruz*. El segundo tipo de variantes está relacionado con las distintas formas de una misma palabra: *tiernísima*/*ternísima*, *baptismo*/*bautismo*, *escripturas*/*escrituras*; la suelta americana tiende a ser más conservadora en lo que respecta a los grupos consonánticos cultos. El tercer y último grupo lo constituyen las poquísimas variantes textuales de consideración.

La diferencia más obvia e importante está en el título, que en la suelta contiene mucha más información que en la *Fama*; llama la atención, en la portada de la suelta, la aclaración, casi publicitaria, de que el rezo entero de estos quince misterios no le tomará al piadoso lector más de «una hora» —apunte muy útil para el lector precavido: cuando leo en mi Kindle, se me va avisando, en el extremo inferior izquierdo, cuántos minutos hacen falta para que termine de leer algún capítulo—.

Hay otras dos variantes que resultan interesantes. La primera se encuentra en el primer ofrecimiento: *or3* lee *al increíble dolor*, mientras que *FOP* lee *al incomparable dolor*; la segunda está en el décimo ofrecimiento: la suelta lee *aquel ultrajado cadáver* y *FOP*, *aquel deshecho cadáver*. Aunque yo me decantaría por *incomparable* y *ultrajado*, lecciones mucho más vívidas, lo cierto es que los dos grupos de variantes son equipolentes, es decir, igualmente válidos en apariencia (Blecua, 2018: 107); para decidirse por una u otra lección, tendríamos que contar con el respaldo de la *princeps* que, como sabemos, fue autorizada por la escritora.

La gran similitud entre los textos de la suelta de los *Ofrecimientos* y la *Fama* me lleva a concluir que ambos derivan de un mismo testimonio, muy seguramente aquella *princeps*, impresa alrededor de 1685, y cuyos ejemplares hoy, como decía sor Juana en su *Respuesta* de 1691, «se han consumido ya» y se me escapan, de momento, de las manos.

7. El transatlántico *Narciso* (1690)

En el prólogo «Al lector» que antecede a la edición de sus *Autos sacramentales*, impresa en 1677, don Pedro Calderón de la Barca, gran dramaturgo del Barroco español, confiesa que éstos se han representado en las fiestas del Corpus Christi, ante los reyes y su Corte, «de más de treinta años a esta parte» (s.p.). Si uno visita la Casa Museo Lope de Vega, en Madrid, los especialistas que ahí trabajan le harán saber que el Fénix de los Ingenios —Lope también era un Fénix, pero de España—, luego de un sustancial desayuno de torreznos y aguardiente, se sentaba a escribir sin parar: para el anochecer tenía escrita una comedia entera (o al menos dos de sus tres jornadas). Ante tan asidua y prolongada dedicación a la escritura dramática, no sorprende que estos grandes autores de los Siglos de Oro hayan acumulado una obra vasta y casi inabarcable —sus piezas se cuentan por cientos— ni que hayan alcanzado esa exquisita perfección del oficio, bien conocida por sus lectores, que produjo obras maestras como *La vida es sueño* o *El caballero de Olmedo*.

Por eso nunca ha dejado de sorprenderme la sor Juana dramaturga. Sorprende el hecho de que a pesar de haber escrito tan pocas obras teatrales, en comparación con los dos monstruos a los que ya aludimos, algunas de éstas —y hablo sobre todo por *Los empeños de una casa* y *El divino Narciso*— se encuentren a la altura de las mejores de los Siglos de Oro. Sorprende también que, a diferencia de Lope o Calderón, que dedicaron a ello su vida entera, la escritura dramática de sor Juana esté circunscrita prácticamente en su totalidad a la década de 1680: sólo dos piezas, según las fechas establecidas con mucho tino por Alfonso Méndez Plancarte, se escribieron en los años setenta del siglo XVII: una loa a la Concepción y otra al cumpleaños de Carlos II (*OC*, 373 y 374). Por último, sorprende que prácticamente toda la obra dramática que de ella conocemos se haya escrito en una celda de San Jerónimo, es decir, sin la experiencia directa de las tablas de la que gozaban otros dramaturgos de la época que, finalmente, eran hombres de teatro.

Si a pesar de haber escrito tan pocas, sus obras alcanzaron esa altura tan prominente, se debe, a mi parecer, a que sor Juana era, además de una ávida lectora de teatro, una dramaturga nata, a que su musa, aunque célebre ante todo por su poesía, era tan lírica como dramática. No olvidemos que la primera obra que, nos consta, escribió, era precisamente una loa, según cuenta Diego Calleja en la Aprobación a la *Fama y obras póstumas*:

> No llegaba a ocho años la madre Juana Inés cuando, porque la ofrecieron por premio un libro, riqueza de que tuvo siempre sedienta codicia, compuso para una fiesta del Santísimo Sacramento una loa con las calidades que requiere un cabal poema; testigo es el muy reverendo padre maestro fray Francisco Muñiz, dominicano, vicario entonces del pueblo de Mecameca, que está cuatro leguas de la casería en que nació la madre Juana Inés (1700: s.p.).[1]

Creo que el no haber cultivado su faceta de dramaturga tanto como la de poeta lírica se debe a circunstancias ajenas a su arbitrio; considérense las palabras que Antonio Núñez de Miranda, su confesor, dirigía a sus hijas espirituales: «ni por el pensamiento os pase leer comedias, que son la peste de la juventud y landre de la honestidad» (en Gutiérrez, 2018: 87). Si eso pensaba Núñez de la lectura de comedias, ¿qué pensaría de quien no sólo las leía sino que, además, las escribía? No es casualidad que todo, o casi todo, el teatro de sor Juana se haya escrito, como dije, en la década de los ochenta: sólo al amparo de la condesa de Paredes, María Luisa Manrique de Lara, que estuvo en México entre 1680 y 1688, pudo sor Juana sortear las tajantes prohibiciones de figuras como Núñez, y cultivar esa faceta

---

[1] Esa obra infantil sigue perdida. Augusto Vallejo Villa encontró y atribuyó a sor Juana una loa en náhuatl, que tradujo y dio a conocer en 2001 Salvador Díaz Cíntora en la revista *Letras Libres*; Miguel Zugasti (2018) ha demostrado de forma contundente que dicha loa fue escrita por José Antonio Pérez de la Fuente, autor bilingüe que escribía tanto en náhuatl como en español, y no por la niña Juana Inés.

de su escritura. El teatro de sor Juana, pues, como tantas otras cosas, se lo debemos a María Luisa.

Fue precisamente esta virreina quien, poco antes de 1688, encargó a la monja el auto sacramental que aquí nos ocupa: *El divino Narciso*, con la intención de que éste fuera estrenado en la ciudad de Madrid. Aunque no nos consta, es muy probable que le encargara, asimismo, las otras dos obras que conforman la trilogía: *El mártir del sacramento, san Hermenegildo* y *El cetro de José*, para los que la monja escribió también las respectivas loas. Los tres autos se imprimieron en el sevillano *Segundo volumen* de las obras reunidas de sor Juana (1692), pero, a diferencia de los otros, *El divino Narciso* gozó de una edición suelta previa que, por su rareza y excepcionalidad, por la estrecha relación de su editor, Ambrosio de Lima, con la autora, y por las diferencias que su texto presenta con respecto al *Segundo volumen*, merece comentario aparte.

Sin entrar en honduras, podríamos definir el auto sacramental como una composición dramática religiosa, en verso y en un solo acto, de carácter alegórico, destinada a ser representada en la fiesta del Corpus Christi; por tanto, su tema será, invariablemente, el de la redención del género humano por medio de la Eucaristía. Aunque el tema de los autos sacramentales es siempre el mismo, «el argumento, sin embargo, es variado y se toma de la tradición bíblica, hagiográfica, evangélica, mitológica, histórica, etcétera. [...] En esta capacidad de los autores para buscar sus historias en las más diversas fuentes, se halla el atractivo de este teatro alegórico» (Bravo, 1992: 51).

Aunque Fernán González de Eslava, Lope de Vega, Tirso de Molina y otros muchos cultivaron el género, es indudable que el gran artífice del mismo, quien le confiere su forma más acabada y definitiva, es Calderón de la Barca, que anualmente escribió autos sacramentales para la ciudad de Madrid desde mediados del siglo XVII y hasta su muerte en 1681. Si tomamos como ejemplo algunos de sus títulos, queda clara esa variedad de argumentos a través de los cuales podía abordarse el tema de la Eucaristía: *La torre de Babilonia* (de carácter bíblico), *El divino Orfeo* o *El divino Jasón* (mitológicos). Queda claro también que es justamente Calderón el maestro a quien sor Juana busca emular —y vencer— cuando escribe su propia trilogía de autos sacramentales, encabezada por *El divino Narciso.*[2]

Aunque el calificativo pueda parecer insustancial o baladí, debo calificar *El divino Narciso* como una obra maestra; no podía ser de otro modo: ¿qué sentiría su autora al escribir una pieza que sabía sería recitada frente a los mismísimos reyes, sobre los mismos tablados en los que antes había triunfado su admirado Calderón? Escrito hacia 1688 por una sor Juana de cuarenta años en la plena madurez de su carrera literaria, el *Narciso* consta de dos partes, íntimamente vinculadas entre sí: el auto propiamente dicho y una loa, es decir, una pieza dramática breve, también alegórica, que antecede a la pieza central y anuncia sus principales postulados.

La loa es valiente, sobre todo si consideramos que fue concebida para su representación en la Península. Su tema es la conquista, material y espiritual de México Tenochtitlan, y está protagonizada por dos parejas opuestas y complementarias: América y Occidente, indígenas mesoamericanos; Religión y Celo, una dama y un soldado españoles. Sor Juana nos presenta en ella una visión crítica e inteligente de las conquistas que no elude en modo alguno los asuntos escabrosos: los españoles irrumpen la ceremonia dedicada al «dios de las semillas», Huitzilopochtli, y con sus caballos y su pólvora someten por la fuerza a los naturales, quienes, sólo en ese estado de vulnerabilidad, acceden al diálogo racional con los conquistadores, a partir del cual terminan convenciéndose de que el cristiano es el verdadero «dios de las semillas». ¿Cómo podrás, le pregunta Celo a Religión al final de la loa, llevar las Indias a Madrid? A lo que responde:

[2] La definición del auto sacramental no es sencilla: ya Méndez Plancarte, en el «Estudio liminar» a su edición de los de sor Juana, hablaba de una «imposible definición» (*OC*, III: XIII). El *Diccionario de Autoridades* (*s.v. auto*) ofrece la siguiente, que no difiere en esencia de la que aquí ofrecemos: «Cierto género de obras cómicas en verso con figuras alegóricas que se hacen en los teatros por la festividad del Corpus en obsequio y alabanza del augusto sacramento de la Eucaristía, por cuya razón se llaman sacramentales. No tienen la división de actos o jornadas como las comedias, sino representación continuada sin intermedio».

Como aquesto sólo mira
a celebrar el misterio,
y aquestas introducidas
personas no son más que
unos abstractos, que pintan
lo que se intenta decir,
no habrá cosa que desdiga,
aunque las lleve a Madrid:
que a especies intelectivas
ni habrá distancias que estorben
ni mares que les impidan
(*OC*, 367: vv. 462-472).

Sor Juana, mujer mexicana, escribe para la fiesta religiosa más importante del imperio y, con ello, devuelve a los españoles el «favor» de la evangelización: ahora es ella quien, de algún modo, los evangeliza a ellos. El jueves de Corpus Christi del 2024, durante un curso que impartí en el Centro Cultural de México en España, leí en voz alta esta loa con un grupo conformado de españoles y americanos radicados en Madrid: el asombro fue mucho, la discusión suscitada, álgida y encendida. No me puedo ni imaginar las reacciones que la pieza causaría en esa misma ciudad a finales del siglo XVII.

Al entablar un parangón entre la mitología mexica y la cristiana, la loa anuncia el mecanismo que utilizará el auto, en el que veremos, como en toda obra alegórica, dos planos sucediéndose simultáneamente: el plano visible, el de la historia de Eco y Narciso, y el invisible o subterráneo, el de la historia de los últimos días de Cristo en la tierra, su muerte y resurrección. Sor Juana, en el mismo *Narciso*, lo dice mucho mejor que yo:

porque quien oyere, logre
en la metáfora el ver
que, en estas amantes voces,
una cosa es la que entiende
y otra cosa la que oye
(*OC*, 368: vv. 151-155).

¿Por qué elige sor Juana el mito de Narciso para vertebrar su auto sacramental? Parte, me parece, de dos principios que pueden resumirse, cifrarse, en los siguientes versículos bíblicos: Dios creó al hombre a su «imagen y semejanza» (Génesis 1:26) y «de tal manera Dios amó al mundo, que le dio a su Hijo primogénito» (Juan 3:16). Dios ama a la Naturaleza Humana, por eso envía a Narciso-Cristo para salvarla, pero debido a que Eco-Demonio, celosa y también enamorada del protagonista, la ha afeado con el pecado, éste no la reconoce; sólo cuando Naturaleza Humana se lava en la fuente del bautismo, Narciso-Cristo puede verla tal cual es, o sea, ver su reflejo, y entonces se entrega por amor a la muerte de las aguas. Dios ama, pues, nuestra naturaleza, hecha a su imagen y semejanza; al amarnos, Dios se ama a sí mismo, *ergo* Dios —dicho simple y burdamente— es narcisista. Para que, tras su muerte, resurrección y ascensión, la Naturaleza Humana no lo olvide y vuelva a caer en el pecado, Narciso-Cristo deja tras de sí los sacramentos, en especial el de la Eucaristía, simbolizado en la blanca flor en la que el personaje de la mitología griega se transforma tras su muerte y la cual lleva su nombre.

La compleja alegoría se reviste en todo momento de una poesía dramática exquisita. A final de cuentas, *El divino Narciso* nos cuenta una historia de amor. Son particularmente altos, a mi ver, los pasajes, siempre en diálogo con el Cantar de los Cantares, en que Narciso y Naturaleza Humana se describen mutuamente. En el que sigue, tan erótico, Naturaleza habla de los pies, calzados con sandalias de oro, de las piernas y del cuello de marfil su amado:

> Dos columnas de mármol, sobre basas
> de oro, sustentan su edificio bello;
> y en delicias no escasas
> suavísimo es, y ebúrneo, el blanco cuello;
> y todo apetecido y deseado.
> Tal es, ¡oh, ninfas!, mi divino amado
> (*OC*, 368: vv. 867-872).

No es raro que, luego de leer durante mis cursos universitarios muchas obras de sor Juana, los estudiantes elijan ésta como su obra predilecta. A pesar de su tema religioso, que poco o nada interesa a la mayoría de los lectores actuales, es tal la magnificencia de su hechura, lo complejo e interesante de su alegoría, la musicalidad de sus versos, que hoy *El divino Narciso* no deja de resultarnos entrañable, de producirnos una sensación que oscila entre el pasmo y la reverente admiración.

LOS CARROS Y LOS TEXTOS

En el ya citado prólogo «Al lector» a la edición de sus *Autos*, Calderón pide disculpas anticipadas a los lectores: «Parecerán tibios —dice— algunos trazos», ya que «el papel no puede dar de sí ni lo sonoro de la música, ni lo aparatoso de las tramoyas, si ya no es que el que los lea haga en su imaginación composición de lugares, considerando lo que sería sin entero juicio de lo que es» (1677: s.p.).

La fiesta pública del Corpus Christi es, quizá, la más espectacular y suntuosa de cuantas se celebraban en la era barroca. Esta fiesta, dedicada a exaltar y promover el culto al sacramento de la Eucaristía, tiene lugar el jueves siguiente a la fiesta de la Santísima Trinidad que, a su vez, se celebra el domingo inmediatamente posterior a Pentecostés. El Corpus Christi, por ende, se celebra casi siempre en los primeros días del mes de junio. Aunque el festejo se instituyó desde el siglo XIII, lo cierto es que no fue sino hasta la época posterior al Concilio de Trento (1545-1563), convocado sobre todo para fijar la respuesta de la Iglesia a la Reforma de Martín Lutero, cuando adquirió su complejidad y dimensiones características: al rechazo de los protestantes de la Sagrada Forma los católicos opusieron su exaltación.

Para el caso de Madrid, se cuenta con abundante documentación para una reconstrucción del festejo. Por las calles de la ciudad desfila la custodia, acompañada de una bien organizada procesión conformada por representantes de todos los estamentos de la sociedad: el gobierno civil, el clero, las cofradías y gremios, etcétera. También forman parte de la procesión diferentes carros alegóricos, entre los que ocupan, sin duda, un lugar especial las tarascas, criaturas fantásticas con apariencia de dragones, que representan el pecado, la maldad y la herejía que habrían de ser subyugados y vencidos por el poder del Sacramento. La procesión desemboca en la Plaza Mayor, en donde se había erigido ya un tablado y, frente a éste, una gradería techada en la que toman su lugar los reyes y su Corte. Dos o más carros de los que habían desfilado en la procesión, y que habían sido construidos expresamente para fungir como escenografía, se adosan a este tablado y entonces da comienzo la representación del auto sacramental, con importante presencia de la música, a cargo de compañías profesionales (Arganzuela, 2018: 168 y ss.; Shergold y Varey, 1961).

Durante la función, estos carros podían abrirse gracias a algún mecanismo de tramoya; tómese como ejemplo esta didascalia de *El divino Narciso*, concerniente al carro en el que iban apareciendo diversos personajes del Antiguo Testamento (Abel, Enoc, Moisés): «Ábrese el carro segundo; y va dando vuelta, en elevación» (*OC*, 368: p. 39). Resulta, pues, comprensible que Calderón se lamentara de que, impresos sobre la silenciosa página de un libro, sus autos sacramentales perdieran el boato de la representación.[3]

La fiesta del Corpus Christi era —es— común a todo el orbe hispánico. En México, todavía lo celebramos y lo conocemos también como el Día de las Mulas. Contamos con diferentes testimonios que nos revelan que, incluso a pesar de las inclemencias del tiempo (junio es un mes lluvioso en el Valle de México), en la capital del virreinato de la Nueva España se llevaba a cabo la procesión; el jueves 14 de junio de 1691, apunta en su *Diario* Antonio de Robles: «habiendo llovido tres días con sus noches, por el mucho lodo y agua que había en las calles, se consultó al virrey, conde de Galve, si saldría la

[3] En los archivos madrileños se conservan las instrucciones precisas dictadas por el mismo Calderón para la construcción de los carros que habrían de servir de escenografía para sus autos; pongo como ejemplo éstas, referentes a la representación de la *Mística y real Babilonia* de 1662: «El cuarto carro ha de ser por de fuera perspectivas de palacios, y a su tiempo se ha de abrir en dos puertas tan grandes que descubran de una vez primero y segundo cuerpo. El primero ha de demostrar una boca de horno capaz para que se vean las personas que estuvieren dentro, cuya pintura ha de ser de llamas; y el segundo ha de tener una persona en el aire fija en canal, de suerte que bajando por la parte de adentro se halle con los que están dentro del horno, pudiendo a su tiempo desaparecer de ellos por su misma elevación cuando se cierre el carro» (en Shergold y Varey, 1961: 163).

procesión, y respondió que en su tiempo no había de haber novedad, y salió la procesión como es costumbre» (1972, II: 226).

También sabemos que se escenificaban obras de teatro para la ocasión en un tablado situado en el cementerio de la Catedral, según consta por el *Diario* de Gregorio M. de Guijo, que para el 11 de junio de 1662 anota: «hizo el virrey [el conde de Baños] que la comedia que se había de representar en el teatro del cementerio de la Catedral, según costumbre, la representasen sobre tarde en el patio de palacio, en donde está la pila, para que la virreina y criados la viesen, por estar la virreina preñada» (1986, II: 172).

La mayor diferencia entre las fiestas de Madrid y las de México quizá radique en la conservación de los textos de los autos sacramentales escenificados. Para el caso de Madrid, se cuenta con registro, en muchos casos, de los títulos de los autos que año con año se representaban en la fiesta del Corpus: por ejemplo, en 1662, según consta en los documentos del Archivo de la Villa de Madrid, se representaron los autos *Pruebas del segundo Adán* y *Mística y real Babilonia*, de Calderón (Shergold y Varey, 1961: 161-163); además, se cuenta, claro está, con los textos de los mismos, asequibles para el lector moderno en múltiples ediciones.[4]

De los autos sacramentales mexicanos quedan apenas los nombres. Si nos ceñimos únicamente al siglo XVII, los títulos de autos u otras piezas dramáticas escritos por autores novohispanos para ser representados en la fiesta del Corpus pueden contarse con los dedos de la mano. Por ejemplo, sabemos, gracias a las pesquisas de Julio Jiménez Rueda en documentos inquisitoriales, que don Luis de Sandoval Zapata escribió dos, *Los triunfos de Jesús sacramentado* y *Andrómeda y Perseo*, hoy perdidos (Pascual Buxó, 2005: 11-12). Otros títulos más podrían recuperarse de las Actas de Cabildo, pero no serán demasiados.

Este violento contraste en lo que respecta a la conservación de los textos de los autos sacramentales para los casos concretos de Madrid y

---

4 Actualmente, se pueden leer en línea los cerca de cien autos escritos por Calderón de la Barca en las ediciones preparadas por el Grupo Internacional Siglo de Oro (GRISO): <https://www.unav.edu/web/griso/publicaciones/autos-sacramentales-completos-de-calderon>.

México está directamente relacionado, entre otras cosas, con el mercado editorial. De aquel lado del Atlántico se conservaron los textos gracias a que, como es bien sabido, se imprimieron y vendieron al por mayor: son incontables las ediciones (piratas o autorizadas) que daban a conocer de manera suelta o en partes las obras de los autores peninsulares. Calderón, cuya transmisión impresa es verdaderamente abrumadora (García-Luengos, 2002), asienta en el prólogo «Al lector» de sus *Autos sacramentales*, que he venido citando, que la codicia de los impresores ha dado a las prensas «tantos hurtados escritos míos, como andan sin mi permiso adocenados, y tantos como sin ser míos andan impresos con mi nombre»; por eso, afirma, él mismo edita sus autos porque «ya que hayan de salir, salgan por lo menos corregidos y cabales, que para defectos bastan los míos» (1677: s.p.). La impresión y venta de obras teatrales era, pues, en España un negocio redituable.

En cambio, en la Nueva España ese negocio simplemente no existió: se vendían, por supuesto, impresos teatrales peninsulares, pero la impresión de obras teatrales sueltas en este lado del océano es absolutamente infrecuente. Méndez Plancarte enlista únicamente tres, justamente relacionadas con la fiesta del Santísimo Sacramento: la *Loa sacramental de las calles de México*, de Pedro de Marmolejo, cuyo único ejemplar se resguarda en nuestra Biblioteca Nacional (Francisco Salbago, 1635); la *Alabanza poética* [...] *que representó una dama en la fiesta del Santísimo Sacramento*, de Juan Ortiz de Torres (1645); y, finalmente, *La poesía: loa sacramental*, de Jerónimo Becerra, de 1645. De estas tres obras, sin embargo, Méndez Placarte parece sólo haber tenido entre sus manos las dos primeras.

Tomando en cuenta este panorama, no puedo sino destacar la excepcionalidad de la suelta de *El divino Narciso*, impresa en México en 1690 en la imprenta de la Viuda de Bernardo Calderón (consignamos esta edición en nuestra bibliografía bajo la sigla *dn1*), cuyo nombre era Paula Benavides, y de quien ya hemos hablado con anterioridad (dio a la luz todos los juegos de villancicos de sor Juana cantados en la Catedral de México). El auto sacramental de sor Juana es, muy probablemente, el único que se imprimió de manera autónoma durante el periodo virreinal; también es la única obra dramática de la monja que se imprimió en América. La edición, en

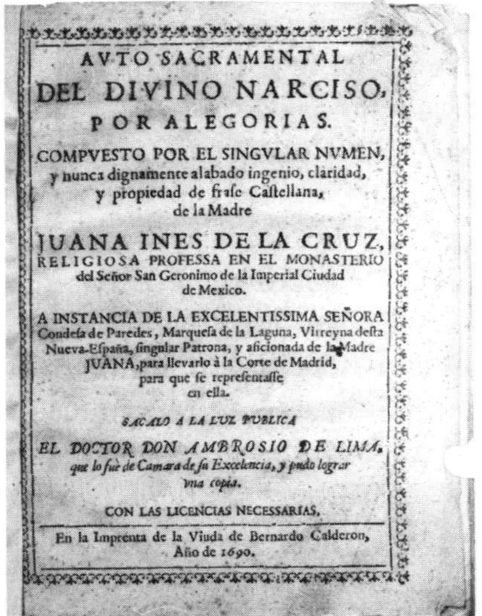

AVTO SACRAMENTAL
DEL DIVINO NARCISO,
POR ALEGORIAS.
COMPVESTO POR EL SINGVLAR NVMEN,
y nunca dignamente alabado ingenio, claridad,
y propiedad de fraſe Caſtellana,
de la Madre
JUANA INES DE LA CRUZ,
RELIGIOSA PROFESSA EN EL MONASTERIO
del Señor San Geronimo de la Imperial Ciudad
de Mexico.
A INSTANCIA DE LA EXCELENTISSIMA SEÑORA
Condeſa de Paredes, Marqueſa de la Laguna, Virreyna deſta
Nueva-Eſpaña, ſingular Patrona, y aficionada de la Madre
JUANA, para llevarlo à la Corte de Madrid,
para que ſe repreſentaſſe
en ella.
SACALO A LA LUZ PUBLICA
EL DOCTOR DON AMBROSIO DE LIMA,
que lo fuè de Camara de ſu Excelencia, y pudo lograr
vna copia.
CON LAS LICENCIAS NECESSARIAS,
En la Imprenta de la Viuda de Bernardo Calderon,
Año de 1690.

Fig. 25a. Portada de la suelta de *El divino Narciso* (México: Viuda de Bernardo Calderón, 1690), ejemplar de la Biblioteca Nacional de Chile

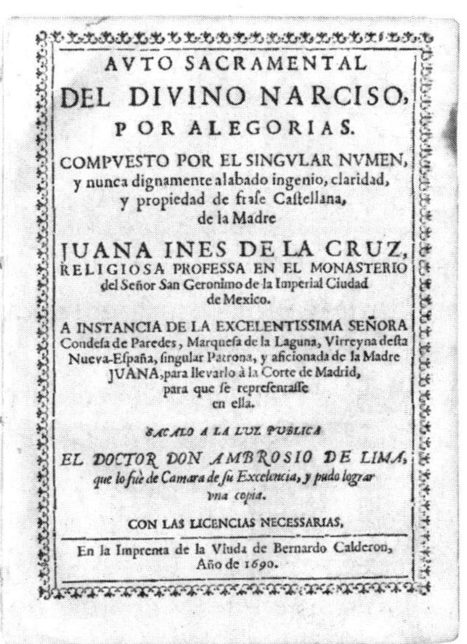

AVTO SACRAMENTAL
DEL DIVINO NARCISO,
POR ALEGORIAS.
COMPVESTO POR EL SINGVLAR NVMEN,
y nunca dignamente alabado ingenio, claridad,
y propiedad de fraſe Caſtellana,
de la Madre
JUANA INES DE LA CRUZ,
RELIGIOSA PROFESSA EN EL MONASTERIO
del Señor San Geronimo de la Imperial Ciudad
de Mexico.
A INSTANCIA DE LA EXCELENTISSIMA SEÑORA
Condeſa de Paredes, Marqueſa de la Laguna, Virreyna deſta
Nueva-Eſpaña, ſingular Patrona, y aficionada de la Madre
JUANA, para llevarlo à la Corte de Madrid,
para que ſe repreſentaſſe
en ella.
SACALO A LA LUZ PUBLICA
EL DOCTOR DON AMBROSIO DE LIMA,
que lo fuè de Camara de ſu Excelencia, y pudo lograr
vna copia.
CON LAS LICENCIAS NECESSARIAS,
En la Imprenta de la Viuda de Bernardo Calderon,
Año de 1690.

Fig. 25b. Portada de la suelta de *El divino Narciso* (México: Viuda de Bernardo Calderón, 1690), ejemplar de la Hispanic Society of America

cuarto (20 cm), la registra José Toribio Medina, que poseía un ejemplar, en *La imprenta en México* (1908: III, núm. 1741), y también Henríquez Ureña (1917: núms. 16 y 17), que no parece haberla tenido ante sus ojos.

Se conservan, hasta donde sé, dos ejemplares de esta suelta, uno en la Biblioteca Nacional de Chile (el que pertenecía a Medina) y otro en la biblioteca de la Hispanic Society of America. He podido consultar ambos: el primero, a través de un microfilm que posee la John Hay Library de la Universidad de Brown; el segundo, gracias a las diligencias de David Galicia Lechuga, que solicitó una copia digital. Como puede verse en la fig. 25ab, la portada de ambos ejemplares es idéntica; he podido constatar que también son idénticos los interiores.

La portada de la suelta de *El divino Narciso* nos ofrece un dato preciso y valioso: sor Juana escribió el auto «a instancia de la excelentísima señora condesa de Paredes, marquesa de la Laguna, virreina de esta Nueva España, singular patrona y aficionada de la madre Juana, para llevarlo a la Corte de Madrid, para que se representase en ella». Que el auto estaba destinado para el público allende los mares se confirma en unos versos al final de la loa: «¿Y dónde se representa?», pregunta Celo; «En la coronada Villa / de Madrid...», responde Religión (367: vv. 435-437). Aunque sobre ese asunto volveré más tarde, la pieza alegórica no parece haberse escenificado nunca en la fiesta del Corpus de aquella ciudad, tal como asegura Alexander A. Parker: «Tenemos conocimiento de todos los autos representados en Madrid desde 1688 y hasta el fin de la centuria, y *El divino Narciso* no está entre estos» (1968: 259).[5]

No se menciona explícitamente en sitio alguno que la condesa de Paredes haya encargado también a sor Juana la composición de *El mártir del Sacramento, san Hermenegildo*, pero no parece improbable; lo que sí es explícito es que, al igual que *El divino Narciso*, estaba destinado al público madrileño, puesto que al final de su loa se dirigen los personajes, unos estudiantes, al «Español monarca», a la reina, a la reina madre, etcétera, personajes todos que, en una hipotética función, estarían allí presentes (*OC*, 369: vv. 461 y ss.).

No hay dato alguno que nos permita saber si María Luisa Manrique de Lara encargó también la escritura de *El cetro de José*; tampoco es posible determinar si este auto estaba destinado para la Corte de Madrid, como los otros dos, pues en su loa no se aporta ningún dato al respecto. Ante esta laguna de información, Méndez Plancarte se permite fantasear: «nada obsta a imaginar su "première" en Méjico [*sic*]» (*OC*, III: LXXI).

---

[5] El mismo Parker asegura que si la Junta de Fiestas del Corpus de Madrid rechazó el auto de sor Juana, ello podría deberse a que se había representado poco antes, en 1683, un auto sacramental con la misma alegoría: *Eco y Narciso*, de Andrés de Villamayor; pero la razón de más peso debió ser otra: «Sabemos, por los procedimientos de la Junta, cuán difícil era, después de la muerte de Calderón, persuadir a dicho cuerpo de que la representación del auto de un poeta vivo debía preferirse a la resucitación de alguno de los suyos» (1968: 259; las traducciones son mías).

Pero más que María Luisa, la virreina, que encargó la escritura del auto para llevarlo a los tablados de Madrid, me parece que la figura clave en lo que respecta a esta edición suelta de *El divino Narciso* es Ambrosio de Lima, a quien ningún sorjuanista, que yo sepa, ha prestado hasta ahora ninguna atención. Reza la portada: «Sácalo a la luz pública el doctor don Ambrosio de Lima, que lo fue [doctor] de cámara de su excelencia, y pudo lograr una copia». Para comprender mejor la naturaleza de la edición suelta de *El divino Narciso*, es necesario volver los ojos a ese doctor hasta ahora ignorado y a quien hemos mentado ya antes un par de veces, uno más de los editores de sor Juana.

AMBROSIO DE LIMA: MÉDICO, POETA Y VIEJO AMIGO DE SOR JUANA

Ambrosio de Lima y Escalada, que solía firmar simplemente como Ambrosio de Lima (o de la Lima), fue un médico, profesor universitario, poeta y, al parecer, un personaje perteneciente al círculo social más cercano a sor Juana. Juan José de Eguiara y Eguren, en su *Bibliotheca mexicana*, informa: «mexicano de nacimiento y origen, brilló entre los más eminentes médicos de la Universidad de México, no sólo amado de nobles y plebeyos, sino también de los magnates que le tuvieron por médico de cabecera» (1986, I: 320).

A raíz de la bien conocida crisis alimentaria, ocasionada por una abundancia de lluvia que malogró las cosechas de 1691 y 1692, este médico escribió un opúsculo, dedicado al virrey, el conde de Galve, en el que defendía las virtudes y aconsejaba el cultivo y consumo de una semilla, por entonces tenida por dañina. La obra se intitula *Espicilegio de la calidad y utilidades del trigo que comúnmente llaman blanquillo* (México: Herederos de la Viuda de Bernardo Calderón, 1692). De hecho, según informa Sigüenza y Góngora en su texto «Alboroto y motín de los indios de México», el virrey, «después de haber examinado a personas inteligentes y leído un papel bastantemente docto (ya corre impreso) en que el doctor Ambrosio de Lima, médico de esta Corte, había defendido contra los informes siniestros del protomedicato la inocencia de este trigo en extremo bien», mandó que se reanudase la siembra del dichoso blanquillo (1984: 114).

En su Aprobación al *Espicilegio*, Manuel Muñoz de Ahumada realza, al igual que Eguiara, la cercanía de Lima con las altas esferas del poder: merece ser llamado «médico príncipe, por haberlo sido de muchos príncipes, o por ser el príncipe de los médicos» (1692: s.p.). Por la portada de la suelta de *El divino Narciso*, sabemos que entre esos príncipes se contaban los condes de Paredes, marqueses de la Laguna.

En su *Biblioteca hispanoamericana septentrional*, Beristáin (1816-1821, II: 186-187) repite casi al pie de la letra la información proporcionada por Eguiara, pero nos recuerda que, además del *Espicilegio*, Lima y Escalada publicó también unos *Versos castellanos en elogio de la Concepción Inmaculada de la Virgen María*. Se refiere, como veremos, a la participación de Lima en el *Triunfo parténico*, lo que nos lleva a explorar otra faceta, la de poeta, de este médico de príncipes, heredero de los dones tanto de Apolo como de Esculapio. Sería uno de los primeros poetas mexicanos que esgrimieron por igual la pluma y el bisturí. Luego vendrían otros: pienso en Enrique González Martínez, Elías Nandino u Orlando Mondragón; también coquetearon con la carrera médica Jaime Sabines y Manuel Acuña, que estudiaba Medicina cuando se suicidó en 1849.

Martha Lilia Tenorio, filóloga incansable, aunque señala no haber encontrado «ningún dato» sobre nuestro personaje, incluye en su monumental *Poesía novohispana* (2010: 631-640) un amplio muestrario de la labor poética de Ambrosio de Lima. De este muestrario se infiere, ante todo, que debió ser amigo muy cercano del también poeta Diego de Ribera. Es autor, en primer lugar, de un soneto para los preliminares de una de sus obras: la *Poética descripción de la pompa plausible*, de 1668, en la que sor Juana publicó, como he mencionado ya en otro capítulo, su primer soneto. En segundo lugar, escribió unas décimas, también para la obra de Diego de Ribera, *Defectuoso epílogo* (México: Viuda de Bernardo Calderón, 1676). Por último, en 1684, volvió a escribir un soneto para otra obra de Ribera, *Concentos fúnebres, métricos lamentos* (México: Viuda de Bernardo Calderón). Estas dos últimas están dedicadas, la primera, al gobierno de fray Payo Enríquez de Ribera, y la segunda, a su muerte; lo anterior me lleva a suponer que debió también pertenecer a la Corte de este arzobispo-virrey.

Ambrosio de Lima también era aficionado a los certámenes poéticos de nuestro virreinato. Sabemos que participó en el *Simbólico glorioso asunto*, convocado a raíz de la dedicación del templo de San Felipe de Jesús del convento de las capuchinas, impreso dentro de la *Breve relación de la plausible pompa* (México: Viuda de Bernardo Calderón, 1673). Ahí Lima, que por entonces no era doctor sino apenas bachiller, obtuvo dos premios: quedó en segundo lugar por unas quintillas, que merecieron «un tintero y salvadera de plata»; y quedó, en otra categoría del certamen, en primer lugar por unas sextillas de quebrados, que le granjearon un «bejuquillo de oro». Es importante señalar que los autores de la relación de este certamen, Miguel de Perea Quintanilla y Diego de Ribera (de nuevo Lima en relación con este poeta), lo llaman, en una ocasión, «médico tan insigne como poeta, porque se acredita ser en todas artes y ciencias de la clase de Apolo»; y, más adelante: «tan docto médico como acertado poeta» (en Pascual Buxó, 1959: 174, 197).

También participó en uno de los dos certámenes universitarios dedicados a la Inmaculada Concepción en 1682 y publicados luego, como ya vimos, bajo el título de *Triunfo parténico* (México: Juan de Ribera, 1683), en el que contendió asimismo sor Juana, velada tras el pseudónimo de Juan Sáenz del Cauri. En el *Triunfo parténico*, don Carlos de Sigüenza y Góngora, autor de la relación y secretario del certamen, lo llama —con una de esas hipérboles de las que gustaba tanto— «Epidauro de la Medicina, cuyas tareas rígidas suele templar con las dulzuras poéticas». Ganó un primer lugar por unas quintillas y recibió por premio una «bandeja de plata» (*TP*, 1683: f. 61v.-62r). Nótese que las tres composiciones hasta ahora conocidas con las que Lima triunfó en estos certámenes son de carácter jocoso: este médico y poeta debía tener un buen sentido del humor.

Lo que más me interesa destacar de Ambrosio de Lima, sin embargo, es la cercana y duradera relación que parece haber mantenido con sor Juana. No sólo vio impresos sus versos junto con los de la Décima Musa en la *Poética descripción* y en el *Triunfo parténico*, sino que también parece haber departido con ella los afanes del día a día. El 25 de febrero de 1669, un día después de que la monja profesara en San Jerónimo, un joven y bachiller Ambrosio de Lima funge como testigo en el proceso jurídico mediante el cual la madre de sor Juana,

Isabel Ramírez, dona a su hija «una mulata mi esclava nombrada Juana de San Joseph [...] humilde virtuosa y muy obediente [...] será de edad de diez y seis años poco más o menos nacida y criada en mi casa». Al final del documento se lee: «Y la otorgante que yo el escribano doy fe conozco no firmó porque dijo no saber. A su ruego lo firmó un testigo siéndolo el bachiller Ambrosio de la Lima» (en Spell, 1947: 21-22).

Una instantánea más: hay un romance epistolar, que sor Juana dirige a María Luisa, al que me gusta llamar el «Romance de las nueces». Debió escribirse durante la primera mitad de 1683, mientras la condesa de Paredes se hallaba embarazada de su hijo José María, que nacería el 5 de julio de ese año. La virreina tuvo durante un embarazo previo antojo de nueces y, al no hallarse éstas por ningún lado, hizo un berrinche considerable. Aquel embarazo no se logró: la virreina perdió al bebé en abril de 1682. Con el fin de que el berrinche no se repitiera durante este segundo embarazo, Juana Inés asegura haber guardado, por consejo del mismísimo Apolo, unas nueces del año pasado (o sea de 1682: se dan entre junio y diciembre), las cuales envía a la virreina acompañadas de su romance. Al final del mismo, se nos informa que, justo en el momento en que sor Juana se disponía a enviar su regalo y sus versos, llegó al convento un personaje con una diadema de plumas, regalo de la virreina:

> Y yo que llegaba aquí,
> cuando hételе aquí que llega
> *Lima*, de tu mano, con
> una emplumada diadema
> (*OC*, 23: vv. 125-128; las cursivas son mías).

Me parece muy probable que este Lima al que sor Juana menciona en su «Romance de las nueces» sea nuestro Ambrosio, cuyo apellido no es precisamente común: ¿cuántos Limas podría haber simultáneamente en la Corte de María Luisa? Como queda claro, muy a pesar de su voto de pobreza, sor Juana solía enviar tantos regalos a Palacio como de ahí mismo los recibía. Cuando el hijo de María Luisa estaba aprendiendo a caminar, la monja le envío, junto con un simpático romance, un andador de madera para que se enseñara «a estar en pie y a estar alto / que es lo que siempre ha de ser» (*OC*, 26: vv. 83-84). En el poema, sor Juana se lamenta de no poder darle al marquesito una cabalgadura tan soberbia como Pegaso, Hipogrifo, como el delfín de Anfión o el águila —Zeus metamorfoseado— sobre la que Ganimedes ascendió al Olimpo. Finalmente, se resigna y decide, en vez de aquellas fantásticas bestias, remitir el dichoso andador:

Pero si apócrifos son,
¿para qué son menester?
Mejor es un Clavileño
de palo que ande o se esté.
Con éste excuso el gateo,
ya que *Lima* y Oliver
al enigma del Esfinge
le niegan los cuatro pies
(*OC*, 36: vv. 53-60; las cursivas son mías).

En sus notas a este romance, tanto Méndez Plancarte como Antonio Alatorre dan por sentado, y con razón, que estos Lima y Oliver son dos miembros de la Corte, bien conocidos tanto por la virreina como por la poeta. Dan por sentado, asimismo, que la estrofa encierra una suerte de chiste local, que a los lectores actuales se nos escapa: ¿qué discusión bizantina tendrían estos dos sobre el enigma de la esfinge? Parece probable, como me ha hecho ver la muy erudita Rocío Olivares Zorrilla, que quizá ambos personajes fueran médicos, y que recomendarían, por alguna razón, que los bebés no gatearan: de ahí que nieguen al enigma de la esfinge la parte de los «cuatro pies». Médico o no, no sé quién pueda ser ese tal Oliver, pero me parece probable que este Lima, mencionado en el romance del andador, sea también nuestro Ambrosio.

A través de las líneas anteriores he tratado de perfilar la figura del editor mexicano de *El divino Narciso*, médico y poeta, y dejar en claro su relación, que se antoja muy cercana, con la Corte virreinal y con sor Juana. ¿Qué motivos tendría para hacer imprimir la suelta de este auto sacramental? He dicho antes que en México no se imprimían obras teatrales, por lo tanto, no creo que el objetivo principal de esta edición haya sido de índole comercial. Hay que hacer notar que

Ambrosio de Lima se preocupó por referir, en la portada, el hecho de haber sido médico «de cámara de su excelencia», es decir, de la condesa de Paredes.

Recordemos que María Luisa y su esposo, cuyo gobierno había concluido en 1686, abandonaron la Ciudad de México en 1688, lo que dejaría a Ambrosio de Lima desprovisto de una Corte a la cual pertenecer. Mi hipótesis es que su decisión de imprimir la suelta del auto sacramental en 1690 constituye una suerte de coqueteo con los nuevos virreyes, los condes de Galve, y su Corte: la edición lo acredita no sólo como médico de príncipes, sino también como un hombre culto, capaz de apreciar los melódicos versos y las sutilezas teológicas de una obra como *El divino Narciso*.

El coqueteo debió rendir frutos, pues en 1692, según consta por la información contenida en su *Espicilegio*, ya se contaba entre los cortesanos más allegados al conde de Galve. Ahora bien, tampoco hay que descartar que la suelta estuviera motivada por una sincera admiración de Ambrosio de Lima hacia sor Juana, con quien mantenía una amistosa relación de más de veinte años.

TEXTO ENTRE MARES

Como ha quedado claro gracias a la portada de la suelta mexicana, *El divino Narciso* fue escrito «a instancia» de la condesa de Paredes; también ha quedado claro que, debido a que Ambrosio de Lima fungía como médico de cámara de esta misma virreina, «pudo lograr una copia» del auto sacramental, la cual sirvió como base para su edición. Lo anterior me lleva a suponer que sor Juana debió entregar a María Luisa una primera versión del texto antes de que ésta partiera de regreso a la Península en 1688; de esa versión fue justamente de la que Lima, que entonces pertenecía a la Corte, obtuvo su ya referida copia.

La edición suelta de Ambrosio de Lima (*dn1*), en algún momento posterior a 1690, debió viajar a la Península, ya que existe una edición suelta del auto, resguardada en la Biblioteca Nacional de España, sin fecha, en cuyo colofón se lee: «Véndese en Madrid, en la Imprenta de Francisco Sanz, en la Calle de la Paz» (consignada bajo la sigla *dn2*). Henríquez Ureña sabe de su existencia gracias a Toribio

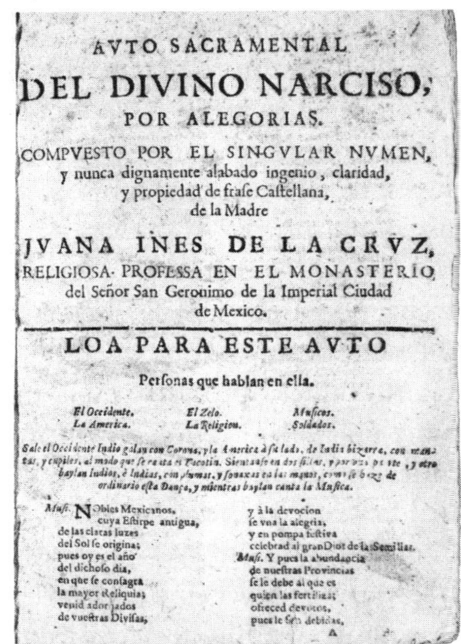

AVTO SACRAMENTAL

DEL DIVINO NARCISO;

POR ALEGORIAS.

COMPVESTO POR EL SINGVLAR NVMEN,
y nunca dignamente alabado ingenio, claridad,
y propiedad de fraſe Caſtellana,
de la Madre

JVANA INES DE LA CRVZ,

RELIGIOSA PROFESSA EN EL MONASTERIO
del Señor San Geronimo de la Imperial Ciudad
de Mexico.

LOA PARA ESTE AVTO

Perſonas que hablan en ella.

El Occidente. *El Zelo.* *Muſicos.*
La America. *La Religion.* *Soldados.*

Sale el Occidente Indio galan con Corona, y la America à ſu lado, de India bizarra, con mantas, y cupiles, al modo que ſe canta el Tocotin. Sientanſe en dos ſillas, y por una parte, y otra baylan Indios, è Indias, con plumas, y ſonajas en las manos, como ſe haze de ordinario eſta Dança, y mientras baylan canta la Muſica.

Muſ. Nobles Mexicanos,
cuya Eſtirpe antigua,
de las claras luzes
del Sol ſe origina;
pues oy es el año
del dichoſo dia,
en que ſe conſagra
la mayor Reliquia;
venid adornados
de vueſtras Diviſas,
y à la devocion
ſe una la alegria,
y en pompa feſtiva
celebrad al gran Dios de las Semillas.
Muſ. Y pues la abundancia
de nueſtras Provincias
ſe le debe al que es
quien las fertiliza;
ofreced devotos,
pues le ſon debidas,

A

Fig. 26. Edición española de *El divino Narciso* (Madrid: Francisco Sanz, s.a.)

Medina, pero no la consultó (1917: núm. 33). Esta suelta madrileña depende directamente de la mexicana: nótese cómo la información en su primera página —no tiene portada— reproduce puntualmente la de la edición de Ambrosio de Lima y la dispone tipográficamente, de hecho, de idéntica manera; en ambas se lee el siguiente elogio a la autora: «compuesto por el singular numen y nunca dignamente alabado ingenio, claridad y propiedad de frase castellana de la madre Juana Inés de la Cruz» (fig. 26). Ahora bien, por su colofón —«véndese»— y el hecho de que se hayan eliminado los nombres de la virreina y del médico poeta, es probable que esta suelta, a diferencia de la mexicana, persiga intereses ante todo comerciales. De Francisco Sanz, el editor de este impreso peninsular, nos informa Jaime Moll:

> imprimió desde 1671 hasta fin de siglo. Su imprenta fue continuada por Juan Sanz, sucedido por Antonio Sanz, llegando los herederos de éste hasta fines del siglo XVIII. La primera dirección que conocemos de la imprenta de Francisco Sanz, impresor del Reino, es la Calle de los Negros. En 1680 ya lo encontramos en la Calle de la Paz, donde continuará instalada la imprenta bajo sus sucesores (1976: 143).

En la Biblioteca Nacional de España (BNE) se resguarda una gran cantidad de impresos salidos de los talleres de Francisco Sanz. Las *Constituciones de la Hermandad de Nuestra Señora del Refugio*, de 1709, constituyen su impreso más tardíamente fechado de cuantos se resguardan en dicha biblioteca. Habría que afirmar, por tanto, que no sólo imprimió Sanz «hasta fin de siglo», como asegura Jaime Moll, sino hasta los primeros años del XVIII. Así pues, aunque no tiene fecha, podemos situar la impresión madrileña de *El divino Narciso* en un rango temporal que va desde 1690 hasta 1709, aproximadamente. Como puede apreciarse en el mismo catálogo de la BNE, Francisco Sanz era, sobre todo, un impresor de obras teatrales: de su taller salieron numerosas sueltas y Partes de comedias, incluidas las de Calderón de la Barca.[6]

Es justamente esta suelta española la que lleva a cuestionarse a Enrique Marini Palmieri la afirmación de Parker, ya aludida anteriormente, de que *El divino Narciso* no se escenificó en Madrid. Me parece que el cuestionamiento es razonable: para un experimentado impresor como Francisco Sanz no resultaría redituable realizar la edición de un auto sacramental que nadie había visto en escena. Marini sugiere que, si bien el auto de sor Juana pudo no haberse representado en la Plaza Mayor, sí pudo haberse representado en algún otro espacio de la ciudad, por ejemplo, «la casa palacio de la condesa de Paredes de Nava, en la plaza de San Andrés, en Madrid, hoy Casa de San Isidro y Museo de los Orígenes». El estudioso admite, no obstante, que «Las investigaciones en tal sentido quedan pendientes de realizarse» (2009: 209).

La suelta mexicana de 1690 no sólo llegó a Francisco Sanz, en Madrid; también la tuvo entre sus manos Joseph Llopis, editor barcelonés al que me referiré después extensamente y a quien me gusta llamar el Lobo de Barcelona. Este impresor que, como ya veremos con más detalle, trabaja de manera independiente al equipo editorial

[6] Dato curioso: este mismo impresor dio a luz las dos partes de la *Cítara de Apolo* (1681), de Agustín de Salazar y Torres, poeta muy admirado por sor Juana; y otro dato más, sobre el que valdría la pena indagar: estas dos partes de la *Cítara* las costeó Antonio Sebastián de Toledo, marqués de Mancera, exvirrey de la Nueva España y quien fuera, junto con su esposa Leonor Carreto, mecenas de sor Juana.

europeo vinculado directamente con sor Juana, incluyó *El divino Narciso* a partir del texto de la suelta mexicana, junto con algunos juegos de villancicos en *Poëmas* (Barcelona: 1691), reedición del primer tomo de obras reunidas de la monja (consignada aquí bajo la sigla *B*). Dado que de la edición barcelonesa dependen la realizada en Valencia en 1709 y la de Madrid de 1725 —ambas con dos emisiones: *V1* y *V2*; *TP1* y *TP2*—, en estas últimas también se imprimió *El divino Narciso* a partir del texto de Llopis que, a su vez, depende del de la suelta de México. De estas ediciones de 1709 y 1725 hablaré en el apartado correspondiente.

Como ya dije, a pesar de que María Luisa debió haber recibido una versión de *El divino Narciso* antes de 1688, de la cual obtuvo su copia Ambrosio de Lima, el auto sacramental no fue incluido, como cabría esperar, en la *Inundación castálida* en 1689. Se imprimió, en cambio, en 1692, conjuntamente con los otros dos autos sacramentales, en el *Segundo volumen*, publicado en Sevilla (*SV*).

Ahora bien, el texto de *El divino Narciso* que aparece en esta última edición difiere notablemente del de la suelta mexicana y, por tanto, del resto de los testimonios que de esta última derivan: se trata, sin lugar a dudas, de una segunda redacción corregida y aumentada que debió enviarse a España junto con el resto de los materiales del *SV*, esto es, durante la segunda mitad de 1690, como veremos más adelante. En el *SV*, del que por cierto ha desaparecido toda mención a la virreina, hay una advertencia editorial que antecede a la loa de *El divino Narciso*: «Que aunque está con el auto en el fin de la segunda impresión del primer tomo de las *Obras* de la madre Juana [o sea, la edición barcelonesa de 1691: *B*], se repiten aquí en gracia de los que tienen el dicho volumen de la primera impresión, donde faltan» (1692: 198). Dicho lo anterior, podemos asegurar que el del *SV* constituye «el texto enmendado, corregido, mejorado por la jerónima», el que «sor Juana quería que se transmitiera de *El divino Narciso* y su loa, la versión, por tanto, de última mano» (*RAR*, 2005: 106).

Cabe aclarar que a ese texto definitivo no se puede acceder sino a través de la edición sevillana de 1692 del *SV*, ya que *El divino Narciso* no se añadió en ninguna de sus reediciones. Las primeras corrieron a cargo de Joseph Llopis, que en 1693 imprimió tres bajo el título de

Segundo tomo, a las que volveré después. En ninguna de ellas incluyó el texto del auto ni su loa: es lógico, ya lo había dado a conocer en su reedición del primer tomo de 1691. Imprimió, eso sí, los otros dos autos con sus respectivas loas, textos que hasta entonces no había ofrecido a los lectores de sor Juana en Barcelona. Dado que las reediciones madrileñas del *Segundo tomo* de 1714 y 1725 dependen de las ediciones de Llopis de 1693, tampoco incluyeron *El divino Narciso* entre sus páginas.

En muchos casos, puede constatarse que de la suelta mexicana de Ambrosio de Lima (*dn1*) derivan tanto la suelta española de Francisco Sanz (*dn2*) como el texto que ofrece Joseph Llopis en *Poemas* de 1691 (*B*). Puede constatarse, asimismo, que el texto que presenta el *SV* es uno distinto, muchas veces mejorado, en comparación con el resto de los testimonios. A veces, la autora introduce cambios de carácter estilístico: primero había escrito *Pues mira que a tus maldades / ya has llenado la medida* (en *dn1*, *dn2* y *B*), pero luego se decidió por *Pues mira que ya está llena / de tu maldad la medida* (*SV*). En otro momento decidió sustituir la forma *vagamundo* (*dn1*, *dn2*, *B*) por la más culta *vagabundo* (*SV*). Hay cambios que son mucho más importantes, pues afectan el sentido de los versos. En su largo monólogo, el personaje de Eco reflexiona sobre la obra misma y dice que ésta se vale tanto de las letras humanas —la historia de Narciso— como de las divinas —la historia de Cristo—: *tomando a unas el sentido / y a las otras la corteza* (*SV*); es decir, de las letras divinas se toma el *sentido*, la sustancia, y de las humanas, la *corteza*, o sea, la forma. Tanto la suelta americana como las ediciones que de ella derivan habían impreso un sinsentido: *tomando a unas el sentido / y a las otras la certeza*. Luego de la muerte de Narciso-Cristo, el sol se eclipsa, la tierra tiembla, y *Las piedras enternecidas, / rompiendo su seno duro, / se despedazan*… (*SV*), es decir, rompen, reblandecida su materia, sus centros cavernosos y se despedazan; esta lección tiene mucho más sentido que la ofrecida por las otras ediciones, *Las piedras enternecidas, / rompiendo su ceño duro, / se despedazan*…: ¿cuál sería el *ceño* —es decir, el 'rostro'— de las piedras?

Dije antes que el texto de *El divino Narciso* que se imprime en 1692 se ha corregido; también se ha aumentado. En las dos ediciones sueltas, así como en *B*, antes de que el personaje de la Gracia sintetice en un largo monólogo cuanto ha ocurrido en la obra (*OC*, 368:

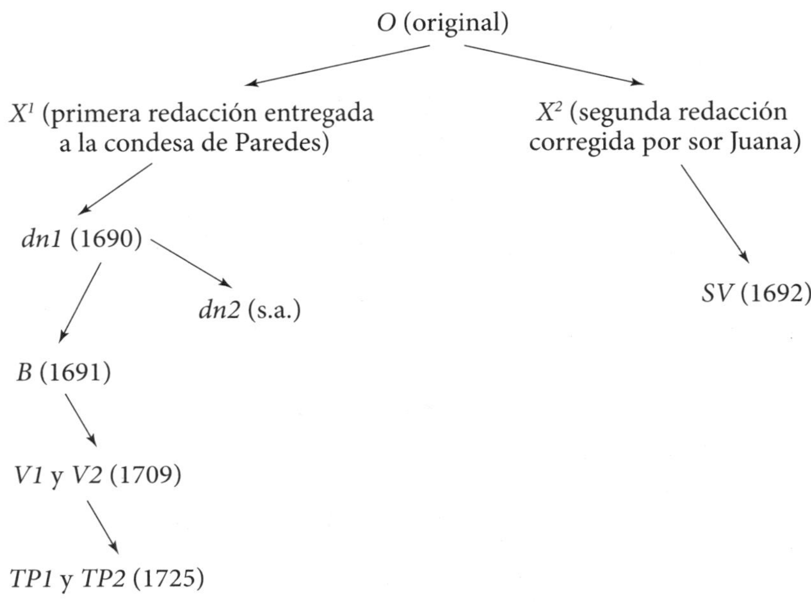

Fig. 27. *Stemma* de *El divino Narciso*

vv: 2044-2182), únicamente el personaje de Eco exclama: «Ya mis penas / te atienden a mi pesar». Pero en el *SV*, sor Juana hace hablar antes de este monólogo no sólo a Eco, sino también a Soberbia: «Ya mi rabiosa soberbia, / con harto dolor te escucha»; añade luego Amor Propio: «Ya mi dolor, más por fuerza / que por voluntad, te oye»; finalmente, se regocija Naturaleza Humana: «Ya el alma gustosa y tierna / pende toda de tu labio». En todas las ediciones antiguas faltan esos seis versos, salvo en el *SV*, que sor Juana revisó, corrigió y añadió.

Luego de desandar la travesía de este *Narciso* transatlántico, es posible proponer el primero de los árboles genealógicos textuales (llamados *stemmas* por los especialistas) que ofreceré a lo largo de este libro, para filiar y jerarquizar las variadas ediciones antiguas de sor Juana.

A LA VUELTA DE LOS SIGLOS

Los gustos, las mentalidades, las estéticas se hallan sujetos a una continua transformación: el neoclásico, tan rígido en su concepción del teatro, despreciaba que, año tras año, aquellas alegorías se representaran sobre el tablado en la fiesta del Corpus Christi. A los recelos estéticos se sumaron los políticos y religiosos y, finalmente, en 1765, Carlos III prohibió la representación de estas piezas eucarísticas. Durante las décadas siguientes, el desprecio siguió acrecentándose, y el que Ezequiel A. Chávez llamó el «país encantado» del auto sacramental cayó, poco a poco, en el olvido.

Volverían a poblarlo, en los albores del siglo XX, los artistas y críticos poseedores de una sensibilidad moldeada por las vanguardias. Antes de que en 1932 Federico García Lorca dirigiera *La vida es sueño*, auto de Calderón de la Barca, e interpretara al personaje de la Sombra, en la Ciudad de México, en el ya desaparecido Teatro Olimpia, se representó en 1924 *El divino Narciso*, con las actuaciones de «damas y jóvenes católicos» (Maria y Campos, 1951). Esta representación, dirigida por Julio Jiménez Rueda en el contexto de la celebración del Congreso Eucarístico Nacional, dio como resultado, ese mismo año, la ahora rarísima y primera edición moderna del auto sacramental —sin su loa—, que no se había vuelto a imprimir desde 1725 (México: Imprenta Zamorano). El texto de esta primera edición del siglo XX, precedido por una Advertencia —anónima pero, según Méndez Plancarte, escrita por el mismo Jiménez Rueda (*OC*, III: p. 513)— y desprovisto de notas, deriva de la edición suelta mexicana de 1690, según he podido comprobar gracias al ejemplar que se conserva en la biblioteca de la Universidad del Claustro de Sor Juana (fig. 28).

Junto a esta primera edición moderna, tan modesta, la de Méndez Plancarte, incluida en el tomo III de las *Obras completas*, intitulado *Autos y loas* (1955), resulta monumental. A esta edición, prologada y anotada con un rigor filológico atizado en todo momento por el fervor religioso, puedo objetarle únicamente sus fuentes textuales: el editor tuvo a la mano las reediciones valencianas del primer tomo de 1709 y las madrileñas de 1725, por lo que ofrece, sin estar al tanto de ello, un texto derivado de la suelta de Ambrosio de Lima, que no consultó. La edición de Méndez Plancarte que todos conocemos no nos ofrece, pues, el texto que sor Juana revisó, enmendó y aumentó, presente sólo en el *Segundo volumen*.

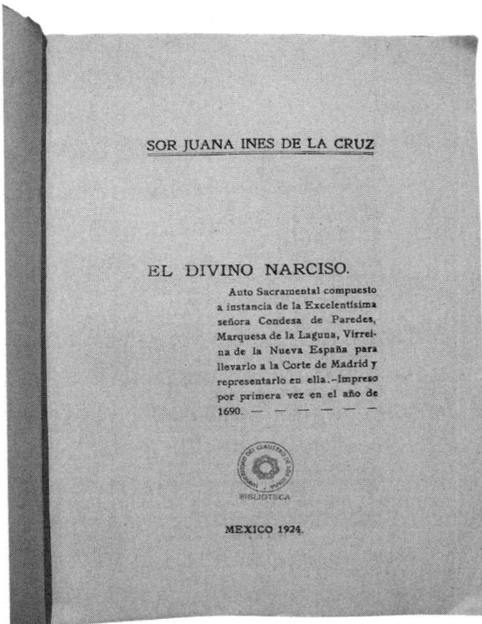

SOR JUANA INES DE LA CRUZ

EL DIVINO NARCISO.

Auto Sacramental compuesto a instancia de la Excelentísima señora Condesa de Paredes, Marquesa de la Laguna, Virreina de la Nueva España para llevarlo a la Corte de Madrid y representarlo en ella.-Impreso por primera vez en el año de 1690. — — — — — —

MEXICO 1924.

Fig. 28. Primera edición moderna de *El divino Narciso* (México: Imprenta Zamorano, 1924)

La edición más reciente de *El divino Narciso* corre a cargo de Robin Ann Rice y fue publicada por la Universidad de Navarra en 2005. Esta edición, que por desgracia se ha vuelto, al menos para el público mexicano, tan inasequible como las antiguas, tiene la ventaja de estar profusamente anotada y de basarse directamente en el texto del *SV*. Sin embargo, para que esta edición adquiera la categoría de crítica, haría falta, a mi ver, que se realice un sistemático aparato de variantes que considere la suelta madrileña de Francisco Sanz (que la editora parece desconocer), así como las reediciones valencianas y madrileñas del primer tomo a las que me he ya referido. También haría falta un examen y selección mucho más detenido de las variantes: aunque hemos dicho que el texto del *SV* es el único corregido por su autora, ello no significa que esté —ningún texto lo está— desprovisto de errores. Pongo solamente un ejemplo. Ya vimos arriba un segmento en el que Naturaleza Humana describe a Narciso; pues bien, cuando el segundo describe a la primera, reflejada en las cristalinas aguas de la fuente, queda pasmado con su belleza y exclama, según el *SV*:

> Cielo y tierra se han cifrado
> a componer su arrebol:
> el cielo con su esplendor,
> y con las flores el prado
> la esfera se ha transformado
> toda a quererla adornar
> (vv. 1248-1253).

Mucho más bella y exacta es la lección que ofrece la suelta mexicana de los dos últimos versos de ese pasaje, que debe preferirse: *la esfera se ha trasladado / toda a quererla adornar*. La esfera, el universo entero, con todo el esplendor de su cielo y las flores de su prado, no se ha *transformado*, sino que se ha *trasladado* —verbo, además, propio del ámbito astronómico— a *adornar* la belleza de Naturaleza Humana.

Termino ya de contar la historia del texto de *El divino Narciso*, una de las mayores obras maestras del teatro religioso en nuestra lengua. Sin duda la carrera de la sor Juana dramaturga, aunque edificada sobre la base de apenas un puñado de obras, alcanzó la mayor altura posible: aún siendo niña, compuso aquella loa al Santísimo Sacramento para el Corpus Christi de la parroquia de Amecameca; ya adulta, escritora madura y experimentada, concibió para los carros y los tablados del Corpus Christi de Madrid un auto sacramental que se ofrecería a la vista de los mismos reyes del imperio. Mas no sólo su *Narciso* cruzaría el Atlántico: el resto de sus obras teatrales, de sus poemas, de sus lúcidas reflexiones en prosa, se imprimirían una y otra vez en Europa, repartidos en los tres contundentes volúmenes de sus obras reunidas, que conquistaron y dominaron durante más de tres décadas el mercado editorial de su tiempo.

SEGUNDA PARTE

Musa Décima

8. La invención de sor Juana

En Madrid hay una estatua de sor Juana. Sedente, casi hierática, detiene por un instante la escritura y levanta la cabeza para mirar con sus ojos de bronce a los cientos de turistas que se encaminan al cercano Templo de Debod —regalo de Egipto, patria intelectual de la jerónima—, desde donde pueden tomarse fotografías espectaculares del atardecer. Algunos turistas le devuelven la mirada y se detienen a leer la inscripción en la base de la estatua: «a la insigne mística [*sic*] y poetisa mexicana»; otros, incluso, traen a colación, en su respectiva lengua, algún lugar común en torno a la Décima Musa: la primera feminista, el *affaire* con la virreina, etcétera. No creo que ningún otro poeta nacido en México goce de una celebridad tan viva y perdurable en el Viejo Mundo.

Esa celebridad tuvo comienzo en una fecha precisa, noviembre de 1689, cuando se publicó en Madrid, a instancias de María Luisa Manrique de Lara, condesa de Paredes, la *Inundación castálida*, el primero de los tres volúmenes de obras reunidas de la poeta que se editarían en Europa; vendría luego el *Segundo volumen*, impreso en Sevilla en 1692 y, por último, la *Fama y obras póstumas,* que vio la luz en Madrid en 1700.

Cada uno de esos tres volúmenes gozó de diversas ediciones: el primero se reeditó, ya con el título de *Poemas de la única poetisa americana*, siete veces —una de esas ediciones, la madrileña de 1725, constó de dos emisiones—; el segundo, cinco; el tercero, cuatro. En total, entre primeras ediciones, reediciones y emisiones, contaríamos un total de veinte volúmenes de obra reunida de sor Juana impresos en la Península entre 1689 y 1725. Durante más de treinta años, en el crepúsculo del siglo XVII y los albores del XVIII, las obras de la monja mexicana fueron un *bestseller*: significaron cuantiosas ganancias para sus editores y fueron fuente de deleite para los miles de lectores de las ciudades en donde se imprimieron, a saber, Madrid, Barcelona, Sevilla, Zaragoza, Valencia y Lisboa. Y cuando digo miles de lectores no estoy siendo hiperbólico: aunque no hay documentos que corroboren el dato de manera fehaciente, Enrique Rodríguez Cepeda, uno de los primeros que llamó la atención de la crítica sobre este fenómeno editorial, estima que se pondrían en circulación alrededor de veinticinco mil ejemplares de aquellos tomos (1998: 73).

Esos ejemplares no circularon, claro está, únicamente en el interior de las urbes donde fueron alumbrados: las obras de sor Juana alcanzaron a cientos de lectores a través de las redes comerciales que los libreros de aquellos años tenderían hacia otras ciudades, dentro y fuera de España. Ya en 1699, Joannis Michaelis von der Ketten, en su obra *Apelles Symbolicus* (Ámsterdam), luego de haber leído el *Neptuno alegórico* en la edición de *Poemas* de 1690, exclama sorprendido: «aliquot ex iss symbolis plus acuminis habent quam a virgine exspectare possis», o sea, «algunos de estos símbolos muestran más ingenio que el que de una monja se puede esperar» (la traducción es de Alatorre, 2007, I: 233). Por supuesto, esos volúmenes publicados en Europa gozaron también de amplísima difusión en el continente americano: todavía en 1755, aseguraba Juan José de Eguiara y Eguren en uno de sus *Anteloquia* —el IX— a su *Bibliotheca mexicana*, que las obras de sor Juana publicadas del otro lado del Atlántico eran en México «tan corrientes, que no sólo se las encuentra de continuo en manos de los profesores de literatura, mas también en las de cualquier persona culta o en las del noble dotado de alguna ilustración» (1984: 110).

Aquellas publicaciones, como puede verse, confirieron a la obra de la jerónima una difusión mayor de la que gozó, quizá, cualquier otro autor en lengua española, peninsular o novohispano, de su tiempo. Pero su importancia va más allá: al plasmarlos en letras de molde, libraron a los versos de la madre Juana del polvo del olvido. En la primera parte de este ensayo, hemos visto que prácticamente todas las obras de la monja impresas en América tienen un marcado carácter oficial: poemas preliminares en obras ajenas, versos por encargo y de ocasión, como los villancicos, los poemas de certamen o los versos para un arco triunfal. Obras, como dije, amparadas por la Iglesia y el Estado y orientadas a cumplir con las necesidades de estas instituciones. La impresión de obras novohispanas que no estuvieran dentro de ese circuito de lo oficial era, por decir lo menos, infrecuente. Por otro lado, autores nacidos en México —como Juan Ruiz de Alarcón— o criados y formados intelectualmente aquí —como Agustín de Salazar y Torres— imprimieron sus célebres trabajos al otro lado del mar, en ciudades como Madrid o Barcelona.

Muchas de las obras novohispanas que no consiguieron llegar a las prensas, ya americanas o ya europeas, se han perdido para siempre: considérese el caso de don Luis de Sandoval Zapata, extraordinario poeta nacido en México y activo durante la primera mitad del siglo XVII. A pesar de que sus versos debieron haberse difundido y celebrado ampliamente en su momento —mereció el mote de «El Homero mexicano»—, más temprano que tarde, los papeles en donde habían sido copiados se fueron perdiendo, apolillando, desechando... En su *Estrella del norte*, al finalizar el siglo XVII, escribía Francisco de Florencia sobre Sandoval: «No han quedado de su ingenio y de su pluma más que las cenizas de algunos poemas» (1688: f. 200r).

Traigamos a cuento el caso de las propias obras de sor Juana que no llegaron a imprimirse. Juan Ignacio de Castorena y Ursúa, en el «Prólogo a quien leyere» de la *Fama y obras póstumas*, volumen debido, como veremos más adelante, a sus diligencias, enlista una serie de textos de la monja que hubiera querido incluir en ese tomo, pero de los cuales sus poseedores, celosos guardianes de los manuscritos, no le concedieron una copia. La lista incluye en total siete elementos, pero dos de ellos habría que descartarlos: uno no constituye una obra como tal y otro sí se imprimió en la *Fama*.[1] Los otros cinco son los que siguen: *1*) «una glosa en décimas a la ínclita religiosa acción de nuestro católico monarca (que Dios guarde) en haber cedido el trono

[1] El primero de los textos de la lista que han de descartarse es el siguiente: «Otros discursos a las finezas de Cristo señor nuestro que sobre los que escribió ofrece la poetisa en su *Respuesta a sor Filotea*» (*FOP*, 1700: s.p.). Es exagerado considerar esto como una obra inédita de sor Juana: lo que ella dice es que desechó varios pasajes de su *Carta atenagórica*, pero que, de saber que el texto se iba a imprimir, los hubiera incluido (*OC*, 405: líneas 1292-1302). El segundo es «Un romance gratulatorio a los cisnes de la Europa que elogiaron su segundo tomo y va truncado en este libro»: es el bien conocido romance «¿Cuándo númenes divinos...?» (*OC*, 51); no es una obra inédita, es un poema que, aunque interrumpido por la muerte de su autora, Castorena sí incluyó, como él mismo señala, en la *Fama* (1700: 157-162).

a la divina majestad sacramentada»; *2*) «Las *Súmulas*, que de su letra [un manuscrito autógrafo] tenía el reverendo padre maestro José de Porras, de la Compañía de Jesús, en el Colegio Máximo de San Pedro y San Pablo de México»; *3*) «El *Equilibrio moral*. Direcciones prácticas morales en la segura probabilidad de las acciones humanas. Los borradores me dijo tener don Carlos de Sigüenza y Góngora, catedrático de Matemáticas en la Real Universidad, curioso tesorero de los más exquisitos originales de la América»; *4*) «Un poema que dejó sin acabar don Agustín de Salazar y Torres y perficionó con graciosa propiedad la poetisa, cuyo original guarda la estimación discreta de don Francisco de las Heras [...] se está imprimiendo para representarse a sus majestades»; *5*) finalmente, «otro papel que escribió nuestra poetisa» a raíz de la prodigiosa muerte del «Siervo de Dios, Carlos de Santa Rosa, varón perfectamente contemplativo, cuyo director era el reverendo padre Antonio Núñez, de la Compañía de Jesús, y lo fue también de sor Juana» (*FOP*, 1700: s.p.).[2]

De los cinco elementos de la lista, sabemos con toda certeza que sólo uno logró evitar que las arenas del tiempo lo desdibujaran: la glosa en décimas a Carlos II. Se conservó milagrosamente en un manuscrito que perteneció a Antonio Rodríguez-Moñino, actualmente custodiado en la biblioteca de la Real Academia Española; la descubrió William Bryant en 1964 y Antonio Alatorre la añadió en su edición de la *Lírica personal* (*OC*, 143 bis). El número 4 de la lista, las líneas con las que sor Juana «perficionó», o sea 'concluyó', un «poema» que dejó inconcluso Salazar y Torres, parecen corresponder al final de una comedia intitulada *El encanto es la hermosura y el hechizo sin hechizo* o *La segunda Celestina*.

Guillermo Schmidhuber encontró una edición suelta de la pieza teatral, impresa en 1676, con un final sin firma y distinto al ya conocido —escrito por Juan de Vera Tassis y Villarroel y publicado en la segunda parte de la *Cítara de Apolo* (Madrid: Francisco Sanz, 1681)—; el investigador publicó el hallazgo en 1990, auspiciado

[2] Según el *Diario* de Robles (1972, I: 274), Carlos de Santa Rosa murió —con la pluma en la mano mientras escribía unos versos sobre la muerte— la noche del jueves 11 de enero de 1680; sor Juana tuvo que haber escrito poco después de esa fecha aquel «papel» en honor del Siervo de Dios que menciona Castorena (¿un soneto?).

por Octavio Paz. A mi ver, no contamos con pruebas suficientemente sólidas que nos permitan asegurar que el texto hallado por Schmidhuber sea de sor Juana, aunque tampoco se puede afirmar tajantemente que no lo sea.[3]

Así pues, además de la ya localizada glosa a Carlos II, de las cinco obras enlistadas por Castorena, tres están actualmente perdidas —las *Súmulas*, el *Equilibrio moral* y el «papel» para Carlos de Santa Rosa— y otra más —el final para la comedia de Salazar— está, por decirlo de algún modo, perdida a medias. Habría que sumar a esta lista, naturalmente, el tratado de música que sor Juana intituló *Caracol* y que, por considerarlo «tan informe», no remitió a la condesa de Paredes (*OC*, 21);[4] también la loa al Santísimo Sacramento que Juana Inés escribiera a los ocho años para la parroquia de Amecameca (véase cap. 7).

En resumidas cuentas, las obras que no llegaron a las prensas se perdieron; buenas razones tenía Castorena cuando al final de su Prólogo a la *Fama* rogaba a quien poseyese una obra inédita de sor Juana, se la remitiese para que «se impriman dichos manuescritos», con lo cual, le dice al lector piadoso, «los privilegias de lo caduco del olvido, los indultas del peligro de un papel suelto, darás buenos ratos de diversión a los tertulios y renuevos inmarcesibles al perenne nombre de la poetisa» (1700: s.p.).

Insisto: no hay que perder de vista el hecho de que, de no haberse editado en España los volúmenes recopilatorios de la poeta, hoy sólo conoceríamos sus obras de carácter oficial impresas en América, y muy seguramente no se habrían conservado sus obras profanas, tal como no se conservaron, en gran medida, las de sus coetáneos: quizá

---

[3] Alfonso Sánchez Arteche se tomó la molestia de escribir un libro entero —en tiempo récord, además— para invalidar la atribución de Schmidhuber: La segunda Celestina. *Una comedia que no escribió sor Juana* (1991). A mí me parece que en 1676, fecha de la obra localizada por el investigador, sor Juana distaba de ser una escritora reconocida en España: ¿por qué, habiendo tantos ingenios en la Corte, le pedirían a una joven de 28 años, que había publicado apenas dos poemas sueltos y dos juegos de villancicos en México, que escribiera el final para una obra que sería representada ante la misma reina de España?

[4] Es bien lamentable la pérdida del tratado musical; de esta obra escribió en su Aprobación a la *Fama y obras póstumas* Diego Calleja: "bastaba ella sola, dicen, para hacerla famosa en el mundo" (1700: s.p.).

el *Sueño*, algunos de los más hermosos sonetos o romances, las loas cortesanas, se habrían desvanecido entre las manos del tiempo, y sor Juana ocuparía, sin duda, un sitio mucho más modesto entre el resto de los autores que conforman el coro de la literatura novohispana.

El antes aludido Rodríguez Cepeda, a propósito de los volúmenes impresos en la Península, asegura que «podemos definir la presencia de la obra de sor Juana como revolucionaria y fenomenal, algo sorprendente y desconocido en la historia de la imprenta nacional hasta entonces» (1998: 13). Esta afirmación, tan contundente, es sólo parcialmente cierta y valdría la pena matizarla. En el primero de los dos Siglos de Oro, lo habitual era que la poesía lírica se transmitiera de forma manuscrita, principalmente a través de cancioneros o cartapacios (Rodríguez-Moñino, 1968); a comienzos del siglo XVII, tal como asegura Margit Frenk, «el poeta y el narrador inician un idilio con las letras de molde» (2005: 175). En ese periodo suelen llegar a las prensas compilaciones antológicas como los romanceros; la poesía reunida de un solo autor se imprime casi siempre de forma póstuma y, me parece, con una voluntad de consagración: pareciera que la lírica se canoniza a través de la imprenta; las *Obras* de Góngora, recogidas por Juan López de Vicuña, son paradigmáticas en este sentido (Madrid: Luis Sánchez, 1627). Por supuesto hay numerosos casos, durante la primera mitad del XVII, en los que un autor imprime sus obras poéticas en vida: las *Rimas* de Lope de Vega, publicadas en tres tomos entre 1604 y 1614, serían un ejemplo claro de ello. Pero a partir de la segunda mitad del siglo XVII, hace su aparición un nuevo y pujante género editorial al que Pedro Ruiz Pérez ha llamado simplemente *libro de poesía*, y que constituye, en sus propias palabras, «una de las aportaciones de trascendencia del periodo bajobarroco», es decir, de un periodo que se extiende desde la segunda mitad del siglo XVII y hasta la primera del XVIII (2011: 80). Estos libros de poesía, a grandes rasgos, están compuestos por poemas de formas y temáticas varias, cuya materia es predominantemente profana; dichos poemas suelen prepararse para la imprenta por sus propios autores, los cuales pertenecen, por lo general, a una élite política, académica o religiosa; estos últimos dedican casi siempre su obra a algún poderoso, que costea y ampara la edición.

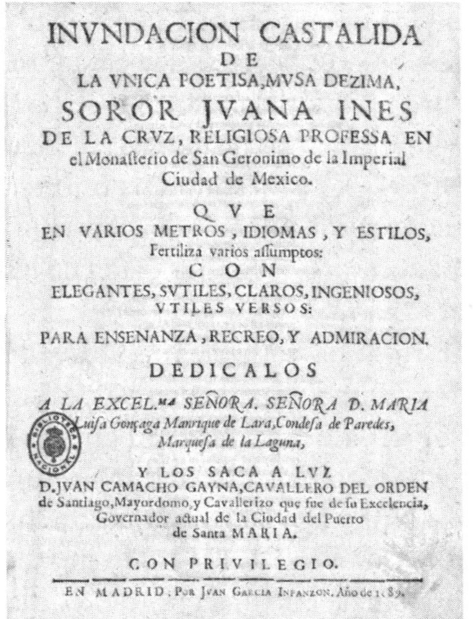

INVNDACION CASTALIDA
DE
LA VNICA POETISA, MVSA DEZIMA,
SOROR JVANA INES
DE LA CRVZ, RELIGIOSA PROFESSA EN
el Monasterio de San Geronimo de la Imperial
Ciudad de Mexico.
QVE
EN VARIOS METROS, IDIOMAS, Y ESTILOS,
Fertiliza varios assumptos:
CON
ELEGANTES, SVTILES, CLAROS, INGENIOSOS,
VTILES VERSOS:
PARA ENSENANZA, RECREO, Y ADMIRACION.
DEDICALOS
A LA EXCEL.MA SEÑORA, SEÑORA D. MARIA
Luisa Gonçaga Manrique de Lara, Condesa de Paredes,
Marquesa de la Laguna,
Y LOS SACA A LVZ
D. JVAN CAMACHO GAYNA, CAVALLERO DEL ORDEN
de Santiago, Mayordomo, y Cavallerizo que fue de su Excelencia,
Governador actual de la Ciudad del Puerto
de Santa MARIA.
CON PRIVILEGIO.
EN MADRID, Por JVAN GARCIA INFANZON. Año de 1689.

Fig. 29a. Portada de la *Inundación castálida* (Madrid: Juan García Infazón, 1689)

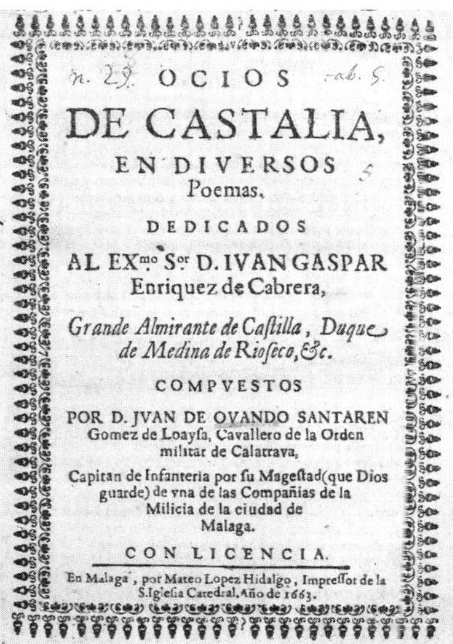

OCIOS
DE CASTALIA,
EN DIVERSOS
Poemas,
DEDICADOS
AL EX.mo S.or D. IVAN GASPAR
Enriquez de Cabrera,
Grande Almirante de Castilla, Duque de Medina de Rioseco, &c.
COMPVESTOS
POR D. JVAN DE OVANDO SANTAREN
Gomez de Loaysa, Cavallero de la Orden
militar de Calatrava,
Capitan de Infanteria por su Magestad (que Dios
guarde) de vna de las Compañias de la
Milicia de la ciudad de
Malaga.
CON LICENCIA.
En Malaga, por Mateo Lopez Hidalgo, Impressor de la
S. Iglesia Catedral. Año de 1663.

Fig. 29b. Portada de los *Ocios de Castalia*, de Juan de Ovando Santarén (Málaga: Mateo López Hidalgo, 1663)

Si comparamos, aunque sea superficialmente, algunos elementos de la *Inundación castálida* (fig. 29a) con los de otro volumen publicado en Málaga en 1663, los *Ocios de Castalia* de Juan de Ovando Santarén (fig. 29b), podremos darnos cuenta de lo bien establecidas que se hallaban las convenciones editoriales del libro de poesía del bajo Barroco y, asimismo, de lo bien que se inserta el primer volumen de poesía de sor Juana en esas convenciones.

En primer lugar está el nombre: tomando como modelo las grandes obras de la literatura áurea como el *Viaje del Parnaso* de Cervantes, los títulos que aluden al monte donde habitan las musas son bastante frecuentes para este tipo de libros (Martín y Ruiz, 2015). En los dos casos que aquí nos ocupan, se alude particularmente a un elemento de la hidrografía de dicho monte: la fuente Castalia, que brota en sus faldas, y que confiere inspiración a los poetas. Pues bien, son *Ocios* inspirados por esta fuente los que publica Ovando Santarén. El título del volumen de sor Juana es mucho más grandilocuente (o, si se quiere, pretencioso). Cuando los poetas en su *Viaje* llegan a las faldas *del Parnaso* —dice Cervantes— «se arrojaron» a la cristalina corriente: unos de las aguas «gustaron poco a poco», otros «se hartaron» y los más aventurados «pies y manos» y «...otras cosas / algo más indecentes se lavaron» (cap. 3: vv. 367-375). Si sor Juana hubiera estado presente en ese *Viaje* se habría atrevido a darse un chapuzón, ya que sus versos no los inspira tan sólo un sorbo o una rociada de las aguas de la fuente, sino una verdadera *Inundación*.

También es importante destacar en la portada de los libros de poesía el rango del poeta que publica su obra y la pertenencia de éste a una élite. Ruiz Pérez señala que el objeto de la indicación anterior es hacer evidente al comprador o lector que «no se halla ante un producto vulgar» (Ruiz, 2011: 74). A partir de la portada de los *Ocios*, nos enteramos de que su autor es caballero de la Orden de Calatrava; el rango de sor Juana también queda claro en la portada de la *Inundación*: «religiosa profesa en el Monasterio de San Jerónimo de la Imperial Ciudad de México». Es bien significativo que este dato se haya señalado, sin falta, en todas las ediciones subsecuentes de la jerónima; Carla Fumagalli —que ha estudiado minuciosamente los elementos de la portada de la *Inundación castálida*— considera que esta mención confiere al volumen «un marco de peso institucional» (2017: 35).

Y si es importante resaltar el estatus del autor, igualmente importante es resaltar el del dedicatario. Ovando dedica sus *Ocios de Castalia* al duque de Medina de Rioseco; sor Juana, a la condesa de Paredes —de quien hemos hablado y hablaremos—, y se convierte así en «la primera autora que dirige en vida sus poemas impresos a una dignidad femenina» (Collantes y García, 2015: 51). Rango del poeta y del dedicatario: lo que se busca es señalar que el libro se ha gestado en un ambiente culto, en una élite, lo que legitima la impresión de un género (la lírica) que, como ya dije, anteriormente no se consideraba, por lo general, digna de llegar a las prensas.

A los libros que estos poetas dedican a duques y condes los hermana su heterogeneidad. En la portada de la *Inundación* se indica, reiteradamente, que la Décima Musa «en *varios* metros, idiomas y estilos fertiliza *varios* asuntos»; en su portada, a su vez, se deja en claro que los *Ocios de Castalia* se materializan «en *diversos* poemas».

Amparada por el concepto clásico de la *varietas*, que se aviene bien con la lírica y constituye un fundamento del deleite, esta heterogeneidad de temas, formas y géneros se explica por la sencilla razón de que estos libros no fueron concebidos como una unidad, sino que en ellos sus autores reúnen, ordenan e intentan dar sentido al conjunto de poemas escritos a lo largo de los años y para muy variados fines: un soneto en elogio a algún pintor, una loa para el cumpleaños de la virreina, un papelillo en agradecimiento a un regalo enviado desde Palacio… En este sentido, cabe precisar que un libro de poesía del bajo Barroco, aunque puede considerarse un antecedente, está aún lejos de lo que podríamos llamar un *poemario*, a la usanza moderna, es decir, de un libro de versos cuyos contenidos, estructura y título se conciben de principio con una intención de coherencia y unidad (*Les fleurs du mal*, de Baudelaire, o *Lascas*, de Díaz Mirón, por ejemplo).

Y, sin anular las anteriores, hay una razón más para el carácter vario (o 'variado', diríamos hoy) de estos libros de versos del bajo Barroco; la poesía, que en otro tiempo solía florecer en las altas cumbres de la Corte y la academia en su fragilidad manuscrita, ahora, a través de la imprenta, llegaba a las manos y a los ojos (más que a los oídos) de un público más amplio. De hecho, podría decirse que los libros de poesía de este periodo tienen en realidad dos dedicatarios: por un lado, el miembro de la nobleza que costea y legitima la impresión con la estampa de sus aristocráticos títulos en la portada; por otro, el lector de a pie que paga por su ejemplar y aprueba o desaprueba el libro de versos con el poder de su gusto.

Si en otros tiempos estos versos deleitaban solamente a una clase de auditorio, ahora tendrían que ingeniárselas para deleitar a cualquiera que fuera pasando por la calle, viera en alguna librería la *Inundación castálida* y tuviera las ganas y las posibilidades de adquirirla. En fin, al lector («desocupado», «curioso»), a cuya clemencia ya habían apelado Cervantes en su *Quijote* o Lope y Calderón en la impresión de sus comedias.

Me parece que el poeta lírico español no se había enfrentado, de veras, hasta este periodo tardío del siglo XVII, al gran público, al lector (al que luego Baudelaire llamaría *hypocrite*); para granjearse su benevolencia, echaría mano de sus más afiladas armas: el verso y el ingenio. Tanto Ovando Santarén como sor Juana dirigen al «lector» simpáticos romances, en un tono y tratamiento muy similares (¿será ésta una convención de los libros de poesía, era frecuente?).

Ambos poetas dan por sentado, de entrada, que el lector será cruel con sus versos. Ovando Santarén —que en cada una de sus cuartetas hace gala de un gracioso equívoco— asegura que, dado que su libro es tan «pequeñito», no podrán sino hacerle daño «cuantos llegaren a *ojearle*»; este último verbo se emplea en el sentido de *hojearle*, 'pasar sus páginas', de 'echarle un vistazo, un ojo', pero también de 'hacerle o echarle el mal de ojo', como a un niño. Versos más adelante, el poeta apela a la piedad de los lectores y les pide pasar, como una lanza a través de un cuerpo, «de parte a parte» el libro, de principio a fin, pero sin herirle:

> Y pues es tan pequeñito,
> que en este punto a luz sale,
> temo que le han de hacer mal
> cuantos llegaren a ojearle.
> [...]
> Pues son los lectores píos,
> con él no tengan crueldades,
> que bien podrán (sin herirle)
> de parte a parte pasarle
> (1663: s.p.).

Sor Juana en su romance «al lector» —impreso no en la *Inundación*, sino en la primera reedición de ésta, publicada en 1690— también da por hecho que el lector inclemente habrá de «morderle» los versos, pero asume ante éste, a diferencia de Ovando, una actitud desafiante: entre más critiques mis versos —afirma— más obligado quedas, pues a ellos deberás el más sabroso de los platillos que, según dicen en palacio, es criticar, murmurar:

> Di cuanto quisieres de ellos,
> que, cuando más inhumano
> me los mordieres, entonces
> me quedas más obligado,

pues le debes a mi Musa
el más sazonado plato,
que es el murmurar, según
un adagio cortesano
(*OC*, 1: vv. 21-28).

Ambos poetas se disculpan en su romance, asimismo, por atreverse a dar sus versos a la imprenta. El peninsular se alegra de que será fácil que el lector perdone sus «yerros», pues dado que éstos han llegado a la «imprenta», van «de estampa sus necedades», es decir, 'en letra de molde', pero también, que se proponen como «acción ejemplar, hecho, vida y modo que poder seguir e imitar para el acierto y gobierno de uno» (*Autoridades*, s.v. *estampa*):

Y pues antes que en la imprenta
son sus yerros, será fácil
perdonarle, estando en él
de estampa sus necedades
(1663: s.p.).

La novohispana, por su parte, explica que haber dado «a la luz» sus versos no fue por creerlos dignos de tal lauro, sino por pura obediencia a «un mandato» (el de la virreina, como veremos):

[...] pensarás que me jacto
de que quizás fueran buenos [los versos]
a haberlos hecho despacio;
y no quiero que tal creas,
sino sólo que es el darlos
a la luz, tan sólo por
obedecer un mandato
(*OC*, 1: vv. 50-56).

Indico, por último, otra similitud entre estos dos romances: tanto Ovando Santarén como sor Juana escriben una cuarteta en la que se asumen como comerciantes, como vendedores de sus propios versos. El primero, confiesa, vende a los lectores, haciéndolos pasar por «alhajas de poesía», sus «disparates» —es lo único que alcanza de la lira o la «vigüela de Apolo»—:

Por alhajas de poesía
les vendo mis disparates,
que en la vigüela de Apolo
yo no he tenido otros trastes
(1663: s.p.).

La segunda, en vez de una joyera, se compara con una mercante de telas: este romance que acabas de leer —advierte al lector— es la «muestra del paño»; si no te agrada lo que ves (o lees), «no desenvuelvas el fardo», es decir, no prosigas con la lectura de este libro:

Y adiós, que esto no es más de
darte la muestra del paño:
si no te agrada la pieza,
no desenvuelvas el fardo
(*OC*, 1: vv. 61-64).

Quizá piense sor Juana, con aquello del «fardo», concretamente en los llamados mozos de librería, «que recorrían pueblos y ferias con su fardo de libros» (Moll, 1982: 49). El poeta comprende que sus versos numerosos, que antes incensaran los recintos de condes y duquesas, se venden ahora en los cajones del mercado, junto a diversas alhajas y coloridas telas.

Podríamos comparar la *Inundación* no sólo con los *Ocios de Castalia*, sino con otros muchos títulos del periodo. Los primeros libros de poesía aparecen, como ya dije, a mediados del XVII en varias ciudades de la Península; ahí tenemos las *Poesías varias, heroicas, satíricas y amorosas*, de Francisco de Trillo y Figueroa (Granada: Baltasar de Bolívar, 1652) o las *Rimas* de Juan de Moncayo y Gurrea (Zaragoza: Diego Dormer, 1652) como primeras manifestaciones. Hacia finales del siglo, ven la luz los dos tomos de la *Cítara de Apolo* de Agustín de Salazar y Torres (Madrid: Antonio González de Reyes, 1681) o la *Lira poética* de Vicente Sánchez (Zaragoza: Manuel Román, 1688).

Ya en la primera mitad del XVIII se publican dos libros que, aunque póstumos, podríamos citar como ejemplos tardíos dentro de la categoría que venimos revisando: los dos tomos de *Obras poéticas póstumas* de Manuel de León Marchante, editadas en Madrid por Gabriel de Barrio en 1723 y 1733, o las *Obras póstumas, líricas, sagradas* de José Pérez de Montoro, impresas en esa misma ciudad por Antonio Marín en 1736. A partir de lo dicho en las líneas anteriores, puede hablarse de la existencia de un «mercado del libro de poesía», género editorial de características bien definidas, y que abarca más o menos un siglo (1650-1750); ese mercado se sostiene en «el funcionamiento de unas redes de distribución y comercialización» pero, sobre todo, en «unos lectores, inclinados al consumo regular de poesía impresa» (Ruiz, 2011: 88).

Dicho lo cual, la edición de sor Juana en Europa no es exactamente un fenómeno «sorprendente y desconocido» hasta entonces en la historia de la prensa europea, como aseguró Rodríguez Cepeda. Es sorprendente, sí, el hecho de que la *Inundación castálida*, de 1689, tuviera un éxito editorial de tal magnitud, y que ese éxito diera paso a las ediciones del *Segundo volumen* y de la *Fama y obras póstumas*, con sus respectivas y numerosas reediciones.

Tendría que hacerse una revisión exhaustiva en términos cuantitativos para probarlo, pero hasta donde alcanzo a ver, sor Juana debe ser la poeta más vendida de su tiempo en el orbe hispánico: ¿algún otro se convertiría en un fenómeno de ventas de esa magnitud?, ¿algún otro alcanzaría una veintena de ediciones de sus versos? Ahora bien, lo que no puede asegurarse es que estas ediciones peninsulares constituyan un fenómeno «desconocido» en la imprenta española de entonces; de hecho, la *Inundación castálida* aparece en un momento sumamente propicio: el cenit, la cumbre, del mercado del libro de poesía del bajo Barroco, que había venido madurando, como vimos, desde algunas décadas atrás. Sólo en ese contexto es explicable, desde mi punto de vista, el tremendo éxito comercial y la gran difusión de los tres tomos de sor Juana.

La edición peninsular de las obras de la monja de México constituye, en suma, un acontecimiento valioso para entender un episodio de la historia del libro hispánico. También, me atrevería a añadir, un momento clave en la recepción de la poesía en nuestra lengua:

el de su tránsito de la Corte al gran público, el de la transformación del escucha palaciego en los miles de lectores que paladean versos silenciosos en la soledad de sus habitaciones: «leer es ahora *oír con los ojos*: se oye, pero ya no se oye» (Frenk, 2005: 177). Recordemos lo que sor Juana pide al «amado dueño mío» en un bien conocido poema: «Óyeme con los ojos, / ya que están tan distantes los oídos / [...] óyeme sordo, pues me quejo muda» (*OC*, 211: vv. 7-8).

Si la impresión y el éxito de los volúmenes de sor Juana en la Península, como dije, no pueden tildarse de fenómenos precisamente extraordinarios, lo que sí parece estar fuera de toda norma es la inclusión, en cada uno de esos volúmenes, de una enorme cantidad de textos preliminares (algo parecido a lo que hoy entendemos por prólogos) y postliminales (antecedentes de los epílogos modernos), escritos por los más renombrados ingenios de la época a ambas orillas del Atlántico. Todo libro del periodo incluye una serie de textos preliminares de rigor, y los libros de poesía no son la excepción: hay en la *Cítara de Apolo* un sentido texto biográfico sobre Salazar y Torres, escrito por su gran amigo Juan de Vera Tasis; en las *Noches de invierno* se puede leer un prólogo, escrito por el propio autor, Fernández de Rozas, en que se legitima la escritura de versos como ejercicio recreativo y de necesario deleite; en casi todos estos tomos encontramos, además, pomposas dedicatorias a duques, condesas y otros grandes señores.

Pero en ningún otro libro de poesía del periodo se construye, como en el caso de los volúmenes de sor Juana, una máquina tan sólida de páginas, tinta e ideas que abra paso a la lectura de las obras de la autora; en ningún otro volumen se entreteje una tan intrincada red de palabras como la que cobija y guarece los versos y renglones de la Décima Musa. Según el sapo, la pedrada, dice el dicho popular: los editores europeos de sor Juana supieron ver que esa extraordinaria masa de textos era necesaria e indispensable para presentar a los lectores a una autora igualmente extraordinaria, a una mujer y monja que escribía desde un distante convento mexicano al otro lado del mar. Y si el carácter extraordinario de la autora ya ameritaba algún comentario, no lo ameritaban menos sus obras: en la *Inundación castálida,* además de los encendidos versos a la condesa de Paredes, se compilaba el primer y único arco triunfal ideado por una mujer en los tres siglos virreinales; en el *Segundo volumen* se incluía la *Crisis sobre un sermón*, texto perteneciente al género homilético y relacionado con cuestiones teológicas, terreno vedado del todo a las mujeres; en la *Fama*, por ejemplo, vio la luz la *Respuesta a sor Filotea*, en la que, lúcida y valiente, defendió sor Juana su derecho, y el de todas las mujeres doctas, al conocimiento, y en la que además nos ofreció también, se sabe, coordenadas de su vida en un tono autobiográfico.

Los lectores modernos nunca han podido apreciar, sin embargo, ese esfuerzo de los editores antiguos de reunir y organizar aquellos escritos, destinados a acompañar la obra de la monja. En su plan original de las *Obras completas*, Alfonso Méndez Plancarte proyectó un tomo IV (se intitularía *Prosa y Fama coétanea y póstuma*) que, además de la prosa de la monja y algunas aproximaciones críticas significativas realizadas a lo largo de los siglos, incluiría una selección de los textos pre y postliminares de aquellos viejos volúmenes; o al menos eso entiendo yo cuando el editor afirma, con una suntuosa prosa modernista, que ese último tomo contaría con «la más viva flor de aquellos seculares juicios y encomios [...] los que le discernieron, aún en vida, tantos de sus coevos» (*OC*, I: XLVIII-XLIX).

Pero al sacerdote michoacano lo alcanzó la muerte apenas había terminado su edición del tercer tomo, en 1955, y tocó a Francisco de la Maza concretar esa *Fama coetánea y póstuma*, la cual no llevó tal título, sino el de *Sor Juana Inés de la Cruz ante la historia* (México: UNAM, 1980). Ese volumen, revisado y finalmente publicado por Elías Trabulse (el maestro De la Maza murió en 1972), compiló muchos, mas no todos los textos de los que aquí nos venimos ocupando.

El tercer y último intento de editar estos últimos corresponde a Antonio Alatorre, quien los incluyó en el primero de los dos tomos de su monumental *Sor Juana a través de los siglos* (México: COLMEX, COLNAL, UNAM, 2007). Una vez más, la edición fue parcial: Alatorre no incluye, por ejemplo, los preliminares de la edición zaragozana de *Poemas* (1692), la cual no tuvo nunca entre sus manos.

Los lectores modernos, insisto, nunca han leído estos textos ni íntegramente ni en conjunto con las obras de sor Juana. Es una pena: amén de enriquecer la lectura de la obra y el conocimiento de la vida de la jerónima, juegan un papel determinante en la configuración estructural de cada uno de los volúmenes antiguos, como veremos.

Prescindir de ellos implica la mutilación de un cuerpo (cada libro) que los editores del Barroco concibieron como un todo.

Es evidente que los tres volúmenes antiguos de sor Juana no fueron ideados como un proyecto conjunto. En la *Inundación castálida* no hay anuncios o indicios que nos permitan suponer que la autora o sus allegados planearan dar a las prensas otros volúmenes. Fue el éxito, esperable pero insospechado, de este primer tomo el que abrió la posibilidad de concebir un segundo y un tercero, de tal modo que aquel proyecto, inexistente al inicio, se tuvo que ir fraguando sobre la marcha; los editores hicieron un esfuerzo por dar unidad y coherencia, a partir de ciertas líneas tendidas desde la *Inundación*, a los tres tomos.

A través de una lectura atenta del conjunto de paratextos que acompañan las obras de sor Juana, es evidente, por un lado, que cada volumen responde a una serie de intereses particulares y que los prologuistas, panegiristas y poetas se han puesto de acuerdo para perseguir, cada cual a su modo, dichos intereses. Para el caso de los preliminares del *Segundo volumen*, Eguía-Lis hace notar «la insistencia de los temas, su recurrencia —en todos los autores—, la similitud, por llamarla de alguna manera, de los ejemplos, usando casi las mismas palabras para denotar el mismo hecho y, en fin, el inmenso parecido de dieciocho textos de autores diferentes» (2002: 266). Juicios muy similares podrían emitirse para los paratextos de la *Inundación* y de la *Fama*.

Ahora bien, además de la unidad en el interior de cada uno, es obvio que los volúmenes dialogan entre sí: los autores de paratextos del segundo remiten constantemente al primero y, los del tercero, parecen preocupados por encontrar un sentido y una continuidad a la colección. A través de esa red invisible que entreteje los tres volúmenes, de ese coloquio de papel y de tinta en torno a la figura y la obra de sor Juana, sostenido por autores en España y América a lo largo de varios años, percibo tres funciones u objetivos principales, a cuya luz puede entenderse este voluminoso cuerpo de paratextos: crítica, defensa e invención.[5]

[5] Para un estudio detallado de las ideas expuestas en los paratextos de cada uno de los volúmenes remito a los excelentes estudios introductorios que Sergio Fernández,

La crítica, es decir, el comentario sobre los rasgos y las virtudes literarias de la obra que se publica es, por extraño que parezca, un aspecto que se toca muy rara vez en estos paratextos. Son célebres, por ejemplo, las líneas que Diego Calleja dedica al *Primero sueño* en su Aprobación a la *Fama*. En el *Segundo volumen* destaca la Censura de Juan Navarro Vélez, quien desde la casa de los Clérigos Menores de Sevilla, asegura que el *Sueño* es una obra donde el ingenio de la madre Juana «se remontó sobre sí mismo», y confía en que pronto el poema «con la luz de unos comentarios se vea ilustrado, para que todos gocen los preciosísimos tesoros de que está rico» (esos comentarios, debidos a Méndez Plancarte, llegarían tres siglos después).[6] El mismo Navarro Vélez coloca en la cumbre de la producción sorjuanina, junto a la silva filosófica, a la *Carta atenagórica* o *Crisis sobre un sermón*: «Corona este tomo la corona de todas las obras de la madre Juana» (*SV*, 1692: s.p.).

Creo, sin embargo, que quien merece llevarse las palmas como uno de los primeros y mejores críticos de la obra de sor Juana es el anónimo autor del Prólogo al lector de la *Inundación castálida* (asunto al que volveremos más tarde). Me parece que entre todos los antiguos comentaristas, es éste —que se revela como un exquisito *connaisseur* y quizá practicante él mismo del oficio de la poesía— el que más extensamente diserta sobre el valor de los versos de la monja. Su comentario crítico, por desgracia poco conocido, se orienta, sobre todo, a señalar el hecho de que sor Juana es una poeta, digámoslo así,

Margo Glantz y Antonio Alatorre escribieron para la edición facsimilar de las ediciones príncipe de la *Inundación*, el *Segundo volumen* y la *Fama*, respectivamente; estas ediciones fueron publicadas por la Facultad de Filosofía y Letras de la UNAM por primera vez en 1995 y tuvieron una segunda edición en 2010. Recientemente, Carla Fumagalli ha dedicado algunos trabajos al asunto (véase, sobre todo, «Sor Juana Inés de la Cruz hace sudar las prensas españolas» e «*Inundación castálida* [1689] y la presentación de sor Juana a España. Legitimaciones de autor y obra en sus paratextos», ambos de 2018); Andrea M. Pérez González dedicó un apartado de su tesis doctoral (*Censura, crítica y legitimación en los paratextos de la literatura novohispana [siglos XVI-XVIII]*, al estudio de estos materiales (2018: 238 y ss.).

[6] No me olvido, claro está, del canario Pedro Álvarez de Lugo, quien dejó inconclusa y manuscrita una anotación de la silva filosófica; la dio a conocer Andrés Sánchez Robayna en *Para leer «Primero sueño» de sor Juana Inés de la Cruz* (1991).

auténtica: cada verso brota de sus labios con naturalidad, casi involuntariamente; sus líneas, incluso las más eruditas y conceptuosas, van descendiendo como cascada sobre la página, no en un soberbio despliegue de vano ingenio o en un afán de causar admiración a los incautos, sino por una sincera e ineludible necesidad.

La poesía de sor Juana, pues, según este comentarista anónimo, goza de un «estilo natural», de una «limpia cadencia»; sus «voces», las palabras elegidas, son «tersas» y no las «violenta a su antojo a que signifiquen lo que ellas no quieren decir»; sus «consonantes» —sus rimas— son tan naturales que más parecen «accidente que menester» —producto del azar y no del oficio—; los conceptos —me parece que está pensado en las imágenes poéticas— son «profundos y claros», «sutiles y fáciles de percebir», así como «ingeniosos y verdaderos».[7] A todas estas cualidades, que le vienen a sor Juana no del estudio sino del «buen numen poético» —hoy le diríamos «talento»—, se suman las argucias que se aprenden mediante la práctica del oficio: cuando precisa su poesía de alguna erudita y recóndita alusión, la trata «en fras tan casera, que el zafio sencillo ['el lector llano'] los entenderá como conversación desobligada del cuidado ['desenfadada']» (*IC*, 1989: s.p.). Sorprende el empleo de estos calificativos —algunos de los cuales podríamos escuchar hoy en un taller de poesía: *natural*, *limpio*, *claro*, *verdadero*— en el elogio a una poeta del Barroco.

Además del comentario crítico a los trabajos de sor Juana, existe también en estos paratextos un tipo de comentario que elogia la impresión en un volumen de esos mismos trabajos, lo cual, dicho sea de paso, era un tópico en los preliminares de otros libros de la época. He dicho más arriba que, si no fuera por su impresión en España, muchas de las obras de sor Juana habrían quedado manuscritas y expuestas, por tanto, a los embates del tiempo, o se habrían desgastado en los vaivenes frenéticos de las sueltas novohispanas. Los antiguos

[7] El señalamiento de que las rimas de sor Juana parecieran involuntarias quizá no sea mera hipérbole: sor Juana habla frecuentemente de su "habilidad de hacer versos" (*OC*, 405: líneas 524-525); esa habilidad es tanta que, como ella misma da a entender, su discurso brota, no en prosa grosera como en el resto de los mortales, sino en verso medido y rimado: "sé que nací tan poeta, / que azotada, como Ovidio, / suenan en metro mis quejas" (*OC*, 33: vv. 22-24).

panegiristas parecen estar muy conscientes de ello. Tomemos como muestra el bello romance de Luis Verdejo Ladrón de Guevara, dedicado al editor de la *Fama*, Juan de Castorena y Ursúa, en que, luego de lamentarse de la muerte de sor Juana, el poeta celebra que, gracias a la impresión del volumen, ésta renazca a una segunda vida que, a diferencia de la primera, se halla exenta de la voracidad de los siglos:

> Empero, a vuestro cuidado,
> don Juan, renace a segunda
> mejor vida, en quien los fueros
> del tiempo voraz se frustan
> (*FOP*, 1700: s.p.).

Quizá sea José Zarralde, religioso profeso de la Compañía de Jesús de Sevilla, quien más largamente se extiende sobre el asunto en los preliminares del *Segundo volumen*. Celebra —y en sus elogios sigue muy de cerca al anónimo prologuista de la *Inundación*— los «bien limados y primorosos versos» de sor Juana, sus voces tan «escogidas» y «ajenas de afectación», 'contrarias a una pose', diríamos hoy, la «amenidad profunda de conceptos», pero celebra aún más que esos versos sean dados a la imprenta. Las voces, dice, «pronunciadas se deshacen»; por eso, los poetas antiguos, deseosos de «inmortal gloria», estamparon sus versos «ya en láminas de bronce, ya en tablas de los cedros». De igual modo, el *Segundo volumen* logra «inmortalizar con la estampa» la memoria de los versos de sor Juana, «para que con la cadencia conceptuosa de sus dulces metros suene en los oídos de los presentes, y de éstos trascienda la memoria de los venideros» (*SV*, 1692: s.p.). La imprenta, en fin, labra en los materiales con que se hacen las estatuas y los barcos, resistente a las huellas del tiempo, los versos de la madre Juana.

Mucho más abundante en estos tres volúmenes antiguos que la crítica, quizá por más necesaria en su momento, es la defensa. En una primera hojeada, podría parecer, de hecho, que el único objetivo de los paratextos es el de alzarse como una muralla en torno a la autora: «daría la impresión —escribe Margo Glantz a propósito del *Segundo volumen*— de que los escritos de la monja van protegidos por un contingente de textos de sacerdotes y de cortesanos ("hombres de letras") que pelean por ella una batalla y la defienden contra los reproches y críticas que se le habían hecho en México» (2010: xiv).[8]

Y, ¿de qué había que defender a sor Juana? En la *Respuesta*, así como en varios de sus sonetos —«En perseguirme, mundo, ¿qué interesas?» o «¿Tan grande, ¡ay, hado!, mi delito ha sido[?]»—, acusa nuestra poeta ser víctima de ataques por causas diversas: la afición al estudio, la facilidad para componer versos, el hecho de sobresalir entre todos los hombres y mujeres de su tiempo... Son bien reveladoras las siguientes líneas de la llamada *Carta de Monterrey*, dirigida al padre Núñez: «¿De qué envidia no soy blanco? ¿De qué mala intención no soy objeto? ¿Qué acción hago sin temor? ¿Qué palabra digo sin recelo?» (en Alatorre, 1987: 620). Nos han llegado, sin embargo, pocos testimonios escritos de esas ofensivas —muchas de ellas andarían sobre todo en habladurías y murmuraciones—; en buena medida, sabemos que existieron gracias a la autodefensa de la propia sor Juana y gracias a los paratextos de los volúmenes antiguos. A través de estos últimos nos ha llegado, pues, uno solo de dos grupos de interlocutores enfrascados en la disputa de la legitimidad de la figura de sor Juana, uno solo de los bandos enfrentados en ese «debate público verbalizado como diálogo secreto, muchas veces violento, entre partidarios y enemigos de la monja» (Glantz, 2010: xvi).

El más importante de los puntos que se pone sobre la mesa en este debate es el hecho de que las portentosas obras que se dan a la imprenta —cargadas de tanto ingenio, erudición y sabiduría— hayan

[8] Tanto Margo Glantz como, en ocasiones, Antonio Alatorre, en sus respectivas introducciones al *Segundo volumen* y a la *Inundación*, parecen dar por hecho que los detractores de sor Juana eran exclusivamente mexicanos. A veces uno tiene la sensación, de hecho, que Alatorre (2010b: xxix) piensa en Antonio Núñez de Miranda como el principal destinatario de estos paratextos: el principal objetivo de la defensa en la *Inundación* —dice— era «taparles la boca a los mojigatos que se escandalicen de que una monja escriba cosas tan 'mundanas' (y el más conspicuo de los mojigatos era el jesuita Antonio Núñez, que había sido confesor de sor Juana)». No estoy de acuerdo: críticos y mojigatos detractores de sor Juana habría en México y en Europa; además, los volúmenes iban a imprimirse y difundirse, sobre todo, de aquel lado del océano. Por un lado, es evidente que los paratextos defienden a la autora, retroactivamente, de los ataques que había sufrido en su tierra pero también, por otro, la curan en salud, es decir, la previenen de los ataques que seguramente padecería entre los europeos.

sido parto del entendimiento y vuelo de la pluma de una mujer. A mí me parece que el conjunto de paratextos de estos volúmenes constituye una mina, poco explotada aún, para quien se dedique a los estudios de género desde una perspectiva histórica: no hay prácticamente texto que no toque el asunto del sexo o género de la autora y el conjunto, al final, nos despliega con amplitud y detalle la diversidad de ideas en torno a la mujer en el orbe hispánico durante el siglo XVII.

Lo que queda claro es que, por muchos matices que ésta pueda adquirir, en la época la concepción dominante es la siguiente: la inteligencia es privativa del ámbito de lo masculino. Alatorre lo dijo muy bien en su espléndido artículo «Sor Juana y los hombres»: en aquellos tiempos, «*hombre* no significaba individuo del sexo masculino, sino individuo del género *homo sapiens*» (1986: 331). Por eso el lector de los paratextos se topará a cada paso con que los panegiristas hablan del «varonil ingenio», del «varonil y valiente ingenio» o de la «varonil erudición» de la monja: como si el ingenio o la erudición, aunque presentes en ella, fueran atributos exclusivos de los hombres. Será casi forzosa, además, la comparación de sus dotes intelectuales con las de los varones; en su Censura, Juan Navarro Vélez se pregunta: «Y si cumplir con tanto fuera elogio muy crecido aun para un hombre muy grande, ¿qué será cumplir con todo el ingenio y estudio de una mujer?» (*SV*, 1692: s.p.).

Ante las evidencias de que sor Juana es mujer y, además, un portento de sabiduría, los panegiristas esbozan una serie de hipótesis para paliar la aparente contradicción. Quizá resulte cómico el esfuerzo de Pedro Zapata, que en sus líneas preliminares al *Segundo volumen* intenta explicar «científicamente» el portento: «debo saber que no hay diversidad en las almas, y que los cuerpos de tal suerte son desemejantes, que pueden y suelen admitir igual proporción de órganos para penetrar las más delicadas sutilezas de las ciencias» (*SV*, 1692: s.p.). O sea: a pesar de que los cuerpos de hombres y mujeres son distintos, las almas son todas iguales, y por ende ambos géneros tienen iguales posibilidades de adquirir el conocimiento.

Además de las hipótesis «biológicas», están las históricas: varios son los panegiristas que traen a cuento largas listas de mujeres que han destacado en las labores del intelecto a lo largo de los siglos. Fray Vicente Bellmont, autor de un Parecer para la edición valenciana de

Poemas de 1709, afirma que «en todas ciencias ha habido mujeres muy doctas, de que están llenos los libros en admirables ejemplos, en la poesía en particular ha habido con admiración». Ofrece luego una larga lista de poetas: Proba, Nicostrata, Safo, Damófila, Pola Argentaria, entre otras. Destaca en la lista una, más parecida a sor Juana que cualquier otra: Constanza, esposa de Alejandro Esforcia, también apodada, como nuestra monja, «poetisa única» (*V1*, 1709: s.p.). Distinto en esto al resto de los panegiristas —también se diferenció, ya lo vimos, en el ámbito de la crítica literaria—, el anónimo autor del Prólogo al lector de la *Inundación castálida* se destaca como el más moderno en este debate sobre las mujeres y la inteligencia. Para este autor, la discusión ni siquiera debería tener lugar:

> No pienso gastarte [...] ni las admiraciones en ponderar con bisoñería plebeya que sea una mujer tan ingeniosa y sabia (espanto que se queda para la estolidez rústica de quien pensare que por el sexo se han las almas de distinguir); ni el tiempo en hacerte leer trasladados a Rabisio, Casaneo u otros para hacer aquí un catálogo inútil de mujeres (*IC*, 1689: s.p.).

Si estas líneas hubieran sido tomadas en cuenta, los panegiristas posteriores, los del *Segundo volumen* y la *Fama*, se hubieran ahorrado mucha tinta (la «estolidez» al intentar demostrar la inteligencia de una mujer, lo «inútil» de los largos catálogos).

La inclusión, en los tres volúmenes antiguos de sor Juana, de paratextos escritos por mujeres habría de veras ahorrado muchas horas de escritura y de lectura, dedicadas a la defensa de las capacidades intelectuales femeninas. Ello hubiera probado, no con retóricos malabares sino con evidencia contundente, que las mujeres son tan capaces como los hombres de escribir buena poesía y buena prosa.

En las primeras páginas de la *Inundación castálida*, luego de un romance de José Pérez de Montoro, se imprimió un soneto de Catalina de Alfaro Fernández de Córdova, monja profesa en el (ya desaparecido) Convento de Sancti Spiritus de Alcaraz. En vista de sus apellidos, esta poeta debió pertenecer a la alta nobleza española, en concreto, al círculo familiar del marquesado de Priego. Hasta donde sé, este marquesado estuvo siempre vinculado con la Casa de

Medinaceli, a la que pertenecía justamente Tomás Antonio Lorenzo de la Cerda, conde de Paredes y esposo de María Luisa Manrique de Lara, dedicataria del volumen: ¿será Catalina de Alfaro pariente de este virrey que tanto protegió a sor Juana?

A propósito de María Luisa, habría que mencionar que el soneto de sor Catalina es el primer texto de la *Inundación* que va a tocar el asunto, a acometer la defensa, de los poemas amorosos de sor Juana dedicados a Lisi, Filis, Lísida: nombres todos bajo los cuales se oculta, transfigurada por la alquimia de la poesía, la virreina. La relación de sor Juana y María Luisa es compleja y merece comentario aparte (a ello volveré más tarde); basta decir, por ahora, que es evidente que los editores, sobre todo los de la *Inundación*, se preocuparon por dejar en claro, más que nada en los epígrafes, que los versos, muchas veces encendidos y apasionados, que la poeta dedicó a su mecenas daban cuenta de un amor puro que prescindía del todo de los goces de la carne.

Es interesante destacar el hecho de que, antes de que los lectores de este primer tomo leyeran cualquiera de estos versos de amores —en boca de una mujer y destinados a otra— o sus respectivos epígrafes, sea precisamente una monja, sor Catalina de Alfaro, la que nos advierta:

> ¡Qué sutil si discurre!, ¡qué elocuente
> si razona! ¡Si habla, qué ladina!
> Y si canta de amor cuerda es tan fina
> que no se oye rozada en lo indecente
> (*IC*, 1689: s.p.).

El último terceto del soneto de sor Catalina me hace recordar la *Rima* LXXV de Bécquer; ahí el poeta se pregunta si, durante el sueño, ya libre de la cadena del cuerpo, el espíritu sube a encontrarse con otros en las regiones celestes: «¿Será verdad que, huésped de las nieblas, / de la brisa nocturna al tenue soplo, / alado sube a la región vacía / a encontrarse con otros?». Estando separadas, más que por el océano, por el rigor de la clausura conventual, sor Catalina se alegra de que sor Juana sea una monja *peregrina* —en el doble sentido de 'rara' y de 'viajera'—, ya que solamente así podrá encontrarse con ella, como las almas en el poema de Bécquer, en alguna travesía por las regiones luminosas de la idea: «¡Oh, enhorabuena peregrina seas, / por si vago tal vez mi pensamiento / se encontrase contigo en tus ideas» (*IC*, 1689: s.p.).

A pesar de ser éste muy copioso, «no existe en el apartado de panegíricos de este *Segundo volumen* ninguno que provenga de una pluma de mujer» (Glantz, 2010: xiv). La situación cambió para el caso de la *Fama y obras póstumas*, tomo en el que se incluyen siete poemas compuestos por seis autoras de la élite peninsular: María Jacinta de Abogader y Mendoza, Francisca de Echavarri (que escribe un soneto y un romance), sor Catalina de Alfaro Fernández de Córdova (quien vuelve a escribir un soneto para este tercer tomo), sor Marcelina de San Martín, Inés de Vargas, una dama anónima, «aficionadísima al ingenio de la poetisa», y «una gran señora, muy discreta y apasionada de la poetisa». Antonio Alatorre está muy seguro de que esta última poeta sin nombre, autora de una décima acróstica más bien floja, no puede ser sino María Luisa, la condesa de Paredes (2010b: xxvi).

Si consideramos que en la *Fama* hay sesenta y seis poemas laudatorios, estos siete escritos por mujeres constituyen poco más del diez por ciento del total: visto desde nuestros tiempos, la publicación estaría reprobada en materia de paridad de género, pero, considerada en su propio contexto, hay que reconocer el hecho de que Castorena y Ursúa, su editor, se haya preocupado por incluir a esas poetas en la *Fama* póstuma de sor Juana, a diferencia de los editores del *Segundo volumen*, que no convocaron a una sola, o los de la *Inundación*, que sólo convocaron a una.

Y más que a Castorena, habría quizá que reconocer a la propia sor Juana, que con la publicación de su obra y la celebridad alcanzada por ésta, abrió una senda por la que luego transitarían otras escritoras: si en 1689 tuvieron en cuenta a una sola mujer, en 1700, los editores de la Décima Musa tuvieron en cuenta a siete. Sor Juana es una de esas figuras, a mi ver, que aparecen de vez en cuando en la historia para echar a andar los engranajes de la sociedad: la confronta consigo misma, cimbra sus más arraigados prejuicios y, al fin, la transforma (Octavio Paz la comparaba con Hipatia de Alejandría; a mí, por ejemplo, la *Respuesta a sor Filotea* me hace pensar en *A Room of One's Own* de Virginia Woolf).

No quiero dejar de comentar, aunque de paso, los poemas, quizá los mejor logrados de entre todos los escritos por mujeres en la *Fama*, de Francisca de Echavarri, vasca. Llama mi atención, sobre todo, que esos poemas nos descubren a su autora como una lectora muy atenta del *Sueño*, poema —de tan ardua lectura entonces como ahora— que se había publicado poco antes, en 1692. En su soneto lleva a cabo un «cotejo discretísimo» entre el pasmo que producen las obras de la madre Juana y el deslumbramiento que sobreviene a los ojos luego de mirar al sol: «Como admiran del sol claros fulgores, / así asombran en ti doctas poesías» (*FOP*, 1700: s.p.). Idéntica comparación emplea sor Juana en su silva filosófica cuando la vista del alma, luego de contemplar la totalidad del cosmos, queda ciega, como si hubiera visto fijamente al astro, «cuyos rayos castigo son fogoso» (*OC*, 216: vv. 454 y ss.). En el *Sueño*, asimismo, se nos presenta la imagen del entendimiento humano, «tan pequeño vaso», que «aun al más bajo, aun al menor» de los objetos del mundo, resulta «escaso» (*OC*, 216: vv. 558-559). La misma imagen emplea la poeta vasca, que se confiesa incapaz de elogiar en su justa medida a sor Juana, ya que la obra de ésta es mucha agua para el pequeño vaso de su mente:

> Perdona que como fuiste,
> Juana mía, no te ensalce:
> que agua inmensa en vaso breve,
> divina mujer, no cabe
> (*FOP*, 1700: s.p.).

También es Francisca de Echevarri la poeta de la *Fama* que escribe, digámoslo así, desde una feminidad más declarada y consciente. Después de asegurar, en su romance, que sor Juana no tiene par, se disculpa de que su «débil expresión» no pueda elogiar tan grande singularidad; el poema cierra con un par de versos en los que la poeta le dice a la monja de México: sólo en el «sexo» pude ser «tu semejante». Estos últimos versos pueden interpretarse como un despliegue de *humilitas*, o bien, como una valiente declaración; sor Juana no tiene semejante, pero si lo tuviera, ese semejante, más que cualquier hombre, sería una mujer hábil en el tejido de los versos, justamente una mujer como doña Francisca:

Mujer naciste a ser pasmo
tú de todas las deidades,
y no envidia porque nunca
se envidia lo inimitable.
[...]
Perdona el que en tus primores
mi débil expresión hable,
pues sólo en el sexo pude
ser, Juana, tu semejante
(*FOP*, 1700: s.p.).

Aunque los sonetos de Francisca de Echavarri son los mejor logrados, no son los más significativos de cuantos se deben a una pluma de mujer. En estos paratextos de los antiguos tomos de sor Juana, no sólo tuvieron los panegiristas que afilar las armas para defender la condición femenina de la autora, sino también su estamento de monja. A través de los argumentos esgrimidos, podemos suponer que aquellos detractores invisibles lanzaban a este respecto el ataque siguiente: una monja, cuya vida debe estar consagrada por entero al servicio de Cristo, no puede darse el lujo de escribir versos, mucho menos si éstos son profanos.

Por eso, cobran una doble relevancia los sonetos de sor Catalina de Alfaro, en la *Inundación* y en la *Fama*, y el soneto de sor Marcelina de San Martín, incluido en el tercer tomo. La inclusión de estos poemas prueba, mejor que cualquier otro paratexto, que el culto a Dios no está reñido con el culto a las Musas. El ya comentado soneto de sor Catalina, incluido en el primero de los tomos de la jerónima, señala Eguía-Lis Ponce, «cumple con el cometido de cualquier prólogo métrico, pero a ello se suman dos importantísimas condiciones: está escrito por *a) una mujer*, *b) una religiosa*. La intención es clarísima. Amén de lo que diga el soneto, éste funciona como un salvoconducto» (2002: 99).

Percibo principalmente dos argumentos, expuestos por los panegiristas de sor Juana, en este debate sobre la dedicación de las monjas al ejercicio de la poesía. El primero de ellos encuentra su mejor exponente en la Aprobación de fray Luis Tineo de Morales a la *Inundación*. El fraile arguye que hasta la más santa de las monjas

—y esto valdría para cualquier otra profesión, por muy amada que sea— precisa momentos de ocio; los versos de sor Juana, pues, son «recreación honestísima y empleos decentísimos del religioso más ajustado, porque ya se ve que es disparate pensar que ha de estar siempre tirada la cuerda del arco» (*IC*, 1689: s.p.) —o sea, como pregona la sabiduría popular: «ni tanto que queme al santo, ni tan poco que no lo alumbre»—.[9] En su Aprobación al mismo volumen, Diego Calleja añadirá que los versos de la *Inundación* no sólo ofrecieron un rato de ocio justo y necesario a quien los compuso, sino que también lo ofrecerán a aquellos que disfruten de su lectura; en el libro se hallará "un entretenimiento, además de lícito, fácil de hacer virtud al arbitrio de quien elija su leyenda para esforzar el ánimo de aquel desmayo natural que causa la tarea de severos estudios, o otro afán de bien cumplidas obligaciones" (*IC*, 1689: s.p.).

El segundo de los argumentos está relacionado con la idea de una jerarquía y continuidad de los saberes. ¿Por qué una monja, se preguntarán los detractores de sor Juana, escribe versos amorosos, composiciones sobre frivolidades palaciegas, en vez de dedicar su tiempo y sus capacidades a, por ejemplo, los estudios divinos? A esto responde el mismo fray Luis Tineo, valiéndose de una metáfora vegetal: «¿Qué árbol no produce primero la flor que el fruto?». Con esta metáfora, que será explotada al máximo en los preliminares de la *Fama*, se quiere decir que las obras profanas de sor Juana serían como la flor del árbol —vistosa, fragante—, necesario antecedente de los frutos —maduros, sustanciosos—, que serían sus obras a lo divino. El fruto no existe sin la flor (continuidad) y el árbol no puede ofrecer el primero antes que la segunda (jerarquía). Si sor Juana, dice fray Luis Tineo —en unas líneas que, por temerarias, fueron suprimidas de todas las ediciones subsecuentes—, se nos muestra ahora, en la *Inundación*, como una musa profana, es porque luego «ha de ser muy santa, y muy perfecta, y [...] su mismo entendimiento ha de ser causa de que la celebremos por el san Agustín de las mujeres» (*IC*, 1689: s.p.).

[9] Algo muy parecido dirá sor Juana en su *Sueño*: «que la naturaleza siempre alterna / ya una, ya otra balanza, / distribuyendo varios ejercicios, / ya al ocio, ya al trabajo destinados» (*OC*, 216: vv. 160-163).

Pedro del Santísimo Sacramento, carmelita sevillano y prologuista del *Segundo volumen*, era un gran aficionado de sor Juana pero también, por lo visto, de los asuntos y las noticias de las Indias. Este fraile, que conocía bien el texto de fray Luis Tineo, quiso continuar la idea de que los saberes profanos y los sagrados se complementan, y para ello se valió de una metáfora indiana, más audaz y hermosa que la de las flores y los frutos. Sor Juana es viva imagen, escribe, de esa ave que los mexicanos llaman *hoitzitziltototl*, que no es otro sino nuestro colibrí.

Este colorido y tornasolado pajarillo, «primavera vistosa de las aves», se alimenta durante seis meses de los ámbares de las flores; luego, el resto del año, se acoge a un árbol y allí queda colgado, como muerto. Cuando las flores vuelven a «desbrochar sus botoncillos», el colibrí, «nuevo Fénix», «recobra nuevo aliento de vida» y vuelve a «alimentarse de las flores». Sor Juana, de igual manera, «parte del tiempo se alimenta de flores científicas», los saberes profanos, para después buscar «el árbol más empinado, que es el árbol de la Cruz», donde, «muerta al mundo», cultiva los saberes celestiales. En la obra de sor Juana, como en el ciclo de libaciones y serenidades de la vida del colibrí, se entremezclan «la erudición y la elegancia con la sabiduría o ciencia de las divinas escrituras»: la admiración del lector, «confusa y perpleja», «no sabe a cuál de las dos darle la primacía» (*SV*, 1692: s.p.).[10]

A la par de emitir una crítica literaria de su obra y de defender su dedicación a los oficios de Apolo, los preliminares de las obras antiguas fueron construyendo un personaje al que dotaron de atributos que todavía reconocemos, y al que asociaron una serie de episodios biográficos, entre históricos y legendarios, que entretejieron un

---

[10] La idea de los que saberes guardan una jerarquía y que éstos deben abordarse en un *continuum* que iría de lo ínfimo a lo supremo está presente en dos obras capitales de sor Juana: el *Sueño*, en que se plantea que hay que «una por una discurrir las cosas» con ayuda de las que «dos veces cinco son categorías» de Aristóteles, o bien, siguiendo la cadena platónica del ser, que desde las piedras sube hasta el cielo de los saberes teológicos (*OC*, 216: vv. 576-703); y la *Respuesta*, en la que su autora afirma que, antes de iniciarse en la teología, deben comprenderse antes las ciencias humanas: «¿cómo entenderá el estilo de la reina de las ciencias quien aun no sabe el de las ancilas?» (*OC*, 405: líneas 316-317).

imaginario, aún vivo. Al menos en las aulas de las escuelas mexicanas se repiten, o se repetían hasta hace muy poco, ciertas anécdotas, ya magnificadas por la tradición oral, que parecieran formar parte de la historia de la nación. Hace un par de años ofrecí una charla sobre sor Juana en un foro situado en el interior del metro de la Ciudad de México; cuando pronuncié el nombre de la poeta a la que dedicaríamos los minutos siguientes, una de las personas que ocupaban la primera fila —en obvia situación de calle— gritó: «¡la Décima Musa!». Varias veces he preguntado a la audiencia, al iniciar un curso o una charla, ¿qué saben sobre sor Juana? Casi nunca falta quien recuerde lo que le contó alguna remota profesora de primaria: cuando niña, se vistió de hombre para poder asistir a la universidad. Habría que señalar que, si no el origen, la fijación y temprana difusión de todos esos atributos y episodios se los debemos a los antiguos panegiristas. Además de comentar críticamente su obra y de defenderla, las ediciones antiguas inventaron a sor Juana.

La *Inundación castálida*, por ejemplo, juega un papel fundamental para establecer el epíteto por el que todos la conocemos, Décima Musa, y que, aunque ya se había aplicado antes a otras poetas de la Antigüedad, como Safo, o del mismo periodo novohispano, como María Estrada de Medinilla, hoy pertenece casi exclusivamente a sor Juana. Como ya vimos al hablar de las ediciones americanas, ya se le habían conferido otros apodos honorables, el de Fénix, sobre todo, por su carácter único y por la capacidad de su pluma para reinventarse y renacer de sus propias cenizas. Pero hoy todos sabemos que el apelativo de Fénix le corresponde a Lope de Vega; la que ha pasado a la historia como una más de las diosas del Parnaso es sor Juana.

Los lectores de la *Inundación* no sólo la asociaron a las Musas gracias a la portada, donde desde el principio se le otorga a la poeta el epíteto, sino que, además, dentro del volumen, esa asociación se reforzaba continuamente. En las cornisas de cada una de las páginas pares del volumen se lee, insistentemente, «Musa Décima», mientras que en las cornisas de las páginas impares se lee «Soror Juana Inés de la Cruz». Luego de atravesar las más de trescientas páginas que abultan el volumen y gracias a una decisión relativa a la composición de la página tomada por los editores, sor Juana quedaba fuertemente vinculada con su (ahora famoso) epíteto en la mente del lector.

Fue sobre todo a partir de la *Fama y obras póstumas* cuando comenzaron a delimitarse los pasajes fundamentales de la vida de nuestro personaje. Lo anterior a raíz, por supuesto, de la publicación de la *Respuesta a sor Filotea* y de la Aprobación de Diego Calleja, fuentes todavía indispensables para conocer la biografía de sor Juana —luego se sumaría la llamada *Carta de Monterrey*, descubierta en 1981 por Aureliano Tapia Méndez—.

Para la invención del personaje de sor Juana, me parece, los panegiristas partieron de dos ideas fundamentales: su origen americano y su inteligencia portentosa. Los autores de la *Fama* se fascinan, por ejemplo, con el nacimiento de sor Juana entre la nieve y el fuego de los volcanes. Felipe Iriarte y Lugo escribe unos epigramas basados por entero en este asunto: «forma su idea pintando los dos volcanes, uno de fuego y otro de nieve (a cuya falda está la patria de la poetisa)» (*FOP*, 1700: s.p.). Mucho más rica y explotada es la idea de que las obras de sor Juana son un «oro intelectual» (Glantz, 2010: xviii), un «oro espiritual» (Alatorre, 2010b: xxxii), que las Indias tributan a la Europa.

La publicación de los tres volúmenes antiguos en la Península constituye el final de un periplo que me gusta llamar la conquista poética de México: con la obra de la Décima Musa, la literatura española, que había cruzado los mares para imponerse casi dos siglos antes en el Nuevo Mundo, ofrecía sus más cuantiosas riquezas (Gutiérrez, 2021). En los paratextos se repite con insistencia: los versos de sor Juana, como escribió Pedro Zapata en el *Segundo volumen*, son «el mayor tesoro que ha contribuido aquel reino a nuestra España» (*SV*, 1692: s.p.). Si América había rendido las almas de sus naturales gracias a la conquista espiritual, y el oro de sus minas gracias a la conquista militar, ahora, gracias a la conquista poética, tributaba con las obras de la Décima Musa un oro inmaterial, endecasílabos y metáforas, al Imperio español:

> ¿Qué millones trae la flota?,
> pregunta el vulgo en llegando;
> ¿qué obras de la madre Juana?,
> el discreto cortesano
> (Pedro del Campo, *SV*, 1692: s.p.).

Además de su origen americano, el personaje de sor Juana está conformado por su inteligencia portentosa (en la época esta inteligencia bien podría tildarse de «monstruosa»). Lo que más se destaca es su universalidad de noticias. En su obra, da cuenta del vasto conocimiento en un sinfín de disciplinas: «sor Juana es un compendio» (Glantz, 2010: LXIV), una suerte de enciclopedia viviente, capaz de escribir sobre los astros, las notas musicales, la fragancia de las flores del jardín o las finezas de Cristo. En su Censura al *Segundo volumen*, el sevillano Cristóbal Bañes de Salcedo es contundente: «me persuado no haber escrito otro alguno en este tiempo, ni quizá en el pasado, más instruido en todas letras» (*SV*, 1692: s.p.).

Y lo que más sorprende de esta universalidad de noticias es que su poseedora la haya adquirido tan precozmente y de manera autodidacta, sin maestros ni condiscípulos, y teniendo que sortear numerosos obstáculos e impedimentos. Ya Margo Glantz comparó los escritos autobiográficos de sor Juana con las hagiografías (o biografías hagiográficas) de otras monjas del periodo novohispano en un bien conocido trabajo (*Sor Juana Inés de la Cruz: ¿hagiografía o autobiografía?*, de 1995). Al leer la vida de esas monjas venerables, encuentro el relato de unas heroínas en busca del cumplimiento de un destino: la santidad. Para cumplir ese destino, deben superar las numerosas trampas que en el camino les tienden el diablo, la carne, el mundo. En la *Respuesta*, al igual que otras monjas, sor Juana nos ofrece el relato de una heroína cuyo destino es la sabiduría, el conocimiento. Allí están las innumerables pruebas que debe superar para cumplirlo: la falta de maestros, la condición femenil, el privarse de comer queso, las prioras que prohíben el estudio por creerlo cosa de Inquisición y un largo etcétera.

Tal como los viejos romances replicaban episodios selectos de los dilatados cantares de gesta, así los panegiristas de la *Fama y obras póstumas* tomaron como asunto de sus composiciones pasajes particulares de la *Respuesta* o de Calleja. En su soneto, Juan Alonso de Mújica celebra que la poeta haya «aprendido a leer a los tres años de su edad»; en el suyo, Juan de Cabrera nos cuenta cómo «rogaba a sus padres la vistiesen de hombre para poder más libremente ir a la universidad»; María Jacinta de Abogader y Mendoza dedica sus décimas «al cortarse el cabello la madre Juana Inés, siendo de ocho años, y notificarse a sí misma que, si había crecido hasta cierta medida sin aprender lo que se tasaba, se le había de volver a cortar».

Son muchos los poemas en la *Fama* que se dedican a las circunstancias que rodean la muerte de sor Juana. Al asunto de los misteriosos años finales dedicaré, en su momento, un comentario más amplio. Por ahora podemos asegurar que, considerados en su contexto, los acontecimientos que hoy nos resultan sombríos (la renuncia a las letras, la venta de los libros, la enfermedad) fueron interpretados y celebrados por los panegiristas como el esperado final de un relato que se había venido desarrollando a lo largo de los paratextos de los tres tomos: la heroína, luego de buscarla incesantemente toda su vida, adquiere la verdadera y máxima sabiduría posible, la divina. Quien lo dice mejor es sor Catalina de Alfaro. Si en 1689 esta monja había defendido que la Décima Musa escribiera encendidos versos de amor a María Luisa, ahora, al enterarse de que su admirada y sabia poeta había vendido su biblioteca para dar limosna a los pobres, concluye:

> Saquemos de esto que es la ciencia vana,
> fiebre del juicio y frenesí del labio,
> pues fue sin ella más discreta Juana.
> Y del perdido estudio en desagravio,
> practiquemos que en esta escuela humana
> quien sabe amar a Dios sólo es el sabio
> (*FOP*, 1700: s.p.).

Lo que he querido decir en las páginas anteriores es que, sin las ediciones antiguas, ni tendríamos los textos de sor Juana entre las manos ni sor Juana sería lo que es. Al darlas sus editores a la imprenta, sus obras se granjearon un sitio en la posteridad. Esas ediciones antiguas fueron un verdadero *bestseller*: puesto que aparecieron en un momento propicio, el auge del mercado de los libros de poesía, la literatura de sor Juana gozó de una difusión en el orbe hispánico de la que no gozó ningún otro poeta de su tiempo. Sería difícil encontrar una sola biblioteca importante, en España o América, que no tuviera al menos un ejemplar de cualquiera de las veinte ediciones de obras reunidas de sor Juana, impresas entre 1689 y 1725.

No sólo la calidad de la obra contribuyó a su enorme popularidad; también, hay que decirlo, debió jugar un papel importantísimo la naturaleza, en todas líneas extraordinaria, de la autora. Y si la persona de carne y hueso era ya una singularísima Fénix, los editores, a través de los paratextos y panegiristas, se dieron a la tarea de magnificarla. A diferencia de muchos poetas, la jerónima tuvo el privilegio de atestiguar, en vida, el surgimiento de su fama y de disfrutar del atronador aplauso de sus contemporáneos. Al mirarse en el espejo de los textos que le prodigan los más elevados ingenios de España en su *Segundo volumen*, sor Juana no se reconoce. Es lógico: no está ya ante sí misma, sino ante su leyenda, su invención. Frente a esa estatua colosal, no de bronce como la que aún detiene los pasos de los turistas en Madrid, sino de palabras, sor Juana escribe el último de sus poemas, truncado por la muerte:

> ¿De qué estatura me hacéis?
> ¿Qué coloso habéis labrado,
> que desconoce la altura
> del original lo bajo?
> (*OC*, 51: vv. 9-12).

Vienen luego unos versos famosos cuyo eco resuena a través de los siglos. Los destinatarios originales eran los editores y panegiristas de sus antiguos volúmenes, pero siguen interpelando a quienes, a la zaga de aquellos, mantienen su fama viva, comentan apasionadamente sus obras o persisten en el acalorado debate en torno a su irrepetible figura:

> No soy yo la que pensáis,
> si no es que allá me habéis dado
> otro ser en vuestras plumas
> y otro aliento en vuestros labios,
>   y, diversa de mí misma,
> entre vuestras plumas ando,
> no como soy, sino como
> quisisteis imaginarlo
> (*OC*, 51: vv. 13-20).

9. *Inundación castálida* (1689)

LA MUSA DE LA DÉCIMA MUSA

Desde su llegada a la Ciudad de México, el 30 de noviembre de 1680, María Luisa Manrique de Lara, condesa de Paredes, quedó prendada de sor Juana. La imagino, al día siguiente o pocos después, encaramada en su carruaje camino al Convento de San Jerónimo, ansiosa por conocer a la monja, erudita y genial, que la comparó con la diosa de los mares en el arco triunfal que le había dado, a ella y a su marido, la bienvenida. María Luisa no debió decepcionarse de ese primer encuentro: a partir de entonces, la simpatía entre ambas mujeres creció como la espuma y, tal como había ocurrido antes con los marqueses de Mancera, sor Juana pasó a formar parte del séquito y, más aún, del círculo cortesano más cercano a los nuevos virreyes.

Acostumbrada a las grandes cortes europeas, María Luisa se aburría en México. En 2015, Hortensia Calvo y Beatriz Colombi dieron a conocer un par de cartas suyas; en una de ellas, dirigida en 1682 a su prima, María de Guadalupe de Lencastre, la duquesa de Aveiro, la condesa se quejaba de la «grande soledad» que padecía en la Corte novohispana. De no haber sido por sor Juana, oasis en medio de ese páramo, su estancia en México hubiera sido insoportable: «Pues otra cosa de gusto que la visita de una monja que hay en San Jerónimo que es rara mujer no la hay. Yo me holgara mucho de que tú la conocieras porque en todas ciencias es muy particular ésta» (Calvo y Colombi, 2015: 177). Para sor Juana, por su parte, María Luisa significó una ventana por la cual pudo asomarse a un mundo más extenso y vasto, uno que iba más allá de los volcanes.

Si sor Juana ocupaba un lugar dentro de la Corte de los condes de Paredes, ése no podía ser otro sino el de poeta oficial: con sus versos, engalanó la ritualizada vida de la Corte. Son numerosos los poemas y loas dedicados a celebrar los cumpleaños de los virreyes —para «dar los años» se decía entonces—; también hay composiciones en las que da la enhorabuena por el bautizo del primogénito del noble matrimonio; la monja escribió otros poemas más para felicitar a los mandatarios por las Pascuas. Además de esos regalos inmateriales, de versos y de metáforas, María Luisa y sor Juana, como también dan cuenta los poemas de esta última, intercambiaban pequeños pero exquisitos regalos: unas nueces, una diadema de plumas, un retablo del Nacimiento labrado en marfil, unos retratos minúsculos.

Pero sor Juana no se limitó en su poesía a desearle a la dignataria un feliz cumpleaños: la virreina inspiró algunos de los poemas de amor más apasionados de cuantos nos legó la época novohispana. María Luisa se convirtió en la musa de la Décima Musa. Que esos poemas salen de lo ordinario y que van más allá de simples declaraciones de adulación cortesana o de amistad entre personas del mismo sexo (como otras tantas amparadas por la tradición del neoplatonismo) lo señalaba ya con insistencia Octavio Paz hace varias décadas: «Al amparo de las expresiones consagradas se deslizan otras que, por su temperatura y por su osadía, dicen algo muy distinto de las consabidas declaraciones de lealtad y devoción al señor o a la señora» (1983: 262-263). Prueba de que los lectores de la época no leían poemas como aquéllos a diario es la Advertencia que los editores juzgaron conveniente incluir en la *Inundación castálida* y que, en resumen, pide al lector que no se deje deslumbrar por los «religiosos incendios», por los «súbitos resplandores», que encienden los versos que sor Juana dirigió a María Luisa: a pesar de su fogosidad, éstos reflejan un «ardor tan puro», que no cabe en él ni un mínimo rescoldo de indecencia.[1] Esos poemas seguían siendo excepcionales casi tres siglos después de haber sido escritos; al editarlos, un azorado Alfonso Méndez Plancarte también juzgó necesario prevenir a los lectores

[1] Aunque la crítica la ha reproducido con cierta insistencia, copio aquí íntegra la dichosa Advertencia: «O el agradecimiento de favorecida y celebrada, o el conocimiento que tenía de las relevantes prendas que a la señora virreina dio el Cielo, o aquel secreto influjo (hasta hoy nadie lo ha podido apurar) de los humores o los astros, que llaman simpatía, o todo junto, causó en la poetisa un amar a su excelencia con un ardor tan puro, como en el contexto de todo el libro irá viendo el lector» (*IC*, 1689: 19).

sobre el carácter febril de algún pasaje en el romance 19: «prescinde de cualquier contacto corpóreo y aun de la mínima idea sexual [...], es un límpido afecto de admiración estética y de apasionada amistad, aunque su tono linde con lo erótico». Cuando sor Juana afirma, en ese mismo romance, que Filis es una deidad que no se digna a pagar el amor de sus devotos con el premio de su correspondencia, el celo piadoso de Méndez Plancarte no se contiene: «Éste es uno de los pasajes por los que la Inquisición —si hubiera querido hacerlo, como se ha fantaseado— habría podido, sin total injusticia, "buscarle ruido"» (*OC*, I: 385).

Serían dos los motivos fundamentales, a mi ver, de la excepcionalidad de estos poemas. Primero, que quien los enuncia es un *yo* femenino consciente y contundente. Estamos ante el primer corpus de poesía amorosa dirigido por entero de una mujer a otra de la literatura mexicana —quizá de la literatura en nuestra lengua—; ese corpus se adelanta varios siglos a la poesía abiertamente lésbica que hoy escriben poetas como Cristina Peri Rossi u Odette Alonso. Aunque bien conocidos, vale la pena citar, a propósito de lo que vengo diciendo, estos versos del romance 19, ante los que Méndez Plancarte, muy significativamente, no dice una sola palabra:

> Ser mujer, ni estar ausente,
> no es de amarte impedimento,
> pues sabes tú que las almas
> distancia ignoran y sexo
> (*OC*, 19: vv. 109-112).

El otro motivo de la excepcionalidad de los poemas que sor Juana dirigió a María Luisa, quizá más esquivo, es lo que podríamos llamar su *autenticidad*. Paz llamaba la atención sobre ciertos versos que no pueden leerse, simple y llanamente, como la exaltación del poderoso, pues en ellos «esa exaltación, lejos de parecer artificiosa como en los poemas cortesanos de los otros poetas, alcanza en ciertos poemas la intensidad que distingue a la pasión auténtica del énfasis retórico» (1983: 262). Es decir: la monja tuvo que valerse no sólo de su erudición y acrobacias conceptuales, sino también de su propia emoción para escribir estos poemas. ¿Pudo alguien que no lo haya experimentado nunca escribir con tal intensidad sobre el amor? Antonio Alatorre cree que no: «será por esto, será por lo otro, pero sor Juana estaba *enamorada* de María Luisa. Fue su relación con ella lo que le dio, y muy agudamente, la *experiencia del amor*» (2001: 25). Hoy, ya cerca del primer cuarto del siglo XXI, mis alumnos prestan su voz a estos poemas de amor que la monja dirigió a una virreina en el atardecer del siglo XVII: el aula siempre se colma de suspiros, a veces, de lágrimas (una alumna, incluso, se tatuó una cuarteta).

Para no entrar en honduras, quizá sea conveniente ilustrar el punto con un ejemplo concreto, proveniente del romance 19, que acabo de citar. La poeta busca comparaciones, símiles, para decirle a Filis cuánto y cómo la quiere. Empieza por lo más fácil: una imagen tomada de Petrarca (del poema 141 del *Canzionere*), y que fue reelaborada por prácticamente todos los poetas para hablar del amante no correspondido en la lírica de los Siglos de Oro. Te quiero, le dice a Filis, como la mariposa —nosotros hablaríamos más bien de una polilla— que busca la luz del candil y termina abrasándose en las llamas, que encuentra la muerte en el objeto de su amor:

> bien así, como la simple
> amante que, en tornos ciegos,
> es despojo de la llama
> por tocar el lucimiento
> (*OC*, 19: vv. 81-84).

Símil equivalente, que parece desprenderse del primero, el que viene en los versos siguientes: sor Juana compara su amor por Filis con un niño que, atraído por el «resplandor del acero», se corta con el filo de una cuchilla; cuando lo riñen y lo alejan del peligro, «más que el dolor de la herida / siente apartarse del reo [o sea, del 'culpable']» (*OC*, 19: vv. 85-92). Para el siguiente símil, la monja recurre una vez más a su librero: compara su amor con el de Clicie, la ninfa enamorada de Apolo que día tras día se sentó en un claro del bosque para ver cruzar por el cielo al desdeñoso amante; con el paso del tiempo, la ninfa terminó convirtiéndose en girasol (Ovidio, IV: vv. 258 y ss.):

cual la enamorada Clicie
que, al rubio amante siguiendo,
siendo padre de las luces
quiere enseñarle ardimientos
(*OC*, 19: vv. 93-96).

Después de tantos intentos fallidos, se percibe a la poeta extenuada, harta de no encontrar en los Ovidios y Petrarcas, en toda la tradición y la imaginería que conoce de cabo a rabo, símil que pueda hacer justicia al amor que siente por Filis. Entonces, hace lo que haría cualquier poeta de a de veras: inventa los propios. La mina de la que sor Juana extrajo los cuatro símiles que se agolpan en la siguiente cuarteta no es otra que la de su propia imaginación y su propio sentir. El primero de éstos —te quiero «como a lo cóncavo el aire», es decir, 'te quiero como el aire a los espacios vacíos'— parece, en su sorprendente modernidad, haber sido escrito esta mañana:

como a lo cóncavo el aire,
como a la materia el fuego,
como a su centro las peñas,
como a su fin los intentos
(*OC*, 19: vv. 97-100).

Al final, ni la tradición milenaria ni el lúcido ingenio de la Décima Musa bastan para encontrar un símil digno de este amor. La poeta, entonces, se da cuenta de que el único símil digno de Filis es Filis misma, y lo expresa con una transparencia conversacional que no parece propia del siglo XVII: «Pero ¿para qué es cansarse? / Como a ti, Filis, te quiero» (*OC*, 19: vv. 105-106). Pasajes como éstos, pues, son los que hacen hablar a Paz y a Alatorre de «pasión auténtica», de una «experiencia del amor».[2]

[2] Este capítulo no tiene por objeto llevar a cabo un estudio de la lírica amorosa que sor Juana escribió a María Luisa. A pesar de que pudiera parecer lo contrario, pocos críticos se han ocupado del asunto directamente y por extenso; me parece que sólo dos, que he venido citando, han agarrado el toro por los cuernos: Octavio Paz en dos apartados de *Las trampas de la fe* («Concilio de luceros» y «Religiosos incendios»;

A pesar de todo lo que he venido diciendo en las líneas anteriores, me gustaría que pensáramos en María Luisa no solamente como la mecenas o la musa inspiradora de sor Juana: fue, sobre todo, la principal cómplice de su trayectoria intelectual y de su carrera literaria. Hay que tener en cuenta que la virreina, sensible por supuesto a la buena poesía, habría puesto en contacto a sor Juana con los grandes ingenios y poetas peninsulares de su tiempo. Por ejemplo, con su prima, la ya mencionada duquesa de Aveiro, quien serviría de puente entre sor Juana y la academia de monjas portuguesas autodenominada la Casa del Placer, a la que nuestra poeta ofreció unos *Enigmas* (*OC*, 88bis); la condesa de Paredes también fue el vínculo que la enlazó a José Pérez de Montoro, poeta que tenía una estrecha relación con la distinguida casa de los Medinaceli. A petición de María Luisa, sor Juana escribió un romance —«...una obediencia, / mandada de gusto ajeno, / cuya insinuación en mí / tiene fuerza de precepto» (*OC*, 3: vv. 285-288)— para refutar otro de Pérez de Montoro, que asegura que es posible sentir amor sin padecer el tormento de los celos. El poeta peninsular luego engalanaría los preliminares de la *Inundación castálida* con un romance. Y no sólo el romance de los celos no existiría sin la intervención de María Luisa: para ella escribió también el entero festejo teatral de *Los empeños de una casa* y, «a instancia» suya, como reza la portada de la suelta mexicana, también compuso esa obra maestra del auto sacramental, *El divino Narciso*.

A la luz de lo anterior, me parece, insisto, que decir que María Luisa fue la mecenas y la «enamorada» de sor Juana es decir muy poco: hay que agradecer al «laberinto de los efectos y de las causas» el encuentro de estas dos mujeres, cuya relación sólo puede compararse con otras intensas y fértiles relaciones intelectuales y literarias: Borges

---

1983: 260 y ss.) y Antonio Alatorre en su artículo «María Luisa y sor Juana» (2001). Recientemente, Sergio Téllez-Pon compiló esos poemas en una antología titulada *Un amar ardiente* (2017). A pesar de las licencias y los fantaseos, ha sido, me parece, la cultura popular la que se ha permitido el comentario más extenso sobre la relación entre la jerónima y la condesa de Paredes: me vienen a la mente, por poner algunos ejemplos, la película argentina *Yo, la peor de todas* (1990), la novela *El beso de la virreina*, escrita por José Luis Gómez (2013) —su subtítulo es, por cierto, «La historia sugerente y cautivadora de dos mujeres condenadas por el placer»—, o la miniserie mexicana *Juana Inés* (2016).

y Bioy, Eliot y Pound, Rulfo y Arreola, Antonieta Rivas Mercado y los Contemporáneos, Alejandra Pizarnik y Silvina Ocampo.

«LOS CONCEPTOS DE UN ALMA QUE ES TAN TUYA»: UN CARTAPACIO PARA LA VIRREINA

El fruto más sazonado de la relación entre sor Juana y María Luisa fue, sin duda, la publicación en Madrid, en noviembre de 1689, de la *Inundación castálida*, impresa por Juan García Infanzón. Este último, hijo de un tabernero, fue el primero de una larga estirpe de impresores madrileños que se mantuvo activa más allá del mediodía del siglo xviii: luego de la muerte de Juan, alrededor de 1707, el negocio de la imprenta lo continuó su viuda, Isabel María de Arroyo, activa hasta 1742, y posteriormente sus herederos, cuyo último impreso data de 1754. García Infanzón había sido arrendatario de la Imprenta Real durante la década de los setenta del siglo xvii; a partir de la década siguiente y hasta su muerte tuvo su propio taller, el cual se estableció durante casi toda su trayectoria profesional en la calle de Calatrava, aunque un documento de 1689, justamente, lo sitúa en la calle de Juanelo (Agulló, 1992: 107-108). Así pues, el primer libro de sor Juana impreso en Europa pudo haber visto la luz en esa calle de Madrid.

Gracias a los propios textos de la *Inundación castálida* sabemos que fue precisamente la virreina quien concibió la idea de publicar a su protegida en el Viejo Mundo. Antes de esto, no contamos con evidencia de que María Luisa haya hecho algo parecido con otro poeta; sabemos solamente que, en 1669, cuando era dama de la reina Mariana de Austria y tenía apenas veinte años, había sido la dedicataria de un certamen poético publicado en Valencia en 1669 en ocasión del octavo cumpleaños de Carlos II (Calvo y Colombi, 2015: 57-58). Para adentrarnos en la génesis de la *Inundación*, resulta fundamental la lectura de las siguientes líneas, debidas al autor anónimo del Prólogo al lector, quien llama a la condesa de Paredes «gran mecenas» de nuestra poeta:

> habiéndose de volver a España, le envío a su excelencia, pedidos por curiosidad de buen gusto y mal unidos por desestima de la madre Juana

> Inés, unos cuadernos que amagaban a libro, y a éstos escribió el soneto, desimaginada de que sus trabajos fuesen de tanto peso que aun hiciesen sudar en España las prensas. Y si la composición y descripción del arco que la ciudad la encargó a la entrada en México del señor virrey, marqués de la Laguna, y los villancicos a las fiestas de la Asunción y san Pedro, con otros papeles, estaban ya impresos, fue mostrar el ajeno cuidado que las venas de Indias iban mejorando de precio, no ansia de la poetisa (*IC*, 1689: s.p.).

A pesar de que el virreinato de su marido había concluido en 1686, la condesa no volvió a España sino hasta el 28 de abril de 1688. La oración «habiéndose de volver a España» nos indica que debió ser poco antes de esa fecha —finales de 1687 o principios de 1688— que la condesa le pide a sor Juana, «por curiosidad de buen gusto», sus «trabajos». La monja debió ponerse a compilar sus textos, pues, durante los primeros meses de 1688, a toda prisa, con los cuales formó «unos cuadernos que amagaban a libro», o sea que 'insinuaban, parecían ya un libro'. Nótese cómo el autor del Prólogo insiste en un supuesto desinterés de sor Juana por compilar sus textos, que consideraba indignos, y que termina remitiendo a la virreina «mal unidos» con el pegamento de su «desestima». Este anónimo autor también hace notar que sor Juana no tenía idea de que María Luisa le había pedido esos papeles para imprimirlos del otro lado del mar: «desimaginada de que sus trabajos fuesen de tanto peso que aun hiciesen sudar en España las prensas». Menciona, por último, que entre esos papeles que la poeta envía a su mecenas, había algunos que ya habían merecido el privilegio de las prensas en México, pero eso se debió no a «ansia» o afanes de la poeta, sino a que el «ajeno cuidado», las diligencias de terceros, quisieron «mostrar» con la impresión de las obras de sor Juana que «las venas de Indias iban mejorando de precio»: el valor, alto ya de por sí de las ricas Indias occidentales, se elevaba aún más gracias a los versos de la madre Juana —la idea del «oro intelectual» de la que he hablado líneas arriba—.

Me parece que con lo dicho en capítulos anteriores se pueden desmentir, una por una, esas afirmaciones de nuestro anónimo prologuista, que deben leerse como meros lugares comunes de la época. Es mentira que todo lo que de sor Juana se había impreso en

México se debía a la voluntad de terceros: ya dije (cap. 6) que, por ejemplo, los *Ejercicios de la Encarnación* y los *Ofrecimientos del rosario* se imprimieron, «con gusto mío», a mediados de la década de los ochenta. Tampoco es posible creer que sor Juana no estuviera al tanto de que esos papeles que le pedía la virreina iban a formar un libro: ¿por qué escribir entonces el soneto-dedicatoria a la virreina, que se estampó al inicio de la *Inundación* y al que volveremos después?, ¿por qué corregir con tanto escrúpulo el texto de la edición mexicana del *Neptuno alegórico* si no era para una segunda publicación (cap. 4)? Por último, no me parece verosímil que todos los afanes que implica conformar, en tan pocos meses, unos «cuadernos que amagaban a libro» con el trabajo literario realizado durante más de veinte años revelen una «desestima» de la autora. Por el contrario, yo creo que sor Juana, ávida lectora desde su más tierna infancia, para quien los libros constituyeron siempre su mayor tesoro, y poeta suelta y abundante, debió sentir —cuando menos— un enorme entusiasmo ante la idea de ver sus obras en letras de molde, impresas en Europa. El manuscrito que, a pesar de las prisas, compiló, ordenó, corrigió (parcialmente) y dedicó a María Luisa es clara evidencia de ese entusiasmo, no de un desinterés.

A mi ver, ese «cuaderno», que daría pie a la *Inundación castálida* y cuyo paradero, si es que aún existe, se desconoce, debió tener dos grandes secciones: una manuscrita (corresponde a las páginas 3 a 212 de la *IC*) y otra conformada con diversas ediciones sueltas realizadas en México en los años anteriores a 1688 (a partir de la página 213 de la *IC*).

La primera sección, la manuscrita, estaba conformada por poemas inéditos que —según nos informa el epígrafe del soneto-dedicatoria a la virreina— «pudo recoger soror Juana de muchas manos en que estaban, no menos divididos que escondidos como tesoros, con otros, que no cupo en el tiempo buscarlos ni copiarlos» (*IC*, 1689: 1). Si creemos al epígrafe, sor Juana no guardaba copias de sus propios poemas; algo que me parece difícil de creer: si no de todos, sí guardaría una buena cantidad de ellos.[3] Cuando María Luisa se los solicita, se ve obligada a

[3] En 1995, en un congreso celebrado en la Universidad del Claustro de Sor Juana (*Sor Juana y su mundo: una mirada actual*), Teresa Castelló Yturbide presentó el ha-

pedirle a quienes tenían alguna copia en su poder que se la remitiesen para que ella pudiera, a su vez, trasladarla (copiarla) en el cuaderno del que venimos hablando. Como cabría esperar, y esto también se señala en el epígrafe, sor Juana no tuvo tiempo de recuperar todas las obras que hubiera deseado; algunas de ésas, que no pudo incluir ella en su primer tomo de obras reunidas, se imprimirían en alguno de los siguientes o serían rescatadas del olvido por los filólogos de los siglos venideros. Resulta fascinante imaginar la cantidad de cartas, de notas, de papeles (inundados con décimas, romances y sonetos), de mensajeros, que entraron y salieron del Convento de San Jerónimo esos primeros meses de 1688. Y todo bajo la observancia y coordinación de sor Juana, vuelta aquí editora de sí misma.

Luego de esta sección manuscrita (¿la habrá copiado por entero ella sola, habrá pedido ayuda de sus hermanas?), la autora añadió al cuaderno una serie de ediciones sueltas americanas, de las cuales ella poseería copias, como prueba el ejemplar de los villancicos a san Pedro Nolasco con sus correcciones autógrafas (cap. 3). Primero viene una larga sección de juegos de villancicos: dos dedicados a san Pedro (México, 1677 y 1683), dos dedicados a la Asunción (México, 1685 y 1679), uno dedicado a san Pedro Nolasco (México, 1677) y, por último, otro más dedicado a la Asunción (México, 1687). Luego viene el cierre del cuaderno, su broche acuático, constituido por la suelta del *Neptuno alegórico*, impresa en 1690 o 1691. Que estas obras llegaron a Madrid en sus ediciones sueltas lo prueba el hecho de que los editores de la *Inundación*, como ya vimos, emulen en la formación tipográfica las características de esas mismas sueltas.

El modo, que acabamos de referir, en el que se fue configurando este cuaderno o cartapacio para la virreina, además de la premura,

llazgo de un inventario de objetos en la celda de sor Juana que el conde de la Cortina solicitó al capellán de San Jerónimo, Nazario López de la Vega, en 1843. El inventario que el capellán obtuvo de los archivos del convento no tiene fecha: pudo haberse realizado en cualquier momento durante la vida de sor Juana como monja. Lo que nos interesa es que, entre los objetos inventariados, se cuentan «quinc [*sic*] legajos de escritos, versos místicos y mundanos», lo que quiere decir que la poeta sí tenía copias de sus propias obras (me parece que Castelló nunca publicó el inventario; éste se puede leer en Trabulse, 1999 o Alatorre, 2007, I: 653).

explican su estructura y el ordenamiento de los materiales, orden y estructura que no serían alterados por los editores peninsulares, ya que se ven reflejados en la *Inundación castálida*. Además de las dos grandes secciones que ya hemos podido identificar (obras inéditas y manuscritas seguidas de las impresas), y dejando de lado el *Neptuno alegórico*, obra en prosa que cierra el volumen, creo ver en sor Juana una voluntad de ordenamiento que atiende a los temas: dispuso una primera gran sección de poesía eminentemente profana, constituida por poco más de un centenar de composiciones (108 para ser exactos: serían las páginas 1 a 200 de la *IC*); luego, reunió una sección de poesía eminentemente sacra (conformada por 58 composiciones; las páginas 205 a 266 de la *IC*), interrumpida sólo por los tres poemas dedicados a la muerte de duque de Veraguas (*IC*, 1689: 210-212).

Las tres composiciones que se incluyen en las páginas 201 a 204 de la *Inundación* —es decir, al final de la sección de obras profanas— no estaban en el cartapacio original. Sor Juana las tuvo que haber enviado después de diciembre de 1688, ya que una de ellas está dedicada a la condesa de Galve, cuyo marido tomó posesión del cargo el día 4 de dicho mes; debieron llegar a España antes de que los censores leyeran el manuscrito de la *Inundación* y antes de que se formara el volumen para la imprenta, o sea, a más tardar en julio de 1689. Que estos tres poemas —el romance decasílabo esdrújulo, un romance dedicado a la condesa de Galve y un soneto a Carlos II— fueron enviados desde México, ya estando María Luisa en España, nos lo informan los propios epígrafes: «que aún le remite desde México a su excelencia»; «envió desde México a la excelentísima señora condesa de Paredes»; «Llegaron luego a México, con el hecho piadoso, las aclamaciones poéticas de Madrid a su majestad, que alaba la poetisa por más superior modo».

Permítaseme aquí una rápida *numeralia*. En total, en la *Inundación castálida* desembocaron 176 composiciones (tres de las cuales, como dije, no estaban en el cuaderno primigenio). De esas 176, dos no son de sor Juana: los villancicos para la misa de san Pedro Nolasco (cap. 3), lo que nos deja un total de 174 obras salidas de la pluma de nuestra poeta impresas en el primer volumen de sus obras reunidas. De éstas, sólo 58 (33 por ciento) son de tema propiamente sacro; el resto, 116 (67 por ciento), son de tema profano. Entre las obras profanas, la mayoría (43, un 37 por ciento) están dedicadas a los marqueses de la Laguna: una a su bebé, trece al virrey y veintinueve a María Luisa. Hay, asimismo, 33 poemas profanos (constituyen un 28 por ciento del total de 116) dedicados a otros miembros de la nobleza o de la élite intelectual de esta y de aquella orilla del Atlántico: a fray Payo Enríquez de Rivera, a María Luisa de Borbón, a Eusebio Francisco Kino, etcétera.

De los poemas profanos en la *Inundación castálida*, pues, 74 (63 por ciento) constituyen coqueteos con la Corte y con la crema y nata de la sociedad de aquel entonces. El resto de los poemas profanos (42, un 36 por ciento) son de temas variados: amores, celos, retratos, los «hombres necios», heroínas históricas, mitos grecolatinos, etcétera. Quizá el lector llegue mareado a estas alturas del párrafo. Lo que quiero decir con tanta cifra es que la monja de San Jerónimo armó un cartapacio constituido mayoritariamente por obras profanas; que el tema y los destinatarios de esas obras profanas nos revelan a una religiosa que, a pesar de la clausura, formaba parte de la red de nobles e intelectuales de su tiempo; y que, como es natural, los condes de Paredes tienen en la compilación una presencia avasalladora, sobre todo María Luisa. La *Inundación castálida* presentó a los lectores una Musa profana, palaciega y amartelada de la virreina: no sorprende que los paratextos —preliminares, advertencias y epígrafes— defiendan con ahínco la legitimidad de los versos *intra clausura* así como la pureza de los amores que éstos expresan.

Ahora bien, dentro de cada una de estas dos secciones, la sacra y la profana, que, como ya vimos, no son tan rigurosas, impera una suerte de caos. No se me malentienda: claro que hay agrupamientos lógicos y sensatos en el interior de las secciones, por ejemplo, el de los tres sonetos de «encontradas correspondencias», casi al principio del cuaderno: «Que no me quiera Fabio, al verse amado», «Al que ingrato me deja busco amante» y «Feliciano me adora y le aborrezco» (*IC*, 1689: 3-5); también es feliz la conjunción de las dos décimas que acompañaron el envío de una rosa —¿o fueron dos: una décima por cada rosa?— a «Lisi divina»: «Esa, que alegre y ufana» y «Este concepto florido» (*IC*, 1689: 24).[4] Pero lo que rige es el «desorden»: ¿por

[4] Esas rosas, naturalmente, se marchitaron hace varios siglos; las décimas todavía abren su corola de octosílabos sobre la página. A propósito de estas décimas y estas

qué no se agruparon los sonetos a la muerte de Laura, la marquesa de Mancera; o las diferentes loas —que se interponen como pesados monolitos entre el delicado jardín de romances y sonetos—; o los villancicos, según su tema o en orden cronológico? «No hay un punto —afirma Sergio Fernández con razón— que se deba considerar central en esta *Inundación*. Cualquier poema, dada su importancia, puede ser el foco y la periferia al propio tiempo» (2010: XIV).

Considero que, fuera de esas grandes secciones de lo inédito y lo impreso, de lo sacro y lo profano, sor Juana fue copiando las composiciones en el cuaderno para la virreina conforme las fue recogiendo y no tuvo tiempo de ordenarlas más escrupulosamente. Ante este torrente, quizá los editores en España —y admito que puedo estar sobreinterpretando— decidieron el título del volumen: las obras inundan las páginas en tropel como inundaría el bosque de laureles que en torno suyo se extendía una crecida de la fuente Castalia.

Sor Juana terminó de formar el cuaderno para María Luisa en la primavera de 1688. No debió ser fácil escribir el soneto-dedicatoria que estampó en la primera de sus páginas, el único poema compuesto expresamente para el volumen: estaba consciente de que la destinataria, su amiga y mecenas, se marcharía para siempre. «El hijo que la esclava ha concebido» —afirma la poeta— no pertenece a la madre, sino a su «legítimo dueño»; el «opimo fruto» no pertenece al campesino que lo cultiva y lo cosecha, sino al «señor» de la tierra; así, estos «borrones», estos versos, a ti te pertenecen, pues son hijos de mi alma, que no es sino tuya:

> El hijo, que la esclava ha concebido,
> dice el derecho que le pertenece
> al legítimo dueño que obedece
> la esclava madre, de quien es nacido.
> El que retorna el campo agradecido,
> opimo fruto, que obediente ofrece,

rosas, no puedo evitar recordar las palabras de García Lorca, pronunciadas en su conferencia sobre Góngora: «no hay nada más imprudente que leer el madrigal hecho a una rosa con una rosa viva en la mano. Sobran la rosa o el madrigal» (1991, III: 235). Sor Juana sería de otra opinión.

es del señor, pues si fecundo crece,
se lo debe al cultivo recibido.
  Así, Lisi divina, estos borrones,
que hijos del alma son, partos del pecho,
será razón que a ti te restituya;
  y no lo impidan sus imperfecciones,
pues vienen a ser tuyos de derecho
los conceptos de un alma que es tan tuya
(*IC*, 1689: 1).[5]

Luego de ocho años de estancia en la Ciudad de México, el 28 de abril de 1688, los condes de Paredes, marqueses de la Laguna, parten de regreso a su tierra natal. Antonio de Robles preservó la escena en su *Diario*: «salió para España el marqués de la Laguna, y mucho número de carrozas lo fueron a dejar hasta Guadalupe, con muchas lágrimas de la señora virreina, a las tres de la tarde» (1972, II: 158). María Luisa, que no paraba de llorar, llevaba bajo el brazo un cuaderno repleto de versos que habría de convertirse en la *Inundación castálida*; sor Juana a esa hora estaría sentada entre las cuatro paredes de una celda colmada de tristeza. No volverían a verse nunca más.

María Luisa le tendría un afecto singular al cartapacio que sor Juana le había ofrendado. A mediados de 1691, a pesar de que ya estaba impresa la *Inundación castálida*, todavía lo llevaba consigo a todas partes. El jesuita Lorenzo Ortiz, prologuista del *Segundo volumen*, se encontró con la condesa en Cádiz, y refiere: «tuve la honra de que la excelentísima señora, mi condesa de Paredes, estando en el Puerto de Santa María, me permitiese repasar el volumen manuscrito, que su excelencia trajo de México, y el año pasado [en realidad, el antepasado: 1689] se imprimió en Madrid» (*SV*, 1692: s.p.).

[5] No puedo dejar de señalar que María Luisa escribió, hacia 1694, un romance que se conserva entre los preliminares del manuscrito de los *Enigmas ofrecidos a la Casa del Placer*; éste se hace eco del soneto-dedicatoria que sor Juana escribió para la *Inundación*: «Amiga, este libro tuyo / es tan hijo de tu ingenio, / que correspondió, leído, / a la esperanza el efecto» (*E*, 1994: 83). La condesa, aquí en su faceta de poeta, llama tiernamente «Amiga» a sor Juana, y reutiliza su metáfora del libro-hijo; de ese libro, dice, se tenían muy altas expectativas y, aun así, no defraudó.

María Luisa en sus últimos años estuvo, digámoslo así, del lado incorrecto de la historia. Carlos II, último de los Austrias, casa a la que la condesa debía absoluta fidelidad, muere sin descendencia en 1700, lo que origina una guerra por el trono de España entre el que luego sería Felipe V, de los Borbones, y el archiduque Carlos de Austria. Naturalmente, María Luisa apoyaba a este último, que resultó perdedor. A raíz de ello, sale de Madrid a Barcelona ese mismo año de 1700, y en 1713 se traslada a Milán, donde muere el 3 de septiembre de 1721. En su testamento declaró: «he perdido toda mi casa y hacienda, por cuya razón dejo a mis hijos y nietos sin más amparo y conveniencias que las que su majestad fuese servido dispensarles y le tengo suplicado» (en Fernández de Béthencourt, 1904: 304-305).

Viajé hace no mucho a Italia en busca del sepulcro de María Luisa. La iglesia de Carmelitas Descalzos donde fue enterrada fue demolida hace muchos años, a principios del siglo XIX. De su paso por el mundo quedan apenas huellas, unas cuantas líneas sobre el papel. No hay retratos ni lápida. ¿Quién hablaría hoy de María Luisa si no fuera por la *Inundación castálida*? No sé si aún exista, en alguna biblioteca de Barcelona o de Milán, ese cartapacio que para ella reunió sor Juana en México. Sigo en su búsqueda.

HISTORIA DE DOS RETABLOS: JUAN CAMACHO GAYNA Y LA *INUNDACIÓN CASTÁLIDA*

Cualquiera que haya escrito un libro, o participado en la edición de alguno, sabe que entre un manuscrito concluido y su publicación median muchos meses de trabajo. Durante la primera mitad de 1689, el cuaderno que sor Juana ensambló para su mecenas fue tomando la forma de un libro, de la *Inundación castálida*: durante esos meses, se pidió a Pérez de Montoro y a Catalina de Alfaro Fernández de Córdoba que escribieran los poemas preliminares que se estamparían en las primeras páginas; hubo que escribir, además, un Prólogo al lector; se prepararon, asimismo, copias manuscritas del volumen para que fray Luis Tineo de Morales y Diego Calleja escribieran, con base en su lectura, las aprobaciones, firmadas el 22 de agosto y el 12 de septiembre, respectivamente; para la elaboración de esas copias, debieron redactarse los epígrafes para cada uno de los poemas —los cuales revelan, las más de las veces, una lectura muy atenta de la obra de la monja—, así como la Advertencia sobre los poemas amorosos a la virreina, que ya he mencionado antes; se hicieron también las gestiones administrativas necesarias para obtener el privilegio y la licencia; al final, debió decidirse el pomposo título —en el último minuto porque el privilegio, otorgado el 19 de septiembre, se concede a un libro intitulado *Varios poemas castellanos*—. Evidentemente, todas esas labores no cayeron solamente en las manos de María Luisa, que habría hecho ya bastante con solicitar y transportar el cuaderno de sor Juana desde México. ¿Quién, o quiénes, son entonces los responsables de llevar a buen término la edición de las obras de sor Juana en Madrid?

Desde hace ya varias décadas, se ha suscitado una cierta polémica entre el reducido coto de sorjuanistas en torno a este punto: ¿quiénes conformaron, digámoslo así, el equipo editorial de la *Inundación castálida*?[6] El primero que, me parece, abordó en serio la cuestión fue Antonio Alatorre, en su artículo «Para leer la *Fama y obras póstumas…*» (1980); ahí señaló muy decididamente dos grandes corresponsables en la edición del volumen: fray Luis Tineo de Morales y Francisco de las Heras. A partir de entonces, el maestro Alatorre siguió recalcando, en muy diversos trabajos, la importancia de estos dos personajes en el asunto que aquí nos concierne. Ambos, en sus propias palabras, formaban parte de «una especie de "estado mayor"» alrededor de los condes de Paredes (2001: 10). Fray Luis Tineo era un predicador eminente y poeta ocasional, con quien sor Juana mantenía una estrecha relación. Esto último lo prueba el intercambio entre ambos de sonetos burlescos, intercambio sonetil del cual da cuenta el propio Alatorre en un artículo publicado en *Vuelta* en 1984 (los sonetos se pueden consultar en su edición de la *Lírica personal*: 205bis). Tineo de Morales habría tenido dos labores en lo que respecta a la *Inundación*: la escritura de una lúcida y temeraria Aprobación —ya citada, donde afirma que sor Juana habrá de convertirse en «el san Agustín de las mujeres»— y la decisión del título del volumen. «Quien se lo puso —asegura Alatorre (1984: 12)— fue,

[6] Para un brevísimo sumario de la polémica, véase Fumagalli (2018b: 138*n*).

a todas luces, el autor de la *Filomena davídica* y del *Mercurio evangélico*», estas dos últimas obras de Tineo, con títulos provistos también de rimbombantes esdrújulos.

La primera labor de Tineo no tiene vuelta de hoja: la Aprobación, firmada por él, se luce defendiendo los versos profanos de sor Juana, *a priori*, de los conjeturales detractores en el Viejo y el Nuevo Mundo. La segunda labor que Alatorre confiere a Tineo la pongo en duda: los esdrújulos no son exclusivos de las obras de este último, sino que más bien me parecen un rasgo de época: me vienen a la mente ahora mismo la *Cítara de Apolo*, el *Simbólico glorioso asunto*, el *Triunfo parténico*, la *Empresa métrica*... Sin esdrújulos no hay Barroco: el título de *Inundación castálida* se le pudo ocurrir a Tineo o a quien fuera.

Alatorre afirmó por muchos años que Francisco de las Heras —caballero de la Orden de Santiago desde 1680 y secretario en México del conde de Paredes— había sido el responsable tanto del anónimo Prólogo al lector como de los epígrafes del volumen entero: «Este epígrafe, escrito por Las Heras —como todos los demás del libro—» (Alatorre, 2001: 12). Dice sobre el autor del referido Prólogo:

> se llama a sí mismo criado de la condesa de Paredes y conoce al dedillo todos los antecedentes del volumen: recuerda en qué estado llegaron los «quadernos» manuscritos a poder de la condesa, y sabe la historia de las obras escritas por encargo de ella y de su marido, y por qué el soneto-dedicatoria de sor Juana va dirigido a la exvirreina; además, describe con verdadera fruición «la aura popular» que rodeaba a sor Juana en México. Es, obviamente, el secretario de los exvirreyes [...]: Francisco de las Heras (1980: 466).

El maestro Alatorre afirmó con tanta seguridad la definitoria participación de Las Heras en la *Inundación* que yo nunca me planteé siquiera cuestionar esto hasta hace muy poco. Lo primero que me hizo dudar fue el hecho de que en ningún lugar de la *Inundación castálida*, en ninguna línea, se menciona a Francisco de las Heras. ¿Por qué darle tanto crédito a alguien que no aparece mencionado ni una sola vez antes que a los que sí nos consta —pues firman con nombre y apellido— que participaron en el proceso editorial de la

Inundación: Calleja, por ejemplo, que escribe la otra Aprobación?[7] Luego está el hecho de que si, como dije líneas arriba, la *Inundación castálida* se concibió poco antes de que la virreina volviera a España en 1688, entonces es imposible que Las Heras estuviera al tanto de «los antecedentes del volumen», pues había abandonado la Ciudad de México dos años antes. Robles apunta en su *Diario* el 28 de marzo de 1686: «salió a media noche para España el secretario del virrey don Francisco de las Heras con su mujer, en literas, sin ver a su excelencia» (1972, II: 117). ¿No es sumamente sospechoso que un miembro del «estado mayor» de los virreyes, que había entrado en México en 1680 con bombo y platillo, salga a media noche, como los bandidos, y sin despedirse?

Ahora podemos saber la razón de esta salida tan indigna. Recientemente descubrí, en el Archivo General de Indias (México, 56, N.6, R.1), una carta del conde de Paredes, firmada pocos días después de la salida del secretario, el 4 de abril de 1686, y dirigida al mismísimo rey, Carlos II. En esta carta, de la que nadie había dado noticia y que viajaría hacia España en el mismo navío que Las Heras, el virrey le explica al monarca la razón por la cual manda prematuramente de vuelta a su secretario.[8] Las primeras líneas nos revelan que el soberano había sido informado con anterioridad del «natural demasiadamente vivo» —o sea su carácter 'demasiadamente pronto u poco considerado en las expresiones u acciones' (*Dicc. de Aut.*)— del secretario Las Heras y había dado al virrey, por tanto, instrucciones muy concretas para solucionar el problema ya desde 1684:

---

[7] De hecho, éste era el candidato de Octavio Paz: «Se desconoce quién fue el autor de los títulos y pequeñas notas explicativas que aparecen al frente de muchos poemas de la *Inundación castálida* [...] Me inclino por Calleja. Sin mucho fundamento, lo confieso, pero guiado por lo que después escribiría sobre sor Juana y por el persistente interés que siempre le inspiró» (1983: 263).

[8] Di a conocer estas cartas en mi tesis doctoral de 2023. Mientras llevaba a cabo esta investigación, desconocía que Beatriz Colombi, a quien ya he citado antes, también había descubierto estas cartas. Publicó el hallazgo en 2024, en el volumen colectivo *Sor Juana en la rueda voluble del tiempo.* Remito al lector a que también consulte dicho artículo, en el que Colombi llega a conclusiones muy semejantes a las mías a partir de la lectura de estos nuevos documentos.

> Habiendo yo recibido un despacho de vuestra majestad de 25 de marzo de 1684, por la vía secreta, tocante a unas noticias que se dieron del natural demasiadamente vivo de don Francisco de las Heras, mi secretario, en que vuestra majestad me ordenó procurase corregirle, y si no bastase, le enviase a España, di cumplimiento a esta real orden y respondí a vuestra majestad.

Luego de las debidas «amonestaciones», Las Heras pareció por un tiempo dar señales de buen comportamiento («experimentó gran templanza y enmienda en su obrar»), pero al final no pudo contener su mal carácter:

> Los días pasados (llevado de su ardimiento) tuvo lance con un criado mío, paje, hijo de un caballero que está emparentado con los primeros del reino, que, habiendo sido público, me pareció tomarle por pretexto para la pública satisfacción que les he dado en mandar a don Francisco pase en este navío a España, logrando a un tiempo evitar el ruido y escándalo que puede resultar del mismo lance hacia su persona y el ministerio, y ejecutar la orden que tengo de vuestra majestad para enviarle si reincidiese en delito que lo pidiese, valiéndome de este (aunque casero), para hacerlo.

Lo que me parece sorprendente es el carácter enérgico con que el conde de Paredes reniega del pendenciero Francisco de las Heras y reafirma su compromiso con el gobierno de la Nueva España ante el rey al final de la carta —donde menciona, por cierto, a María Luisa y a su primogénito—:

> por la más leve causa, no sólo a él, pero a mi hijo o mujer si fuese necesario apartaría de mí por conservar la honra que merecí a vuestra majestad en el despacho citado de aprobar mi gobierno y decirme no permita que a vista de mi obrar nadie dé ocasión (aunque sea la menor) del atrasar mis créditos, materia en que he puesto y pongo el mayor cuidado.

Si ya había motivos para dudar de que Francisco de las Heras hubiera tenido una participación tan relevante en la *Inundación castálida*, me parece que esta carta del virrey echa por tierra toda posibilidad de que en 1689, el para entonces ya exsecretario, que tan mal había terminado su relación con los exvirreyes, tuviera cualquier injerencia en la edición del volumen. Y si no fue Francisco de las Heras, como pensaba Alatorre —al mejor cazador se le va la liebre—, ¿quién entonces escribió el dichoso Prólogo al lector y los epígrafes? Me decanto, sin duda, por Juan Camacho Gayna que, al igual que Las Heras, también formó parte en México del séquito de los condes de Paredes; de hecho, aparecen uno junto al otro en la nómina de criados que el virrey entregó al rey antes de embarcarse hacia México (A.G.I., Contratación, 5443, N.2, R.127).

A diferencia de su colega, Camacho Gayna no se fue por la puerta trasera: volvió a España como había salido, entre los criados del conde. Y no sólo conocería «al dedillo» la historia del volumen, sino que además lo patrocinó; frente a lo que ocurre con el de Francisco de las Heras, su nombre no sólo aparece, sino que figura en la portada de la *Inundación*, debajo del de María Luisa: «y los saca a luz [los versos] don Juan Camacho Gayna, caballero del orden de Santiago, mayordomo y caballerizo que fue de su excelencia, gobernador actual de la ciudad del Puerto de Santa María». A don Juan Camacho fue a quien se le concedió en Madrid, finalmente, el privilegio de imprimir la *Inundación*, el 19 de septiembre de 1689.

No soy yo, por supuesto, el primero que propone a Juan Camacho Gayna (o Jayna, como aparece en algunos documentos) como el principal responsable, después de María Luisa, de la *Inundación castálida*. Ese mérito se debe a Joaquín Antonio Peñalosa, ilustre sacerdote de San Luis Potosí que contribuyó mucho al estudio de las letras de nuestro virreinato. En su monumental antología *Flor y canto de poesía guadalupana* (1985 y 1987), en dos tomos, editó, a veces por primera vez en tiempos modernos, algunos poemas cuya noticia se había mantenido durante siglos dentro del gremio de los bibliófilos —como *La octava maravilla*, de Francisco de Castro—; también se dedicó a editar algunas obras relativas a la orden jerónima para enriquecer la comprensión del entorno conventual de la Décima Musa bajo el título de *Alrededores de sor Juana Inés de la Cruz* (1996).

Ávido de poblar la historia de las letras potosinas con nombres de autores ilustres, para el padre Peñalosa restituir la labor de Camacho Gayna tenía motivaciones profundas y personales. Dado que este último había sido alcalde mayor de San Luis de 1680 a 1685, señalar su participación en la *Inundación castálida* significaba para Peñalosa enlazar el nombre de su patria chica con el de la mismísima sor Juana: «el nombre del alcalde mayor de San Luis Potosí quedó vinculado para siempre al de la Fénix de México y Musa Décima» (1988: 136). Publicó un trabajo pionero y, hasta ahora, el mejor documentado sobre el personaje por primera vez en 1986, en el número 240 de la revista *Letras Potosinas*; dicho artículo, que lleva por título «El capitán Juan Camacho Jayna, alcalde mayor de San Luis de Potosí y primer editor de sor Juana Inés de la Cruz», se incluyó en el libro *Letras virreinales de San Luis Potosí* (1988). Es una pena que esos trabajos constituyan hoy una verdadera rareza bibliográfica y sean prácticamente inasequibles.

Peñalosa reconstruye la vida de Juan Camacho Gayna minuciosamente —yo diría que casi con cariño—. En 1671, fungía como regidor del Puerto de Santa María, de donde seguramente era oriundo, y ya ostentaba el título de caballero de la Orden de Santiago. En 1680, como vimos, viajó a México en el séquito del virrey entrante; antes de su llegada, ya había sido investido con el título de alcalde mayor de San Luis Potosí, por lo que, una vez en México, se dirigió inmediatamente a dicha villa para cumplir con sus funciones. Parece, por la documentación que presenta Peñalosa, que durante los cinco años que se desempeñó en el cargo, Camacho Gayna se mostró diligente y eficaz. Ser alcalde de San Luis Potosí no era sencillo a finales del siglo XVII: había que defender la villa de los continuos ataques de los chichimecas, por lo que nuestro alcalde debía tener conocimientos militares. Eso explica, en cierto modo, que de 1685 a 1686, se haya desempeñado en México como mayordomo y caballerizo de María Luisa, que ya no era virreina, y en 1687, como capitán de guardias del conde de Monclova, el nuevo virrey.

Por esos años debió conocer a la Décima Musa, habrá atestiguado la concepción del volumen y se habrá ofrecido a costear y colaborar activamente en la edición del mismo. Tendría, al menos, dos razones. La primera, de índole más bien política, sería agradecer a la virreina, «a quien tantos favores debía» (Peñalosa, 1988: 134); la segunda sería una «razón de corazón»: «publicar su poesía en España —afirma el mismo Peñalosa— era una expresión perdurable de aquella amistad subyugadora que Camacho Jayna había iniciado cuando iba y venía entre el palacio y el convento. Nadie se acercó, ni se acerca, a sor Juana Inés sin acabar enamorado de ella» (1988: 135). Para el sacerdote potosino no hay vuelta de hoja: Camacho Gayna «fue verdadero editor de este primer libro de sor Juana» (1988: 132), en tanto que costeó su publicación y preparó sus originales para la imprenta. Como cualquier hombre noble del siglo XVII, el caballerizo de la condesa tendría la cultura necesaria para redactar el anónimo Prólogo y los epígrafes —¿habrá sido sólo él, pudo colaborar en ello la propia María Luisa?—; Peñalosa, que leyó sus cartas, le concede a su escritura «soltura y propiedad» (1988: 134).[9]

Como imagina el lector, para cuando alcancé este punto en las pesquisas, yo también me había encariñado ya con el personaje. Así que, en medio de los bochornos de un muy cálido verano, llegué al Puerto de Santa María, en la desembocadura del río Guadalete, provincia de Cádiz, buscando las huellas tangibles de Camacho Gayna en su terruño, al otro lado del Atlántico. Luego de deambular por las calles un par de horas, di por fin con una vieja iglesia gótica, coronada por nidos de cigüeñas. Se trataba de la Iglesia Mayor Prioral, basílica que resguarda a la morena Virgen de los Milagros, patrona del Puerto. Me dirigí a la capilla del sagrario, a la derecha del altar mayor, y encontré el exquisito retablo de plata repujada, centelleante sobre una pared forrada con tapices carmesíes, que ha resistido a los embates del tiempo como pequeño testimonio de la riqueza de San Luis Potosí, que Camacho Gayna ofrendó a su tierra natal, de la que fue gobernador hasta su muerte en 1696. Pero, como dijo él mismo —si acaso fue él el autor del mentado Prólogo al lector—: «las venas de las Indias iban mejorando de precio». Para demostrarlo, además de la plata, llevó consigo otro tesoro de las tierras mexicanas, mucho más valioso: los versos de la Décima Musa que, gracias a su generosidad, habrían de refundirse en las páginas de la *Inundación castálida*. «Quien pudo pagar un retablo de plata repujada, ¿no podría pagar ese otro retablo de papel?» (Peñalosa, 1988: 134).

---

[9] En un artículo publicado recientemente, Sara Poot Herrera (2024) propone como autor del Prólogo al lector a Lorenzo Ortiz, a quien me he referido antes. Sara y yo hemos discutido públicamente nuestras diferencias sobre este punto.

POEMAS O LA PRISA DE LOS TRASLADOS (1690)

Si atendemos únicamente a los números, podemos afirmar que el primer tomo de obras reunidas de sor Juana fue el más exitoso de los tres: tuvo, en total, nueve reediciones, impresas en diferentes ciudades de la Península. En nuestro tiempo, sería impensable que una editorial imprimiera y lucrara con la obra de un escritor sin siquiera consultarle; en el siglo xvii, que desconocía el concepto de *derechos de autor*, lo anterior era moneda corriente. En sólo dos de las nueve ediciones estuvieron tanto sor Juana como su equipo editorial —María Luisa, Camacho Gayna, Tineo, etcétera— directamente involucrados. Me refiero, por supuesto, a la *Inundación castálida* de 1689 y a *Poemas*, su reedición de 1690, ambas madrileñas. En la edición de Barcelona de 1691 y en la de Zaragoza de 1692, realizadas en vida de su autora, ni ésta ni ningún miembro de su círculo tuvieron injerencia alguna y de ellas, por tanto, no obtuvieron ningún beneficio: como iremos viendo, se imprimieron en reinos en los que las leyes que regían el mercado editorial eran diferentes a las de Castilla, sus textos no fueron revisados ni corregidos en ningún caso por la poeta y estuvieron motivadas por intereses muy concretos de los individuos que las costearon y las llevaron a buen término, intereses que, cabe mencionar, nada tenían que ver con sor Juana. En las dos ediciones de Valencia de 1709 y las tres madrileñas, una de 1714 y dos de 1725, sor Juana, muerta en 1695, no pudo tener ya ninguna participación; tampoco la tuvo ninguno de los miembros de su equipo editorial original. Por eso bien afirmaba Eguía-Lis Ponce: «otras personas comenzaron a utilizar la gran reputación de Juana Inés para obtener beneficios personales» (2002: 107). Estamos, pues, ante una efervescencia editorial de sor Juana sin sor Juana.

Como he dicho páginas atrás, no creo que ninguno de los involucrados haya previsto el enorme éxito de la *Inundación castálida*. Debió, en efecto, escaparse como agua de las manos de los libreros porque apenas ocho meses después de su impresión, Juan García Infanzón volvió a echar a andar su taller, en julio de 1690, para dar a luz una nueva edición, ya bajo el título de *Poemas de la única poetisa americana* (consignada aquí bajo la sigla *P*).

Siempre me he preguntado por las razones de este tremendo éxito, sobre todo, considerando que el primer volumen contenía, más que nada, obras que podríamos llamar «de circunstancia», como ya dije, obras dirigidas a los miembros de la Corte en ocasión de acontecimientos tan frívolos como un cumpleaños, un bautizo o un paseo por el campo. Es cierto que, a diferencia nuestra, el público estaría habituado a consumir este tipo de literatura y que, muertos ya en 1689 los grandes escritores de los Siglos de Oro, los españoles encontraron en la poeta americana un candidato para llenar ese vacío, pero todas esas razones me parecen insuficientes y extrínsecas, digámoslo así, a la obra.

Quizá lo que diré a continuación es una obviedad, pero luego de leer varias veces el volumen, me queda claro que la razón de su éxito es muy simple: está colmado hasta los bordes de poesía en su máxima expresión, de buena poesía, auténtica y perdurable, cuyas imágenes y conceptos sugerentes avivan el entendimiento y la sensibilidad de los lectores actuales tanto como hace cuatro siglos.

No podríamos imaginar hoy un asunto más pedestre y menos estimulante para componer una obra de teatro que el cumpleaños de un monarca. Y ni siquiera de un gran monarca: de Carlos II, ni más ni menos, el menor de los Austrias menores. Pues bien, en las loas que sor Juana dedicó a ello, y que se imprimieron en la *Inundación*, no hay una línea que desmerezca. Es una pena que hoy nadie o casi nadie las lea, porque en sus versos, más que lambisconería hacia un rey que ni siquiera conocía, encontramos a una poeta fascinada con las propiedades físicas del universo: en una se ocupa de la textura sonora de cada una de las notas musicales, en otra, de los planetas luminosos cuyas palabras son de lumbre, en alguna más, de las propiedades de los cuatro elementos. Los versos que siguen, sobre las flores, pertenecen a una loa que tiene lugar en el reino del jardín:

> Apenas del sol luciente
> sienten la hermosa llegada,
> de que la Aurora les da
> rozagantes embajadas,
> cuando, rompiendo el capillo
> y desabrochando el ámbar,
> explican la vana pompa

de colores y fragrancias;
y, exhalándose en aromas
toda su pura substancia,
como en retorno del bien
a su deidad se consagran,
ofreciendo humos sabeos
en incensarios de nácar
(*IC*, 1689: 146; *OC*, 377: vv. 149-162).

La Aurora, como una enviada en nombre del astro rey, le lleva a las flores «rozagantes embajadas»: aquí *rozagantes* significa 'vistoso, ufano y arrogante' (*Dicc. de Aut.*); a un americano como sor Juana, que pronuncia igual la *s* y la *z*, la palabra le remitiría, aunque no comparten etimología para nada, a otras como *rosado* o *rosáceo*, el color de la Aurora. ¿Qué es una flor? Aquí sor Juana parece proponer una respuesta poética: un compendio de color y fragancia. Cuando sienten la tibieza del sol, las flores rompen el «capillo» (lo mismo que 'capullo'), lo que dejaría a la vista sus colores, y desabrochan el «ámbar», o sea, sus aromas. Este festín para la vista y el olfato es una «pompa vana» (una 'elegancia vanidosa') que las flores «explican», es decir, 'des-pliegan' o 'des-doblan' (*ex*: 'hacia afuera'; *plicare*: 'plegar'). Tal como se quema incienso o copal en ofrenda a los dioses, así las flores «consagran» al sol, que tanto las beneficia, los «humos sabeos» (dignos de la región de Sabá, famosa por sus maderas aromáticas) de sus fragancias, los cuales exhalan desde sus coloridos pétalos, transformados aquí en «incensarios de nácar», material que tornasola cuando lo toca el sol, tal como haría un prado lleno de una multitud de coloridas flores. He dicho que el éxito de la *Inundación* no lo esperaba nadie, pero, leyendo pasajes como éste, tampoco es difícil de *ex-plicar*.

En su portada, *Poemas* se promociona como una «Segunda edición, corregida y mejorada por su autora». El cambio más evidente entre la *Inundación* y esta nueva edición radica en el título. Alatorre sugiere que este cambio se debió a la propia autora: «Si el título *Inundación castálida* desapareció, fue porque no le gustó a sor Juana, tal como no le gustó, poco después, el título *Carta atenagórica*» (1984: 12). Es cierto que la monja prefería más los títulos descriptivos que los ostentosos. Es curioso que, a pesar de que sólo la primera edición de las nueve que tuvo el tomo lleva ese título, éste, le gustara o no a su autora, ha gozado de gran fortuna: fue el título que dio Georgina Sabat de Rivers a su antología (Madrid: Castalia, 1982); es el nombre de la revista principal de la Universidad del Claustro de Sor Juana. «El nombre de sor Juana —dice con razón Eguía-Lis Ponce— siempre estará ligado al de *Inundación castálida*» (2002: 132*n*).

El mismo motivo que suscitó el cambio del título parece estar detrás de otros dos cambios. El primero de ellos, muy importante, es la supresión de la afirmación temeraria de fray Luis Tineo, que comenté más arriba: con el tiempo, decía el fraile, sor Juana habría de ser celebrada como «el san Agustín de las mujeres». A partir de *Poemas*, ya ninguna edición, salvo la zaragozana de 1692 a la que volveremos después, imprimió la frase. El segundo cambio tiene que ver con retoques, sutiles pero significativos, a varios de los epígrafes. Pongo solamente un ejemplo. Es bien conocido el soneto (*OC*, 148) en el que una dama llamada Celia toma en su mano —como Hamlet la calavera— una rosa que ha cortado del prado y la incita —*carpe diem*— a gozar el aquí y el ahora, «pues no podrá la muerte de mañana / quitarte lo que hubieres hoy gozado»; y va aún más lejos: si mueres, le dice, en la flor de tu juventud, no lo lamentes, ya «que es fortuna morirte siendo hermosa / y no ver el ultraje de ser vieja». El epígrafe centra su atención en estos versos finales: en la *Inundación* decía «Escoge antes el morir que exponerse a los ultrajes de la vejez»; en *Poemas* se lee «Muestra se debe escoger…». Como bien señala Eguía-Lis Ponce, «lo primero es una decisión personal, que […] está muy mal vista en cualquier católico, y más en una religiosa […] Lo segundo, en cambio, es un consejo, una enseñanza» (2002: 170-171). El cambio del título, la supresión de la frase de Tineo y la alteración de los epígrafes están motivados por una suerte de moderación: ya la propia sor Juana, ya cualquiera de los involucrados en la edición del volumen, notaron que se había ido demasiado lejos. Paradójicamente, como suele ocurrir, aquello que se ha intentado borrar es lo que, a la larga, termina por resaltar.[10]

---

[10] Para un comentario amplio del soneto de Celia y la rosa, véase Luiselli (1993); para un análisis pormenorizado de los cambios en los epígrafes de *P* frente a *IC*, véase Eguía-Lis (2002: 170 y ss.).

Como ya dije, *Poemas* se promociona como una edición «corregida y mejorada por su autora»; si por «mejorada» entendemos 'aumentada', la leyenda publicitaria no miente. En *Poemas* se incluyen diez composiciones que no aparecían en la *Inundación*, a saber: *1)* Un Prólogo al lector en verso de sor Juana (*P*, 1690: s.p.; *OC*, 1), que ya citamos más arriba, y que sustituye el Prólogo al lector en prosa de ¿Juan Camacho Gayna? La inclusión de este poema es importante, como dije más arriba, porque nos revela el carácter comercial de la publicación. *2)* Un soneto guadalupano dedicado a Francisco de Castro, en particular a su poema *La octava maravilla*, que ya en 1690, como reza el epígrafe, «pide la luz pública», pero que no se vio en letras de molde sino hasta 1729 (*P*, 1690: 20-21; *OC*, 206). *3)* Cinco sonetos burlescos de «consonantes forzados», o sea, con rimas difíciles y que mueven a risa (*-acha*, *-acho*, *-ucha*, *-echa*) (*P*, 1690: 46-48; *OC*, 159-163). *4)* Un romance sobre una rifa de galanes en Palacio (*P*, 1690: 126-129; *OC*, 36).[11] *5)* Dos poemas en redondillas (*P*, 1690: 164-165; *OC*, 71-72), el primero «Para cantar a la música de un tono y baile regional, que llaman el Cardador», y el segundo «para otro baile, tono y música regional que llaman San Juan de Lima».

Fuera de los poemas añadidos y los cambios en los paratextos —título y epígrafes—, ¿sor Juana verdaderamente corrigió, como reza la portada, los textos de *Poemas*? La respuesta es no. Esta segunda edición, además de algunas erratas, introduce correcciones, en primer lugar, que ya estaban señaladas en la fe de erratas de la *Inundación*: cambia *enfusión* por *infusión*, *devinas* por *divinas*, o *rey* por *reino*. Otras, que no estaban indicadas en la fe de erratas pero que aun así se corrigen, eran muy fáciles de identificar, por ejemplo, *Dafane*, que se sustituye por *Dafne*. Quizá alguna corrección, por lo sutil, merezca cierta consideración: en la edición de *P* de los ovillejos a Lisarda, en los que batalla consigo misma para pintar poéticamente una belleza, sor Juana comienza por el cabello:

11 En el epígrafe de este romance se menciona por primera y única vez en el primer tomo al polémico Francisco de las Heras: «Da cuenta una de las señoras de tocas del palacio del virrey de las suertes de año nuevo al secretario de su excelencia, don Francisco de las Heras, caballero del Orden de Santiago, que le había cabido en suerte suya».

> Por el cabello empiezo. Esténse quedos,
> que hay aquí que pintar muchos enredos.
> No hallo comparación que bien *le* cuadre:
> ¡para qué poco me parió mi madre!
> (*P*, 1690: 82; *OC*, 214: vv. 161-164)

En *IC* se leía: *No hallo comparación que bien* ***les*** *cuadre*; la corrección de *P* parece sensata: la poeta no encuentra comparación que ***le*** *cuadre* al *cabello*. Se trata, en todos los casos, de correcciones sencillas que pudo haber realizado sor Juana o cualquiera de los involucrados en la edición del volumen. En cambio, otros errores verdaderamente graves, como la ausencia de un buen tramo de un villancico (cap. 3), permanecieron.

La pregunta clave para entender cabalmente la historia de *Poemas* tiene que ver con el tiempo. Como ya dijimos, median sólo ocho meses —finales de noviembre de 1689 y principios de julio de 1690— entre la publicación de la *Inundación* y de *Poemas*: ¿es tiempo suficiente para que sor Juana haya participado activamente en la segunda edición de sus obras, como reza la portada? La respuesta, aunque sorprendente, es que sí, a pesar de que algunos estudiosos han defendido lo contrario (Eguía-Lis, 2002: 76). Había en el siglo XVII navíos de correo (Sabat, 1995: 100-101), que zarpaban con mucha más frecuencia que la flota y eran mucho más rápidos. De hecho, tardaban poco menos de dos meses en completar su trayecto, como lo prueba el siguiente registro de Robles, del 22 de junio de 1690: «entró nueva de aviso en esta ciudad a la una del día, que salió del puerto de Cádiz a 3 de mayo y llegó al puerto de San Juan de Ulúa lunes 19 de junio a las siete de la mañana» (1972, II: 203). Como ya vimos, después de diciembre de 1688, sor Juana envió desde México tres poemas que llegaron a tiempo para integrarse a la *Inundación castálida* y ser leídos por los prologuistas, todo antes de agosto de 1689.

Por tanto, claro que cabe la posibilidad de que todos los cambios introducidos en *Poemas* sean resultado de una revisión de la primera edición llevada a cabo por la propia sor Juana: modificaría el título porque le pareció pretencioso, suprimiría la frase de Tineo que le pareció excesiva, modificaría los epígrafes que le resultaron desmedidos y añadiría poemas, que bien había escrito en esos últimos meses o bien había recogido recientemente de terceros (recordemos que no incluyó en el cuaderno que entregó a la virreina todo lo que hubiera querido). Eso sí, según reza el epígrafe, «hizo y envío con la prisa que los traslados» —o sea, con la misma prisa con que había copiado sus poemas para conformar la *Inundación*; un *traslado* es una 'copia'— expresamente para la segunda edición el romance dedicado al lector: «Esos versos, lector mío / que a tu deleite consagro».

Podríamos asumir sin chistar la explicación anterior, tan cómoda, de no ser por dos hechos que la hacen tambalear. El primero: ¿por qué el Prólogo al lector en verso de la autora sustituyó al de Juan Camacho Gayna (o de quien fuera) en prosa? ¿No podían imprimirse los dos? El segundo: la primera vez que sor Juana envío una segunda remesa de poemas para la *Inundación*, éstos se añadieron, todos juntos, entre dos secciones muy visibles del libro; ¿por qué ahora los nuevos poemas se hallan desperdigados, sin criterio alguno, a lo largo de *Poemas*? Algunos, de hecho, se colocaron en sitios muy desafortunados: los cinco sonetos burlescos dividen las liras y las endechas dedicadas al «marido muerto», que evidentemente componían una unidad. En este punto voy a atenerme, matizándola y precisándola, a la hipótesis que Alatorre perfiló en la introducción a su *Lírica personal*.

Sor Juana definitivamente envió, en ese ya referido lapso de ocho meses, el romance dedicado a sus lectores europeos; éste llegó a Madrid cuando «la formación del volumen estaba ya completa» y por eso se tuvo que añadir el Prólogo de sor Juana en los preliminares, en lugar del de Camacho Gayna: «por fortuna, ocupaba el mismo espacio que el Prólogo en prosa (un folio y medio); allí se puso el de sor Juana» (*OC*, I: XI-XII). Lo anterior implicaría que la monja no tuvo injerencia alguna en el cambio de los textos y paratextos del volumen, que ya se habían realizado al momento de la llegada de su carta desde América; pudo quizá sólo incidir en el cambio de título, concerniente a la portada, la cual se imprimiría al final de todo el proceso.

Lo que parece más probable es que los poemas que se añadieron en la segunda edición hayan estado, desde el principio, en el cuaderno original que sor Juana entregó a María Luisa para la *Inundación castálida*; conjeturo que si no se incluyeron en la primera edición fue porque los editores madrileños de sor Juana los consideraron «peligrosos»: los sonetos burlescos, por ejemplo, así como el romance de la rifa de galanes en Palacio, parecen obra de «una dama cortesana y frívola». No es que el resto, como cree Alatorre, se haya «traspapelado» (*OC*, I: XII): también los poemas en décimas para cantar y bailar con tonadas populares parecerían en una monja un exceso de frivolidad, y quizá el soneto guadalupano dedicado a Francisco de Castro, promotor de un culto aún entonces no tan asentado dentro de la Iglesia, podría acarrear algún sinsabor. Luego del éxito de la primera edición, los editores tendrían la sensación de pisar un terreno más firme e incluirían dichos poemas en el lugar que siempre habían ocupado en el cuaderno primigenio que, como ya vimos, no estaba ordenado tan escrupulosamente. Con la edición de *Poemas* de 1690, pues, llegarían finalmente a las prensas todos los poemas que sor Juana había enviado desde México para que conformaran el primero de sus volúmenes publicado en Europa.

EL LOBO DE BARCELONA (1691) Y EL NOVATOR DE VALENCIA (1709)

De entre todos los editores antiguos de sor Juana, Joseph Llopis, el Lobo de Barcelona, se destaca por un par de razones: primero, por haber sido quien más obras imprimió de la Décima Musa en Europa, y segundo, por haberlo hecho tan descuidadamente. Es Llopis el responsable de introducir en los textos una gran cantidad de errores, de los cuales muchos pervivieron, por desgracia, en las ediciones modernas. En 1690 o a principios de 1691, el Lobo tuvo entre sus manos la edición madrileña de *Poemas*. Decide entonces dar a las prensas, durante la segunda mitad de 1691, su propia edición (consignada en la bibliografía como *B*) del volumen, el cual lleva el título de *Poëmas de la única poetisa americana*, idéntico al de la segunda edición de 1690, a excepción únicamente de esa curiosa diéresis sobre la primera de sus palabras. A Llopis corresponde el mérito de haber realizado la primera edición de sor Juana en el Viejo Mundo que no tenía ninguna relación ni con ella misma ni con su grupo editorial originario. Nótese que de la portada (fig. 30) se ha suprimido el nombre de María Luisa y únicamente se conserva el de Juan Camacho Gayna. De éste se dice: «sacolos a luz [los versos

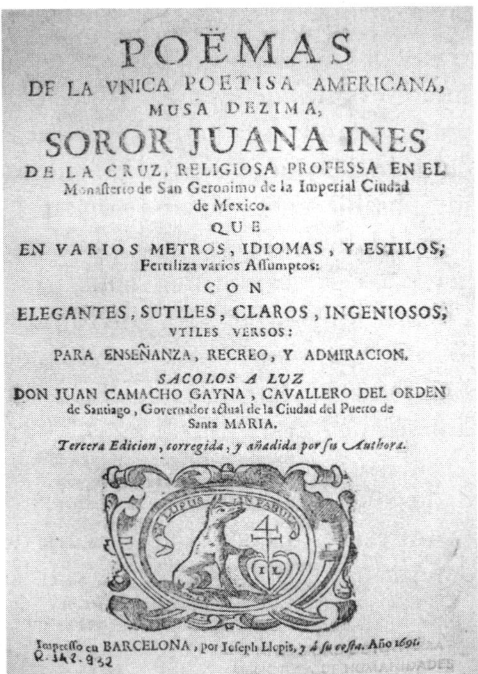
POËMAS
DE LA VNICA POETISA AMERICANA,
MUSA DEZIMA,
SOROR JUANA INES
DE LA CRUZ, RELIGIOSA PROFESSA EN EL
Monasterio de San Geronimo de la Imperial Ciudad
de Mexico.
QUE
EN VARIOS METROS, IDIOMAS, Y ESTILOS;
Fertiliza varios Assumptos:
CON
ELEGANTES, SUTILES, CLAROS, INGENIOSOS;
VTILES VERSOS:
PARA ENSEÑANZA, RECREO, Y ADMIRACION.
SACOLOS A LUZ
DON JUAN CAMACHO GAYNA, CAVALLERO DEL ORDEN
de Santiago, Governador actual de la Ciudad del Puerto de
Santa MARIA.
Tercera Edicion, corregida, y añadida por su Authora.

Impresso en BARCELONA, por Joseph Llopis, y á su costa. Año 1691.

Fig. 30. Portada de la edición de *Poëmas* (Barcelona: Joseph Llopis, 1691)

de sor Juana]» y no «los saca a luz», como se leía en las ediciones previas: ahora el patrocinador del volumen es el propio Lobo, quien lo imprime «a su costa». Lo que mejor distingue a esta edición es, sin duda, la inconfundible marca del impresor: el lobo que posa su pata sobre un corazón en el que están grabadas las iniciales «I. L.», y sobre el que ondea una filacteria en que se lee la frase «En Lupus in fabula», o sea, '¡he aquí el lobo del cuento!', que se usaba en el mismo sentido que nuestra locución «Hablando del rey de Roma…».

Me da la impresión de que aún sabemos muy poco de Joseph Llopis, salvo que fue un exitoso librero e impresor barcelonés, activo desde los primeros años de la década de los ochenta hasta su muerte en 1699. No provenía de una familia de impresores, pero contribuyó a fundar, involuntaria e indirectamente, una de las dinastías más poderosas de la impresión y comercio de libros catalanes del siglo xviii, la de los Piferrer. La historia tiene su toque novelesco. Un joven llamado Joan Piferrer y Bachs entró a trabajar en el pujante negocio de Llopis a fines del siglo xvii. Luego de la muerte de éste, el joven Piferrer se casó en 1702 con Josefa, la hija de Llopis y, a través del matrimonio, pasó de ser un empleado de la familia a un miembro más de ésta. En 1706, curiosamente, murieron tanto la viuda como la hija de Llopis, y otros cinco huérfanos quedaron al cuidado del viudo Piferrer. Éste último, en teoría, había contraído la responsabilidad de hacerse cargo de los herederos de Llopis, pero, en realidad, lo único que hizo fue despojarlos de su patrimonio. Obligados a pagar las enormes deudas que la familia había contraído con Piferrer, los huérfanos le cedieron cuanto poseían —la casa, el taller, los muebles— en 1714. Con esos bienes, acumulados por el Lobo de Barcelona a lo largo de dos décadas, pudo fundar Piferrer su propia dinastía de impresores (Burgos, 1993: 427-428).

El éxito comercial de Llopis se encuentra estrechamente relacionado con América. A partir de la cantidad de obras impresas por este editor existentes en los acervos mexicanos, Trilce Laske ha logrado determinar que el barcelonés subsistía, sí, gracias a los «libros en catalán o sobre la política del principado» que imprimía y vendía en sus tierras, pero también, a las «obras clásicas del catálogo de la literatura religiosa que destinaba en parte a satisfacer la demanda en el virreinato novohispano, cuyas prensas eran fáciles de rivalizar por el alto precio del papel» (2021: 101).

Pero el Lobo no sólo envió libritos piadosos a las Américas, sino que llevó a los lectores catalanes grandes obras relacionadas con México y escritas por ingenios mexicanos. A principios de 1691, costeó una edición de la *Historia de la conquista de México*, de Antonio de Solís, y la dedicó a Guillén de Rocafull y Rocabertí, vizconde de Rocabertí. La Dedicatoria me revela a un Joseph Llopis culto y provisto del ingenio típico de los hombres instruidos de la época: «yo la dedico [la *Historia*] a vuestra señoría por que tan eminentes obras, arrimadas a tan alto tutelar, y que construyen un edificio en que veo encerradas, con la elocuencia, todas las perfecciones de historiador, tengan fundamento con las dos rocas que miro en los dos nobilísimos apellidos de Rocafull y Rocabertí». La edición de la *Historia* no debió significarle poco gasto: se trata de una obra voluminosa (casi seiscientas páginas) y con una hermosa portada a dos tintas, en la que, por cierto, puede verse una variante de su *en lupus in fabula*, distinto al que ya conocimos.

En la segunda mitad de 1691, imprimió los *Poëmas* de sor Juana, lo cual no es un hecho aislado, como puede verse, sino que constituye un nudo en su red de negocios transatlánticos. Haciendo honor al animal que le sirve de emblema, el Lobo poseía olfato para los negocios del libro; debió percibir que las obras de la monja, que contaban con dos ediciones madrileñas en menos de un año, le significarían ganancias y, por ello, tal como había hecho en el caso de la *Historia* de Solís, decidió costear su edición. Su olfato canino no se equivocó: el primer tomo tuvo tanto éxito que Llopis daría a las prensas no una, sino tres ediciones del segundo tomo un par de años después, así como una suelta de *Los empeños de una casa* (sobre este asunto volveremos), todas «a su costa». Es importante decir que Llopis no solía pagar impresiones de su propio bolsillo (Rodríguez Cepeda, 1998: 25-26); en cambio, las obras sobre América o producidas por americanos —la *Historia* y todas las de sor Juana— las imprimió «a su costa». Habría que indagar en los porqués. Lo que sí es claro es que, gracias a Joseph Llopis, sor Juana se convirtió en una poeta famosa y muy leída en Barcelona a fines del siglo XVII; y gracias a sor Juana, Llopis se volvió el impresor más importante de su ciudad. Luego de imprimir los *Poëmas,* se mudó de la calle de Santo Domingo, donde todavía vendía la *Historia* de Solís, y se instaló en una casa más grande —con la que luego se quedaría Piferrer— en la calle del Ángel (Rodríguez Cepeda, 1998: 27-28).

Joseph Llopis está consciente de que la edición que da a luz de este primer tomo es la tercera, pero todo parece indicar que no tuvo nunca entre sus manos la *Inundación castálida*, sino únicamente su reedición, los *Poemas* de 1690. En la portada, promociona el volumen con la leyenda «Tercera edición, corregida y añadida por su autora», que reproduce la que ya aparecía en la portada de *Poemas*, variando sólo el «segunda» por el «tercera» y el «mejorada» por el «añadida». Tal como reprodujo este lema promocional, Llopis reprodujo también, íntegramente, la estructura y los contenidos de *Poemas*. Pero, como buen hombre de negocios, sabía que para que sus clientes prefirieran su edición sobre la madrileña, debía ofrecerles algo más. Así pues, entregó a los lectores catalanes cuatro primicias de sor Juana, inéditas hasta entonces en Europa, que incluyó al final de su edición: *1)* Los villancicos de la Concepción de 1689 (*B*, 1691: 327 y ss.);

2) los villancicos para Navidad de ese mismo año (*B*, 1691: 334 y ss.); *3)* los villancicos para san José de 1690 (*B*, 1691: 344 y ss.); y *4)* la loa y el auto de *El divino Narciso* (*B*, 1691: 358 y ss.). Los tres juegos de villancicos fueron compuestos por sor Juana para ser cantados en la Catedral de Puebla y fueron impresos, en la misma ciudad, por el impresor Diego Fernández de León; por su parte, el auto sacramental y su loa fueron impresos a instancias de Ambrosio de Lima, un viejo amigo de sor Juana, como ya dije, en México en 1690.

Todos estos textos aparecerían publicados después en el *Segundo volumen* de las obras de sor Juana, impreso en Sevilla por Tomás López de Haro en 1692; dado que sus textos preliminares datan de mediados de 1691, podemos determinar que este último se preparó para la imprenta al mismo tiempo que la edición de *Poëmas* de Joseph Llopis. Así pues, dos editores simultáneamente, uno en Sevilla y otro en Barcelona, preparaban para su publicación en Europa los tres juegos de villancicos y *El divino Narciso*. La diferencia es que el texto de los villancicos que Llopis da a conocer depende de las sueltas mexicanas impresas por Fernández de León, mientras que el texto que el *Segundo volumen* imprime depende de una versión de los mismos ya corregida por su autora (cap. 10). Y lo mismo ocurre con el auto: Llopis reproduce el texto de la suelta; el *Segundo volumen*, una versión corregida y aumentada (cap. 7). Lo anterior nos indica que sor Juana provee directamente estos textos al círculo editorial sevillano, que encabeza Juan de Orúe y Arbieto —sobre éste volveremos—, y quien provee a Llopis de las sueltas americanas no es la propia poeta, sino Fernández de León, poblano, con quien el impresor de Barcelona debía mantener relaciones comerciales. La edición sevillana es, pues, la «oficial» y autorizada por la autora; el solitario Lobo de Barcelona trabaja por su cuenta.

Puesto que carece de los paratextos legales —la licencia del ordinario, la suma del privilegio, la fe de erratas y la suma de la tasa— se ha dicho que la edición de Llopis es clandestina o, incluso, «pirata» (Eguía-Lis, 2002: 93). Conviene matizar esta afirmación. Es cierto que, tal como se lee en los preliminares de la *Inundación* y de *Poemas*, la Corona otorgó el 19 de septiembre de 1689 a Juan Camacho Gayna el privilegio de imprimir el primer tomo de sor Juana «por tiempo de diez años». Pero ese privilegio sólo tiene validez dentro de los reinos de Castilla: «fuera del ámbito protegido por el privilegio puede un editor reeditar cualquier libro legalmente» (Moll, 2011: 117). Y, más concretamente, el hecho de que Llopis imprimiera, un año después de la madrileña, su edición de *Poëmas* no sólo no era ilícito, sino que era lo más frecuente: «las obras más importantes impresas en Madrid aparecen el mismo año o al siguiente impresas en Barcelona legalmente» (Blecua, 2018: 178). Por lo visto, más que determinar si las ediciones catalanas son legales o ilegales, lo que habría que señalar es la ausencia, casi total, de legislación al respecto: «¿Acaso no existían leyes sobre el libro en Cataluña? [...] sorprende que la producción impresa, cuyo control tanto preocupaba a los poderes civil y eclesiástico, no estuviese sometida a un corpus normativo que regulase esta parcela» (Burgos, 1993: 348).

Aprovecho para señalar una curiosidad que, quizá, tenga que ver con estas cuestiones de la legislación y regulación en torno a los libros. El ejemplar de *Poëmas* que he consultado, resguardado en la Universidad de California, perteneció a un tal Juan Saiz Peñalver. En 1768, un individuo con ese nombre, oriundo de Cuenca, solicita presentar su examen para graduarse como abogado en la Universidad de Sigüenza (Archivo Histórico Nacional, España, ES.28079.AHN// CONSEJOS, 12128, Exp.11). Podría tratarse del dueño de nuestro volumen, que leería a sor Juana en la edición de Llopis a mediados del siglo XVIII. Asumamos, únicamente, que nuestro lector, abogado o no, es español y, en vista de su caligrafía, asumamos también que vivió entre finales del siglo XVII y la primera mitad del XVIII.

Lo que me interesa destacar de Saiz Peñalver son dos cosas. He dicho antes que la edición de *Poëmas* introduce una gran cantidad de erratas; pues bien, nuestro lector detectó este problema y, por eso, decidió leer el volumen con pluma en mano. Corrigió, casi siempre con mucho tino, los despistes de Llopis. Sabe, por ejemplo, que ahí donde el catalán leyó

> Siempre tan *nacidos* andáis,
> que con desigual nivel
> a una culpáis por crüel,
> y a otra por fácil culpáis
> (*B*, 1691: 85; *OC*, 92: vv. 32-36)

estaba estropeando el que hoy día es el poema más célebre de sor Juana. Por eso, en la errata *nacidos*, sobrescribe a la *a* una *e* y tacha la *d* enérgicamente: ahora sí aparecen ya los famosos hombres *necios*. Existen unas décimas preciosas en las que sor Juana, con esa equilibrada mezcla —habitual en ella— de erudición y emoción, compara al corazón que se ve asaltado por el Amor con Troya, asediada astutamente por los griegos. Como en todo buen poema alegórico, sor Juana va entablando correspondencias entre los dos planos: el fuego con que se abrasa el corazón enamorado es el mismo que prendieron los griegos a la ciudad; el Entendimiento es Príamo, que muere a manos de la pasión que caracteriza a los amantes; Casandra, sacerdotisa, simboliza a la Razón, que sufre prisionera cuando nos rendimos al ser amado. Al final, de esa «Alma Troya», pasada por el fuego del Amor, no quedan sino las ruinas:

> Ya la ciudad, que vecina
> fue al cielo, con tanto arder,
> sólo guarda de su ser
> *vestidos* en su rüina
> (*B*, 1691: 113; *OC*, 100: vv. 51-54)

Lo que imprimió Llopis es un sinsentido y Saiz Peñalver lo corrige: marca con una cruz la errata *vestidos* y anota al margen lo que debe ser, *vestigios*.

Además de su prurito editorial, me interesa también señalar un cierto prurito moral de este lector de los *Poëmas* impresos en Barcelona. En la *Inundación*, a las liras en las que la poeta se lamenta por la muerte de un supuesto marido, antecede el epígrafe «Expresa, más afectuosa que con sutil cuidado, el sentimiento que padece una mujer, amante de su marido muerto» (*IC*, 1689: 42-44; *OC*, 213). Por un lado, ese escaso «cuidado» refiere a lo abrupto de la expresión: estas liras son transparentes, no hay en ellas complejas alusiones ni galanteos retóricos; por otro, la falta de «cuidado» puede aludir también a lo desbordado del sentimiento: hay, por ejemplo, una lira que culpa abiertamente al Cielo de la muerte de Fabio —así se llamaba el esposo— y, al final, la desolada mujer pide su propia muerte. Pues bien, en su ejemplar, Saiz Peñalver cubre completamente el epígrafe con un negro gusano de tinta. La corrección me parece extrañísima: ¿le parecería indebido que una monja le escribiera un poema de amor a su «marido»?, ¿le habrá disgustado la acalorada composición y esta tachadura era un recordatorio para no volver sobre ella? Ahora bien, esta censura se parece mucho a los famosos expurgos del Santo Oficio: si alguien denunciaba que un libro ya impreso presentaba algunas líneas peligrosas o abiertamente heréticas, y el Tribunal le concedía la razón, las dichas líneas debían ser mutiladas o cubrirse con tiras de papel o con tachaduras, como las que aquí nos ocupan. ¿En algún momento las autoridades eclesiásticas de Barcelona ordenaron la expurgación de este epígrafe? Habría que comparar el ejemplar de Saiz Peñalver con otros de la misma edición de Llopis para saberlo con certeza.

El caso de este lector atento me hace pensar que, en cierto modo, todos los buenos lectores son también editores de los libros que pasan por sus manos. Armado con pluma o lápiz, el lector de a de veras señala erratas, marca los pasajes que le gustan, amplía notas que le parecen parcas; los más radicales escriben, inspirados por aquellos que están leyendo, versos en los márgenes o en las páginas de cortesía. Para un buen lector, pues, toda edición siempre será insuficiente y, por ello, se encargará de hacer la propia, íntima y privada, constituida por un solo ejemplar. Los lectores como Saiz Peñalver son también, a su modo, editores de sor Juana.

En 1709, un librero de Valencia, Joseph Cardona, decide costear una nueva edición del primer tomo de sor Juana, titulada también *Poemas de la única poetisa americana* (la consigno en la bibliografía bajo la sigla *V1*); confía la impresión del volumen a una figura clave de la cultura ilustrada —o preilustrada, si se quiere— de Valencia, Antonio Bordazar de Artazú.

Del librero Cardona podríamos decir que era, sobre todo, un católico piadoso. A diferencia de otros libreros, como Llopis o Matías de Lezáun, de quien hablaré unas líneas más abajo, no dedicaba las obras que costeaba a los poderosos de este mundo. En 1718, por ejemplo, patrocinó el librito *Luz seráfica*, con la historia, la regla y las prebendas de la Tercera Orden de San Francisco, a cuyas filas pertenecía (Valencia: Vicente Cabrera); dedicó el impreso a ese santo, según dice él mismo, por obligación (como buen hijo) y para solicitar su protección. La edición de *Poemas* la dedicó a la Virgen de los Desamparados, patrona de la ciudad de Valencia. No deja de parecer curioso que un librero valenciano, quince años después de la muerte de sor Juana, decida imprimir sus versos profanos y palaciegos para —según se lee en la Dedicatoria firmada por el «indigno esclavo de vuestra majestad»— ofrecerlos a la Virgen con el fin de obtener su favor: «A las aras de vuestra clemencia, soberana reina del cielo y tierra, llega con gran confianza mi cortedad a ofrecer un don, que espero habéis de recibir con agrado. Aliéntame a ello la piadosísima aceptación que tan glorioso timbre asegura hallaré en vuestra majestad» (*V1*, 1709: s.p.).

Curioso es también que este devoto mercader de libros hiciera mancuerna, para imprimir las obras de la Décima Musa de México, con el impresor Antonio Bordazar, cuya destacada actividad intelectual está bien documentada. Heredó de su padre, Jaime Bordazar, el oficio de impresor, en el que se desempeñó de 1701 a 1744; además de los tipos y las prensas, el joven Antonio heredó la relación con un nutrido grupo de novatores (una suerte de 'intelectuales preilustrados') valencianos, que acudían al taller para imprimir sus obras. Varios de éstos percibieron en el hijo del impresor una nata inclinación a las ciencias y decidieron integrarlo a sus tertulias y academias. Así fue convirtiéndose en la figura extraordinaria que dejó huella: un matemático, físico, astrónomo, lingüista, numismático, provisto de un prestigioso y exquisito taller tipográfico. Esta rara combinación lo llevó a ser el impresor de instituciones tan importantes como el Ayuntamiento de su ciudad, el Santo Oficio, la Capitanía General y el Arzobispado.

Las obras de otros novatores, como Tomás Vicente Tosca o Gregorio Mayans, que alumbraron sus prensas revelan a un hombre comprometido con la introducción de las ciencias y la cultura ilustradas en su nación (Bas, 1999). También aprovechó su taller para imprimir sus propios trabajos: en 1730 publicó una pionera *Ortografía española*, en la que llamaba a los impresores de España a establecer unas reglas fijas para la escritura de la lengua; también dio a conocer una *Proporción de monedas, pesos y medidas*, en 1736, obra a la que hermosamente llama «fruto de mi estudio y fatiga de mis prensas». El caso de Bordazar de Artazú me recuerda al del mexicano Juan José de Eguiara y Eguren, bibliógrafo erudito y también poseedor de su taller, y al de Miguel N. Lira, polígrafo tlaxcalteca retratado por la mismísima Frida Kahlo, y quien poseía su propia imprenta y editorial, Fábula, famosa por haber publicado los versos de Villaurrutia, Novo, Paz y Huerta.

Aunque al librero lo movía el celo religioso y al novator los ideales ilustrados, es evidente que este par también buscaba, al volver a imprimir en España el primer tomo de sor Juana, beneficios monetarios: «Si Cardona y Bordazar entran a competir en el mercado es porque escaseaba el tomo primero de *Poemas*; demasiados años sin reimpresión de lo que había sido seguro y grande negocio» (Rodríguez Cepeda, 1998: 55).

No se equivocaron: ese tomo, que llevaba casi veinte años sin imprimirse, tuvo tal éxito entre los lectores que fue necesario realizar, el mismo año de 1709, una segunda edición (consignada en nuestra bibliografía bajo la sigla *V2*). El primero en señalar la existencia de estas ediciones gemelas de Valencia fue Henríquez Ureña, que consultó ambas (1917: núms. 34-35), y notó varios aspectos importantes: primero, que, debido a la gran cantidad de ejemplares que actualmente se conservan en las diversas bibliotecas del mundo, debieron tener tirajes muy copiosos —el filólogo dominicano los localizó en Madrid, en México, en Nueva York… uno de los que yo consulté se resguarda en la Biblioteca Estatal de Baviera, en Alemania—; segundo, que ambas ediciones presentan exactamente los mismos contenidos, pero que varían en la composición y los ornatos tipográficos, lo que hace que difieran en su paginación. En la portada de *V2*, por ejemplo, puede verse un «tosco adorno antes del pie de imprenta», como lo llama Henríquez Ureña, mientras que en *V1* sólo se aprecia un simple filete (fig. 31ab); aunque Bordazar trató de que fueran muy similares, también difieren los ornatos tipográficos en el interior de las ediciones: compárense solamente las capitulares al inicio del *Neptuno alegórico* (fig. 32ab).

Un tercer aspecto clave señalado por Henríquez Ureña consiste en el hecho de que tanto *V1* como *V2* dependen directamente de *B*, es decir, de la edición de 1691 realizada por Joseph Llopis en Barcelona. Quizá por eso Bordazar mantuvo en la portada la leyenda que ya aparecía en la de la edición barcelonesa, «Tercera edición»,

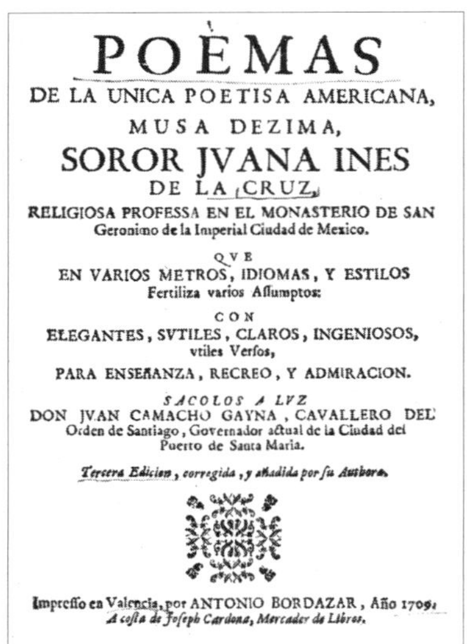

POEMAS
DE LA UNICA POETISA AMERICANA,
MUSA DEZIMA,
SOROR JVANA INES
DE LA CRUZ,
RELIGIOSA PROFESSA EN EL MONASTERIO DE SAN
Geronimo de la Imperial Ciudad de Mexico.
QVE
EN VARIOS METROS, IDIOMAS, Y ESTILOS
Fertiliza varios Aſſumptos:
CON
ELEGANTES, SVTILES, CLAROS, INGENIOSOS,
vtiles Verſos,
PARA ENSEÑANZA, RECREO, Y ADMIRACION.
SACOLOS A LVZ
DON JVAN CAMACHO GAYNA, CAVALLERO DEL
Orden de Santiago, Governador actual de la Ciudad del
Puerto de Santa Maria.
Tercera Edicion, corregida, y añadida por ſu Authora.
Impreſſo en Valencia, por ANTONIO BORDAZAR, Año 1709.
A coſta de Joſeph Cardona, Mercader de Libros.

Fig. 31a. Portada de *V1*, editada por Antonio Bordazar, en Valencia (1709)

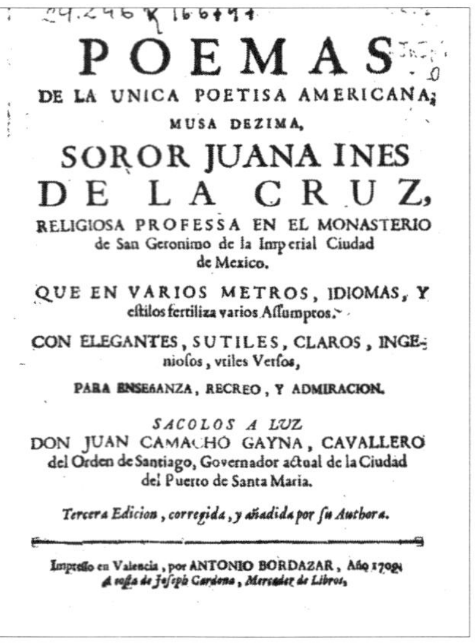

POEMAS
DE LA UNICA POETISA AMERICANA,
MUSA DEZIMA,
SOROR JUANA INES
DE LA CRUZ,
RELIGIOSA PROFESSA EN EL MONASTERIO
de San Geronimo de la Imperial Ciudad
de Mexico.
QUE EN VARIOS METROS, IDIOMAS, Y
eſtilos fertiliza varios Aſſumptos.
CON ELEGANTES, SUTILES, CLAROS, INGE-
nioſos, vtiles Verſos,
PARA ENSEÑANZA, RECREO, Y ADMIRACION.
SACOLOS A LUZ
DON JUAN CAMACHO GAYNA, CAVALLERO
del Orden de Santiago, Governador actual de la Ciudad
del Puerto de Santa Maria.
Tercera Edicion, corregida, y añadida por ſu Authora.
Impreſſo en Valencia, por ANTONIO BORDAZAR, Año 1709.
A coſta de Joſeph Cardona, Mercader de Libros.

Fig. 31b. Portada de *V2*, editada por Antonio Bordazar, en Valencia (1709)

porque la suya no presenta ningún cambio con respecto a ésta en lo que concierne a la disposición y los materiales incluidos; entre estos últimos se cuentan los juegos de villancicos y *El divino Narciso* en versiones no autorizadas por la autora que, como he señalado, Llopis había conseguido de su socio comercial en Puebla, Diego Fernández de León. Las únicas diferencias están en los preliminares: se añaden la Dedicatoria de Joseph Cardona a la Virgen y un Parecer de fray Vicente Bellmont, que sustituye la Aprobación de Calleja; se suprime, malamente, el soneto de doña Catalina de Alfaro, que en todas las ediciones anteriores había acompañado al romance de José Pérez de Montoro.

Creo que unas líneas arriba quedó clara la estatura intelectual de Bordazar, a quien Rodríguez Cepeda no duda en llamar «el impresor más culto y más ambicioso de España» (1998: 53), cualidades palpables en el cuidado que ponía en la preparación de sus ediciones; también ha quedado claro que Llopis era un editor, por decir lo menos, descuidado. Me resulta muy divertida la relación entre los textos que presentan estas dos ediciones: ver al mejor entre todos

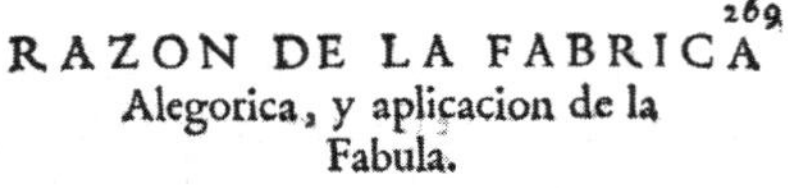

269
RAZON DE LA FABRICA
Alegorica, y aplicacion de la
Fabula.

A sido el lucimiento de los ARCOS TRIVNFALES, erigidos en obsequio de los Señores Virreyes, que han entrado à Governar este Nobilissimo Reyno, desvelo de las mas bien cortadas plumas de sus lucidos Ingenios; porque segun Plutarco: *Præclara*

Fig. 32a. Capitulares en *V1*
(Valencia: Antonio Bordazar, 1709)

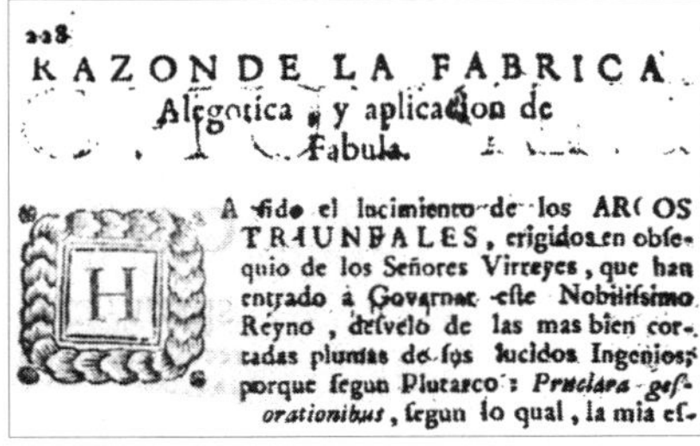

228
RAZON DE LA FABRICA
Alegorica, y aplicacion de
Fabula.

A sido el lucimiento de los ARCOS TRIUNFALES, erigidos en obsequio de los Señores Virreyes, que han entrado à Governar este Nobilissimo Reyno, desvelo de las mas bien cortadas plumas de sus lucidos Ingenios; porque segun Plutarco: *Præclara gestorationibus*, segun lo qual, la mia es-

Fig. 32b. Capitulares en *V2*
(Valencia: Antonio Bordazar, 1709)

los antiguos editores de sor Juana romperse la cabeza para tratar de enmendar los sinsentidos que muchas veces le presentaba el Lobo de Barcelona.

Pocos días después del bautismo del primer hijo de los condes de Paredes, llevado a cabo el 14 de julio de 1683, sor Juana escribió un romance para darle a su madre la enhorabuena. El condesito, nacido el 5 de julio, fue bautizado, con gran pompa, en la Catedral de México por el mismísimo arzobispo, Aguiar y Seijas, en la pila donde también había sido bautizado san Felipe de Jesús (Robles, 1972: II, 50). El nacimiento fue de vital importancia para el matrimonio, que conseguía al fin un heredero luego de perder en España, a muy corta edad, un niño y una niña, y de un parto malogrado, ocurrido en México el 21 de abril de 1682. Quizá por eso el poema de sor Juana es una suerte de profecía: la poeta, aquí en su pleno papel de vate, dedica el romance a imaginar el futuro del niño, como para convocarlo. «Ya imagino que le miro», dice, convertido en un Julio César, en un Alejandro, en un Eneas… Al fin, asegura que en el niño de los condes de Paredes se verá lo nunca visto:

> aquí sí que se ha de ver
> una maravilla nueva,
> de añadir más a lo más,
> de que *lo máximo* crezca
> (*P*, 1690: 68; *OC*, 24: vv. 85-88).

Quizá por las menciones de Occidente, Moctezuma y América que hay unos versos más atrás, Llopis cambió el verso que se leía en

Poemas por el siguiente: *de que* ***lo mexicano*** *crezca* (B, 1693: 64). Este error hace parecer que sor Juana llamaba *mexicano* al hijo de los virreyes por el hecho de haber nacido en la capital del virreinato; lo que ella verdaderamente escribió, lejos de ser «patriótico», tiene que ver con una especie de paradoja matemática: cuando el niño, que ya es lo *máximo*, crezca, añadirá *más a lo más*. Esa paradoja le habría gustado a Bordazar, pero sólo tenía ante sus ojos la edición de Llopis; detectó que el verso era hipermétrico y corrigió lo que pudo: *de que el mexicano crezca* (*V1*, *V2*, 1709: 64, 57). Ese verso que, aunque correcto, sor Juana jamás escribió pasó desde las ediciones del valenciano hasta las *Obras completas* de Alfonso Méndez Plancarte, quien en la nota correspondiente resalta en la poeta «un claro orgullo criollo, al poder llamar el *Mejicano* [*sic*] (v. 87) a un descendiente de tan nobles casas de Europa». En un artículo publicado en *Letras Libres* en 2003, y que lleva por nombre precisamente «Evocación de Don José María El Mejicano [*sic*]», Héctor Pérez-Rincón asegura que sor Juana estaba «muy consciente de la estirpe real del pequeño al que ahí llamó "*el Mejicano*"». La metida de pata del Lobo, parcialmente corregida por el editor valenciano, tuvo, como puede verse, mucha fortuna, hasta que Antonio Alatorre restituyó, en su propia edición de la *Lírica personal*, el verso que sí escribió sor Juana.

La primera vez que nuestra autora compuso unos villancicos para la ciudad de Puebla, destinados a los maitines de la Concepción de 1689, estaba preocupada por quedar bien con su nuevo auditorio. Por eso, propina a los poblanos este bonito elogio, que puede leerse en la edición suelta, impresa por Fernández de León:

> Dizque los doctos allá
> *la Ciudad de Dios* os llaman
> y de ángeles: pues, señora,
> vos debéis de ser poblana
> (*c2*, 1689: 7).

Cuando sor Juana habla de *la Ciudad de Dios* se refiere a la Jerusalén Celestial —oro puro, zafiros y amatista—, que vio descender Juan desde los cielos (Apocalipsis 21:9-21). En tanto esposa del Cordero, esta ciudad se asocia con la Virgen. De hecho, sor María de Jesús de

Ágreda, de quien ya he hablado bastante (cap. 6), escribió una suerte de biografía de la madre de Dios, leidísima en el siglo XVII, que se llama justamente así: *Mística Ciudad de Dios*. Ahora bien, si la *Ciudad* es de *Dios* es lógico que también lo sea de *ángeles*; el nombre completo de la ciudad donde se cantan estos villancicos es la Puebla de los Ángeles: *ergo*, la Virgen es poblana. Llopis leyó mal el verso y, al imprimir *la caridad de Dios os llaman* (*B*, 1691: 332), lo despojó de toda alusión bíblica y de todo chiste. Cuando el verso le llega a Bordazar, éste se percata, con fino oído, de que era hipermétrico, así que corrige, una vez más, como Dios le da a entender: *caridad de Dios os llaman* (*V1*, *V2*, 1709: 332, 286). A Méndez Plancarte, quien tuvo ante sus ojos solamente la lección de Bordazar, le pareció que a la Virgen le venía mejor, en vez de *caridad*, ser la *claridad* de Dios, e imprimió, sin decir ni agua va, *claridad de Dios os llaman* (*OC*, 282: v. 74), un verso que no es sino la consecuencia de una cadena desafortunada de errores: *la Ciudad de Dios* > *la caridad de Dios* > *caridad de Dios* > *claridad de Dios*. Por eso no entendió bien el chiste —al que llama «poblanada»— y se limita a anotar, a propósito del verso *vos debéis de ser poblana* lo siguiente: «como dicho a la Virgen, lo pone Sor J. en boca de uno de los *Ángeles* de la Puebla [uno de los niños del coro], quizá con un guiño de afectuosa sonrisa». La versión original de este verso la restituí en mi edición crítica de los villancicos (*JGR*, 2016: 67: v. 74).

Entre los japoneses, existe una técnica llamada *kintsugi*, que consiste en unir los fragmentos de algún objeto de cerámica roto con una resina de oro. A veces, la labor del editor crítico consiste también en reparar versos que se han roto. Al volver a unir los fragmentos, el editor pone en evidencia la sinuosidad de sus fracturas y nos permite entrever, a través de ellas, la historia de esos versos rotos y la de las manos que los dejaron caer. Así, un verso fragmentado que recobra su entereza puede adquirir un esplendor inusitado, como la cerámica de venas doradas del *kintsugi*.

EL ERUDITO EDITOR DE ZARAGOZA (1692)

Las dos primeras ediciones del primer tomo de sor Juana, *Inundación* y *Poemas*, llegaron, poco tiempo después de su publicación, a la ciudad de Zaragoza, capital del reino de Aragón. En dicha ciudad se imprimió, a principios de 1692, la menos conocida entre todas las antiguas ediciones del primer tomo de sor Juana (no la consultaron, por ejemplo, ni Eguía-Lis Ponce ni Antonio Alatorre; la consigno en la bibliografía bajo la sigla *Z*). Nótese que de la portada de esta edición (fig. 33) desaparecen los nombres de María Luisa y de don Juan Camacho Gayna. Los involucrados en la edición, según nos informa la misma portada, son otros: se realizó en los talleres de Manuel Román, impresor de la Universidad, quien se mantuvo activo en el oficio entre 1668 y 1712 (Borao, 1860: 59); la impresión la costeó, por su parte, Matías de Lezáun, «mercader de libros y librero del Reino de Aragón y del Hospital Real y General de Nuestra Señora de Gracia». La mancuerna entablada entre Román y Lezáun dio a luz, además de los *Poemas* de la Décima Musa, los *Ocios morales* de Félix de Lucio Espinosa y Malo, en 1693.

Hay que señalar que Lezáun era un exitoso librero, según se infiere de la gran cantidad de libros que costeó durante varias décadas. Ya en 1665 paga la edición de *Eustorgio y Clorilene, historia moscovica*, escrita por Enrique Suárez de Mendoza e impresa por Juan de Ibar; en la portada de esta obra, Lezáun es referido solamente como «mercader de libros». En los que imprime a su costa durante la década de los noventa añade su adscripción al ya mencionado Hospital, como es el caso del de sor Juana o el del segundo y tercer tomo de la *Officina Medicamentorum*, que imprimió en 1698 Gaspar Tomás Martínez. Todavía en 1701, ya sin vincularse al Hospital, lo vemos costeando la *Suma de la teología moral*, de Jaime de Corella, impresa por Gaspar Tomás Martínez. Vale la pena indicar que un año antes, en 1700, Juan García Infanzón, impresor de la *Inundación* y de *Poemas*, había dado a la luz una edición de dicha *Suma*; el hecho de que Lezáun haya costeado la impresión de dos obras que tan sólo un año antes había también impreso García Infanzón parece sugerir una relación comercial entre el madrileño y el zaragozano.[12]

[12] Desconozco el motivo por el cual Matías de Lezáun encargaba a terceros la impresión de las obras que costeaba si en el Hospital Real y General de Nuestra Señora de Gracia, del que era librero, «había una buena imprenta en la que se hicieron muchos y buenos libros, que fue modélica en todos los sentidos» (Pascual, 2002: 712).

POEMAS
DE LA VNICA POETISA AMERICANA;
MVSA DEZIMA.
SOROR IVANA INES
DE LA CRVZ, RELIGIOSA PROFESSA EN EL
Monasterio de San Geronimo de la Imperial
Ciudad de Mexico.
QVE
EN VARIOS METROS, IDIOMAS, Y ESTILOS;
Fertiliza varios assumptos:
CON
ELEGANTES, SVTILES, CLAROS, INGENIOSOS;
y vtiles Versos.
PARA ENSEÑANZA, RECREO, Y ADMIRACION.
DEDICANSE
A DON IVAN MIGVEL DE LARRAZ,
Infanzon, y Alferez por su Magestad, de las Guardias Ordinarias de à pie, y à cavallo en el Reyno de Aragon.
TERCERA IMPRESSION.
Corregida, y añadida en diferentes partes, debaxo de esta señal
Và al fin vn Romance de D. Ioseph Perez de Montoro.
CON LICENCIA:
En Zaragoza, Por MANVEL ROMAN, Impressor de la Vniversidad.
Año de M.DC.LXXXXII.
A costa de Mathias de Lezaun, Mercader de Libros, y Librero del Reyno de Aragon, y del Hospital Real, y General de N. Señora de Gracia.

Fig. 33. Portada de *Poemas de la única poetisa americana, Musa Décima* (Zaragoza: Manuel Román, 1692)

Las razones por las cuales Matías de Lezáun decidió costear la impresión de las obras de sor Juana en Zaragoza me parecen muy transparentes. En primer término, como el exitoso hombre de negocios que era, debió percibir inmediatamente las posibilidades comerciales de la obra, puesto que en Madrid, en tan sólo ocho meses, se habían realizado ya dos ediciones. De este éxito, además, debió darle cuenta el impresor de estas últimas, García Infanzón, con quien, como ya vimos, probablemente tendría alguna relación comercial. Más allá de las razones meramente mercantiles, es evidente que Lezáun utilizaba los libros que costeaba para quedar bien con las autoridades zaragozanas; supongo que el mantenerse en buenos términos con éstas le facilitaría los trámites burocráticos necesarios para llevar a cabo su oficio de comerciante de libros. Casi todos los dedica, por ejemplo, a los «ilustrísimos señores diputados del Reino de Aragón», «al muy ilustre señor abad de Beruela» y a otros grandes señores de la región. El dedicatario del volumen de sor Juana es don Juan Miguel de Larraz, «infanzón y alférez por su majestad de las guardias ordinarias de a pie y a caballo en el reino de Aragón». Para cada uno de los libros que dedica, Lezáun escribe extensas dedicatorias y este caso no es la excepción. Admite que dedica los *Poemas* a Larraz «pues lo mucho que me reconozco obligado a sus favores me precisa a hacer este obsequio, corriendo a cuenta de vuestra merced admitirle con la misma igualdad que otras obras que le tengo dedicadas, y continuaré en adelante, aunque me lo reprenda su modestia» (*Z*, 1692: s.p.). El caso de Lezáun me recuerda al de los bancos de nuestro tiempo que, en Navidad, regalan libros lujosos a sus clientes más adinerados.

Además de las razones anteriores, hay otra, menos prosaica quizá: es obvio que el librero aragonés le profesa a sor Juana una sincera admiración. De ésta escribe en la Dedicatoria: «poetisa tan singular que sólo en ella se hallan las Gracias todas como en su propio centro, mas no sé si veneradas o excedidas, pues creo le sirven ésta[s] de religioso trono para que admiremos el soberano numen de sus versos». Convencido de que los poemas de la monja mexicana no han sido lo suficientemente conocidos y celebrados, decide darlos a la imprenta una vez más: «Estos, pues, no bien aplaudidos poemas, salen tercera vez a la luz pública y a ilustrar nuestro hemisferio, por serles corto el ámbito del Nuevo Mundo en donde fueron nacidos» (*Z*, 1692: s.p.). Resulta sorprendente pensar que un librero en el reino de Aragón haya decidido imprimir el libro de una monja mexicana, profesa en un convento al otro lado del océano, a quien no conocía y con la que no tenía ninguna relación. No hay certeza de que sor Juana haya tenido noticia de esta edición de Zaragoza.

Matías de Lezáun parece haber pertenecido —o haber tenido muchas ganas de pertenecer— a la élite o a la nobleza de Aragón, lo que se percibe en la insistencia con la que imprimió, en prácticamente todos los libros que costeó, el escudo de armas de su familia. Por lo que se deduce de algunas dedicatorias, estaba obsesionado con las genealogías y los linajes: en la Dedicatoria del libro de sor Juana, hace un repaso de los ilustres ancestros de Larraz.

La pertenencia (o cercanía) del librero a las élites sembró en éste una vasta cultura. En sus dedicatorias, además de una prosa ágil y elegante, y de una fina sensibilidad que le permite hacer comentarios objetivos sobre las obras que se imprimen, encontramos a un hombre sorprendentemente culto: la del *Tractatus de Successionibus* de Andrea

Serveto (Zaragoza: s.i., 1671) la escribe completamente en latín; las abrumadoras apostillas —en las que se refieren las autoridades que sirven de sustento a lo que se está diciendo— de la de *Esturgio y Clorilene*, obra que ya mencioné, harían palidecer al más rancio y sabiondo de los eruditos.

Por las razones anteriores, no me parece descabellado proponer que fue justamente Lezáun quien, además de costearla, preparó y cuidó esta edición de 1692. Lo digo porque quien haya estado detrás de estas labores, como se verá, no es ningún aficionado. En su portada podemos leer: «Tercera impresión. Corregida y añadida en diferentes partes debajo de esta señal ☛». Ello indica, en primer término, que Lezáun, en Zaragoza, no conoce la edición catalana de Llopis, sólo las madrileñas; por eso anuncia su edición como la tercera del primer tomo, aunque en realidad sería la cuarta. Asimismo, del lema promocional podemos inferir que, como dije más arriba, los editores de *Z* conocen tanto la *IC* como *P*, pues incluyen en su edición los poemas que se integraron a esta última y, además, señalan con una manecilla cuáles eran esos poemas añadidos, cosa que no se había hecho en *P*, por lo que para llevar a cabo este señalamiento se tuvieron que haber cotejado con cuidado sendos ejemplares de ambos volúmenes. Aunque tuvo en sus manos las dos primeras ediciones, resulta evidente que *Z* sigue a *IC* en lo que se refiere a los textos: ninguno de los cambios introducidos en *P*, los de los epígrafes por ejemplo, se ven reflejados en esta edición. Tampoco elimina, como ya había hecho *P*, la controvertida afirmación de fray Luis Tineo: con el tiempo, sor Juana se convertirá en «el san Agustín de las mujeres». De hecho, *Z* sigue más fielmente a *IC* de lo que debiera porque conserva las que ya se habían señalado en la fe de erratas y que ya se habían enmendado en *P*. Como todas, la edición de *Z* introduce, además, sus propias erratas —quizá más de las esperables—, pero lo cierto es que también hay cambios con respecto a la *IC* que vale la pena observar, y pongo sólo un ejemplo:

> Feliciano me adora y le aborrezco,
> Lisardo me aborrece y yo le adoro;
> por quien no me apetece ingrato, lloro,
> y al que me llora tierno, no apetezco.

> A quien más me desdora el alma ofrezco,
> a quien me ofrece víctimas desdoro;
> desprecio al que enriquece mi decoro,
> y al que *le* hace desprecios enriquezco
> (*IC*, 1689: 5; *OC*, 167: vv. 1-8).

En ese último verso, *Z* imprime, desviándose en esto tanto de *IC* como de *P*: *y al que me hace desprecios enriquezco.* Es cierto que puede conservarse, sin problemas, la lección de *IC* —tal como hacen todos los editores modernos—, en la que ese *le* se refiere al *decoro* del verso previo; también es cierto que la lección de *Z* parece estar más en consonancia con todos los versos anteriores de los cuartetos, en los que sor Juana ha utilizado con insistencia el pronombre personal átono: *me adora*, *me aborrece*, *me apetece*, *me llora*, *me ofrece*… ¿Por qué al final cambiaría la regla de su propio juego y escribiría *le hace*?

Pero los aportes más significativos de la edición de Lezáun no están en el territorio microscópico de las variantes textuales, sino en el de la macro estructura. El editor de *Z* es un editor propositivo, cuya edición no reproduce exactamente ninguna de las anteriores; como no hubo ninguna que se basara en ésta, se trata de una edición única y excepcional dentro de todas las que se hicieron de este tomo de sor Juana en España.

Toma, en primer lugar, dos decisiones que tienen que ver con la división, ya comentada, entre los poemas sacros y los profanos que se atisbaba en la *IC*. Se dio cuenta de que los tres sonetos al duque de Veraguas estaban como intrusos en la sección de poesía sacra, dominada por los villancicos, que se reservaba al final de las ediciones previas, inmediatamente antes del *Neptuno alegórico*, que cierra el volumen. Por eso los movió de sitio y los puso al final de todo el bloque de poesía profana (pp. 201-202). Asimismo, identifica los poemas que no estaban en la *IC* y que se añadieron, intercalados por aquí y por allá en *P*, y los reúne todos al final de la sección de poesía profana, inmediatamente después de los tres sonetos al duque de Veraguas, que ya también había movido de sitio. Así, el soneto a Francisco de Castro, los cinco sonetos burlescos, el romance de la rifa de las damas de Palacio y los dos poemas para cantar ocupan en *Z*, en ese orden, las páginas 202-210.

Por último, tiene un gesto de suma cortesía hacia sus lectores. Al final del volumen, después del *Neptuno alegórico* y tal como había anunciado en la portada —«Va al fin un romance de don José Pérez de Montoro»—, se añade el precioso romance del poeta peninsular sobre los celos, al que sor Juana responde con otro, incluido en el mismo volumen («Si es causa amor productiva», *OC*, 3). Ningún otro editor antiguo de sor Juana —tampoco ninguno de los modernos— se tomó la molestia de incluir completo en sus volúmenes este romance del peninsular. Hay que considerar que las obras de Montoro no se imprimieron sino póstumamente, en 1736, por lo que muy probablemente, Matías de Lezáun se haya visto obligado a buscar el romance en una copia manuscrita. Habrá sido, si no el primero, alguno de los primeros en darlo a la estampa. Lezáun acató, pues, la petición que sor Juana hacía a Montoro, a propósito de sus versos, al final de su celoso romance:

Dalos a la estampa porque
en caracteres eternos
viva tu nombre y con él
se extienda al común provecho
(*OC*, 3: vv. 333-336).

Y sí debió ser de gran provecho para los lectores tener en un mismo volumen el romance de la monja y el del peninsular. Gracias a la lectura del de este último, sabemos que el reto, que sor Juana aceptará luego, lo había lanzado el propio autor al final de su poema:

Dije y, por si no, concluye
lo mal argüido; espero
que me pruebe luz con sombras
quien me niegue amor sin celos
(*Z*, 1692: 336).

Gracias a su inclusión por parte de Lezáun, los lectores habrán también podido apreciar algunos pasajes verdaderamente deleitosos de Montoro. En su *Muerte sin fin*, José Gorostiza pintó de azul los lejanos horizontes: «¡Sí, es azul! ¡Tiene que ser azul! / Un coagulado azul de lontananza»; otra poeta, Verónica Volkow, relaboró la idea en el endecasílabo inicial de «Paisaje en automóvil»: «Azul es el color de la distancia». Es bien sabido que en la poesía de los Siglos de Oro, los celos son azules (recuérdese el romance gongorino a una muchacha consumida por los celos: «Las flores del romero, / niña Isabel, / hoy son flores azules, / mañana serán miel»). Pues bien, Montoro, en unos versos que se antojan modernísimos, asegura que Amor, por apartarlos de sí, pintó de azul a los celos y, con ello, les dio el color «de los lejos», o sea, «de lontananza», «de las distancias»:

> Sí eres tú, pues tanto apartas
> los celos de ti, que hacerlos
> supiste azules por darles
> hasta el color de los lejos
> (*Z*, 1692: 336).

ÁRBOL GENEALÓGICO DE LA *INUNDACIÓN CASTÁLIDA*

Además de las reediciones de la *Inundación castálida* que hemos revisado, publicadas ya con el título de *Poemas* —la de Madrid de 1690, la de Llopis del 1691, la de Lezáun del 1692 y la de Bordazar de 1709— se realizaron otras dos, ambas en Madrid, durante los primeros años del siglo XVIII: una impresa por Joseph Rodríguez de Escobar en 1714 (*M*) y otra impresa por Ángel Pascual Rubio en 1725, la cual contó con dos emisiones (*TP1* y *TP2*). Dado que esas dos ediciones formaron parte de dos proyectos de impresión conjunta de todos los tomos de la obra de la jerónima, conviene que ahondemos en ellos en otro momento, luego de repasar la historia del *Segundo volumen* y de la *Fama y obras póstumas*. Baste decir, por ahora, que, dado que formaba parte de un primer intento de *Obras completas* de sor Juana —que no se logró del todo, como veremos—, la edición de 1714, aunque se sigue llamando *Poemas de la única poetisa americana*, lleva en su portada la indicación de que se trata de un «Tomo primero». En cambio, la edición con dos emisiones de 1725 forma parte de un proyecto editorial de obras reunidas logrado y redondo; por eso, antepone ya en su título el *Tomo primero* a los *Poemas de la única*...

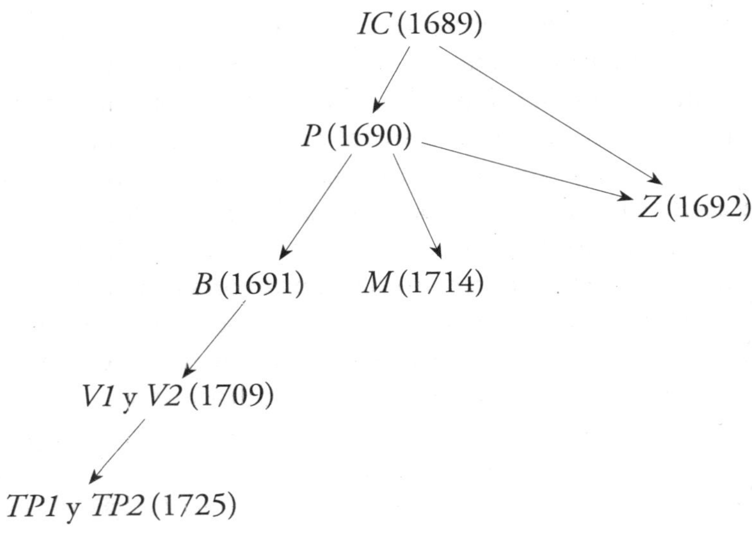

Fig. 34. *Stemma* de la *Inundación castálida*

Con lo dicho hasta ahora, es posible proponer un *stemma* para todas las reediciones de la *Inundación castálida*. Hay que distinguir la existencia de tres ramas en este árbol genealógico, todas surgidas de la primera edición, de la *IC*. La primera rama, la más frondosa y fértil, surge de *P*, a partir de la cual se van derivando, una tras otra, las ediciones del Lobo de Barcelona, del novator de Valencia y la madrileña de 1725; esta última reproduce exactamente la estructura y los contenidos de *V1* y de *V2*. En este grupo el miembro más importante o activo sería Joseph Llopis, quien introduce nuevos textos en su edición —varios villancicos y *El divino Narciso*—, que también incluirían las ediciones subsecuentes. La segunda rama estaría constituida únicamente por la edición del erudito Matías de Lezáun, *Z*, que abreva tanto de la *IC* como de *P* y que no tiene descendencia alguna; como ya vimos, ésta sería, entre todas, la edición que propone un ordenamiento más claro y preciso de los materiales. Una tercera rama, también de un solo fruto, sería la conformada por la edición madrileña de 1714, de poquísimo interés, pues reproduce muy fielmente la estructura, los contenidos y los textos de *P*. La edición óptima del primer tomo, puesto que añade una serie de poemas que no se habían incluido en la *IC* y puesto que corrige las erratas de esta última, sería *Poemas* de 1690, que constituiría, en su conjunto, la última voluntad de sor Juana y de su equipo editorial.

Este primer tomo, resultado de la profunda complicidad entre una monja y una virreina, dio a conocer las obras profanas y palaciegas de sor Juana, e inundó, con sus castálidas corrientes, los hogares de los lectores del Viejo y del Nuevo Mundo durante el ocaso del siglo XVII y los albores del XVIII. La historia de este solo volumen es, en sí misma, compleja y fascinante, pero es una historia incompleta: no creo que los lectores que en tan poco tiempo agotaron este primer tomo imaginaran que sor Juana había reservado lo mejor de sus obras para el segundo.

10. Villanciquera y *bestseller* (1689-1691)

VILLANCICOS INCLUIDOS EN EL *SEGUNDO VOLUMEN* Y SUS REEDICIONES

Luego de la publicación de la *Inundación castálida* en 1689, en la que había incluido, como vimos en el tercer capítulo, un nutrido número de juegos de villancicos, sor Juana siguió componiendo las letras de estos cantares religiosos para las catedrales de la Nueva España. Sus villancicos debían gustar cada vez más, pues a partir de 1689 no sólo trabaja ya para la Catedral de México, sino que también requieren sus servicios la Catedral de Puebla y de Oaxaca. A pesar, pues, de la fama mundial, de su tremendo éxito editorial en Europa, la monja siguió dedicándose, como en sus primeros años de escritura profesional, a esa labor aparentemente tan modesta de componer villancicos para los maitines de la Nueva España.

En las líneas siguientes, quisiera contar al lector la historia de los juegos de villancicos que sor Juana escribió y publicó entre 1689 y 1691, los cuales fueron vueltos a publicar en el *Segundo volumen* de sus obras —publicado en Sevilla en 1692 y del que hablaremos después— o en alguna de sus reediciones; estos juegos son, en total, cinco: Concepción, Puebla, 1689; Navidad, Puebla, 1689; san José, Puebla, 1690; Asunción, México, 1690; Santa Catarina, Oaxaca, 1691. Sumo también un caso rarísimo: el del juego de Concepción, México, publicado en 1676 y publicado, parcial y tardíamente, en 1692.

Todos estos villancicos contaron con una edición suelta americana: el de Concepción de 1676 fue impreso en los talleres de la viuda de Bernardo Calderón, Paula Benavides, y el de Asunción de 1690 en el taller de sus herederos. Como mencioné antes, todos los villancicos de sor Juana impresos en México salieron de este mismo taller. Por su parte, todos los villancicos de Puebla y también el de Oaxaca se imprimieron en los talleres de Diego Fernández de León. Este último impresor no realizó una, sino dos ediciones sueltas del juego de Navidad y del de san José. Analizo más adelante, por los múltiples conflictos que suponen, las ediciones de los villancicos de Navidad; en lo que respecta al parto doble del juego de san José, hay que decir que no se tenía noticia de éste hasta que descubrí, en la Biblioteca Nacional de Chile, el ejemplar de una edición diferente (*sj2*) a la que ya conocíamos (*sj1*). Aunque sus portadas son claramente distintas, he cotejado ambas ediciones y he llegado a la conclusión de que sus textos son prácticamente idénticos (fig. 35).

Además del de Navidad, los juegos de Concepción de 1689 y de san José de 1690, es decir, todos los juegos poblanos, fueron publicados en España por primera vez en el taller de Joseph Llopis, el Lobo de Barcelona, que sacó a la luz, como ya dije, una reedición barcelonesa del primer tomo de obras reunidas de sor Juana en 1691 titulada *Poëmas de la única poetisa americana* (*B*).

Después, aunque ya se habían añadido a la edición de Llopis, serían incorporados también en el grueso y flamante *Segundo volumen* de las obras de la Décima Musa (Sevilla: Tomás López de Haro, 1692; consignado aquí bajo la sigla *SV*). En el epígrafe que antecede a estos juegos, agrupados en *SV* bajo el rubro de «Poesías lírico-sacras», se explica que se repiten ahí «por no haber salido en la primera impresión del tomo I de las obras de la señora sor Juana» y con el fin de que los vean «los que no tienen la segunda impresión de dicho tomo» (*SV*, 1692: 37) —esa «segunda impresión» es la de Llopis que, en rigor, vendría siendo la tercera, pues después de la *Inundación* se imprimió en Madrid *Poemas* (1690)—.

Los textos que aparecen en la edición del Lobo, *B*, proceden directamente de la edición suelta, impresa por Fernández de León en Puebla. No ocurre lo mismo con los textos de *SV* que, definitivamente, proceden de versiones posteriores en las que sor Juana introdujo muchos cambios. Estas versiones debieron ser copias manuscritas corregidas: no sólo por los textos (que revisaremos más adelante), sino también por los paratextos, es obvio que los editores del *SV*, a diferencia de Llopis, no se están basando en las sueltas americanas de estos villancicos.

394

VILLANCICOS
CON QVE SE SOLEMNIZARON
EN LA SANTA YGLESIA CATHEDRAL
DE LA CIVDAD DE LA PVEBLA DE LOS
ANGELES LOS MAYTINES DEL GLORIOSISSIMO
PATRIARCHA

SEÑOR S. JOSEPH
ESTE AñO DE 1690.

DOTADOS
POR EL REVERENTE AFECTO, Y cordial devocion de vn indigno esclavo de este felicissimo Esposo de MARIA Santisima, y Padre adoptivo de Christo Señor Nuestro.

DISCVRRIOLOS
LA ERVDICION SIN SEGVNDA, Y siempre açertado entendimiento de la MADRE IVANA YNES DE LA CRVZ Religiosa professa de Velo y Choro y Contadora en el muy Religioso Convento del Maximo Doctor de la Yglesia San Geronimo, de la Imperial Ciudad de Mexico en glorioso obsequio del Santissimo Patriarcha, aquien los dedica.

PVESTOS EN METRO MVSICO POR EL Licenciado D. MIGVEL MATHEO DE DALLO Y LANA, Maestro de Capilla de dicha Santa Yglesia.

Conlicencia en la Puebla en la Oficina de Diego Fernandez de Leõ 1690.

Fig. 35a. Portada de los juegos de villancicos a san José impresos en Puebla por Diego Fernández de León en 1690: *sj1*

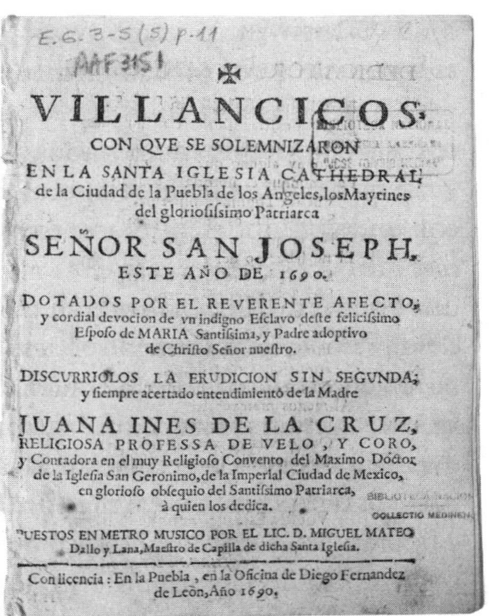

VILLANCICOS.
CON QVE SE SOLEMNIZARON
EN LA SANTA IGLESIA CATHEDRAL, de la Ciudad de la Puebla de los Angeles, los Maytines del gloriosissimo Patriarca

SEÑOR SAN JOSEPH.
ESTE AÑO DE 1690.

DOTADOS POR EL REVERENTE AFECTO, y cordial devocion de vn indigno Esclavo deste felicissimo Esposo de MARIA Santissima, y Padre adoptivo de Christo Señor nuestro.

DISCVRRIOLOS LA ERVDICION SIN SEGVNDA; y siempre acertado entendimiento de la Madre

JUANA INES DE LA CRUZ, RELIGIOSA PROFESSA DE VELO, Y CORO, y Contadora en el muy Religioso Convento del Maximo Doctor de la Iglesia San Geronimo, de la Imperial Ciudad de Mexico, en glorioso obsequio del Santissimo Patriarca, à quien los dedica.

PUESTOS EN METRO MUSICO POR EL LIC. D. MIGUEL MATEO Dallo y Lana, Maestro de Capilla de dicha Santa Iglesia.

Con licencia: En la Puebla, en la Oficina de Diego Fernandez de Leon, Año 1690.

Fig. 35b. Portada de los juegos de villancicos a san José impresos en Puebla por Diego Fernández de León en 1690: *sj2*

Considérese el caso del juego para la Concepción de 1689: tanto en la edición suelta como en la barcelonesa, estos poemas se agrupan bajo el título de *Villancicos que se cantaron en la Santa Iglesia Catedral de la Puebla de los Ángeles en los maitines solemnes de la purísima Concepción de nuestra señora*; en el *SV* el título es *Letras sagradas que se cantaron en los maitines de la Concepción de la Santa Iglesia Catedral de la Puebla de los Ángeles*. Otra diferencia en los paratextos: en la suelta y en *B*, cada una de las piezas que componen el juego se llama «Villancico», mientras que en el *SV*, consecuentemente con el título que allí se le da al conjunto, cada pieza se llama «Letra».

Llopis tuvo, pues, la primicia, publicó estos textos antes que nadie en Europa; sin embargo, no fue sino hasta la publicación de *SV* cuando se dieron a conocer las versiones «definitivas» de estos villancicos, las ya corregidas por sor Juana. Como puede verse, el Lobo está al margen del proyecto editorial «oficial» de sor Juana:

quien estuvo en contacto con la autora fue el editor del *Segundo volumen*, de quien ya hablaremos.

Lo anterior sugiere que había dos vías de comunicación distintas entre los impresores americanos y europeos en lo que concierne a los villancicos de sor Juana. Por un lado, desde la Ciudad de México, y corregidos ya por su autora, se enviarían textos a Sevilla, donde López de Haro imprimía el *Segundo volumen*; por otro, Llopis debió tener una suerte de línea directa con Diego Fernández de León, quien desde Puebla debía remitirle las sueltas de sor Juana que salían de su taller, en este caso, las que correspondían a los primeros juegos de villancicos de sor Juana que se cantaron en Puebla.

Creo que vale la pena señalar, como me lo hizo notar Marina Garone, la semejanza que existe entre las marcas tipográficas de Llopis y Fernández de León. Dicha semejanza podría contribuir a sostener la hipótesis de la relación que, aunque separados por el Atlántico, existía entre estos dos talleres (figs. 36ab). En ambas puede verse un animal relacionado con el apellido de los impresores: en el caso de Llopis, ya la vimos, un lobo —*llopis* significa 'lobos' en catalán—; en el del poblano, un león. En ambas marcas aparecen las iniciales de los impresores: en la del barcelonés, el lobo posa su pata sobre un corazón en cuyas cámaras puede leerse «I. L.»; en el caso de Fernández de León, el león sostiene un espejo en el que se lee «D. F. D. L.». No obstante, parece que este tipo de marca de impresor era algo frecuente: la de Gabriel de León, madrileño, también ostentaba un león con una de sus patas posadas sobre un corazón con las iniciales «G. D. L.» (Rodríguez Cepeda, 1998: 20, 23).

El caso de los villancicos dedicados a la Asunción (1690) merece una consideración aparte. Como ya dijimos, a Llopis parecen llegarle únicamente las sueltas impresas en Puebla; ésta, impresa en México, seguramente no la recibió nunca y, por eso, no fue incluida en su edición de 1691 (*B*). Estos villancicos a la Asunción se imprimieron en Europa por primera vez en el *SV* (1692), al que fueron sumados, por cierto, en el último momento. Se cantaron e imprimieron el mismo año que los de san José, en 1690, pero la fiesta del padre putativo de Cristo es el 19 de marzo, mientras que la de la Asunción es el 15 de agosto; ese año, la flota zarpó de Veracruz a Sevilla el miércoles 19 de julio (Robles, 1972, II: 208). En esta

Fig. 36a. Marca de impresor de Joseph Llopis

Fig. 36b. Marca de impresor de Diego Fernández de León

última debieron embarcarse los villancicos de san José y, además, el resto de los materiales que conforman ese segundo tomo (la *Crisis sobre un sermón*, el *Sueño*, *El divino Narciso*, etcétera); en los meses posteriores, a fines de 1690 o principios del siguiente, debió enviarse una segunda tanda de composiciones, entre las cuales se contaban los villancicos a la Asunción.

Cuando esta segunda tanda llegó a Sevilla, el *SV* ya estaba completamente formado: por eso, este juego de villancicos, junto con los demás poemas, se incluyó, a las carreras, bajo una sección al final del tomo intitulada «Más poesías lírico-sacras». Los poemas que conforman esta sección del *SV* debieron ser escritos por sor Juana durante la segunda mitad de 1690 y enviados a Sevilla a fines de ese mismo año o a principios del siguiente, quizá en el navío de aviso que zarpó poco después del 31 de enero de 1691 (Robles, 1972, II: 218). Mi suposición se basa en las fechas de las celebraciones religiosas a las que estos poemas están asociados: *a*) los villancicos a la Asunción, que se cantaron, como ya dije, el 15 de agosto; *b*) las «Letras a la presentación de Nuestra Señora», que debieron cantarse el 21 de noviembre, día en que se celebra dicha fiesta; *c*) una glosa dedicada «Al doctor máximo de la Iglesia», o sea, san Jerónimo, cuya fiesta es el 30 de septiembre; *d*) una glosa a la Concepción de María, que se celebra el 8 de diciembre; y *e*) un soneto de certamen dedicado san José («Nace de la escarchada fresca rosa») que, por su tema —nacimiento de Cristo, persecución de Herodes—, quizá haya estado destinado a un festejo en ocasión de la Navidad de 1690.

Es curioso el hecho de que el índice del *SV*, realizado al final de todo el proceso editorial, sitúa el juego de villancicos dedicado a la Asunción de 1690 en el lugar que habría ocupado de haber llegado antes a Sevilla —entre los poemas de la sección «Poesías lírico-sacras»—, pero remite a las páginas postreras que efectivamente ocupa en el libro. A pesar de las prisas, sor Juana envió a España una versión diferente a la de la suelta de este juego de la Asunción y los cambios introducidos se ven reflejados en el *SV*, tal como ocurre en el caso de los juegos de Concepción y san José. Podemos proponer, en síntesis, un *stemma* en el que se vean reflejados los caminos por los que se transmitió el texto de estos tres juegos de villancicos:

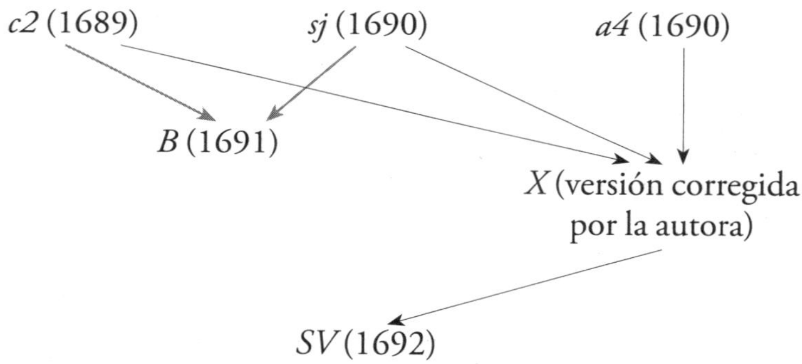

Fig. 37. *Stemma* de villancicos

Los cambios que sor Juana introdujo en estos tres juegos de villancicos y que se ven reflejados en el texto del *SV* no son, por lo general, radicales, pero son invaluables en tanto que nos dejan atisbar un poco de su proceso creativo. Se trata de ligeros retoques para afinar la música del verso, reordenar algunas palabras, intercambiar unas por otras. En los siguientes ejemplos, la primera versión corresponde a la suelta, la segunda, al *SV*: *el viento soplos aliente* (*c2*) por *el viento respire alivios* (*SV*); *como es de todo dueño* (*c2*) por *como a dueño de todo* (*SV*); *concedió perdón* (*sj1 sj2*) por *se inclina al perdón* (*SV*); *de mayor primor* (*sj1 sj2*) por *aun de más primor* (*SV*); *dice que Ignacio añadió* (*sj1 sj2*) por *dice que Ignacio la dio* (*SV*); *todo el diámetro atraviesa* (*a4*) por *el dïámetro atraviesa* (*SV*); *y así, viéndola alejarse* (*a4*) por *y así, viéndola ausentarse* (*SV*).

Aunque no son la mayoría, hay otros cambios de mayor envergadura en el texto de estos tres juegos de villancicos. La ensalada, esa pieza final que remataba festiva y ligeramente los maitines, quizá con su toque de dramatización y *performance*, es una pieza en la que sor Juana suele hacer reflexiones metapoéticas, quiero decir, las ensaladas suelen hablar de sí mismas. La ensalada de la Asunción se va haciendo al tiempo que se canta: un niño de la capilla pide a sus compañeros, no versos ni bailes, sino los ingredientes necesarios para prepararla:

> Miren que en estos maitines
> se usa hacer una ensalada
> y así deme cada uno
> algo para aderezarla
> (*OC*, 311; 96: vv. 1-4)

Al momento, los otros niños van trayendo la sal, el aceite y alguno más las lechugas:

> Yo daré las lechugas
> *porque son frescas*
> y nadie mejor dice
> una friolera
> (*OC*, 311; 96: vv. 5-8).

El segundo verso de la cuarteta anterior, imprescindible para que el cuarto no quede desprovisto de rima y de chiste, faltaba en la suelta y sor Juana lo añadió en el *SV*: está bien que traiga las *frescas* lechugas quien está acostumbrado a decir *frioleras*, o sea 'frivolidades' o 'tonterías'. Es también de notar la diferencia entre los versos siguientes del mismo juego (*OC*, 306; 91: vv. 38-43), en que sor Juana, valiéndose del Cantar de los Cantares, compara a María, la esposa, que es toda dulzura, con su esposo, Dios, que, por el contrario, puede llegar a ser un tanto amargo. La suelta, a la izquierda, dio una lección sin mucho sentido, pues imprimió *esposa* en vez de *esposo* y *María* en vez de *mirra*, con lo que la comparación se perdió por completo. En *SV*, del lado derecho, sor Juana compuso el desastre:

...la esposa pura de sus labios celestiales sólo distila panales con leche y miel de dulzura, mas su *esposa* la amargura tal vez de *María* destila porque en sus labios afila cortes de espada también.	...la esposa pura de sus labios celestiales sólo distila panales con leche y miel de dulzura, mas su *esposo* la amargura tal vez de *mirra* distila porque en sus labios afila cortes de espada también.

Respecto de la edición suelta, como puede verse, las líneas de *SV* sufren diversos cambios que, en su conjunto, modelan el texto que sor Juana destinó para sus lectores en Europa y en otros sitios dentro de los dominios españoles a los que llegaría la segunda entrega de sus obras reunidas. Las lecciones corregidas, que constituyen la última voluntad de la autora, son las que deben darse a conocer a los lectores modernos. En este punto la edición de Méndez Plancarte se tambalea: dado que no tuvo a la mano el *Segundo volumen* mientras fijaba sus textos, ofreció a los lectores las lecciones no corregidas del juego de Concepción (1689), san José (1690) y Asunción (1690); no fue sino hasta mi edición de 2016 cuando se imprimieron estos textos con las correcciones de su autora incorporadas.

Hago, no obstante, una advertencia. A pesar de que se trata de un testimonio revisado por la propia autora, no debe creerse que el texto del *Segundo volumen* es siempre pulcro y debe seguirse ciegamente. Los editores, como lo habían hecho los de la *Inundación castálida* años atrás, introdujeron, junto con las correcciones de sor Juana, unos cuantos errores: hay que ser muy cautelosos para no confundir las unas con los otros. El verso que ofrece el *SV* para la ensalada del carpintero san José, *figuras del que él guardó*, resulta hipermétrico; el de la suelta, *figuras del que guardó*, da en el clavo (*OC*, 299; 84: v. 99). Al mismo san José, que merece por su grandeza ser solamente padre en la tierra de Dios Hijo, se dedican estas dos cuartetas (*OC*, 293; 78: vv. 17-24), cuya lección en el *SV* es como sigue:

pues ¿quién le podrá suplir
la infecundidad si nadie
es digno de engendrar hijos
que suyos puedan llamarse?
¡Oh, grandeza sin medida!,
que sólo el eterno padre
le da su natural hijo
que suyo pueda llamarse.

El último verso de la segunda estrofa, además de ser gramaticalmente torpe, parece repetir por error el último de la primera. El verso correcto prevaleció en la edición suelta, *para que suyo le llame*, y ese es el que hay que elegir al momento de presentar el texto a los lectores modernos.

He comparado antes el arte de la edición crítica con el *kintsugi*; la comparo ahora con la labor de los restauradores de arte. Durante largos años de trabajo, con la guía de las radiografías y los rayos ultravioleta, se quitan poco a poco las capas de polvo, de oxidado barniz, de ajenos repintes y alteraciones, hasta que ya en todo su esplendor, en sus vivísimos colores, vemos un cuadro en el museo de la misma forma en que el artista lo contempló momentos luego de haberlo concluido. No se me ocurre un acto de mayor generosidad y afecto hacia un escritor que la que realiza con su obra un editor crítico, que con paciencia infinita reúne viejos papeles amarillentos, los lee una y otra vez hasta comprenderlos, los compara unos con otros y, finalmente, logra restituir cada letra, cada línea de un poema, de modo que cuando el lector abra la página puedan iluminársele, por un instante, la mirada y la inteligencia.

LOS VILLANCICOS A SANTA CATARINA DE ALEJANDRÍA

El juego dedicado a santa Catarina de Alejandría constituye un caso singular por varios motivos. Primero que nada, hay que insistir en el hecho de que este juego fue el único de sor Juana que se cantó bajo la noche de Oaxaca, «inmensa y verdinegra como un árbol» —Octavio Paz *dixit*— en la segunda mitad de 1691. Habrá que suponer aquí el influjo de Isidro de Sariñana y Cuenca, quien al parecer conocía a Juana Inés desde antes que ésta profesara (cap. 2), y que en ese entonces era obispo de Oaxaca. El juego tuvo su edición suelta, que vio la luz el mismo año en los talleres de Diego Fernández de León, ubicados en la ciudad de Puebla (*sc*). Fernández de León había establecido desde 1685 un taller tipográfico en Antequera, en el Valle de Oaxaca (Garone, 2018: 158-159), pero de éste no conocemos —todavía— impreso alguno; el *Diccionario de mujeres impresoras y libreras*, basado en información proporcionada por María Isabel Grañén Porrúa, señala que ahí sólo se imprimían «documentos efímeros, como invitaciones, convites, devociones, estampas o esquelas» (Establés, 2018: 275), por lo que es lógico que este juego de villancicos de sor Juana, aunque cantado en la Catedral de Oaxaca, lo haya impreso Fernández de León en su imprenta de Puebla.

A diferencia de todas las otras sueltas de villancicos, ésta presenta una larga Dedicatoria en prosa a Francisco de Reyna, provincial de los dominicos en Oaxaca, escrita por el que al parecer fue patrocinador de los maitines y de la impresión del juego, Jacinto de Lahedesa Verástegui, chantre de la Catedral de Oaxaca y comisario del Santo Oficio. Este último, según se ve, era un ferviente admirador de nuestra poeta, a quien llama, entre otras cosas, «el singular prodigio, el prototipo de las ciencias, la maestra de las erudiciones, que con razón se puede llamar todo quien con tanto fundamento todo lo sabe».

Si yo tuviera que sugerir al lector moderno interesado en los villancicos la lectura de algún juego, ése sería sin duda el de Santa Catarina. Virgen y mártir del siglo IV, esta santa, cuya patria es Alejandría, es célebre por su sabiduría y su belleza. Prefirió morir decapitada antes que renegar del cristianismo. El hecho de que la santa sea una muchacha alejandrina le da oportunidad a sor Juana de revestir su juego en una atmósfera egipcia, que tanto le complacía: en estos villancicos ondea el generoso Nilo, relumbran las pirámides bajo el sol del mediodía y delinean sus formas sinuosas los antiguos jeroglíficos. Por eso, no han faltado los estudiosos que propongan lecturas de estos villancicos relacionadas con dicha atmósfera: Octavio Paz habla de un «hermetismo egipcio»; Elías Trabulse, de alquimia.

A mí, el que sor Juana asuma la defensa y el elogio a Catarina como una defensa y celebración de sí misma, me basta y sobra para apreciar estos poemas, a los que podríamos tildar, sin exageración, de protofeministas. En ellos sor Juana defiende, a partir de la figura de Catarina, cuestiones que le son de vital importancia: se puede ser santa y sabia al mismo tiempo; Dios, que las hizo racionales, no quiere ignorantes a las mujeres; o —mi favorita— la inteligencia no tiene sexo:

> De una mujer se convencen
> todos los sabios de Egipto
> para prueba de que el sexo
> no es esencia en lo entendido
> (*OC*, 317; 102: vv. 9-12).

Por esta defensa tan abierta de la sabiduría en las mujeres, casi diríamos revolucionaria, no deja de resultarme cuando menos curioso el hecho de que quien pagó e imprimió estos villancicos fuera un comisario del Santo Oficio y el dedicatario sea el provincial de los dominicos, encargados, ya se sabe, de administrar la temible institución: no cabe duda de que hasta en la Inquisición tenía sor Juana aliados poderosos.

La edición suelta poblana debió embarcarse y arribar a España durante la segunda mitad de 1692, y se incluyó en el *Segundo tomo* editado tres veces por Llopis en 1693 (*B1*, *B2*, *B3*). Empero, los villancicos a la mártir de Alejandría nunca formaron parte de las ediciones «oficiales» de sor Juana: no estuvieron en el *Segundo volumen* ni tampoco en la *Fama y obras póstumas* (Madrid: Manuel Ruiz de Murga, 1700). La transmisión textual de este juego presenta algunas incógnitas.

Existen cambios, pocos pero considerables, entre el texto de la edición suelta y el que presenta Llopis en sus tres ediciones del *Segundo tomo*: ¿al igual que en los otros casos que hemos revisado, el texto de Llopis depende de la suelta de Fernández de León? En algunas ocasiones, las ediciones de Llopis mejoran el texto de la suelta, lo cual es una anomalía: hemos visto que Llopis no recibía textos corregidos por la misma sor Juana. Pongamos un ejemplo: en el que quizá sea el mejor villancico del juego, que anticipa al moderno simultaneísmo, la monja compara a Catarina con Cleopatra, la primera muerta por amor divino, la segunda, por amor humano, quien prefirió morir antes que ser vasalla de Augusto. De ello se concluye que, de las dos, la mártir es *la mejor egipcia*, que es lo que imprime Llopis, y no *la mujer egipcia*, como leía la suelta (*OC*, 314; 99: v. 48). Hay otra mejora que requiere de cierta destreza (*OC*, 316; 101: vv. 31-34); la suelta, a la izquierda, ofrece una lección que no tiene mucho sentido, mientras que Llopis, gracias a un par de retoques certeros (cambia *se* por *no* y *pone* por *pena*), ofrece una lectura clarísima:

Mas *se* ve la ignorante	Mas *no* ve la ignorante
ciega malvada astucia,	ciega malvada astucia,
que el suplicio en que *pone*	que el suplicio en que *pena*
sabe hacer Dios el carro donde triunfa.	sabe hacer Dios el carro donde triunfa.

Hay otros cambios que ni mejoran ni arruinan el pasaje y que resultan aún más inexplicables: ¿por qué Llopis alteraría versos que tenían pleno sentido en la suelta y no se limitó a copiar, como había hecho antes con otros villancicos, el texto de éstas? El caso más revelador en este sentido lo encontramos en un villancico en el que se relata el episodio del coloquio entre santa Catarina y los cuarenta o cincuenta sabios de Egipto —el número varía según la versión—, convocados por el emperador Maximino para convencerla de abjurar de su fe cristiana. Ocurrió lo opuesto: la docta joven los convirtió, con la agudeza de sus argumentos, al cristianismo. El emperador, colérico, mandó ejecutar a los sabios.[1]

[1] El episodio no deja de tener algún paralelo con otro —con algunos elementos presumiblemente fantásticos— de la vida de sor Juana, relatado por Calleja en su Aprobación a la *Fama y obras póstumas*: el virrey, marqués de Mancera, admirado de la gran sabiduría de Juana Inés, que en ese entonces no era monja y vivía en el palacio como dama de su esposa, quiso ponerla a prueba y reunió a «cuantos hombres profesaban letras en la universidad y Ciudad de México: el número de todos llegaría a cuarenta... No desdeñaron la niñez (tenía entonces Juana Inés no más de diez y siete años) de la no combatiente sino examinada tan señalados hombres». No sólo no se vio vencida la sabia adolescente, sino que «a la manera que un galeón real [...] se defendería de pocas chalupas que le embistieran, así se desembarazaba Juana Inés de

La siguiente estrofa celebra el triunfo de la santa y destaca el hecho de que la proeza la haya ejecutado una mujer y no un varón (*OC*, 317; 102: vv. 51-52). La lección que puede verse a la izquierda es la de la suelta poblana, la de la derecha, la transformada por Llopis en su primera edición del *Segundo tomo* (*B1*):

Nunca de varón ilustre	Nunca de varón ilustre
triunfo igual habemos visto	triunfo igual habemos visto
y es que quiso honrar en ella	y es que quiso Dios en ella
Dios el sexo femenino	*honrar al sexo femenino.*
¡Víctor, víctor!	¡Víctor, víctor!

La versión del verso *honrar al sexo femenino* que ofrece *B1* es hipermétrica; *B2* y *B3* corrigen y ofrecen la lección *honrar el sexo femíneo* y *honrar al sexo femíneo*, respectivamente. En los tres casos, de cualquier forma, hay un cambio importante, consciente, con respecto de la suelta. ¿Por qué alteró Joseph Llopis estos pasajes del juego para la mártir de Alejandría, a veces para mejorarlos, a veces sin una razón aparente? ¿Fue realmente el impresor el que hizo los cambios o recibió otro testimonio, hoy perdido, del cual depende el texto de sus ediciones? Ese otro testimonio bien podría ser una suelta de los villancicos a santa Catarina, gemela de la que conocemos, impresa por Fernández de León; recuérdese que hemos logrado identificar que dos de las cuatro sueltas de villancicos de sor Juana de este impresor tuvieron partos dobles.

Hay que añadir que este mismo villancico dedicado a santa Catarina aparece atribuido a Manuel de León Marchante en sus *Obras poéticas póstumas*, impresas muchos años después (Madrid: Gabriel del Barrio, 1733). En este último volumen, por cierto, la estrofa que comentamos más arriba («Nunca de varón ilustre») es idéntica a la de *B3*. No contamos con razones de peso para dar por válida esta atribución a León Marchante: hasta ahora, el testimonio más antiguo que conocemos de este villancico es el que corresponde a la suelta poblana

las preguntas, argumentos y réplicas que tantos, cada uno en su clase, la propusieron» (*FOP*, 1700: s.p.).

de 1691, atribuida a sor Juana; por tanto, habrá que defender que este poema, hasta que se pruebe otra cosa, se debe a su pluma.

CASOS PROBLEMÁTICOS: LOS JUEGOS DE CONCEPCIÓN (1676) Y NAVIDAD (1689)

El villancico es un género que oscila entre lo individual y lo colectivo. Dado que las catedrales del orbe hispano debían cantar un juego para maitines completo en cada celebración religiosa que así lo requiriera, no siempre se daban el lujo de encargar y estrenar juegos enteros. Era habitual que éstos se confeccionaran con piezas de aquí y de allá y debidas a la pluma de más de un ingenio. La labor de sor Juana estuvo forzosamente sujeta a esos vaivenes y, por tanto, hay que andarse con pies de plomo al momento de imputarle la autoría de tal o cual villancico. Es posible, por un lado, que la monja haya escrito alguno que no se incluyó nunca en sus obras reunidas y que se nos escapa, perdido entre el resto de las piezas de otros autores en algún juego anónimo. Por otro lado, existen también algunos villancicos cuya autoría no puede imputarse con seguridad a nuestra poeta, a pesar de que éstos hayan sido incluidos en sus obras publicadas en Europa. Entre los doce juegos que se le han atribuido tradicionalmente, hay dos que constituyen casos especialmente problemáticos: Concepción, México, 1676 (*c1*) y Navidad, Puebla, 1689 (*n1* y *n2*).

Tengo serias sospechas de que, salvo dos piezas, el juego para la Concepción de 1676 no es de sor Juana. Existe una edición suelta, anónima, que alberga, por supuesto, el conjunto completo de los ocho villancicos repartidos en tres nocturnos. Sin embargo, de esa suelta, tan sólo dos villancicos (*OC*, 228, 229; 12, 13) fueron incluidos en el *Segundo volumen*, en donde aparecen anexados a otro juego dedicado a la Concepción, cantado en Puebla en 1689; el resto prevaleció únicamente en el pliego americano. Resulta inaudito que de un juego cantado en 1676 sólo se rescataran dos poemas y que éstos no se publicaran sino hasta 1692, es decir, dieciséis años después de que se cantaron y luego de que la *Inundación castálida* (1689) había tenido ya tres reediciones. Recuérdese que el resto de los juegos de sor Juana conocidos anteriores a 1685 fueron incluidos íntegros en la *Inundación*. ¿Por qué sor Juana hizo a un lado estos villancicos y rescató únicamente dos de ellos tantos años después?

Además de los datos duros, el estilo de los villancicos de la suelta que no pasaron al *Segundo volumen* puede también levantar sospechas. La aridez, tan catequética, contrasta fuertemente con las estrategias empleadas por sor Juana en esa época. En todos los juegos anteriores a 1683, es claro que se halla sumamente preocupada por darle un peso físico, tangible, a los misterios divinos, que de por sí no lo tienen. Por eso abundan en estos años los villancicos «en metáfora de» o alegorizantes, recurso que Martha Lilia Tenorio define como «la invención de una alegoría continuada a lo largo de toda la composición, para contar más brillante o plásticamente las historias de siempre» (1999: 29); así, vemos a un san Pedro contador y espadachín, a una Virgen astrónoma y caballera andante, etcétera.[2] De hecho, los únicos dos poemas de este juego que sí fueron incluidos en sus obras reunidas están escritos bajo este procedimiento: los dos se ambientan en ese espacio tan querido para la monja, el jardín; en uno, se nos presenta a María como una hierba medicinal que alivia nuestros dolores y en otro, como una rosa que conserva su pureza a pesar de estar cercada por los arbustos espinosos del pecado. Considérese también la brevedad inusitada de la ensalada (*OC*, 232; 16), de apenas 42 versos: todas con las que sor Juana remata el resto de sus juegos van de los ochenta a los doscientos (es obvio que le gustaba recrearse en ese festín final).

A lo anterior hay que añadir que en la *Carta* a su celoso padre espiritual, Antonio Núñez de Miranda (1682), que hemos citado otras veces, sor Juana menciona *dos* juegos de villancicos a la Virgen compuestos por ella hasta entonces: unos anónimos, presumiblemente los de Asunción de 1676 —que sí se incluyeron del todo en la *Inundación castálida*— y otros con su nombre, que no pueden ser más que los de Asunción de 1679. ¿Por qué no menciona este juego a la Concepción, también mariano?:

[2] La misma estudiosa señala que el gusto por este recurso, aunque era moneda corriente en el siglo XVII, le viene a sor Juana probablemente de su admirado Manuel de León Marchante (2002: 543-561).

> dos villancicos a la santísima Virgen... hice con venia y licencia de vuestra reverencia, la cual tuve entonces por más necesaria que la del señor arzobispo virrey, mi prelado, y en ellos procedí con tal modestia, que no consentí en los primeros poner mi nombre, y en los segundos se puso sin consentimiento ni noticia mía (en Alatorre, 1987: 619).

Ya que he traído a colación al padre Núñez, aprovecho para lanzar la hipótesis, aparentemente descabellada, de que los villancicos de este juego concepcionista que ahora nos ocupa —si no todos, al menos uno o dos— se deben a su pluma. El piadoso varón que no veía con buenos ojos el ascenso de la carrera literaria de su hija espiritual fue, en su momento, una joven promesa de las letras novohispanas. El relato que Juan Antonio de Oviedo, su biógrafo, hace de la temprana vocación literaria de Núñez es verdaderamente fascinante:

> le buscaban, valiéndose del concepto que tenían de sus aventajadas letras para el desempeño de muchas funciones literarias, recurriendo a la abundante oficina de su escogida erudición y eminencia en las humanas letras [...] a que satisfacía con mucho crédito y admiración de los que veían la suma facilidad y primor con que las acababa, sin faltar a la primaria y precisa obligación de su estudio teológico y ejercicios espirituales, con ser en tanto número las obrillas que le pedían que era fama común que *casi no se cantaba villancico alguno en las iglesias de México que no fuese obra de su ingenio* (1702: 13-14; las cursivas son mías).

¿Seguía Núñez componiendo villancicos para 1676, a sus cincuenta y ocho años? El hecho de que sor Juana, en ese entonces muy ligada a Núñez, haya colaborado con él en la composición del juego de villancicos a la Concepción es apenas una conjetura. Lo que parece mucho más probable es que, independientemente de quién o quiénes sean los otros autores, ese juego no se deba enteramente a la monja. Ese año debieron pedirle que lo completara y ella compuso dos villancicos; años después, en 1689, cuando compuso el juego poblano dedicado al mismo asunto y lo envió a España para su publicación, quizá haya decidido rescatar aquel par de poemas de algún cajón. Ya corregidos, aumentados y anexados a este nuevo juego, compuesto por ella en su totalidad, los habrá enviado a la Península, orgullosa, para la conformación del *Segundo volumen*.

El juego de villancicos de Navidad de 1689 es el más conflictivo de los de sor Juana. Del mismo modo que ocurre con el resto, este juego navideño tuvo una primera edición suelta americana. Ahora bien, de éste conocemos no una, sino dos sueltas: una anónima (conservamos un ejemplar en la Biblioteca Nacional de Antropología e Historia) y otra, con el nombre de sor Juana (se resguarda un ejemplar en la Hispanic Society de Nueva York), de cuya existencia me informó Anastasia Krutitskaya. Ambas fueron impresas en 1689 en la imprenta de Diego Fernández de León, en Puebla. Entre el texto de ambas existen mínimas diferencias, a las que volveremos más tarde. Fuera de eso, las dos sueltas sólo se distinguen en la formación de los folios, en las viñetas que los adornan y en los criterios que se siguieron con respecto a la ortografía. Como casi todos los otros juegos de villancicos de sor Juana, este de Navidad se incluyó íntegramente en las ediciones de sus obras reunidas en España. El primero en incluirlo fue Joseph Llopis, en su edición de *Poëmas* de 1691 (*B*); también formó parte del *Segundo volumen* (*SV*).

Ahora bien, de los ocho villancicos que componen el juego navideño, cuatro no son de la autoría de la monja y uno más, como explicaremos, es el resultado de una curiosa colaboración entre ella y los poetas peninsulares Vicente Sánchez y León Marchante. Cuatro de los villancicos de dicho juego habían sido ya publicados en pliegos sueltos, españoles y anónimos, muy anteriores a 1689; después de esa fecha, fueron atribuidos, en sus respectivas ediciones de obras reunidas, a los debidos autores. Méndez Plancarte fue el primero en advertir que varios villancicos navideños se hallaban en las obras reunidas de otros poetas, publicadas mucho después de 1689 (*OC*: II, pp. 415, 418-419). Para el editor, y con toda razón, no había motivo para sospechar siquiera de la autoría de la Décima Musa: ¿por qué habríamos de darle crédito a una atribución realizada varios años después de que sor Juana publicara esos villancicos con su nombre y en numerosas ediciones? No obstante, Martha Lilia Tenorio vino a poner los puntos sobre las íes: señaló la existencia de las sueltas anteriores a la atribuida a sor Juana, conservadas en la Biblioteca Nacional de España, y gracias a ello pudo aseverar con firmeza que los villancicos en cuestión no eran suyos (1999: 173-190). Ha habido también quienes han señalado, desde la musicología, la existencia de partituras con las letras de estos villancicos muy anteriores a la publicación del juego de sor Juana (Pérez-Amador, 2008: 159-178; Tello, 2018a: 37-38).

Partiendo de todo ese trabajo, realicé por vez primera el cotejo de todos los testimonios conocidos para echar algo más de luz sobre este misterio sorjuanino: además del interés que despierta por sí misma la recreación de la composición de la obra, es importante para comprender lo que significaban para el siglo XVII conceptos que hoy damos por universales, como autoría y originalidad. «El alcalde de Belén» (*OC*, 285; 70) aparece ya en una suelta toledana de 1677, impresa por Agustín de Salas Zazo; «Hoy el mayor de los reyes» (*OC*, 286; 71) se imprime por primera vez, hasta donde sabemos, en una suelta toledana de 1685, también impresa por Agustín de Salas Zazo; «Pues mi Dios ha nacido a penar» (*OC*, 287; 72) está en la suelta ya referida de 1677, de donde también proviene el cuarto villancico en disputa, «Escuchen dos sacristanes» (*OC*, 290; 75). Tenemos por último el caso de «Al niño divino que llora en Belén» (*OC*, 284; 69), que parece una suerte de popurrí. Salvo una, que es de León Marchante, todas las coplas o estrofas aparecen idénticas en un villancico impreso por primera vez en una suelta zaragozana de 1674 (s.p.i.). Puesto que éste luego fue incluido en la *Lira poética* de Vicente Sánchez (Zaragoza: Manuel Román, 1688), podemos pensar que se deben a su pluma. El estribillo es absolutamente distinto al de la suelta de Zaragoza o al de la *Lira poética*; se basa, notoriamente, en uno de León Marchante, pero va tan por otro rumbo que hay que darle el crédito de su autoría a sor Juana.[3] El estribillo de la monja se intercaló entre cada una de las estrofas de Sánchez:

[3] El villancico de León Marchante cuyo estribillo sirve de modelo a este de sor Juana comienza con el verso «A Belén, zagalejos», y fue cantado en Alcalá en 1667; se recopiló después en el segundo tomo de sus *Obras poéticas póstumas* (1733: 52): «A Belén, zagalejos, / que ha nacido el sol, / quedito que llora, / pasito que ríe, humanado Dios. / No, no, no le recuerden, no, / que en los brazos del alba / descansa el amor. / ¡Ay, qué dolor! / Recibid, niño hermoso, mi corazón, / que a mí me duele, / y os adora a vos. / ¡Ay, qué dolor! / ¡Ay, qué placer! / Pues adoro a un Dios niño, / dejenmé, / que, llorando mi mal, / consigo mi bien: / dejenmé, dejenmé».

Al niño divino que llora en Belén
dejenlé,
pues, llorando mi mal, consigo mi bien;
dejenlé,
que a lo criollito yo le cantaré:
le, le,
que le, le, le
(*OC*, 284; 69: vv. 1-7).

Las pruebas con las que contamos son contundentes: varios villancicos del juego de Navidad atribuido a sor Juana son de la autoría de otros poetas. La pregunta se impone: ¿por qué los villancicos ajenos fueron incluidos también, no sólo por Joseph Llopis, sino también por los editores «oficiales» en el *Segundo volumen*? Y eso no es todo: los textos de este juego navideño que se incluyeron en este tomo no derivan de ninguna de las dos ediciones sueltas, sino, como el resto de los villancicos allí incluidos, de una versión posterior corregida por sor Juana.

Es decir, la jerónima hizo cambios, pequeños pero significativos, a villancicos ajenos y los envió a Europa, junto con los propios, para engrosar la segunda entrega de sus obras. Pongo un par de ejemplos: todos los testimonios, desde la suelta toledana de 1677, pasando por las sueltas americanas de 1689, y hasta las obras reunidas de León Marchante, impresas en 1733, ofrecen los versos que pueden leerse a la izquierda; únicamente el *SV*, a la derecha, revisado y corregido por sor Juana, presenta una versión distinta (*OC*, 285; 70: vv. 59-62):

En Belén sin faroles entraron	A Belén sin antorchas camino
a fin de que todos,	hacen porque todos,
tropezando en su dicha, en el niño	tropezando en su dicha, en el niño
diesen de ojos.	diesen de ojos.

En el ejemplo a continuación ocurre lo mismo: todos los testimonios dan la versión de la izquierda; solamente en el *SV* se conservó la de la derecha (*OC*, 287; 72: vv. 56-59):

No se duerme en la noche, que al hombre	No se duerma en la noche, que al hombre
intenta salvar,	le viene a salvar,
que a los ojos del rey el que es reo	que a los ojos del rey el que es reo
goza libertad.	gozó libertad.

¿Qué puede sacarse en claro —si es que tal cosa es posible— de esta enredada situación? Me aventuro a especular que poco antes de diciembre de 1689 se le encargó a sor Juana una serie de villancicos para los maitines de Navidad, pero, por una razón u otra, no compuso el juego completo, sino sólo tres (y medio). El trabajo lo habrá completado ella misma o, probablemente, el maestro de capilla, Miguel Mateo Dallo y Llana, con villancicos extraídos de sueltas españolas. Una vez hecho esto, el juego mestizo se imprimiría en Puebla, anónimo. Pero en 1689 sor Juana era una celebridad, villanciquera y *bestseller*, y quizá por eso, Diego Fernández de León, con miras en el aumento de ventas, decidiera hacer ese mismo año otra edición del juego (¿antes, al mismo tiempo, después de la anónima?) con el nombre de la supuesta autora.

Esta última acción pudo estar motivada por la situación financiera de Fernández de León, que en 1689 era complicada. Tal como refiere Marina Garone en su magnífico estudio (2018: 159 y ss.), un año antes, el impresor se había visto obligado a hipotecar su imprenta y trasladarse, con todos los enseres de su taller, a la casa del presbítero de la Catedral de Puebla, Nicolás Álvarez. Contraía así una deuda de quinientos pesos, la cual debía pagar en un plazo no mayor a dos años al regidor de la ciudad. Contrajo luego otra deuda de mil pesos a raíz de la compra de nuevo material tipográfico, traído desde Amberes, que utiliza, de hecho, en la elaboración de las dos sueltas navideñas.

Quizá Fernández de León sabía que no todos los villancicos de este juego eran de la autoría de sor Juana, puesto que tenía una relación cercana con el entonces maestro de capilla de la Catedral de Puebla, Dallo y Llana, y su familia: consta que en 1693, el hermano de este último gestiona para el impresor una licencia que le permitiría editar unos villancicos (Garone, 2018: 165). Si esta relación entre Fernández de León y los Dallo y Llana existía en 1693, no es improbable que existiera ya en 1689.

Ahora bien, ¿cuál de las dos ediciones sueltas, la anónima o la nominal, recibió Llopis? ¿Desde cuál derivó el texto que incluiría en su edición de 1691? Hay pequeñas pistas que nos permiten asegurar que el impresor barcelonés, gran admirador de sor Juana, tuvo entre sus manos la suelta cuya portada ostenta el nombre de la autora. Mientras que la anónima imprime *y que hechos bien vengan*, la nominal y Llopis leen *en que hechos bien vengan* (*OC*, 286; 71: v. 16); la primera ofrece la lección *con dulce simpatía que la arrastra*, y las otras dos, *con dulce simpatía que le arrastra* (*OC*, 289; 74: v. 24); la anónima dice *Fuente, cuello, manos, plantas*, y las otras dos: *Frente, cuello, manos, plantas* (*OC*, 288; 73: v. 61). Fue, pues, la edición suelta nominal la que llegó a manos de Llopis en Barcelona; éste, ajeno a todas las circunstancias relacionadas con Dallo y Llana o Fernández de León, arriba bosquejadas, incluyó el juego entero —los villancicos de sor Juana y los otros— en su edición de las obras reunidas en 1691.

Un año después, cuando llegó la hora de armar el *Segundo volumen*, había dos opciones: incluir únicamente aquellos villancicos que sí eran de la autora y explicar la situación en un epígrafe o, simplemente, ahorrarse la molestia e incluir el juego completo. Persuadida tal vez por terceros, sor Juana optó por la segunda alternativa y aprovechó la oportunidad para retocar ciertas cosas que no le agradaban del todo en esos villancicos ajenos.

Para nosotros, celosos guardianes de la originalidad, esta práctica sería, cuando menos, deshonesta, pero no ocurría lo mismo en aquel tiempo: «"Plagio" es un concepto moderno» (Tenorio, 1999: 173). Además, ni la poeta ni sus editores imaginaron que varios siglos después, en un mundo mucho más interconectado que el suyo, habría algunos, con cierta debilidad por las antigüedades y las pesquisas filológicas, que se pondrían a buscar las piezas de este rompecabezas, dispersas por las bibliotecas del mundo, e intentarían ponerlas en su lugar.

11. *Carta atenagórica* o *Respuesta a Vieira* (1690)

El Convento de San Jerónimo fue, durante muchos años, un espacio por el cual orbitaban sabios, poetas y curiosos, todos concertados en torno al centro solar de la Décima Musa. Ya para consultarla sobre alguna cuestión peliaguda, ya para deleitar los oídos con sus versos, ya para corroborar que eran ciertas las razones de su fama, que viajaba de boca en boca, muchos varones y mujeres cultos se sintieron atraídos hacia el locutorio de aquel convento, cuyas rejas ocultaban y a la par dejaban ver a la célebre monja de México. Una tarde como cualquier otra, en la que el locutorio albergaba un selecto grupo de individuos, sor Juana se aventuró a criticar, a cuestionar, el bien conocido *Sermón del Mandato* sobre la mayor fineza (la mayor muestra de amor) de Cristo, predicado hacía varias décadas por el padre jesuita Antonio Vieira, el más encumbrado de los oradores sagrados de la época («Tulio moderno», como ella misma dice). A pesar de que ella asegura que aquellos discursos los hizo «de repente» —o sea, 'de improviso'—, éstos debieron resultar particularmente lúcidos, tanto que uno de los oyentes solicitó encarecidamente a la madre que los pusiera por escrito. La solicitud de aquella persona —cuya identidad se nos escapa, pero a quien sor Juana admiraba y respetaba, pues se dirigía a él como «Muy señor mío»— fue atendida y, gracias a ello, hoy poseemos esa obra conocida como *Carta atenagórica* o *Crisis sobre un sermón*, pero que su autora, como veremos, simplemente llamaba *Respuesta*.[1]

---

[1] Quién fuera el destinatario de la *Atenagórica* sigue siendo un misterio, aunque se han barajado varios candidatos; la propuesta más concreta hasta ahora —pero no definitiva— parece ser la de Alatorre y Tenorio (2014: 13-16), quienes creen que se trata de un tal fray Antonio Gutiérrez, agustino y calificador del Santo Oficio. Es evidente que el destinatario no es, en modo alguno, el obispo de Puebla, Manuel Fernández de Santa Cruz, como creyeron Puccini (1997: 31 y ss.), Paz (1983: 520

Si obras como los *Ofrecimientos* o la *Protesta de la fe* pervivieron en sus reediciones y devociones, la *Carta atenagórica* lo hizo a través de la polémica. Este escrito levantó olas como ningún otro: en nuestros días, un debate sobre la mayor fineza de Cristo no exaltaría los ánimos ni de los más piadosos, pero, a fines del siglo XVII, el asunto era vigente y relevante. Apenas unas semanas luego de su aparición en Puebla, a fines de 1690, se alzaron dos bandos, cuyos militantes estaban casi siempre amparados bajo los velos del pseudónimo (el «Soldado», «Serafina de Cristo», «Sor Margarida Ignácia», etcétera): por un lado, los que afilaron la pluma para apoyar a sor Juana y los que, por el otro, daban la razón a Vieira. La polémica suscitada —estrechamente vinculada a los misteriosos y agitados años finales de la autora— fue, pues, mayúscula, y se extendió, por varias décadas, incluso más allá del Atlántico. Esa controversia debió de ser amarga para sor Juana pero hay que agradecer que gracias a ella tenemos la magnífica prosa autobiográfica de la *Respuesta a sor Filotea*, texto que sor Juana escribió, entre otras cosas y como veremos, para defenderse.

La *Carta atenagórica* es, por muchas razones, una obra singular; lo es también desde un punto de vista editorial. Por su tema —la crítica al *Sermón del Mandato* de Vieira—, su estructura y sus malabarismos retóricos, se inserta en el género de la «literatura homilética», al que pertenecen los cientos de sermones que se predicaban e imprimían en el México virreinal. Hay, primero que nada, un *thema* o pasaje de las Sagradas Escrituras del cual deriva todo el comentario; en este caso se trata, naturalmente, del mismo pasaje que ocupa a Vieira: «in finem dilexit eos» ('los amó hasta el extremo'; Juan 13:1). Luego vienen «varios puntos que se van desarrollando, o cuestiones que se van probando con autoridades, argumentos, ejemplos» y, finalmente, una «exhortación y despedida al auditorio» (Castaño, 2008: 201), en la que se incita a los oyentes a, digamos, poner en práctica, en su vida cotidiana, lo expuesto en el sermón: «que el ponderar sus beneficios

---

y ss.) y otros; baste aquí citar, como prueba de ello, las palabras que sor Juana dirige al arzobispo (a sor Filotea) en su *Respuesta*: «como a otro Moisés, la arrojé expósita [la *Carta athenagórica*] a las aguas del Nilo del silencio, donde la halló y acarició una princesa como vos» (*OC*, 405: líneas 1273-1274; véase Benassy-Berling, 1983: 167-168; Pérez-Amador, 2011: 18-19*n*; Alatorre y Tenorio, 2014: 16*n*).

[de Dios] no se quede en discursos especulativos, sino que pase a servicios prácticos» (*OC*, 404: líneas 1115-1116). Incluso, aunque obviamente no fue predicada por su autora, la *Carta atenagórica* no careció de la dimensión oral de la que precisa todo sermón —la *actio* de la retórica clásica—; no desde el púlpito y ante los feligreses, pero sí ante un grupo de asistentes en el locutorio de San Jerónimo, impugnó sor Juana, antes que con la pluma, a Vieira de viva voz: «de las bachillerías de una conversación [...] nació en vuestra merced el deseo de ver por escrito algunos discursos que allí hice de repente sobre los sermones de un excelente orador» (*OC*, 404: líneas 1-5).

Si la *Carta atenagórica* es un texto perteneciente a la literatura homilética, entonces su edición suelta de 1690, impresa en cuarto al igual que sus congéneres, no debería sorprendernos en lo absoluto. En la Nueva España el género del sermón —y otros textos afines como la homilía o la oración— gozaba, más que ningún otro, del privilegio de la imprenta. Ya Herrejón Peredo señalaba que éste había sido el «más cultivado e impreso» de nuestro periodo virreinal y calculaba en «poco más de 2000 las obras impresas de oratoria en el México novohispano» (1994: 59). Lo que sí debiera sorprendernos es que de esa ingente cantidad de textos homiléticos impresos durante casi tres siglos la *Carta atenagórica* sea el único que ostenta la firma de una mujer. En alguna ocasión le pregunté a Cecilia Cortés, infatigable investigadora que realiza un catálogo de todos los sermones impresos que se resguardan en la Biblioteca Nacional de México, si la impugnación al sermón de Vieira escrita por sor Juana constituía el único ejemplo novohispano de homilética femenina. Me respondió con firmeza: «sí, fue la única que se atrevió».

La obra tiene dos grandes secciones: la primera es propiamente la *Crisis* del sermón de Vieira, en la que sor Juana desmantela uno a uno los argumentos del célebre orador portugués; en la segunda la autora propone cuál es, desde su punto de vista, la mayor fineza de Cristo. En su sermón, Vieira opone a cada una de las tres finezas de Cristo propuestas por sendos padres de la Iglesia, otra fineza que él considera mayor. Se enfrenta a san Agustín y afirma que no fue la mayor fineza la muerte, sino la ausencia; a santo Tomás le asegura que no fue sacramentarse, sino sacramentarse sin el uso de los sentidos; no fue el lavarle los pies a sus apóstoles, sino la causa de ese mismo lavatorio, discute Vieira con san Juan Crisóstomo. Al final, el jesuita asegura que sobre todas las finezas de Cristo discutidas la mayor fue amarnos sin esperar correspondencia.

Quien lea la *Crisis* con detenimiento podrá explicarse la causa del escándalo que la envolvió por muchas décadas: sor Juana defiende las posturas de los padres de la Iglesia y contraargumenta a Vieira con tal vehemencia y razón que parece que lo despedaza. La monja de México se da el lujo de darle, al mayor predicador de su tiempo, lecciones de lógica —«¿qué forma de argüir es ésta? El santo propone en género, el autor responde en especie: luego no está en forma el silogismo ni vale el argumento» (*SV*, 1692: 12)—; también lo alecciona sobre Sagradas Escrituras —«El probar que Cristo quiso nuestra correspondencia [...] es tan fácil que no se halla otra cosa en todas las Sagradas Letras que instancias y preceptos que nos mandan amar a Dios» (17)—; a veces, incluso, parece que lo ridiculiza: «el ausentarse no sólo no se debe contar por la mayor fineza de Cristo, pero ni por fineza, pues nunca llegó el caso de ejecutarla» (9). Luego de su *Crisis*, sor Juana propone, finalmente, que «son los beneficios que nos deja de hacer por nuestra ingratitud» la mayor de las finezas que Dios hace a los hombres (30).[2]

Estoy completamente de acuerdo con Octavio Paz cuando afirma, a propósito de la *Crisis*: «Como ocurre con todos los escritos doctrinarios cuando ha pasado su actualidad, es difícil apasionarse por los argumentos de la autora; al mismo tiempo, es imposible no admirar su solidez, su coherencia y su energía» (1983: 512). Aunque sor Juana asegure que escribió su obra sólo para obedecer a aquel «Muy señor mío», es evidente que disfrutó la redacción de cada línea, cada una impregnada, más que de «energía», de pasión; no sólo se le siente dueña del lenguaje y los artilugios de la retórica y dialéctica cristianas, sino casi jovial, tanto que a veces, incluso, se permite algún chistorete: «¿qué nuera no aborrece a su suegra?» (*SV*, 1692: 19). Se siente segura, pues, y enfrenta el desafío de batirse con Vieira con una valentía admirable: «fuera bastante mortificación para un varón, tan de todas maneras insigne que creyó que no habría hombre que se

[2] Cito la *Carta atenagórica* por el *Segundo volumen* y no por la edición de las *OC* debido a las razones que expongo más adelante.

atreviese a responderle, ver que se atreva una mujer» (*SV*, 1692: 29). Quizá, efectivamente, ningún hombre de su tiempo podía enfrentarse con el insigne varón Antonio Vieira, pero da la casualidad de que sor Juana no era un hombre.[3]

No son pocas las veces que sor Juana, sabedora de que pisaba terreno peligroso, insiste en el carácter confidencial de su escrito. De éste «será vuestra merced solo el testigo», escribe a su interlocutor; más abajo le reitera que, aunque está segura de que su papel es «tan privado», de todas formas lo sujeta «en todo a la corrección de nuestra santa madre Iglesia» (*SV*, 1692: 3, 29). Quien haya sido el destinatario traicionó la confianza de sor Juana, pues no sólo no reservó la lectura de la obra para sí, sino que permitió que otros sacaran copias manuscritas.

En algún momento, una de esas copias llegó a las manos del obispo de Puebla, Manuel Fernández de Santa Cruz, quien, admirado por la sutileza e ingenio de la impugnación, se tomó la libertad, en los últimos días de noviembre de 1690, de imprimirla bajo el título de *Carta atenagórica*—es decir, digna de la sabiduría del filósofo cristiano Atenágoras de Atenas— y de acompañar dicha impresión con una bien conocida carta que firmó con el pseudónimo de sor Filotea de la Cruz. El pseudónimo femenino tiene que ver con el bien conocido amor de Santa Cruz por las monjas y su preocupación por la salud espiritual y la salvación del alma de éstas. Para devolverlas al redil, por ejemplo, se ocultaba bajo el velo de sor Filotea: no es lo mismo que te reprenda una colega a que te reprenda el obispo, ciertamente.

En unas vacaciones de verano viajé, acompañado de mis amigos Jorge y Samuel, al Museo de Arte Religioso de Puebla, Ex Convento de Santa Mónica. Luego de recorrer el luminoso patio, cercado por una urdimbre de talavera, y de recorrer las frías y amplias crujías, de cuyas paredes cuelgan los retratos de las monjas coronadas, subimos hasta el coro alto por una angosta escalera de caracol. Ahí, dentro de

[3] Esas palabras de sor Juana me recuerdan otras en torno a la batalla entre la guerrera Éowyn y el Rey Brujo de Angmar, criatura monstruosa y, aparentemente, invencible. «Hinder me? Thou fool. No living man may hinder me!», exclama el Rey Brujo; la valerosa Éowyn, antes de aniquilarlo, le responde: «But no living man am I! You look upon a woman» (Tolkien, 2008: libro V, capítulo 6).

un pequeño nicho cuadrangular orlado de mosaicos, puede verse un redondo relicario de cristal que contiene un puñado de polvo: es el corazón de Fernández de Santa Cruz que, por orden expresa suya, reposa hasta nuestros días entre los muros del convento que fundó y amó.

La carta con la que sor Filotea acompañó la edición de la *Atenagórica* mezcla sutilmente el regaño con elogios y aplausos; sor Filotea pide a sor Juana que trueque el estudio de las ciencias humanas por el de las divinas, pues «lástima es que un tan gran entendimiento de tal manera se abata a las rateras noticias de la tierra, que no desee penetrar lo que pasa en el Cielo, y ya que se humille al suelo, que no baje más abajo considerando lo que pasa en el Infierno». Frases como esta debieron causar gran conmoción en sor Juana pero también, y sobre todo, el hecho de que veía impreso y a disposición de cualquier lector un texto que había dirigido a un único destinatario. No es de sorprender, entonces, que unos meses después, en marzo de 1691, concluyera su famosa *Respuesta a sor Filotea*, obra valiosa por donde se mire, en la que defiende que la búsqueda del conocimiento es su destino y que todos los acontecimientos de su vida han estado orientados al cumplimiento de ese destino, como líneas que tiraran hacia un centro. Es precisamente en la *Respuesta* que sor Juana asegura que, al recibir la *Atenagórica*, «prorrumpí (con no ser esto en mí muy fácil) en lágrimas de confusión» (*OC*, 405: líneas 47-48). También se lamentaba de que veía impresa su contestación a Vieira en una versión deturpada, deforme, copia de otra copia, moneda que, de mano en mano, había perdido su brillo y la precisión de sus perfiles: «Que si creyera se había de publicar, no fuera con tanto desaliño como fue» (*OC*, 405: líneas 1182-1183).

La *Carta atenagórica* salió de los talleres de Diego Fernández de León, en donde ya se habían impreso, como señalé en el capítulo correspondiente, algunos juegos de villancicos de la autoría de la jerónima. Hay que mencionar que el impresor debía tener una relación muy estrecha y fructífera con el obispo, Fernández de Santa Cruz; ante este último, en 1682, había obtenido un préstamo de dos mil pesos para echar a andar su taller tipográfico en la Puebla de los Ángeles (Garone, 2018: 157).

Al igual que otras obras de sor Juana impresas en ese mismo taller, la *Carta atenagórica* presenta diversas dificultades de carácter bibliográfico. Henríquez Ureña notaba ya que el ejemplar de la Hispanic Society que él había consultado tenía en la parte inferior de la portada una leyenda de la que carecía el ejemplar consignado por José Toribio Medina en *La imprenta en la Puebla de los Ángeles* (1908: núm. 131): «Hallárase este papel en la librería de Diego Fernández de León debajo del Portal de las Flores». El bibliógrafo consideró que lo más probable es que la diferencia se debiera a una omisión o descuido de Medina pero no deja de preguntarse «¿Se tratará de otra edición?» (1917: núm. 18). Casi un siglo después, Gabriela Eguía-Lis Ponce notó esa misma diferencia entre el ejemplar que ella había consultado y otro, cuyas copias le había proporcionado Dolores Bravo, maestra suya y mía. Al compararlos, pudo comprobar que los ejemplares «en todo coinciden en su interior, absolutamente en todo» (2002: 383), pero que había una sola cosa que los diferenciaba: la leyenda en sus portadas sobre la librería en el Portal de las Flores. Así, pudo corroborar —como yo también lo he corroborado— que estábamos ante dos emisiones de una misma edición, y no exactamente de dos ediciones, como intuyó Henríquez Ureña.

Eguía-Lis Ponce escribió que «el aviso de la librería y la cenefa que le antecede quedaban al pie de página y que luego se quitaron, por razones que desconocemos [...]. Por ello afirmo que la primera que se imprimió fue la que incluye el pie de librería» (2002: 384). Creo que las razones que para la estudiosa hace unos años eran desconocidas tienen que ver con la difusión transatlántica de la *Atenagórica*. En la *Carta* de Puebla, escrita como una respuesta a la *Respuesta* de sor Juana, Fernández de Santa Cruz afirma que «uno de los principales motivos que hubo [que tuvo] el que la sacó a luz [la *Carta atenagórica*] fue desear manifestar a la Europa, a donde se han ido algunas copias, que la América no sólo es rica de minas de plata y oro, sino mucho más de aventajados ingenios» (en Soriano, 2020: 342).

Así pues, creo muy probable que Diego Fernández de León imprimiera, en primer lugar, una cierta cantidad de ejemplares con la leyenda del Portal de las Flores en su portada; esa emisión, destinada al comercio local, fue la primera en imprimirse y, por tanto, le asigno la sigla *ca1*. El ejemplar que he consultado se resguarda en la Biblioteca Nacional de México, cuya copia me envió, en medio del confinamiento por la pandemia, generosamente Gabriela

Eguía-Lis luego de rebuscar en numerosas cajas de mudanza. Cabe mencionar que el claro señalamiento de la ubicación de la imprenta de Fernández de León quizá estuviera motivado por un cambio de domicilio: desde noviembre de 1688 y hasta fines del año siguiente, el taller estuvo frente al Convento de San Agustín (en Puebla); a partir de enero de 1690, el negocio se trasladó al Portal de las Flores, actualmente Portal Morelos (Garone, 2018: 162-163). Cuando se imprimió la *Atenagórica* (noviembre de 1690), Fernández de León no tenía ni un año en su nuevo domicilio: era importante todavía recordarle a los clientes que ya no estaba frente al Convento de San Agustín.[4] En segundo lugar, el editor poblano imprimió otra cantidad de ejemplares destinados al comercio europeo, de los que suprimió comprensiblemente la leyenda publicitaria, la cual resultaría absolutamente inútil para un lector al otro lado del mar. De esta otra emisión, a la que le asigno la sigla *ca2*, se conserva un ejemplar, precisamente, en la Biblioteca Nacional de España, que es el que he consultado. Reconozco que es posible, por supuesto, que ocurriera justamente al revés: que primero se imprimiera la emisión sin la leyenda de la librería y que luego se añadiera en la otra. De cualquier forma, lo importante aquí es identificar la existencia de las dos portadas y diferenciarlas.

Ahora bien, a raíz de mi búsqueda de ejemplares de la *Carta atenagórica*, he podido determinar, por primera vez, que Diego Fernández de León realizó, además de la ya mencionada, otra edición, también destinada al comercio local, ese mismo año de 1690. De ésta, a la que le asigno la sigla *ca3*, se resguarda un ejemplar en la Biblioteca Nacional de Chile y otro más en la del Centro de Estudios de Historia de México. Como puede verse en las imágenes (fig. 38abc),

---

[4] En la actualidad, en contraesquina de la iglesia de San Agustín, existe desde hace más de cincuenta años una Librería León, a unos pasos de donde debió estar, a fines del siglo XVII, el taller de Diego Fernández de León. Como la coincidencia me pareció sorprendente, me puse en contacto con el dueño para preguntarle si el nombre del negocio estaba motivado por el del antiguo impresor poblano. Me dijo que no. Aproveché para contarle (muy emocionado) que otro León había impreso y vendido, muy cerca de su librería, un par de juegos de villancicos de sor Juana. Se despidió y colgó, creo que un tanto desconcertado.

CARTA
ATHENAGORICA
DE LA MADRE
JVANA YNES
DE LA CRVZ
RELIGIOSA PROFESA DE VELO,
y Choro en el muy Religioſo Convento de San Geronimo de la Ciudad de Mexico cabeça de la Nueba Eſpaña.
QVE IMPRIME, Y DEDICA A LA MISMA
SOR, PHYLOTEA DE LA CRVZ
Su eſtudioſa aficionada en el Convento de la Santiſſima Trinidad de la Puebla de los Angeles.
Con licencia en la Puebla de los Angeles en la Imprenta de Diego Fernandez de Leon. Año de 1690.
Hallaraſe eſte papel en la libreria de Diego Fernandez de Leon debajo de el Portal de las Flores.

Fig. 38a. Portada de la *Carta atenagórica* (Puebla: Diego Fernández de León, 1690): *ca1* (Biblioteca Nacional de México)

CARTA
ATHENAGORICA
DE LA MADRE
JVANA YNES
DE LA CRVZ
RELIGIOSA PROFESA DE VELO,
y Choro en el muy Religioſo Convento de San Geronimo de la Ciudad de Mexico cabeça de la Nueba Eſpaña.
QVE IMPRIME, Y DEDICA A LA MISMA
SOR, PHYLOTEA DE LA CRVZ
Su eſtudioſa aficionada en el Convento de la Santiſſima Trinidad de la Puebla de los Angeles.
Con licencia en la Puebla de los Angeles en la Imprenta de Diego Fernandez de Leon. Año de 1690.

Fig. 38b. Portada de la *Carta atenagórica* (Puebla: Diego Fernández de León, 1690): *ca2* (Biblioteca Nacional de España)

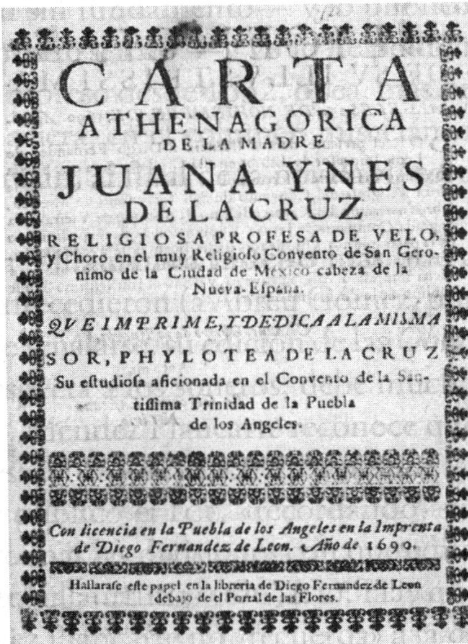

CARTA
ATHENAGORICA
DE LA MADRE
JUANA YNES
DE LA CRUZ
RELIGIOSA PROFESA DE VELO,
y Choro en el muy Religioſo Convento de San Geronimo de la Ciudad de Mexico cabeza de la Nueva-Eſpaña.
QVE IMPRIME, Y DEDICA A LA MISMA
SOR, PHYLOTEA DE LA CRUZ
Su eſtudioſa aficionada en el Convento de la Santiſſima Trinidad de la Puebla de los Angeles.
Con licencia en la Puebla de los Angeles en la Imprenta de Diego Fernandez de Leon. Año de 1690.
Hallaraſe eſte papel en la libreria de Diego Fernandez de Leon debajo de el Portal de las Flores.

Fig. 38c. Portada de la *Carta atenagórica* (Puebla: Diego Fernández de León, 1690): *ca3* (Centro de Estudios de Historia de México) salvo por la leyenda publicitaria a la que ya nos hemos referido, las portadas de *ca1* y *ca2* —dos emisiones de una edición— son idénticas, mientras que la portada de *ca3* presenta varias diferencias con respecto a las dos anteriores, siendo las más notorias las letras *U* versales que se emplearon para componer el nombre de la autora: *JVANA/JUANA*, *CRVZ/CRUZ*.

En el interior de estos impresos hay algunas diferencias —de orden tipográfico, no textual— que permiten probar que *ca3* es una edición aparte, y que su realización implicó la composición de otras placas. Considérese la diferencia en la virgulilla en la *ñ* de «Señora mía», al inicio de la «Carta de sor Filotea» o el cambio, en otro sitio, de los paréntesis curvos por otros rectos.

Este prurito tipográfico, que quizá el lector juzgue excesivo, nos permite sentar las bases para indicar que la primera edición de la *Carta atenagórica*, que tuvo dos emisiones, debió agotarse, lo que orilló a Diego Fernández de León a realizar una segunda, cuyo texto reproduce fielmente el de la previa. Si consideramos que la primera edición se imprimió poco después del 25 de noviembre de 1690 (fecha de la «Carta de sor Filotea» y de la licencia) y si confiamos en los pies de imprenta (en los tres se consigna el año de 1690), podemos asegurar que la primera edición se agotó y se realizó una segunda ¡en el lapso de un mes!

El éxito editorial de la *Carta atenagórica* no se limitó a las ciudades americanas de México y Puebla. Me parece sumamente probable que aquellos ejemplares remitidos a Europa, de los que hablaba Fernández de Santa Cruz, arribaron precisamente a la imprenta de Joseph Llopis, impresor barcelonés que debió comercializarlos y que, como ya he probado en el capítulo sobre los villancicos, mantenía una constante comunicación con Diego Fernández de León. Ello parece explicar el hecho de que en 1692 se realizara una edición suelta de la *Carta atenagórica* en los talleres de Miguel Capó, situados en la ciudad catalana de Palma de Mallorca. Tuve acceso a este rarísimo impreso, que ningún sorjuanista —salvo Henríquez Ureña (1917: núm. 24)— parece haber consultado, gracias a los esfuerzos de John O'Neill, bibliotecario de la Hispanic Society of America de Nueva York, quien cruzó una ciudad sitiada y pasmada por la pandemia para

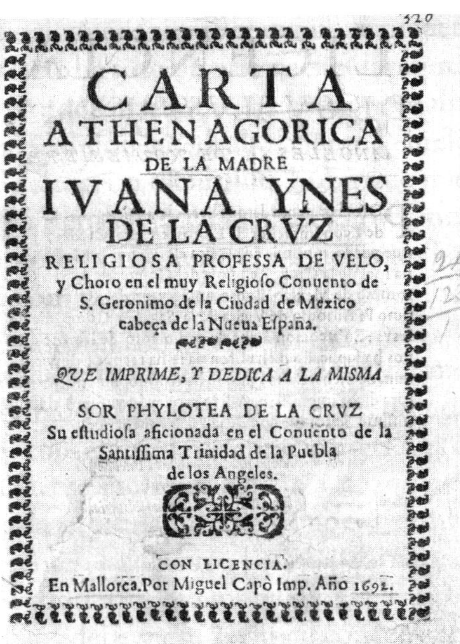

CARTA
ATHENAGORICA
DE LA MADRE
IVANA YNES
DE LA CRVZ
RELIGIOSA PROFESSA DE VELO,
y Choro en el muy Religioſo Conuento de
S. Geronimo de la Ciudad de Mexico
cabeça de la Nueua Eſpaña.

QVE IMPRIME, Y DEDICA A LA MISMA
SOR PHYLOTEA DE LA CRVZ
Su eſtudioſa aficionada en el Conuento de la
Santiſſima Trinidad de la Puebla
de los Angeles.

CON LICENCIA.
En Mallorca. Por Miguel Capò Imp. Año 1692.

Fig. 39. Portada de la *Carta atenagórica* (Mallorca: Miguel Capó, 1692)

poder enviarme una copia del ejemplar ahí resguardado (fig. 39).[5] He podido comprobar que el texto de esta suelta mallorquina (*ca4*) deriva directamente de la poblana, seguramente de *ca2*, que se destinó al comercio internacional; sobre este asunto volveré más adelante.

Como ha quedado claro líneas arriba, sor Juana insiste, tanto en la propia *Carta atenagórica* como en la *Respuesta a sor Filotea*, en el carácter privado de su escrito teológico a propósito de las finezas de Cristo. Quizá, en principio, su intención era que el texto fuera el deleite de un *petit comité*, pero luego se convenció —o la convencieron— de que el texto debía ser dado a conocer a un público mucho más amplio. De ahí que se imprimiera, con el título de *Crisis sobre un sermón de un orador grande entre los mayores*, al frente del *Segundo volumen* (*SV*), impreso en Sevilla en 1692 en la imprenta de Tomás

[5] No sé si el cura de Monterrey, Aureliano Tapia Méndez, vio el impreso, pero sí reproduce la portada perteneciente a un ejemplar que supuestamente se resguarda en la Catedral de Palma de Mallorca (1993: 233); éste y el ejemplar de la Hispanic Society serían los únicos localizados hasta ahora.

López de Haro. Los materiales que conforman este tomo, al que dedicaremos la atención que se merece, fueron autorizados, revisados y enviados por la propia sor Juana al editor y patrocinador, Juan de Orúe y Arbieto. Cabe recalcar que, en el epígrafe que lo antecede en el *SV*, se nos indica que su autora simplemente «llamó *Respuesta*» a este texto; *Carta atenagórica* y *Crisis sobre un sermón* no son títulos de sor Juana, sino de sus editores: el primero de Manuel Fernández de Santa Cruz y el segundo, seguramente, de Orúe y Arbieto.

Aunque el *SV* fue publicado un año después, para julio de 1691 las censuras y licencias ya estaban listas. En su Censura, firmada en Sevilla el 18 de julio, Juan Navarro Vélez escribe: «Corona este tomo la corona de todas las obras de la madre Juana: la respuesta que dio a un sermón del más docto, del más agudo y del más grande predicador que ha venerado este siglo, de aquel monstruo hermoso y agradable de los ingenios» (1692: s.p.). Y no habla sólo de la *Crisis*: también hace juicios sobre las comedias, los autos sacramentales, el *Sueño*… Es decir, para mediados de julio, Navarro Vélez había leído ya las casi 550 páginas del *SV*.

Considerando el tiempo de viaje de un continente a otro en aquella época, así como el que pudo haber tomado la realización de copias de todos los textos, y la lectura atenta y redacción de un juicio sobre los mismos, no puede sino concluirse que «el material [del *SV*] debió enviarse entre enero y febrero de 1691 (a más tardar en marzo) para que llegara a la Península entre mayo y junio del mismo año». O sea que «Antes de que el obispo Santa Cruz decidiera dar a la estampa la *Athenagórica*, sor Juana y sus protectores planeaban y armaban el tomo dos» (Eguia-Lis, 2002: 271). Pérez-Amador adelanta la fecha de envío de la *Crisis* a España un poco más: «Tal manuscrito debió ser enviado a Europa por lo menos en las mismas fechas en que se otorgaban las licencias de impresión en Puebla de los Ángeles, es decir, en el mes de noviembre de 1690» (2011: 28). Y yo lo adelantaría aún más: como señalé en el apartado dedicado a los villancicos (cap. 10), me parece muy probable que, si nos basamos en el modo en que fueron dispuestos los materiales del *SV*, la *Crisis* haya sido enviada a España en julio de 1690.

José Antonio Rodríguez Garrido (2004) descubrió en la Biblioteca Nacional del Perú y publicó —junto con la *Defensa del* Sermón del Mandato *del padre Antonio de Vieira*, escrita por Pedro

Muñoz de Castro— el anónimo *Discurso apologético en respuesta a la* Fe de erratas *que sacó un Soldado sobre la* Carta atenagórica *de la madre Juana Inés de la Cruz*, fechada el 19 de febrero de 1691. En el *Discurso apologético*, según la transcripción de Antonio Alatorre, se lee: «habrá sus seis meses que vino a dar [el sermón de Vieira] a manos del ingenio incomparable de la madre Juana Inés de la Cruz», esto es, hacia agosto de 1690. Pero inmediatamente después el autor da muestras de no estar muy enterado de los acontecimientos: «Es, pues, el caso, que en una de las rejas que con personas doctas suele tener esta señora con licencia de sus preladas, se ofreció o leer el sermón o [traerlo a cuento]; no lo sé con fijeza, y no quiero andar después con escrúpulos, porque no fui yo llamado a la reja, de parte de dentro por escucha, ni de la de fuera por compañía (lo que yo no veo por mis ojos, jamás lo certifico con los dichos)» (en Alatorre, 2007, I: 85).

Me parece prácticamente imposible que entre agosto y noviembre de 1690, sor Juana leyera por primera vez el sermón de Vieira, se formara su opinión de éste, explicara casualmente su sentir en el locutorio, pusiera por escrito su crítica, decidiera que ésta formaría parte de su *SV*, se sacaran copias y una de éstas llegara a Fernández de Santa Cruz (en Puebla), quien finalmente la imprimiera luego de redactar su «Carta de sor Filotea». El autor del *Discurso apologético* habló sin tener certeza alguna: yo no me atrevería, con base en este único y tan poco fidedigno testimonio, a afirmar que «no nos cabe duda de que fue hacia agosto de ese año [1690] que sor Juana se interesó por el sermón de Vieira y redactó la *Crisis*» (Soriano, 2020: 197).

Sea como fuere, en resumidas cuentas, cuando apareció impresa la *Carta atenagórica* en Puebla, sor Juana ya había decidido que ésta vería la luz en el *SV* y muy probablemente había ya enviado, ese mes o seis antes, el manuscrito a la Península. Si llora al recibir en San Jerónimo su ejemplar de la suelta poblana no es por la confusión de ver su *Crisis* publicada, sino de verla publicada bajo un título tan pomposo —que más la desfavorece que la ayuda—, en una versión tan «desaliñada» y sin que «la respaldase la protección implicada en la concesión de las licencias [y alabanzas] en España» (Pérez-Amador, 2011: 28-29).

He realizado, por primera vez, un cotejo de todos los testimonios hasta aquí descritos de la *Carta atenagórica*: las cuatro sueltas —tres poblanas y una mallorquina— y el *SV*. Este cotejo arroja dos conclusiones fundamentales. Primero: que todas las sueltas, incluida la impresa allende los mares, provienen de una misma fuente; esa fuente debió ser una copia manuscrita —una copia de una copia de...— que llegó a manos de Fernández de Santa Cruz a fines de 1690. Segundo: el tomo dos de obra reunida (*SV*) presenta, respecto al resto de los testimonios, diferencias notables, de hecho, me parece que no existe otra obra de sor Juana cuyos testimonios se distancien tanto el uno del otro; esto se debe a que su texto deriva de una copia de la autora, revisada y corregida por ella misma para su publicación.

Además del muy evidente cambio de título, Eguía-Lis indicó otras diferencias entre los dos grupos de testimonios: «Se añadieron [en el *SV*] las apostillas a las citas de autoridad, se precisaron estas mismas citas [...], se pulieron de los errores que provenían de la memoria de sor Juana o de la mala traducción del *Sermón del Mandato* [...], se le dio unidad a los párrafos, se evitaron repeticiones innecesarias y se omitió algún término o frase de difícil digestión» (2002: 290). Para que se haga el lector una idea de los cambios entre las sueltas de *ca* y el *SV*, ofrezco el siguiente muestrario.

Son abundantes las correcciones que llamaría estilísticas, en las que sor Juana sustituye fragmentos de su texto por otros que quizá le parecieron más elegantes:

a) esto no es más que unos apuntamientos o reclamos (*ca1 ca2 ca3 ca4*)
esto no es más que unos apuntes o reclamos (*SV*);

b) Y si con todo pareciere en esto poco cuerda, con romper vuestra merced este papel quedará multado el error de haberlo escrito (*ca1 ca2 ca3 ca4*)
Y si con todo pareciere no lícita extravagancia esto en mí, con romper vuestra merced este papel quedará subsanado el error de haberlo escrito (*SV*).

Otros cambios responden a la búsqueda de una mayor claridad en la exposición de ideas o conceptos enrevesados:

a) mayor costo le tuvo morir que encarnar, no perdió nada del ser Dios cuando se hizo Cristo, y en morir dejó de ser Cristo, desuniendo el cuerpo del alma, de que se hacía Cristo (*ca1 ca2 ca3 ca4*)

mayor costo le tuvo morir que encarnar, porque en encarnar no perdió cosa alguna del ser de Dios, cuando se hizo Cristo; y en morir dejó de ser Cristo, desuniéndose el cuerpo del alma, de que se hacía Cristo (*SV*);

b) luego se prueba ser mayor dolor el que no deja llorar que el que llora (*ca1 ca2 ca3 ca4*)

luego se prueba ser mayor dolor el que no deja llorar que el que llorar deja (*SV*)

c) nadie ignora que el medio que une dos términos se une él más estrecha e inmediatamente con ellos que a ellos entre sí (*ca1 ca2 ca3 ca4*)

nadie ignora que el medio que une dos términos se une él más estrecha e inmediatamente con ellos que los une entre sí a ellos (*SV*).

Algunas variantes responden a la voluntad de ofrecer una argumentación más sólida o una defensa más enérgica:

a) aquella fineza que el amante ostenta más tiene por la mayor (*ca1 ca2 ca3 ca4*)

aquella fineza que el amante ostenta y reitera más tiene por la mayor (*SV*)

b) ¿Qué forma de argüir es ésta? El santo propone en género, el autor responde en especie; luego no vale el argumento (*ca1 ca2 ca3 ca4*)

¿Qué forma de argüir es ésta? El santo propone en género, el autor responde en especie: luego no está en forma el silogismo ni vale el argumento (*SV*)

a) claro está que el autor sabía esto mejor que yo, sino que quiso hacer ostentación de su ingenio, no porque sintiese que lo podría probar (*ca1 ca2 ca3 ca4*)

> claro está que el autor sabrá esto mejor que yo, sino que quiso hacer ostentación de su ingenio con la extravagancia, no porque sintiese que lo podía probar (*SV*).

Por último, están los cambios que me parecen más relevantes y de mayor consideración; sor Juana realizó algunas supresiones importantes (una alusión mitológica, pasajes enteros sobre la ingratitud de los hombres para con Cristo). Quizá los fragmentos suprimidos le parecieron, al fin, fuera de lugar o demasiado aventurados:

a) ¿Qué tal podemos esperar que esté David de indignado, de ofendido, de airado contra tan mal hijo, contra tan traidor vasallo? ¿Desabrocha las Euménides irritadas de su pecho? (*ca1 ca2 ca3 ca4*).

¡Y oh qué tal podemos esperar que esté David de indignado, de ofendido, de airado contra tan mal hijo, contra tan traidor vasallo! (*SV*).

b) De manera que Cristo bien quería hacer milagros en su patria, bien quería hacerles beneficios, pero mostraron ellos luego su dañado ánimo en la murmuración y el modo con que recibirían los favores de Cristo, y por eso se contuvo Cristo en hacerlos por no darles ocasión de ser más malos, como lo expresa el Evangelista: *Que no hizo muchas maravillas por su incredulidad.* Y bien sabía Cristo que también le habían ellos de murmurar el no hacerlas, y tener por escaso y avaro, y así les adelantó él mismo lo que ellos habían de decir, y les dijo: (*ca1 ca2 ca3 ca4*).

De manera que Cristo bien quería hacer milagros en su patria, bien quería hacerles beneficios; pero mostraron ellos luego su dañado ánimo en la murmuración y el modo con que recibieron los favores de Cristo, y así les adelantó él mismo lo que ellos habían de decir, y les dijo: (*SV*).

Si luego de esta dilatada exposición sobre tipografías, rutas transoceánicas y minucias filológicas llega a este punto el lector un poco mareado, le ofrezco la siguiente propuesta de *stemma* que, en su grata simpleza, resume todo lo dicho hasta ahora sobre la transmisión textual de la *Crisis*:

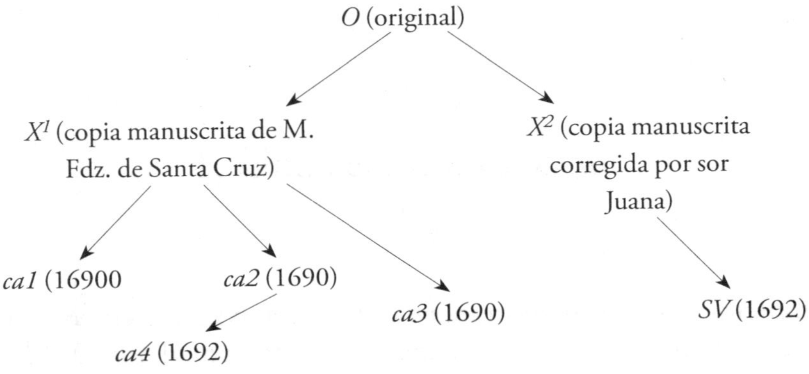

Fig. 40. *Stemma* de la *Respuesta a Vieira*

Desde las páginas del *Segundo volumen*, la *Crisis sobre un sermón* emprendió una travesía por Europa: la obra se siguió reeditando, discutiendo, y «gozó de grande estima en España y en Portugal durante unos sesenta años continuos» (Alatorre y Tenorio, 2014: 35). Si no me equivoco, la última vez que la obra llegó a las prensas en tiempos antiguos fue en 1752, cuando se incluyó en la segunda edición del tomo IV de las obras completas de Antonio Vieira, *Todos sus sermones y obras diferentes que de su original portugués se han traducido al castellano* (Barcelona: Pablo Campins). Los lectores tendrían que esperar hasta 1930 para volver a ver impresa la *Carta atenagórica*: Ermilo Abreu Gómez la publicó —en una edición semicrítica— en el número 22 de la revista *Contemporáneos*; ese mismo año, se publicó una edición suelta —o, más bien, una suerte de separata— de esa misma edición que, de hecho, a pesar de haberse impreso autónomamente y con su propia portada, conserva la composición tipográfica y la paginación de la revista (*AG2*, 1930: 215-268; fig. 41). Esta edición, cuyo tiraje desconozco, es hoy, por supuesto, rarísima: consulté un ejemplar que se conserva en la Biblioteca Nacional de México y que perteneció a Rafael Heliodoro Valle, a quien se la dedica el editor: «Para mi siempre amigo, Rafael H. Valle. Ermilo». A esta primera edición de la *Carta* con sus dos emisiones —la de la revista y la separata— el editor sumó otra, de 1934, en la que también incluyó la *Respuesta a sor Filotea* (México: Botas).

Fig. 41. Portada de la primera edición moderna de la *Carta atenagórica* (México: Ediciones Contemporáneos, 1930)

Suele atacarse la labor editorial de Abreu Gómez en lo que respecta a sor Juana. Sin embargo, no sólo fue el primer editor moderno de la *Atenagórica*, sino que presentó un texto basado en el *Segundo volumen*, único corregido y autorizado por la autora, como he probado a lo largo de estas líneas. En la nota previa a su edición, Abreu ya advertía: «no es precisamente la primera [edición] la que ofrece más genuino sentido» (*AG2*, 1930: 217). Por eso sorprende que en la suya, la muy difundida del tomo IV de las *Obras completas* (1957), Alberto G. Salceda nos presente un texto basado en la suelta de Puebla.

Triple y reiterada traición: la del destinatario de la *Carta*, que permitió que se copiara; la de Manuel Fernández de Santa Cruz, que la imprimió; la de Salceda, que da a las prensas esa versión tan deturpada, que sor Juana jamás quiso que viera la luz, y a través de la cual, por desgracia, prácticamente todos los lectores del siglo xx y xxi hemos conocido la valiente impugnación.

12. ¿Aquiles u Homero? (1691)

Podría pensarse que una obra como la de sor Juana Inés de la Cruz, célebre, siempre comentada, a veces motivo de acaloradas discusiones entre sus fervorosos admiradores y apasionados, no esconde ya ningún secreto. Quiero decir: si esa obra fuera un laberinto, una casona, no quedarían pasillos por andar, habitaciones por descubrir, ventanas por las cuales asomarse. Nada más lejos de la realidad: estoy convencido de que hoy en día una buena parte de la obra de sor Juana apenas se lee y poco se estudia.

Podríamos hablar, entonces, de la *otra* sor Juana: de la que escribió no sólo el famoso auto sacramental de *El divino Narciso* y su americanísima loa, sino los otros, *El cetro de José* y *El mártir del sacramento*, además de un puñado de loas sueltas que, aunque motivadas por una ocasión tan pedestre como el cumpleaños de los poderosos, despliegan un universo fascinante protagonizado por personajes como los cuatro elementos naturales, los planetas o las notas musicales; de la sor Juana que escribió no solamente la muy citada *Respuesta a sor Filotea*, sino otras prosas, tan piadosas como vívidas, como los *Ejercicios de la Encarnación* y los *Ofrecimientos del Rosario*; de la autora de otros sonetos, históricos, dedicados a antiguas heroínas como Porcia, Julia o Lucrecia, considerablemente menos leídos que los que dedicó a un retrato, a una sombra esquiva, a una rosa.

Entre los poemas reunidos por Alfonso Méndez Plancarte en el primer volumen de sus *Obras completas*, la *Lírica personal*, hay dos poemas hermanados por su forma métrica, la silva: el *Primero sueño* (núm. 216) y el *Epinicio al conde de Galve* (215). Creo que está por demás decir cuál de las dos se lleva en nuestros días y se ha llevado, a lo largo de los siglos, todas las atenciones. La *otra* silva de sor Juana, ya desde su cultísimo título presenta escollos, dificultades, que parecen interponerse entre el poema y los lectores actuales: un *epinicio* no es sino una oda que, en la antigüedad, celebraba alguna victoria, particularmente la de un atleta en una justa deportiva. Son famosos los de Píndaro, compuestos en el siglo v a. C.

Como lo indica ya su nombre, el *Epinicio* de sor Juana está dedicado a Gaspar de la Cerda Sandoval, conde de Galve, quien fuera virrey de la Nueva España entre 1688 y 1696. El gobernante, por supuesto, no derrotó a nadie en una competición atlética, sino que, bajo su mandato, entre 1690 y 1691, la Armada de Barlovento, flota destinada a proteger los dominios del imperio español en América, se batió contra sus enemigos, los piratas franceses, asentados en la isla de Santo Domingo, y consiguió sobre éstos victorias importantes.

Ni tardos ni perezosos, los poetas novohispanos (sor Juana incluida), que ya se sabe que por motivos mucho menos sorprendentes que ése llenaban cuartillas de endecasílabos y metáforas, se abalanzaron a escribir elogios métricos al conde; el ramillete resultante, bajo el título de *Epinicios gratulatorios*, se imprimió en la segunda mitad de 1691 como una suerte de apéndice o complemento lírico a una obra de carácter cronístico-histórico debida a la pluma de don Carlos de Sigüenza y Góngora: el *Trofeo de la justicia española en castigo de la alevosía francesa* (México: Herederos de la Viuda de Bernardo Calderón).

El *Epinicio* es una obra cultísima, cifrada, llena de artificios y acertijos, pero tengo la sensación de que la anécdota con la que se relaciona nos interesa ya tan poco que no nos tomamos el tiempo, como sí nos lo tomamos por ejemplo con el *Sueño*, de descifrar pacientemente su lenguaje decididamente gongorino, de desatar sus hipérbatos, de comprender la sinuosa trabazón de sus imágenes.

Hay obras de sor Juana, y esto es válido para prácticamente todos los grandes autores, que parecen flotar por encima de la historia: su lenguaje es, a un tiempo, un lenguaje entendido por sus contemporáneos y uno que, en su especial y armónica configuración, sólo existe en el cerco de su ámbito; sus temas logran interesar a los lectores de su momento y, a la vez, siguen siendo relevantes para nosotros, siglos después. El *Epinicio*, en cambio, pertenece a otra clase: su lenguaje y su tema lo anclan férreamente a su momento histórico; quizá por ello muy pocos estudiosos le han dedicado algunas líneas y muchos, cuando lo han hecho, ha sido para descalificarlo. Es, pues, un pasillo en la obra de sor Juana por el que hemos pasado a prisa, desganadamente, sin tomarnos el tiempo de reparar en sus virtudes. Y yo creo que tiene muchas: leído detenidamente y en su propio contexto —o sea, sin pedirle peras al olmo— el *Epinicio*, última obra publicada en vida de sor Juana en la Ciudad de México, es el texto de una poeta madura, dueña de su estilo y plena conocedora de sus procedimientos creativos, que ha concluido y enviado ya a las prensas españolas su obra maestra, el *Sueño*, que confía plenamente y más que nunca, luego de convertirse en un fenómeno editorial transatlántico con la publicación de la *Inundación castálida* en 1689, en sus capacidades como poeta.[1]

El *Trofeo de la justicia española en castigo de la alevosía francesa* es una de las varias obras de don Carlos de Sigüenza y Góngora dedicadas a exaltar la figura del conde de Galve, su gran mecenas. Como a estas alturas el lector ya debe haber inferido, de todos los periodos en la vida de sor Juana, sin duda al que podríamos calificar de dorado sería al que va de 1680 a 1688: al amparo y por encargo de los virreyes, condes de Paredes y marqueses de la Laguna (sobre todo de la virreina, María Luisa Manrique de Lara), escribió algunas de sus mejores obras. Aunque los condes de Paredes permanecieron en México dos años más luego de la conclusión de su mandato, ya desde 1686, Gaspar Sandoval y su esposa, Elvira de Toledo, encabezaron el gobierno de la Nueva España, y permanecerían en el cargo hasta 1696.

Este fue el periodo dorado de Sigüenza, quien luego de muchos años de permanecer a la sombra de sor Juana, por fin, a sus cuarenta y tres años, se convertía en el intelectual predilecto de los poderosos en turno. Sin ser un experto en la historia política del virreinato, tengo la sensación de que el gobierno de los condes de Paredes (1680-1686) significó para México un periodo no tan convulso: a sor Juana le tocó realzarlo, engalanarlo, con sus versos exquisitos y su deleitosa erudición. En cambio, lo que sí nos consta es que el conde de Galve era un individuo desprovisto de muchas de las virtudes que se esperarían en

[1] Hay *otro* último texto publicado en vida de sor Juana en América, pero en Puebla: los villancicos a santa Catarina (Diego Fernández de León), cuya aprobación es del 3 de septiembre de 1691. La redacción y publicación del *Epinicio* debieron prácticamente coincidir con las de estos poemas.

un buen gobernante, que llegó a ser virrey con treinta y cinco años en medio de un periodo político particularmente tormentoso —el fin de la dinastía de los Austrias a raíz de la infertilidad de Carlos II— y que en México se encontró, además de con numerosos conflictos políticos y sociales, con un fuerte grupo opositor entre algunos criollos que vieron amenazados sus intereses con su llegada (Escamilla, 2002: 187-192).

Don Carlos asumió, en palabras de Iván Escamilla González, «un encargo delicado y altamente comprometedor»: el de convertirse en el «cronista oficioso del conde de Galve» (2002: 188). Entre 1668 y 1684, en un periodo que abarca dieciséis años y gracias al patrocinio de diferentes instituciones y mecenas, Sigüenza logró publicar, sin contar sus lunarios anuales, seis de sus obras; entre 1689 y 1693, en un periodo de sólo cinco años, Sigüenza publicó las otras seis obras de las doce que habría de publicar mientras estuvo vivo. Los números son claros: bajo el mandato y el auspicio del conde de Galve, Sigüenza publicó como no había publicado nunca en toda su vida. Más que un poeta que cantara la belleza de su esposa o engalanara con sus versos el ocio de la Corte, este virrey necesitaba un paladín que esgrimiera la pluma en su defensa: ése no podía ser otro sino el siempre polémico y aguerrido Sigüenza.

El gobierno del conde de Galve no sólo coincidió con los conflictos internos relacionados con la sucesión monárquica en la Península, sino también con la guerra de los Nueve Años (1688-1697), originada por diferencias entre diversas naciones europeas en lo concerniente a la sucesión del condado Palatino del Rin, la cual enfrentó a Francia contra la Liga de Augsburgo o Gran Alianza, conformada por España, Austria, Inglaterra, Portugal, entre otros países. El conflicto se manifestó en América, sobre todo, en el agravamiento de la disputa entre españoles y franceses por el dominio de la isla de Santo Domingo.

El 19 de julio de 1690 salieron de San Juan de Ulúa, por la orden escrita de un virrey temeroso de que los piratas franceses atacaran las poblaciones españolas de la isla, veintitrés embarcaciones de la Armada de Barlovento hacia el Caribe. Ninguno imaginaba entonces que se dirigían hacia una serie de cruentas batallas de las cuales saldrían victoriosos, pues simultáneamente, Pierre-Paul Tarin de

Cussy, gobernador de la parte francesa de la isla, preparaba una serie de ataques para tender sobre ésta, de una vez por todas, el control total de Francia. La Armada volvió al puerto de donde había zarpado el sábado 10 de marzo de 1691. Se supo en México el 14 de marzo de ese mismo año, tal como refiere el *Diario* de Robles: «vino nueva de haber entrado a 10 de éste la armadilla con cuatro navíos de presa, y haber conseguido una gran victoria en la isla de Santo Domingo por mar y tierra, y muerto más de seiscientos franceses, y que cogieron más de cuatrocientas cincuenta pistolas» (1972: II, 220).

El *Trofeo* es una crónica que consta de trece capítulos, el primero de los cuales es una recapitulación histórica de las diversas incursiones de los franceses en territorios americanos desde 1534. La obra se centra en los distintos enfrentamientos que tienen un clímax en la batalla librada en una sabana junto al monte del Limonal (capítulo siete), acaecida el 21 de enero de 1691, donde muere «Monsiur Coussy». El relato épico tiene su verdadero cierre en el capítulo once, en que se narra el regreso de la Armada victoriosa a San Juan de Ulúa. El párrafo final nos presenta dos acciones simultáneas, sumamente significativas: el virrey, al enterarse, agradecido se arrodilla frente a la Virgen de Guadalupe en el Tepeyac; la virreina, paralelamente, frente a la españolísima Virgen de Atocha en la iglesia de Santo Domingo de México. La prosa del *Trofeo* es de las más llanas y escuetas de su autor —mucho más que la presente en *Triunfo parténico*, por ejemplo—, y quizá por eso, enérgica y emotiva. A veces uno siente, de hecho, que está leyendo una novela.

Sigüenza solicitó a once poetas que escribieran versos en loor a las hazañas de la Armada de Barlovento, los cuales se reunieron bajo el título de *Epinicios gratulatorios* y se añadieron, como ya dije, al final del *Trofeo* como una suerte de apéndice o complemento lírico a la relación histórica (fig. 42). A diferencia de lo que ocurre en la época con otras relaciones de sucesos, aquí la poesía no lleva la voz cantante, sino que sucede, epiloga, a esa prosa escueta de la que ya hemos hablado.

Me parece sumamente significativo el hecho de que en este impreso es la prosa la que va por delante, la que propiamente asume la labor de la épica, es decir, la de narrar los acontecimientos y proveer de toda la información al lector, mientras que los poemas están relegados al final, como una suerte de ramillete que se limita a

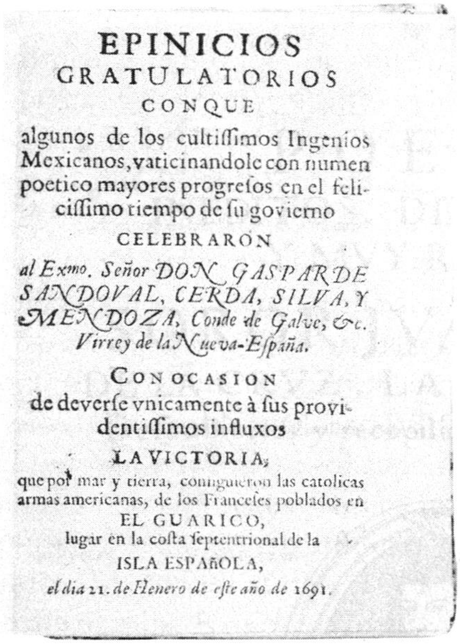

EPINICIOS
GRATULATORIOS
CONQUE
algunos de los cultiſſimos Ingenios Mexicanos, vaticinandole con numen poetico mayores progreſos en el feliciſſimo tiempo de ſu govierno
CELEBRARON
al Exmo. Señor DON GASPAR DE SANDOVAL, CERDA, SILVA, Y MENDOZA, Conde de Galve, &c. Virrey de la Nueva-Eſpaña.
CON OCASION
de deverſe vnicamente à ſus providentiſſimos influxos
LA VICTORIA,
que por mar y tierra, conſiguieron las catolicas armas americanas, de los Franceſes poblados en
EL GUARICO,
lugar en la coſta ſeptentrional de la
ISLA ESPAÑOLA,
el dia 21. de Henero de eſte año de 1691.

Fig. 42. Portadilla interna de los *Epinicios gratulatorios*, añadidos al final del *Trofeo de la justicia española*, de Carlos de Sigüenza y Góngora (México: Herederos de la Viuda de Bernardo Calderón, 1691)

coronar y engalanar al impreso. Entre los poetas que escriben en los *Epinicios*, hay algunos que ya hemos mencionado: Alonso Ramírez de Vargas (participó en la justa poética que dio origen al *Triunfo parténico*), Francisco de Acevedo (el que cedió a sor Juana su primer lugar en la justa del *Triunfo*), Juan de Guevara (con quien Juana coescribió la comedia *Amor es más laberinto*). Como es costumbre desde su primera publicación en 1668, el poema de sor Juana ocupa el primerísimo lugar y está precedido por un epígrafe en verdad soberbio: «De la madre Juana Inés de la Cruz, religiosa profesa en el Convento de San Jerónimo de México, Féniz de la erudición en la línea de todas ciencias, emulación de los más delicados ingenios, gloria inmortal de la Nueva España».

Lo que sorprende del *Epinicio* es que prácticamente no habla ni del conde de Galve ni de la victoria de la Armada de Barlovento sobre los franceses. Si logramos atravesar el áspero caparazón que lo recubre, y con ello quiero decir su complejo lenguaje gongorino lleno de alusiones mitológicas, hipérbatos y cultismos, nos daremos cuenta de que este poema largo de 142 versos dedica solamente veintisiete —el diecinueve por ciento del total— a su «núcleo», a su asunto principal.

Entre los versos 97 y el 123, sor Juana declara la que, para ella, fue «la más rara circunstancia» en todo este asunto de la Armada contra los franceses. La resumo así: el día que la «gálica arrogancia», o sea «Monsieur Coussy», tuvo a bien ofrecer a los habitantes de Santiago de los Caballeros el volverse súbditos de Francia a cambio de perdonarles la vida, fue el mismo que, «aunque ignara acá del daño», la «atenta providencia» del virrey remitió a la «...valiente Armada / que, dominando el viento, / por su título goza el Barlovento». Se refiere al 4 de julio de 1690. Sor Juana, pues, celebra en su *Epinicio* un hecho que podría parecernos insignificante y, creo yo, nada heroico, o sea, la afortunada coincidencia de dos acciones simultáneas el mismo día, independientes la una de la otra: la firma de una orden del conde de Galve en México y el ataque de los piratas en Santo Domingo.

El resto del poema, sor Juana habla o de sí misma y de su arte como poeta (vv. 1-62) o del resto de los poetas de su tierra, a quienes llama «cisnes» que «al mar occidental surcan nevados» (vv. 68-96). Creo que, entre todos, hay tres pasajes que se destacan notablemente; son aquellos en los que la poeta, que se declara incapaz de cantar la grandeza del conde de Galve, se compara a sí misma con una madre que aborta, en un flamígero estallido, versos que son embriones mal formados; con una nube que silba con el trueno y que pare, entre la lluvia de su sudor, un poema como un relámpago; con la Fitonisa —o Pitonisa— de Delfos, que alberga dentro de sí misterios tan divinos para cuya expresión es insuficiente el pobre lenguaje humano.

En los versos 12-24, por ejemplo, el conde se compara con una llama, al tiempo ardiente y dulce, que anima el escaso, es decir 'incapaz', pecho de la poeta, el cual termina siendo un vaso limitado para tanta copia o 'abundancia'. Por eso, el pecho, como si fuera «pólvora oprimida», frente al fuego de las hazañas del conde, no puede sino explotar y «abortar» *a*) conceptos mal formados, *b*) embriones informes, *c*) partos no sazonados, o bien, *d*) hijos no lucidos y *e*) partos no perfectos, que a pesar de sus imperfecciones son «fetos lucientes», ya que fueron concebidos y engendrados por las «lumbres claras» del conde, por el divino ardimiento de su luz, que abrasó el entendimiento de la poeta.

Habrá que sopesar con cuidado este pasaje, a todas luces inquietante, y que se vale de imágenes poco o nada frecuentes en la lírica de la época: sor Juana es preñada por la llama del conde de Galve y el producto de esa unión intelectual son los versos del *Epinicio*, hijos que la madre Juana pare —o como ella lo dice, aborta— desde el pecho y desde el entendimiento. Son hijos, pues, aunque malformados e indignos, del afecto y de la razón:

> La dulce ardiente llama
> del pecho anima escaso,
> que a copia tanta limitado es vaso,
> y, pólvora oprimida,
> los conceptos aborta mal formados,
> informes embrïones,
> no partos sazonados,
> si bien de lumbres claras concebidos,
> cuando hijos no lucidos
> o partos no perfetos,
> lucientes serán fetos
> del divino ardimiento
> que tu luz engendró en mi entendimiento.

El mensaje más profundo del *Epinicio* quizá radique en la desproporción de sus partes: el asunto central queda reducido a unos cuantos versos mientras que el espacio en el que el poeta se presenta y reflexiona sobre su propia creación ocupa prácticamente toda la composición. El héroe, el conde de Galve, se nos pierde tras las portentosas imágenes que la poeta ofrece de sí misma. Y no sólo el héroe, sino su hazaña, que se reduce a haber tenido la suerte de firmar un papel el mismo día que los enemigos franceses atacaron a sus súbditos, queda opacada por el elogio de los poetas, cisnes que navegan el mar de un poema «épico» que debería estar surcado por barcos en combate.

No sé si me atrevería, después de todo, a proponer una lectura de este poema como una crítica al gobierno del conde de Galve, disfrazada de elogio, pero me parece menos temerario sugerir que éste constituye un elogio de la poesía y menosprecio de la guerra.

En una entrevista, Octavio Paz refiere la siguiente anécdota: «a los nueve o diez años, leí que le habían preguntado a Alejandro Magno, cuando era niño: "Tú ¿qué quieres ser, el héroe Aquiles o su cantor Homero?". Alejandro respondió: "Prefiero ser el héroe a la trompeta del héroe". Esa respuesta me conturbó, porque para mí Homero no era menos, sino más importante que Aquiles. Sin Homero no habría Aquiles». El *Epinicio* de sor Juana es una épica en la que la disputa entre Aquiles y Homero se resuelve definitivamente a favor del segundo: importa, más que hacer la historia, quién y, sobre todo, cómo la cuenta.

La indiferencia que ha padecido el *Epinicio al conde de Galve* a lo largo del tiempo se debe, en buena medida, a su descubrimiento tardío. Aunque, como ya dije, se imprimió por primera vez en 1691, en el interior del *Trofeo de la justicia española en el castigo de la alevosía francesa*, de don Carlos de Sigüenza y Góngora, el poema, junto con el volumen que lo contenía, cayó en el desconocimiento y el olvido durante siglos, ya que sor Juana no lo incluyó en ninguno de sus volúmenes de obra reunida publicados en Europa —es el último de los poemas *extra opera omnia* de los que hablaremos en este libro—. Fue redescubierto, simultánea y separadamente, por Manuel Toussaint, quien lo dio a conocer en su exquisita edición de *Poemas inéditos, desconocidos y muy raros* (México: Manuel León Sánchez, 1926), y por Dorothy Schons, quien lo incluyó en su *Bibliografía y biblioteca*, publicada originalmente en inglés en 1925, y luego traducida al español en 1927, en donde aclara: «este poema parece que nunca se reimprimió; por lo tanto, a riesgo de ser fastidiosa, lo reproduciré completo» (22).

Toussaint asegura haber manejado para su edición del *Epinicio* un ejemplar del *Trofeo* perteneciente a Federico Gómez de Orozco, cuya biblioteca pasó luego a formar parte de la Nacional de Antropología e Historia. No he logrado localizar, en el catálogo de esta última, ese ejemplar. He consultado, en cambio, el resguardado en la Colección Genaro García de la Benson Latin American Collection (Universidad de Texas), mismo que también manejó Dorothy Schons. Tanto esta última como Toussaint cometieron algunos descuidos al transcribir la silva. Dado que Méndez Plancarte basó el texto de su edición en el de Toussaint, y Alatorre basó el de la suya en el de Méndez, el *Epinicio* siempre se ha ofrecido a los lectores, digámoslo así, con algunos desperfectos.

Llamo la atención sobre unos casos. En algún momento de la silva, como ya vimos, sor Juana se compara con la sibila de Delfos: todos los editores modernos imprimen sin excepción *Pitonisa doncella* (v. 41), pero la *princeps* lee claramente *Fitonisa doncella*. La corrección o modernización de la grafía es innecesaria: la forma *Fitonisa* era en la época muy frecuente.[2] Otro detalle está en el verso 93: sor Juana dice al conde de Galve que la Fama va repitiendo, en ecos, el «estrépitu horrendo» que de «la colisión» *engendró de tus armas el estruendo*. Por error, Méndez Plancarte imprimió, no *tus armas*, sino *sus armas*, y esa errada lección la repitió Alatorre. Agrego una última minucia: Méndez Plancarte, en su edición, se propuso «corregir» el leísmo de sor Juana porque lo consideraba una intromisión de los editores españoles; así, cuando se desempeña como objeto directo, el editor sustituye el pronombre *le* por *lo* o *la*, según sea el caso. Por supuesto, es este un criterio sumamente desafortunado que altera sistemáticamente la lengua con la que sor Juana construyó su obra; Alatorre, en la introducción a su edición de la *Lírica personal* (2009: XXVII-XXVIII), esgrimió razones suficientes para no seguirlo implementando. Hacia el final de su *Epinicio*, sor Juana insta a la «trompa vocinglera» de la Fama a que cante los méritos del conde de Galve, si acaso aquélla *no revienta al aliento que le inspira* (v. 140). Méndez trocó ese *le* por *la*, e imprimió: *no revienta al aliento que la inspira*; Alatorre, como no tenía la *princeps* a la mano, copia la lección de su antecesor, siguiendo así el criterio que se había propuesto desatender.

Vayan esos apuntes para ser tomados en cuenta cuando se pula la edición de un texto que, ya de por sí arduo, no puede permitirse acrecentar su dificultad a causa de los descuidos de los editores. También para el futuro queda resolver otra cuestión: sor Juana dejó fuera de sus obras reunidas publicadas en Europa justamente tres de

[2] Ofrezco solamente un ejemplo extraído de *Los cabellos de Absalón*, de Calderón de la Barca: «Esta muger tan curiosa / que de lo futuro avisa, / tiénenla por *Fitonisa* / estos rústicos...» (*ca.* 1634, *CORDE*). El *Dicc. de Aut.* (s.v. *phythonissa*) la define como «la sacerdotisa del templo de Apolo Délfico, la cual fingían los gentiles que, inspirada por el dios, adivinaba lo futuro».

sus poemas estrechamente relacionados con Sigüenza y Góngora, y los cuales hemos ya revisado uno por uno. Tuvo oportunidad de incluir en la *Inundación castálida*, publicada en 1689, el precioso soneto «Dulce, canoro cisne mexicano» (1680) y también el romance al marqués de la Laguna, que había resultado ganador en el *Triunfo parténico* de 1683, pero no lo hizo. Juan Ignacio de Castorena y Ursúa, por su parte, no incluyó el *Epinicio* en su edición de la *Fama y obras póstumas*, aunque pudo haberlo hecho sin ningún problema.

Es curioso: Sigüenza publicó junto a ella su primer poema en 1668, ideó simultáneamente un arco triunfal para recibir a los virreyes en 1680 y pronunció la oración fúnebre a su muerte en 1695. Los unió, pues, a lo largo de toda la vida una buena amistad, aunque, por lo visto, no tan buena como para que sor Juana quisiera ligar perpetuamente su nombre, a través de la publicación de los tres volúmenes publicados en Europa, al de su sabio y erudito compatriota.

13. *Segundo volumen* (1692)

CABALLERO Y MERCANTE

Detrás de la edición del *Segundo volumen de las obras de soror Juana Inés de la Cruz*, publicado en Sevilla por Tomás López de Haro en 1692, se esconde un misterioso caballero: don Juan de Orúe y Arbieto. A diferencia de los responsables de la *Inundación castálida*, la condesa de Paredes y Juan Camacho Gayna (de quienes hablé ya en otro capítulo), o del responsable de la *Fama y obras póstumas*, Juan Ignacio de Castorena y Ursúa (de quien hablaré más adelante), la información relativa a Orúe y Arbieto de la que han dispuesto los sorjuanistas a lo largo del tiempo siempre ha sido muy escasa: «es una gran lástima —decía Gabriela Eguía-Lis Ponce en 2002— que no se tengan noticias de quién fue don Juan de Orúe y Arbieto» (333).

Prácticamente, los únicos datos biográficos de este personaje con los que siempre se ha contado son los que se pueden desprender de los paratextos del propio *Segundo volumen*, del que es dedicatario: sabemos que era, como queda muy claro en la portada, caballero de la Orden de Santiago (fig. 43); que pertenecía a una ilustre familia de Vizcaya, como lo deja ver sor Juana en su Dedicatoria en prosa; y que radicaba en Sevilla, donde gozaba de alta estima entre las élites, lo que se infiere por el hecho de que en esa ciudad se hayan escrito, a petición suya, la mayoría de los textos preliminares que anteceden y celebran las obras de la monja.

En su Dedicatoria, no tan cálida e íntima como aquel soneto con el que dedicó la *Inundación castálida* a María Luisa, pero sí respetuosa y no desprovista de cierto afecto, sor Juana nos revela un dato de suma importancia: 'No se piense —parece decirle la monja— que le dedico a vuestra merced estas obras —ella las llama «papelillos»— para que su mecenazgo las defienda de los ataques del vulgo'. La razón es otra:

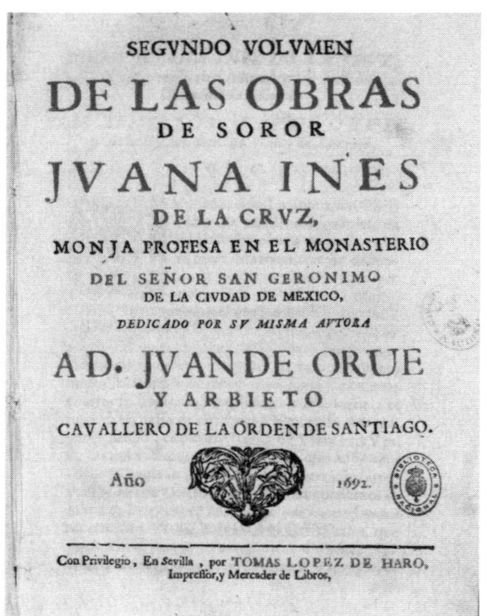

SEGVNDO VOLVMEN
DE LAS OBRAS
DE SOROR
JVANA INES
DE LA CRVZ,
MONJA PROFESA EN EL MONASTERIO
DEL SEÑOR SAN GERONIMO
DE LA CIVDAD DE MEXICO,
DEDICADO POR SV MISMA AVTORA
A D. JVAN DE ORUE
Y ARBIETO
CAVALLERO DE LA ORDEN DE SANTIAGO.
Año 1692.
Con Privilegio, En Sevilla, por TOMAS LOPEZ DE HARO, Impressor, y Mercader de Libros,

Fig. 43. Portada del *Segundo volumen* (Sevilla: Tomás López de Haro, 1692)

las entrega en obediencia al mandato de Orúe y Arbieto, quien se las ha solicitado; es decir, ha sido de este caballero la iniciativa de reunir y publicar este segundo tomo:

> Muy señor mío: la intención ordinaria de nuestros españoles en dedicar sus obras expresa que es tener mecenas que las defienda de las detracciones del vulgo, como si la desenfrenada multitud y libre publicidad guardase respeto a la más venerable soberanía. Yo en estos papelillos, que a vuestra merced dedico, llevo muy diverso fin, pues ni quiero empeñar su respeto en tan imposible empresa como mi defensa, ni menos coartar su libertad a los lectores en mi sentir. El intento no pasa de obedecer a vuestra merced en su entrega (*SV*, 1692: s.p.).[1]

Añade sor Juana que ha entregado estas obras a Orúe no sólo por obedecer su mandato, sino porque le resulta natural que ella, siendo «rama de Vizcaya», o sea, oriunda de esa región, devuelva los «frutos»

[1] La Dedicatoria se puede leer, con una puntuación ligeramente distinta a la que aquí propongo, en la edición de Alberto G. Salceda (*OC*, 403).

de su ingenio, sus obras, al «tronco» del que han surgido, o sea, a la antigua y linajuda familia del caballero: «porque, siendo como soy rama de Vizcaya, y vuestra merced de sus nobilísimas familias de las casas de Orúe y Arbieto, vuelvan los frutos a su tronco».

Sabemos, sin embargo, que sor Juana no era vasca: su familia materna era andaluza y su familia paterna, canaria. El apellido *Asuaje* es, de hecho, canario y proviene de la deformación del apellido genovés *Soaggi* (Schmidhuber y Peña, 2018: 24).[2] Vasca o no, lo que me parece importante concluir de todo este asunto es que, para poder contar la historia del *Segundo volumen*, es importante contar antes la historia de su dedicatario, del caballero que lo concibió, lo costeó y lo editó.

Creo que fuimos mi amigo David Galicia y yo quienes en nuestro artículo de 2018 a propósito de Joseph Llopis, «Un impresor seducido por sor Juana», dimos cuenta por primera vez de una serie de documentos indispensables para echar luz sobre la trayectoria vital de Juan de Orúe y Arbieto. Esos documentos, que entonces mencionamos sólo de paso y a los cuales me dispongo a sacar jugo en las líneas siguientes, abarcan desde 1673 hasta 1691 y comprenden una serie de licencias para pasar a América, un par de relaciones de méritos y una diligencia para el cobro de los bienes de un difunto, todos resguardados en el Archivo General de Indias.

El más importante de todos estos documentos y el que contiene la mayor cantidad de información es, sin duda, la *Probanza de las calidades de limpieza, nobleza y demás requisitos*, realizada a mediados de 1689 con el fin de que don Juan de Orúe fuera admitido en la Orden de Santiago y que se conserva en el Archivo Histórico Nacional de España (Om-Caballeros_Santiago, Exp. 6067).

En el siglo xvii, ingresar a las filas de la Orden de Santiago, la más noble de las órdenes religiosas y militares españolas, no era cosa fácil. Primero que nada, el mismísimo monarca, en su calidad de administrador perpetuo de la institución, debía enviar al Consejo de

[2] En un villancico, mitad en euskera y mitad en español, compuesto para la Asunción de 1685, ya había hablado la poeta acerca de su supuesto origen vasco: «Nadie el vascuence mormure, / que juras a Dios eterno / que aquesta es la misma lengua / cortada de mis abuelos» (*OC*, 274; *JGR*, 2016: 59: vv. 115-118).

las Órdenes, asentado en Madrid, un real decreto en el que solicitaba se admitiese y confiriese hábito e insignia de la Orden a un determinado individuo, que desde aquí pasará a llamarse *el pretendiente*. Para el Consejo, la solicitud del monarca no era suficiente: al recibir su decreto, se echaba a andar una compleja maquinaria de investigación cuyo fin era probar que el pretendiente cumplía con las cualidades necesarias para formar parte de la Orden. Para ello el Consejo llevaba a cabo, en secreto, un interrogatorio de diez preguntas a diversos informantes con el que se buscaba certificar, en primer término, que los familiares del pretendiente fueran hijosdalgo y cristianos viejos —para ser un paladín de Santiago había que probar que por las venas de los padres y abuelos no corría una sola gota de sangre judía o mora: no en vano se le apoda «Matamoros» al apóstol guerrero—. En segundo lugar, el interrogatorio buscaba la certeza de que ni el pretendiente ni su padre hubieran sido «mercaderes o cambiadores» o hubieran ejercido «algún oficio vil o mecánico» —ya se sabe que el principal rasgo de un noble es no haber trabajado nunca—. Por último, el cuestionario ahondaba sobre otros asuntos: si el pretendiente sabía andar a caballo, si había sido retado o desafiado o si él o sus parientes habían sido procesados o condenados por algún delito ante el Santo Oficio. Si cumplía con esta serie de estrictos requisitos, el pretendiente al fin podía recibir el hábito y ser armado caballero en un acto solemne de profesión en el que hacía voto de vivir de acuerdo a la regla de Santiago. Inmediatamente después, el noble debía servir unos meses en las galeras del rey y pasar un año de noviciado en alguno de los conventos de la orden (Álvarez-Coca, 1993).

Este arduo proceso, aunque repasado superficialmente, del que da cuenta la *Probanza* de Orúe, nos deja ver por qué los caballeros de la época aspiraban tan fervientemente a ostentar la cruz carmesí de la Orden de Santiago sobre el pecho: ésta los acreditaba como nobles de alta jerarquía y miembros de una élite política y social, como leales y eficaces servidores de la Corona y, finalmente, y no por eso menos importante, como heroicos defensores de la cristiandad.

Pienso en el que quizá sea, actualmente, el más célebre caballero de la Orden, el pintor Diego Velázquez, y cuyo proceso de admisión se conserva también, como el de Orúe, en el Archivo Histórico Nacional (OM-CABALLEROS_SANTIAGO, Exp. 7778). Su obra maestra,

Las meninas, que hoy puede apreciarse en el Museo del Prado, fue concluida, muy probablemente, en 1656; Velázquez fue investido caballero en 1659, luego de un proceso tortuoso en el que sólo con una dispensa papal de Alejandro VII pudo sortear la falta de nobleza de sus ascendientes. Pues bien, armado de paleta y pincel, tres años después de haberlo concluido, descolgó su famoso lienzo sólo para pintar la vistosa cruz de la Orden sobre el jubón que viste allí su autorretrato.

No hay que descartar que una de las principales razones de Orúe y Arbieto para ofrecerse a patrocinar y editar el *Segundo volumen* haya sido la necesidad de declarar por todo lo alto su pertenencia a la Orden de Santiago, pues habría recibido el título muy poco antes de 1692, fecha de su publicación. Por eso en la portada, junto a su nombre, impreso en tinta roja, como la cruz en el pecho de Velázquez, se lee «Caballero de la Orden de Santiago». El *Segundo volumen* fue el lienzo en el que Orúe, tal como Velázquez sobre *Las meninas*, haría brotar la flor sangrienta de Santiago.

Como ocurre con otros apellidos que no son de origen propiamente castellano —por ejemplo el de sor Juana, *Asuaje*, que se ha venido escribiendo erróneamente *Asbaje*—, el de *Orúe* ha dado pie a no pocas confusiones. Algunos estudiosos modernos han transcrito *Orbe* u *Orve*, lo cual es incorrecto, como señalaba ya Alatorre (1980: 475-476*n*), quien restituye al apellido la *ú* acentuada que aquí utilizo. La variedad de grafías ya existía en tiempos de nuestro caballero: en algunos documentos, su apellido se escribe *Horúe*.

Ahora bien, como muchos aristócratas de la época, nuestro caballero parece estar provisto de un baúl lleno de apellidos, que utiliza a conveniencia: a veces firma simplemente como *Juan de Orúe* —u *Horúe*—; cuando pretende el hábito de caballero, saca a relucir el linajudo apellido de su madre y firma como *Juan de Orúe Amezcaray*; habiendo sido ya armado caballero, en un documento de 1692, utiliza los mismos apellidos que aparecen en el *Segundo volumen*: *Orúe y Arbieto*.

Tal maraña dificulta, por supuesto, la búsqueda de información relacionada con este personaje y, ya en la época, ocasionaba alguno que otro embrollo; en la citada *Probanza*, luego de aclarar de dónde vienen y por qué le tocan los diversos apellidos que utiliza —a los ya mencionados, añádanse *Arauco* y *Recalde*—, los miembros del

Consejo asientan: «con que nos pareció quedaba bastantemente aclarada cualquiera equivocación que sobre esto pudiere haber» (s.f.).[3]

Según consta en el acta que se transcribe en la *Probanza*, don Juan de Orúe es oriundo de la anteiglesia[4] de Santa María de Gatica y fue bautizado el 15 de enero de 1633 (f. 30r). Debió nacer poco antes de esa fecha, en los primeros días de ese año o en los últimos del anterior. Era pues, alrededor de una década mayor que sor Juana y tenía cincuenta y nueve años cuando se publicó el *Segundo volumen*. El caballero compartía con la monja jerónima el origen ilegítimo: era hijo natural, es decir, nacido fuera del matrimonio. Ello lo asienta claramente Francisco de Aldequa, uno de los informantes que responden al interrogatorio de la *Probanza*: «hijo natural de los dichos Felipe de Orúe y Juana de Amezcaray, al que tuvieron siendo solteros»; la pareja, por cierto, tuvo otro hijo, también ilegítimo, «que tiene entendido se llamó Ambrosio, de quien no tiene noticia qué se hizo» (f. 6r).

A pesar de que el padre se casó luego con Francisca del Campo en 1636, con quien formó una familia, nunca se desatendió de su hijo Juan; por el contrario, lo «crio y educó con los demás hijos legítimos sin hacer distinción de ellos» (f. 6r). Por eso, aunque nació en la anteiglesia de Gatica, como ya dije, Orúe no permaneció durante mucho tiempo en su pueblo natal. Se trasladó a una ciudad cercana, tal como lo atestigua el cura Sebastián de Uribarri, quien asegura «haberle visto siendo muy niño en la escuela y estudio de la villa de Bilbao, donde le tuvo y crio su padre» (f. 3v). Don Felipe de Orúe, el padre de nuestro editor, fue un ciudadano prominente de Bilbao y ocupó diversos puestos de su gobierno: alcalde, regidor, síndico, procurador general.

---

[3] No puedo evitar recordar la burla que dirige Francisco de Quevedo a Juan Ruiz de Alarcón: «Los apellidos de don Juan crecen como hongos: ayer se llamaba *Juan Ruiz*; añadiósele el *Alarcón*; hoy ajusta el *Mendoza*, que otros leen *Mendacio* [o sea, 'mentiroso']. ¡Así creciese de cuerpo!, que es mucha carga para tan pequeña bestezuela. Yo aseguro que tiene las corcovas llenas de apellidos. Y adviértase que la *D.* no es de *don*, sino su medio retrato» (en King, 1970: 52).

[4] *anteiglesia*: «vale también lo mismo que lugar corto y de poca población, como una aldea. Es voz usada en Vizcaya» (*Dicc. Aut.*).

Las dos familias de nuestro editor, la de su padre y la de su madre, formaban parte de la más rancia nobleza de Vizcaya, lo que sor Juana dejaba muy claro en la Dedicatoria del *Segundo volumen*. A lo largo del proceso para obtener la cruz de Santiago, nunca parece un impedimento el hecho de que Orúe fuera hijo natural; por el contrario, a pesar de no haber estado casados nunca, se pondera en todo momento la nobleza de sus progenitores, en especial, la de su padre. En la resolución del proceso, al final de la *Probanza*, el Consejo asienta que «la nobleza que le asiste [...] por su varonía paterna [...] es muy notoria, antigua, conocida, lustrosa y principal» (s.f.). Luego se añade que los miembros de la familia Orúe «por su mucho lustre y antigüedad, no sólo conservan la casa y torre con sus cuatro torreones y almenas, sino escudo de armas en la puerta» (s.f.).

Ese escudo de armas no sólo podía apreciarse en la puerta de aquel castillo, sino que se estampó al inicio del *Segundo volumen* —al parecer, la imprenta de Tomás López de Haro era experta en los grabados con motivos heráldicos (Peñalver, 2019: 609)—, inmediatamente después de la portada y frente a la Dedicatoria en prosa escrita por la propia sor Juana (fig. 44). Se trata de un escudo en cuya bordadura se aprecian ocho sotueres, el cual está dividido en dos partes: en la inferior se distribuyen cinco panelas franqueadas por dos árboles; en la superior, al centro, se yergue un tercer árbol al que se arrima una cabra. Nótese cómo la portada, en donde queda clara su pertenencia a la Orden de Santiago, el nobilísimo escudo de armas y la respetuosa Dedicatoria de sor Juana constituyen una especie de suntuoso pórtico al volumen, que tenía por objeto reiterar la nobleza y calidad de Juan de Orúe y Arbieto, su editor y patrocinador.

Cabe decir que quizá todo este suntuoso despliegue de escudos y títulos no fuera tan necesario. En la época, decir que uno era oriundo de Vizcaya equivalía ya a decir que uno era hijodalgo o cristiano viejo: «vizcaínos, *ergo* hidalgos», dice Mateo Luján de Sayavedra, autor de la Segunda parte (apócrifa) del *Guzmán de Alfarache*. También lo dicen los miembros del Consejo en la resolución de la *Probanza*, que hemos venido citando: Orúe y Arbieto era «oriundo y originario del señorío de Vizcaya y provincia de Nava, donde con sólo haber nacido allí goza de las prerrogativas y exenciones de hijodalgo» (s.f.). Quizá a causa del prestigio del que gozaban las estirpes de Vizcaya,

SOROR JVANA INES DE LA CRVZ
Religiosa professa en el Monasterio N.P. San
Geronimo de Mexico,

AL SEÑOR DON JVAN DE ORVE,
y Arbieto, Cavallero del Orden
de Santiago,
O.D.C.

MVy señor mio. La intencion Ordinaria de nuestros Españoles, en dedicar sus obras, expressa, que es tener Mecenas, que las defienda de las detracciones del Vulgo: como si la desenfrenada Multitud, y libre Publicidad guardase respecto à la mas Venerable Soberania. Yo en estos papelillos, que à Vm. dedico, llevo muy diverso fin; pues ni quiero empeñar su respecto en tan imposible empressa, como mi defensa, ni menos coartar su libertad à los letores en su sentir: el intento no passa de obedecer à Vm. en su entrega; porq̃ siendo, como soy Rama de Vizcaya, y Vm. de sus nobilissimas familias de *Las Casas de Orue, y Arbieto*, vuelban los frutos à su tronco, y los arroyuelos de mis Discursos tributen sus corrientes al Mar à quiẽ reconocẽ su Origẽ. *Vnde exeunt flumina revertuntur*. Yo me holgara, que fuessen tales, que pudiessen honrar, y no avergonçar à nuestra Nacion Vascongada; pero no estrañarà Vizcaya, el

Eccles.

¶ 2 que

Fig. 44. Escudo de armas de la familia Orúe y Dedicatoria de sor Juana en el *Segundo volumen* (Sevilla: Tomás López de Haro, 1692)

el padre —o la familia paterna— de sor Juana se adjudicara este origen noble, y por eso ella creyera tan firmemente ser, como dijo en la Dedicatoria, «rama de Vizcaya»: «Pedro Manuel de Asuaje, hijo de un canario que trató de hacer fortuna en la Nueva España, era un pobre diablo que tenía necesidad de presumir de algo, y por eso se las daba de vizcaíno» (Alatorre, 1980: 476*n*).

En *Las trampas de la fe*, Octavio Paz afirma categóricamente que «Juan de Orve [*sic*] y Arbieto no estuvo nunca en México ni conoció a sor Juana» (1983: 559). Esto es completamente falso. Ya nos hemos referido antes a la sexta pregunta del interrogatorio realizado para conceder la insignia de la Orden de Santiago: «si saben que el dicho pretendiente y su padre han sido y son mercaderes o cambiadores o hayan tenido algún oficio vil, mecánico, y qué oficio y de qué suerte y calidad». Durante toda la *Probanza* queda claro que, gracias a las influencias de su padre, para entonces Orúe y Arbieto se había ya dedicado por bastante tiempo a la Carrera de Indias, es decir, a los negocios transatlánticos entre América y Europa. Por eso, para

1689, año en que se lleva a cabo el proceso de admisión a la Orden, radicaba, ya no en Bilbao, donde se había criado y educado en sus primeros años, sino en Sevilla, ciudad desde la cual regulaba la Corona todo intercambio entre los dos continentes y donde se imprimió justamente el *Segundo volumen*.

Uno podría pensar que esta dedicación de Orúe a los negocios haría tambalear su *Probanza,* pero no es así. Con todo, los miembros del Consejo en el acta resolutiva parecen esforzarse para demostrar que el futuro caballero no se ha embarcado nunca a las Indias en calidad de vil mercader: «El pretendiente [...] ha andado en la Carrera de Indias haciendo diferentes viajes y por su capacidad, inteligencia y autoridad ha llegado a ocupar el puesto de diputado del comercio de Sevilla, y embarcádose por tal diferentes veces [...] así en galeones como en flotas» (s.f.). El Consejo también parece esforzarse por dejar muy en claro que la dedicación de Orúe a la Carrera de Indias no ha estado nunca motivada por la penosa necesidad, suya o de su familia (¡eso sería indigno en un noble de su rango!), ya que «su padre siempre se ha mantenido de su hacienda y mayorazgos sin dicho ejercicio ni ocupación» (s.f.). Esto recuerda a las respuestas de varios de los testigos interrogados durante el proceso de admisión de Velázquez a la Orden, quienes tuvieron que hacer malabar y medio para argumentar que el gran pintor no había vendido un solo cuadro en su vida y que, si empleaba las manos para el «oficio vil» de pintar obras maestras, era por puro gusto y no por ganarse el pan de cada día.[5]

Queda claro, pues, que Orúe, a diferencia de lo que creía Octavio Paz, estuvo en México, y no una, sino varias veces. ¿Cuántos fueron estos viajes y cuándo los realizó? En el Archivo General de Indias de Sevilla se conservan varias licencias para que cruce el Atlántico un tal Juan de Orúe. La primera de ellas es de 1673: se afirma allí que este individuo es «natural de Bilbao», se le confiere el título de «capitán», es «soltero», «mediano de cuerpo, moreno» y con una «señal de herida sobre la ceja derecha»; pasa a la Nueva España a vender

[5] Al parecer en la época el comercio transatlántico se cocía aparte y no diluía lo azulado de la sangre; en su *Norte de la contratación de las Indias Occidentales*, asegura José de Veitia Linaje: «este género de comerciar en las Indias [...] no perjudica la nobleza y añado que ni se opone a ella» (1672: 117-118).

«cantidad de mercaderías, que por su cuenta y riesgo lleva cargadas en diferentes navíos de dicha flota» (Contratación, 5440, N.2, R.139). Entre los papeles que se expidieron para realizar ese mismo viaje de 1673, se conserva una carta autógrafa y firmada por «Joan de Horúe» (Contratación, 5439, N.134; fig. 45). De otras licencias se desprende que este comerciante pasó a las Indias, además, en 1675 y 1678 (Contratación, 5442, N.154).

Ahora bien, no estoy seguro de que todos estos papeles correspondan al mismo caballero que editó el *Segundo volumen* de sor Juana. Hay dos cosas que me hacen dudar. Primero, el hecho de que se asegure que tiene, en la licencia de 1673, treinta años; ello nos lleva a conjeturar 1643 como la fecha de nacimiento de este mercader, lo que contrasta con la fecha de nacimiento de 1633, a la que ya nos referimos, y que se asienta en la *Probanza* del futuro caballero de Santiago con base en su fe de bautismo. Otro elemento en estos papeles que me hace preguntarme si estamos ante nuestro Orúe y Arbieto o ante un homónimo es el hecho de que éste asegure, en su carta autógrafa ya mencionada, que sus padres fueron Felipe de Orúe y María de Tobar. El nombre de su padre coincide, pero no así el de su madre: sabemos, por la *Probanza*, que ésta se llamaba Juana de Amezcaray y que su padre estaba casado con Francisca del Campo. ¿Quién será entonces esta María de Tobar?

Sabemos, sin embargo, que en el siglo xvii la gente solía ser descuidada al referir su edad; también, que Orúe era hijo natural y que, entre toda la documentación que conocemos, sólo en la *Probanza*, y para fines muy específicos y obvios, saca a relucir el linaje que le toca por vía materna. ¿Cabe, al fin, la posibilidad de que otro Juan de Orúe, hijo también de un Felipe y también proveniente de Bilbao, se dedicara por los mismos años a la Carrera de Indias?

Ya en la década siguiente, también entre los papeles del Archivo General de Indias, encuentro dos relaciones de méritos dirigidas al rey que, ahora sí con toda seguridad, pertenecen a nuestro Juan de Orúe y Arbieto. En ellas se confirma que éste se desempeñó como primer diputado del comercio de Sevilla en varias de las flotas que zarparon para México, lo que ya se aseveraba en la *Probanza*. Las dos están redactadas en Madrid por orden de Pedro de Oreytia, del Consejo de Guerra y presidente de la Casa de la Contratación de Sevilla,

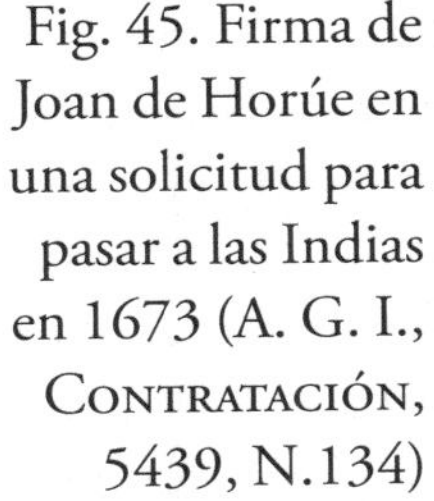

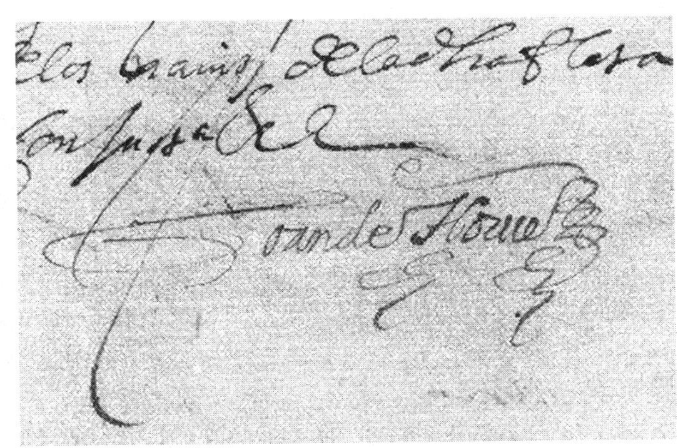

Fig. 45. Firma de Joan de Horúe en una solicitud para pasar a las Indias en 1673 (A. G. I., Contratación, 5439, N.134)

la primera en 1684 (Indiferente, 130, N.44) y la segunda en 1689 (Indiferente, 132, N.34). En ambas se pone de manifiesto el desempeño notable de Orúe en su cargo como diputado del comercio. En la de 1684, por ejemplo, se lee que era un funcionario, además de diligente, muy respetado por el gremio de los comerciantes:

> en todo lo que se ofreció del servicio de su majestad para el cumplimiento de las órdenes que ejecutó el señor duque de Guastalla, capitán general del Mar Océano y de las costas de Andalucía, como en las demás dependencias de su cargo, le experimentó [a Orúe y Arbieto] muy celoso, debiéndose a su asistencia y fineza principalmente el logro de aquellas disposiciones, pues a su ejemplar y con la autoridad que tiene con los de aquel comercio, se pudieron vencer muchas dificultades y el que se obrase todo en quietud y buena forma, habiendo mostrado igual celo en otras ocasiones (s.f.).

En la relación de méritos de 1689 se asegura que en la figura de Orúe no sólo se ostentan las prendas heredadas de su noble familia, sino las adquiridas por mérito propio; se nos ofrece, asimismo, el dato, de no poca importancia, de que Orúe permanecía en la Ciudad de México por periodos: «es persona en quien concurren calidad muy conocida en el señorío de Vizcaya y, al igual de esta circunstancia, le acompañan las buenas prendas de celo y aplicación a cuanto es del mayor servicio de su majestad como lo había esperimentado en el tiempo que se detuvo en la Ciudad de México». Por todo lo anterior, Oreytia suplica al monarca «rendidamente que, teniendo presentes las buenas prendas de este sujeto, le honre en las ocasiones que se ofrecieren muy correspondientemente al celo con que lo procura merecer, que será muy propio de la grandeza de su majestad» (s.f.).

Sabemos ya que el rey correspondió a los servicios de nuestro noble caballero solicitando para él el hábito e insignia de la Orden de Santiago, que debió recibir formalmente antes de junio de 1691, ya que para esa fecha vemos a Orúe ostentando el título de caballero en un proceso legal en Sevilla (A. G. I., Contratación, 464, N.3, R.1). Entonces cobró, a nombre de las hermanas Felipa y Josefa de Ugas, una suma de dinero que había dejado, tras morir intestado en las Indias (concretamente en Acayuca, actual estado de Hidalgo), su hermano Luis de Ugas.

No fue, sin embargo, la cruz de Santiago la única merced que habría de concederle el monarca a Orúe y Arbieto. Tal como consta al final de la relación de méritos de 1689, el rey le concedió «una plaza de religiosa en el Convento de Jesús María de la Ciudad de México de las ocho del patronato y presentación real para doña Ana María de Horúe, su hija» (s.f.). El dato es fascinante porque nos deja ver que nuestro caballero mercader no sólo viajaba frecuentemente a México para atender asuntos de negocios, sino que, como no podría ser de otro modo, a lo largo del tiempo había construido una serie de lazos que lo estrechaban profundamente a estas tierras: en este caso, una hija que, dado que en ningún documento se menciona que Orúe fuera casado, tuvo que haber sido, al igual que él, una hija natural. Aunque Ana María no fuera una hija legítima y viviera en una ciudad distante al otro lado del mar, Orúe, tal como había hecho con él su propio padre, nunca la descuidó, lo que se deriva del hecho de que en 1689 le procurara, de la mano del mismísimo rey, un lugar en el convento más elitista de la Nueva España.

No deja de resultarme curioso que a lo largo de los años cundiera entre los sorjuanistas la idea de que María Luisa Manrique de Lara había estado detrás, no sólo de la edición de la *Inundación castálida*, sino también de la del *Segundo volumen*. Margo Glantz asegura tajante que Orúe y Arbieto reunió los textos preliminares para el tomo «a instancias de la condesa de Paredes» (2010: xi). De que la condesa de Paredes concibió y llevó a buen término, junto con Camacho Gayna, la producción del primer volumen de sor Juana alumbrado en Europa no hay ninguna duda. Sin embargo, al revisar con cuidado el *Segundo volumen*, nos daremos cuenta de que la virreina no aparece sino dos veces, y muy de pasada, entre el alud de textos preliminares: Lorenzo Ortiz dice que se ha encontrado con ella en Cádiz, donde le dejó ver el manuscrito, traído desde México, de la *Inundación castálida* (cap. 9); Pedro Juan Bogart le dedica unos panegíricos anagramas. Octavio Paz se dio cuenta de que María Luisa no estaba presente en el libro, pero de cualquier forma afirmó que, por el simple hecho de que éste se había publicado en Sevilla, «solar de los Medinaceli», la exvirreina había sido responsable, tras bambalinas, del *Segundo volumen*. ¿Y entonces qué papel jugaba en todo este proceso Orúe y Arbieto? Simple: «el caballero vizcaíno era un testaferro de la condesa de Paredes» (1983: 559). Eguía-Lis Ponce también notó que la virreina brillaba por su ausencia, pero insiste en su discreta intervención: «aunque está también presente detrás de este tomo segundo, lo que hace es abandonar su papel protagónico en la edición (no estaría de más averiguar por qué)» (2002: 264).

Lo que yo creo es que María Luisa no tiene relación alguna ni con la concepción ni con el proceso editorial del *Segundo volumen*. Durante los años previos a la concepción en México y la impresión en Sevilla de este libro, María Luisa estaba en Madrid ocupada en asuntos más urgentes: luego de su regreso de México en 1689, su marido, Tomás Antonio de la Cerda, había recibido del rey el título de Grande de España y, desde esa fecha, el matrimonio se mantuvo muy cerca de la familia real, es decir, de Carlos II y Mariana de Austria, la reina madre. En abril del 92 falleció el conde de Paredes, y ese mismo mes se realizaron las gestiones para que la viuda recibiera de la Corona «los honores de Grande de España para sí y sus sucesores» (Calvo y Colombi, 2015: 90-92).

Ahora bien, habrá notado el lector que a lo largo de las páginas anteriores, en las que he tratado de esbozar la trayectoria vital de don Juan de Orúe y Arbieto con base en una buena cantidad de documentos, no han aparecido una sola vez mencionados los condes de Paredes. El caballero vizcaíno no tenía una relación cercana con esta familia —no más que la que tendría con cualquier otra familia noble de su tiempo— y, por tanto, es bastante injusto que se le considere simplemente un «testaferro» de María Luisa. Por el contrario, lo que puede probarse de la información con la que contamos es que el entorno nobiliario de Orúe y Arbieto era otro muy distinto al de los virreyes que dieron lugar a la *Inundación castálida* y, por ende, no podemos suponer que el caballero mercader haya sido un prestanombres de María Luisa en la elaboración del *Segundo volumen*.

Hay que conferirle a Orúe el crédito de haber sido el cabal y principal responsable de esta edición. Esto me parece sumamente relevante, puesto que prueba que sor Juana mantuvo relación con al menos dos círculos de poder, distantes entre sí pero ambos de muy alto rango en el jerárquico aparato de la monarquía española, y que cada uno de éstos, de forma independiente, estuvo a cargo de los primeros dos tomos de sus obras reunidas impresos en Europa.

Con lo dicho hasta ahora, parecería inútil desmentir lo afirmado por Paz, aquello de que Orúe no «conoció a sor Juana». En alguno de sus varios viajes a México —que pudieron, como ya vimos, tener principio en 1673—, le habrá llegado la noticia de la monja sabia, la monja poeta, resguardada tras los muros de San Jerónimo y envuelta en el halo de la fama. Se habrá presentado, curioso, como tantos otros viajeros, al locutorio y habrá quedado, como cuantos la trataron, cautivo en la red de su palabra. Es digno de notar que a todos aquellos que emprendieron la labor de editarla los movía, sí, el deseo de reconocimiento, de obtener alguna prebenda o algún beneficio monetario, pero también, en el fondo, la franca fascinación hacia su erudición y hacia su obra.

Gracias a la *Probanza* realizada para su ingreso a las filas de la Orden de Santiago, sabemos que don Juan de Orúe y Arbieto, mientras decenas de testigos en España respondían al interrogatorio sobre su linaje y la nobleza de sus oficios, iba camino al puerto de Veracruz: «ahora parece —afirman los miembros del Consejo en el acta resolutiva— va con dicho puesto [de diputado del comercio] en la flota que acaba de salir a la Nueva España». Esa flota, de acuerdo al *Diario* de Robles, había zarpado el 14 de julio de 1689 y arribado el 3 de octubre al continente americano (1972, II: 188). Para entonces, sor Juana había ya enviado a España todos los materiales que conformarían la *Inundación castálida*, que se publicaría el siguiente mes. Por esas fechas, segunda mitad de 1689, ya con ese primer tomo de la poeta americana en puerta y sabedor de que estaba en proceso su propio nombramiento como miembro de la Orden de Santiago, Orúe y Arbieto concibió la idea de costear un *Segundo volumen*, con el que añadiría al de caballero el título de mecenas. Solicitó entonces a su admirada sor Juana los materiales necesarios para conformarlo; y sor Juana, disimulando, como solía, su entusiasmo bajo el disfraz de un superior mandato, puso manos a la obra.

IDA Y VUELTA DE LOS «PAPELILLOS» PARA EL CABALLERO DE VIZCAYA

El *Segundo volumen* es, por mucho, el mejor de los tres tomos antiguos de sor Juana. Los otros dos, claro está, tienen sus méritos y sus joyas —en la *Inundación*, por ejemplo, se alza con su muro de agua el *Neptuno alegórico*, en la *Fama* nos ciega la contundente defensa de la *Respuesta a sor Filotea*— pero, vistos cada uno como un conjunto, tendremos que admitir, insisto, en que el *Segundo volumen* es muy superior. Octavio Paz lo había afirmado ya y no puedo sino darle la razón: «este segundo tomo es el volumen más importante de sor Juana: el más variado, el más rico y el que contiene sus mejores páginas» (1983: 561). Primero que nada, habría que decir que para prepararlo sor Juana tuvo tiempo, a diferencia de cuando armó a las prisas, en unos pocos meses, el cuaderno para la *Inundación castálida* (cap. 9).

Si fuera cierta mi conjetura de que este volumen fue concebido por Orúe y Arbieto durante su viaje a México en 1689, al que me he referido antes, la poeta tuvo que haber empezado a reunir los materiales en octubre o noviembre de ese mismo año. Me parece muy probable que Orúe permaneciera en la capital novohispana hasta poco antes del 19 de julio de 1690, fecha en que zarpó desde Veracruz para España, según el *Diario* de Robles (1972, II: 208), la siguiente flota. En ésta debieron embarcarse tanto el caballero vizcaíno como los textos que luego se transformarían en el *Segundo volumen*. Lo anterior nos deja ver que median aproximadamente diez meses —casi un año— desde el momento en que sor Juana recibió el mandato de Orúe de reunir su obra para una nueva edición hasta el momento en que terminó de conformar el manuscrito con los «papelillos» que finalmente se dirigirían a Sevilla. No debemos descartar la posibilidad de que el propio Orúe colaborara con la autora en la elaboración de ese manuscrito: estando en México, podría visitar el Convento de San Jerónimo sin demasiadas dificultades. Además de tiempo, sor Juana contaba con otra cosa de la que carecía al momento de armar su primer volumen: experiencia. Seguramente notó, gracias a los comentarios de terceros, pero sobre todo ella misma, los defectos, si es que podemos llamarlos así, de la *Inundación* y buscó subsanarlos —como todo buen escritor, sería la más severa crítica de su propio trabajo—.

Tiempo y experiencia dan como resultado una primera «mejora» del volumen con respecto a la *Inundación*: la estructura. Dije antes que, aunque sor Juana parecía haber querido implementar un cierto orden en la disposición de los contenidos del primer tomo, debido a la premura, en éste más bien prevalecía el caos: formas, géneros, motivos van y vienen a lo largo de la *Inundación* sin orden ni concierto. El *Segundo volumen*, en cambio, está sostenido por un andamiaje sólido. Es una balanza o, si se quiere, un simétrico díptico: en el manuscrito que preparó para Orúe, sor Juana impuso una severa división entre las obras de carácter sacro y las profanas.

La primera sección, la religiosa, abre con la famosa *Crisis sobre un sermón*, obra en prosa a la que dediqué ya un apartado entero (cap. 11). Le siguen dos subsecciones: la primera, «Poesías lírico-sacras», incluye juegos de villancicos para maitines, villancicos sueltos y letras sacras dedicadas a otras festividades, por ejemplo, a la profesión de una religiosa o a la dedicación de la iglesia del Convento de San Bernardo; la segunda, «Poesías cómico-sacras», está conformada, naturalmente, por piezas dramáticas de carácter sagrado, a saber, una loa a la Concepción y los tres autos sacramentales destinados para su representación en la Península con sus respectivas loas.

La sección profana está también conformada por dos subsecciones que se espejean con las de la primera parte: «Poesías líricas» y «Poesías cómicas». La primera de estas subsecciones abre, como la *Crisis* la primera parte del volumen, con una obra mayor: el *Primero sueño*, que se publica aquí por primera vez. Las composiciones que vienen después están claramente ordenadas por sus formas métricas

—ese mismo criterio seguiría Méndez Plancarte, muchos siglos después, en sus *Obras completas*—: primero vienen los sonetos y las liras, de tradición italianizante, y después las glosas, décimas, redondillas y romances, de tradición castellana. La subsección de «Poesías cómicas» incluye diversas loas profanas y las dos comedias de sor Juana: *Amor es más laberinto* —que compuso a cuatro manos con Juan de Guevara— y la maravillosa *Los empeños de una casa*, cada una de éstas con sus respectivas prendas menores.

Esta imponente estructura revela, a mi ver, un par de cosas. Primero, que tanto ella misma como su editor se vieron en la necesidad de dejar en claro que sor Juana se dedicaba tanto a los asuntos sagrados como a los profanos. Recordemos que el primer tomo estaba compuesto en su mayoría por obras profanas y palaciegas; en sus paratextos, es palpable el temor de los editores y prologuistas de que se juzgue a la musa como frívola o, peor aún, como una mala religiosa. En esta segunda entrega de su trabajo, sor Juana tuvo la oportunidad de demostrar que su pluma volaba tanto por las esferas de palacio como por las celestiales y que su corazón se inflamaba tanto por las llamas del amor profano como por las del divino: el total de páginas del *Segundo volumen* dedicadas a obras de temática religiosa es de 246 (46 por ciento); el total de páginas dedicadas a temas profanos es de 284 (54 por ciento). Siguen prevaleciendo, pues, las obras profanas, pero ciertamente hay un equilibrio mucho mayor entre éstas y las de carácter religioso.

Este segundo libro de sor Juana no sólo impone un equilibrio, sino que parece cumplir la profecía lanzada por fray Luis Tineo en su Aprobación a la *Inundación castálida*: «¿qué árbol no produce primero la flor que el fruto?»; es decir: ¿cómo esperan que sor Juana produzca, antes que los mundanos, los escritos religiosos? Así pues, en el primer volumen hubo flores, con cuyas fragancias nos cautivó la musa palaciega; en este segundo habrá frutos, de los que la musa divina nos ofrece la nutricia sustancia. Además del balance, la estructura del *Segundo volumen* revela una clara conciencia de la jerarquía: primero lo sagrado y luego lo profano.

Dentro de cada sección, a su vez, parecemos movernos desde aquellos géneros y obras que la época consideraba más elevados o dignos hasta aquellos que eran considerados menores: primero vienen las obras mayores —la *Crisis*, el *Sueño*—, seguidas de las composiciones líricas; por último, vienen las cómicas. Considérese, asimismo, la estructura global del volumen: comienza con un escrito teológico, la *Crisis*, que en su momento se consideró el más digno de la monja —«corona este tomo la corona de todas las obras de la madre Juana», diría Juan Navarro Vélez en su Censura (*SV*, 1692: s.p.)— y cierra con una comedia, con los enredos amorosos de galanes y damas, *Los empeños de una casa*.

El equilibrio entre lo sagrado y lo profano implica, de algún modo, un equilibrio entre la elocuencia y la sabiduría, entre el primor de las formas y la hondura de los contenidos. El más antiguo de todos los retratos que hasta ahora conocemos de sor Juana está aquí, en el *Segundo volumen*, y busca reflejar justamente ese balance (fig. 46).

La obra fue dibujada, según se indica en una inscripción en latín en la parte inferior de la misma («D. Lucas de Valdes delineavit»), por el reconocido pintor sevillano Lucas Gregorio de Valdés Carasquilla —hijo del también pintor Valdés Leal, famoso por sus tétricos *Jeroglíficos de nuestras postrimerías*—, quien solía realizar este tipo de trabajos para la imprenta de López de Haro (Peñalver, 2019: 609). Según la misma inscripción, fue el madrileño Gregorio Fosman y Medina («Gregorius Fosman et Medina Matritensis sculpit Matriti 1692») el calcógrafo encargado de grabar, en la capital del reino, la lámina para estampar el grabado en la edición.

En el centro se observa un medallón que contiene el retrato de una sor Juana, fija en la temprana madurez de sus cuarenta años, de semblante sereno y rostro afilado, que pareciera esbozar una sonrisa; porta los atributos que la distinguen hasta hoy: el hábito de las jerónimas, un medallón —aquí dentro de otro medallón— con la imagen de la Inmaculada Concepción y una pluma en la mano derecha. Noto una sutileza, ausente en el resto de sus retratos: el anillo, quizá el mismo con el que se desposó con Cristo el día de su profesión. Como en todos sus retratos, es la mirada de sor Juana lo que más cautiva: «los ojos son negros, vivísimos, grandes y profundos», dice Francisco de la Maza (1952: 21); «delante de aquellos ojos parece que acaba de esfumarse una imagen», añade Abreu Gómez (1934b: 175).

Dos inscripciones pueden leerse en el grabado: la primera, «La madre Juana Inés de la Cruz, monja profesa en el Convento de San

Fig. 46. Retrato de sor Juana en el *Segundo volumen*, obra de Lucas de Valdés y Gregorio Fosman y Medina (Sevilla: Tomás López de Haro, 1692)

Jerónimo de México» (desato abreviaturas y modernizo), en el borde alrededor del medallón; la segunda, «Virginis en vultus cernis qua nulla per orbem ingenio maior vel pietate fuit», en el pedestal, que significa 'Este retrato que contemplas es de una monja que por su ingenio y piedad no ha tenido par en el mundo' (la traducción es de Alatorre, 2007, I: 188). Y son justamente el ingenio y la piedad —en latín, la *piedad* es también el sentido del deber hacia los dioses y los hombres— quienes, podríamos decir, coronan de laureles a sor Juana.

De un lado tenemos a Mercurio, dios del ingenio y la elocuencia, portando el caduceo así como el pétaso y las sandalias aladas; debajo suyo, por el suelo, están regados algunos atributos propios de sus adeptos: la siringa, símbolo de la poesía bucólica, la lira, de la lírica, y una máscara teatral sobre la que parece ser una chirimía, instrumentos para la comedia. Del otro lado tenemos a Minerva, diosa de la sabiduría y las ciencias, de la justicia y de la paz, completamente armada con peto, lanza y el escudo con el rostro de Medusa, regalo de Perseo; debajo tiene instrumentos propios de la ciencia de la navegación: una escuadra, un sextante, un compás y un globo terráqueo —curioso: estos atributos relacionados con la navegación, así como el hecho de que Mercurio sea también dios de los comerciantes, vinculan este grabado, no tan sutilmente, con Orúe y Arbieto—.

Corona todo el grabado la Fama, que, puesto que todo lo ve y todo lo escucha, vuela impulsada por unas alas que por plumas tienen orejas y ojos; va soplando una de sus dos trompetas, con las que proclama las grandes hazañas de los hombres. Aunque varios críticos han censurado severamente la factura de este grabado —Paz lo consideró una «obra inepta» (1983: 310)—, a mí, no sólo porque constituye el más antiguo y único retrato que, nos consta, fue hecho en vida de sor Juana, sino porque contribuye a reforzar el mensaje de equilibrio entre lo profano y lo sagrado que busca transmitir el *Segundo volumen*, me parece una obra valiosísima.

Si el orden de los materiales supone una «mejora» del *Segundo volumen* con respecto al primero, también, ciertamente, supone una mejora la naturaleza de esos mismos materiales. Me preguntaba páginas arriba (cap. 9) el porqué del éxito de un libro como la *Inundación castálida*: ¿a quién podría interesarle o conmoverle un puñado de romances y loas dedicadas a asuntos tan pedestres como el cumpleaños de la reina madre o el embarazo de una virreina? Dije entonces que, entre otras razones, el libro había interesado porque, a pesar de la aparente banalidad de los asuntos, cada composición estaba tocada por la reconocible luz de la buena poesía.

El *Segundo volumen* no requiere de justificación alguna: además de buena poesía, a la que sor Juana nos tiene acostumbrados, encontramos en las piezas de este nuevo libro asuntos que podríamos tildar de universales. «Contiene sus mejores páginas», escribía Octavio Paz en *Las trampas de la fe*. Creo que sigo algunas ideas del mismo Paz, expuestas sobre todo en *El arco y la lira*, cuando digo que una de las grandes paradojas de la poesía —una de tantas— radica en su voluntad, por un lado, de trascender el tiempo y, por otro, en su necesidad de encarnarse en un momento histórico determinado y valerse, para ello, de los estilos, las palabras y los hechos de ese mismo momento histórico. Toda poesía oscila entre estos dos extremos pero, definitivamente, hay alguna que se ancla más decididamente a su tiempo y a su espacio: es perfectamente comprensible que, varios siglos después, una loa a los años de Carlos II, por muy bien escrita que esté, no interese sino a dos o tres filólogos. En cambio, hay poesía que parece flotar sobre la historia, y de ese tipo de poesía está colmado el *Segundo volumen*. Apenas encontramos menciones a monarcas, condesas o arzobispos; abundan las composiciones desprovistas de nombres y de fechas. Quizá por eso muchas de las obras de sor Juana ahí incluidas son las que, actualmente, más nos fascinan y conmueven. Pienso, por ejemplo, en los sonetos «Detente, sombra de mi bien esquivo» o «Esta tarde, mi bien, cuando te hablaba»; o en *Los empeños de una casa*, que he visto representada varias veces en los últimos años, y cuya intrincada red de lances, decepciones y malentendidos —quizá una metáfora exacta del amor— sigue despertando las carcajadas del auditorio.

Incluso las obras sacras no han perdido del todo su interés: aunque no compartimos con los lectores del siglo XVII el fervor por los asuntos tratados en la *Respuesta a Vieira* o *El divino Narciso*, no por eso dejamos de admirarnos de la lucidez argumentativa de la primera y de la precisa relojería alegórica del segundo. Creo que no necesito decir, a propósito de este asunto, una sola palabra sobre el *Sueño* —aunque sobre este poema en particular volveremos más tarde—.

A una estructura sólida y una selección de materiales menos comprometidos con la Corte de los Paredes, hay que sumar el hecho de que el *Segundo volumen* deriva de un manuscrito enteramente revisado y corregido por sor Juana. Como hemos visto en los capítulos previos, todos los textos incluidos que contaban, además, con una edición suelta, presentan diferencias significativas con respecto a dicha suelta. En primer lugar, revisé el caso de los villancicos: tanto de los juegos de Concepción y Navidad de 1689 como del de san José de 1690, para Puebla, se imprimieron ediciones sueltas americanas, en el taller de Diego Fernández de León. Asimismo, en el *Segundo volumen* se incluyen dos villancicos a la Concepción que aparecen ya en un juego anónimo impreso en 1676 (cap. 10). Revisamos también el caso de la *Crisis* (cap. 11), cuyas dos ediciones (una de las cuales tuvo dos emisiones) se publicaron en 1690, también en Puebla y en la imprenta de Fernández de León. Por último, está *El divino Narciso* (cap. 7), que fue publicado en México a instancias de un viejo amigo de sor Juana, Ambrosio de Lima, en la imprenta de la Viuda de Bernardo Calderón en 1690. Pues bien, todas estas obras, sin excepción, presentan en el *Segundo volumen* correcciones, añadidos, supresiones con respecto a sus sueltas: todas han pasado por la estricta —y a veces radical, como en el caso de la *Carta atenagórica*— relectura de su autora.

También existen notables diferencias en los paratextos. Muchas veces, el título que el autor quería para su obra no es el título con el que ésta termina por darse a conocer y pasar a la posteridad. Se me viene a la mente el caso del genial título de *Trilce*, cuyo título originalmente era el no tan genial *Cráneos de bronce*; *The Waste Land* se llamó originalmente *He Do the Police in Different Voices*, que gracias a las múltiples correcciones de Ezra Pound fue descartado; creo que todos sabemos que *Pedro Páramo* se iba a llamar *Los murmullos*. Da la impresión de que sor Juana, como tantos otros autores, tuvo que batirse con sus editores en varias batallas para defender o rechazar un título; se llevó también no pocas decepciones al ver que otros imponían a sus obras títulos desafortunados. Dijimos ya, por ejemplo, que fue ella quien probablemente sugiriera el cambio de *Inundación castálida* por *Poemas*. Pues bien, todo parece indicar que sor Juana tuvo al fin libertad de intitular estos «papelillos» que reunió y revisó para Orúe y Arbieto como le vino en gana. Por ejemplo, no aparece en este tomo la palabra «villancico» por ningún lado: aquí, a diferencia de lo que ocurre en las sueltas, estas cancioncitas compuestas para los maitines y otras festividades religiosas se llaman «Letras sagradas» o, simplemente, «Letras». Quizá a sor Juana —o a Orúe— le pareció que este título les confería, frente al muy popular de «villancico», algo más de categoría.

A veces, los títulos dados por sor Juana prevalecieron: sabemos, gracias al editor, que fue la propia poeta quien intituló *Primero sueño* a su obra maestra: «que así intituló y compuso la madre Juana Inés de la Cruz, imitando a Góngora»; en la *Respuesta* ella misma nos cuenta que los otros le conferían a ese largo poema un título distinto: «un papelillo que llaman el *Sueño*» (*OC*, 405: línea 1267). Otras veces, sus sugerencias no tuvieron tanto éxito: podría asegurar, a partir de lo que se afirma en el epígrafe correspondiente, que en el manuscrito original aquel texto sobre las finezas de Cristo recibió un título lacónico: «que la madre soror Juana llamó *Respuesta* [a Vieira, en este caso]»; Orúe, aunque tuvo la cortesía de revelarnos el título con que lo había bautizado su autora, decidió cambiarlo por *Crisis sobre un sermón de un orador grande entre los mayores*, que definitivamente suscita mayor interés y curiosidad —como ya dije, yo insisto en llamarle *Respuesta a Vieira*; el título de *Carta atenagórica*, impuesto por el antipático obispo de Puebla, le pareció a sor Juana tan horrible que la hizo llorar: deberíamos dejar de utilizarlo por completo—.

Antes conjeturé la naturaleza del cuaderno que sor Juana entregó a María Luisa para que se transformara en la *Inundación castálida*: tenía una sección manuscrita a la que, al final, se le habían añadido las ediciones sueltas americanas de ciertos villancicos —que los editores españoles simplemente replicaron— y del *Neptuno alegórico* —la cual llevaba sobrescritas algunas correcciones—. Conjeturo ahora, con base en lo que he venido diciendo hasta ahora, que el cuaderno, los «papelillos» que sor Juana entregó a don Juan de Orúe y Arbieto para su publicación en el *Segundo volumen*, era por entero manuscrito: todas las obras que se habían publicado antes, fueron aquí vueltas a copiar y, en esta nueva copia, se corrigieron. El *Segundo volumen*, y esto lleva no poca importancia, es, entre todos los que se publicaron en vida de sor Juana, el único que deriva de un manuscrito enteramente preparado, revisado y corregido por la autora, el cual maduró sin prisas entre sus manos, como un fruto.[6]

He dicho ya que me parece muy probable que ese valioso manuscrito se fuera a Sevilla, junto con el propio Orúe y Arbieto, en la flota que zarpó desde Veracruz el 19 de julio de 1690. Aunque di ya mis razones, creo necesario enunciarlas aquí una vez más. Como había hecho ya antes en el caso de la *Inundación castálida*, sor Juana envió a Europa una segunda remesa de materiales para el *Segundo volumen*. Ese nuevo envío se insertó al final del tomo bajo el rubro de «Más poesías lírico-sacras». Se trata de apenas trece páginas pero éstas tienen su relevancia, ya que elevan a 259 la cifra de páginas totales dedicadas a asuntos religiosos, lo que equilibra aún más los asuntos religiosos, que ya constituirían el 48 por ciento del tomo, y los profanos, que se quedarían con un 52 por ciento.

---

[6] De lo dicho por Castorena y Ursúa en el Prólogo a la *Fama y obras póstumas*, creo entender, con Alatorre (1980: 438*n*), que Orúe y Arbieto conservaba, ocho años después, ese manuscrito: «este caballero me afirmó tenerlos [los papeles] en la Andalucía» (*FOP*, 1700: s.p.). Conmueve, ciertamente, que tanto María Luisa como el caballero vizcaíno tenían consigo, aun después de impresos los volúmenes, los originales manuscritos que les había entregado Juana Inés.

Ahora bien, en esa segunda remesa se incluyeron unos villancicos (que ahí se llaman «Letras») que se cantaron a la fiesta de la Asunción de la Virgen en 1690. Como puede verse, se trata del mismo año en que se cantaron los villancicos a san José, que se habían incluido ya en el manuscrito original. Entonces, ¿por qué sor Juana no sumó a este primer bloque de «papelillos» los villancicos de la Asunción? Encuentro una explicación que me parece lógica: la fiesta de san José es el 19 de marzo y la de la Asunción el 15 de agosto; si la flota zarpó el 19 de julio, tendríamos que asumir que ésa es la razón por la cual sor Juana tuvo que enviar después de esa fecha el otro juego de villancicos, el dedicado a la Virgen. Mi hipótesis se refuerza si consideramos que todas las composiciones incluidas en esta sección de «Más poesías cómico-sacras» están dedicadas a festividades que se celebran en la segunda mitad del año: la Presentación de María, el 19 de noviembre; san Jerónimo, el 30 de septiembre; y la Concepción, el 8 de diciembre. La última pieza del conjunto es un soneto a san José (*OC*, 209) que, por su contenido («Nace de la escarchada fresca rosa») pudo escribirse para la Navidad, o bien para el Día de los Santos Inocentes («Pero cuando el tirano [Herodes], por prenderlo [al Niño], / tanta inocente turba herir pretende, / sólo vos, ¡oh, Joseph!, vais a esconderlo»). Considero muy probable, pues, que sor Juana haya escrito todos estos versos en la segunda mitad de 1690 y los haya enviado, a principios de 1691, a Orúe y Arbieto, quien los añadió al final del manuscrito que habría de convertirse en el *Segundo volumen*.[7]

A partir de aquí la cronología de esta segunda empresa editorial de sor Juana en Europa es bastante clara. Todo parece indicar que una vez que tuvo todos los materiales que lo conformarían, Orúe y Arbieto se habrá dedicado a redactar en Sevilla, durante los primeros meses de 1691, los epígrafes del tomo y, posteriormente, a someterlo a la censura de las autoridades para obtener las debidas licencias de impresión.

Todos los libros impresos en Sevilla debían contar con una licencia del arzobispado y otra del Concejo de la ciudad o de la Real Audiencia (Peñalver, 2019: 77-79). En este caso, la Censura para

[7] En su *Diario*, Robles escribe lo siguiente para el 31 de enero de 1691: «salieron los pliegos para que se vaya aviso a España» (1972, II: 218).

el poder eclesiástico la firmó Juan Navarro Vélez, franciscano, y la del poder civil, específicamente del Concejo, Cristóbal Bañes de Salcedo, caballero noble oriundo de Sevilla pero que, al igual que Orúe y Arbieto tenía raíces vascas. Cada una de estas censuras, no sólo favorables sino entusiastas, devino en una licencia del ordinario —una de las cuales, por cierto, habla de un *Segundo tomo* y no de un *Segundo volumen*: los títulos se deciden en el último momento—. Todos estos documentos, que vamos a llamar preliminares sevillanos, fueron firmados entre el 15 y el 28 de julio de 1691.

Si bien publicar un libro en nuestros días es un duro ejercicio que pone a prueba la paciencia y el ánimo de cualquiera, hay que reconocer que el laberinto de la burocracia en torno a las publicaciones en la España de los Austrias podía rayar en el absurdo. Ciertos preliminares de carácter legal sólo podían otorgarse en Madrid, a saber, el privilegio, la fe de erratas o la tasa, en la que se determinaba el precio del libro. Así pues, aunque el *Segundo volumen* fuera a publicarse en Sevilla, Orúe y Arbieto debía realizar —o enviar a algún emisario a que los realizara— diversos trámites en la capital del imperio para conseguir estos otros preliminares, cuya emisión podía demorarse, para pesar de los editores e impresores de Sevilla, meses e, incluso, años (Peñalver, 2019: 71 y ss.). Hay que señalar que los editores de la *Inundación castálida*, impresa en Madrid, se ahorraron la tortuosa necesidad de solicitar doblemente los preliminares oficiales. Quizá ni siquiera el rango de este paladín de Santiago fuera suficiente para azuzar la pesada carreta de la burocracia: por eso, me parece, a Orúe no le quedó más que sentarse a esperar, después de haber obtenido los preliminares sevillanos en julio de 1691, a que llegaran los madrileños. Pero este navegante de espíritu inquieto quiso volver fértil esa espera. Ni tardo ni perezoso, envió el libro entero, manuscrito, a dieciocho eruditos varones —salvo sor Juana, en todo el libro ninguna mujer toma la pluma— motivado por dos cosas: la primera, la avidez de darles a conocer estas obras inéditas y, la segunda, poner a prueba estas mismas obras y corroborar si eran también merecedoras del «aplauso universal con que fue recibido el primer tomo» —guardando las salvedades, podríamos comparar este acto de Orúe con un actual estudio de mercado—. La segunda causa de Orúe me recuerda, además, la prueba a la que fue sometida una

Juana Inés adolescente, orquestada por el marqués de Mancera, ante una comitiva de cuarenta sabios. Todo lo anterior nos lo revela una «Nota», impresa en el *Segundo volumen* y debida con toda seguridad al propio Orúe, que habla aquí de sí mismo en tercera persona:

> Habiendo don Juan de Orúe y Arbieto de dar a la luz pública este *Segundo volumen* de las obras de la madre Juana Inés de la Cruz, o por anticiparles el gusto de leerlas o por examinar si corrían uniformes en aquel aplauso universal con que fue recibido el primer tomo, las consultó con algunos varones insignes en religión y letras, remitiéndoselas para que las viesen. Y, hallando por las respuestas dadas a su consulta eruditamente confirmada la fama de su autora, no ha querido defraudarla de tan relevantes expresiones, ni a la curiosidad de sus lectores, de la vista de tan brillantes elogios, y así los ofrece consecutivos ocupando las veces del más proporcionado y elegante Preludio (s.p.).

Las respuestas escritas de estos «varones insignes» están fechadas entre el 10 de agosto de 1691 y el 23 de abril de 1692, prácticamente todas en Sevilla y, unas cuantas más, en Cádiz. Algunas, como la de Martín Leandro Costa y Lugo o la de Gabriel Álvarez de Toledo Pellicer, no llevan fecha ni lugar, pero he logrado determinar que sus autores pertenecían a los círculos intelectuales sevillanos. Así pues, aunque hay, por un lado, respuestas anónimas y, por otro, respuestas de caballeros como Pedro del Campo —cuyo origen no he podido precisar—, Antonio de Almeida Coutiño —seguramente portugués— o Pedro Juan Bogart —explícitamente valenciano—, me inclino a creer que todos a cuantos Orúe envió los papeles de sor Juana radicaban en ese momento en Sevilla o en Cádiz. Esas respuestas, ya se sabe, fueron en extremo elogiosas y, con el fin de que las viera la propia autora, así como todos los lectores, el editor decidió incluirlas, a modo de «proporcionado y elegante Preludio», en el *Segundo volumen*. Este nutrido aparato de elogios constituye, verdaderamente, el primer intento por conformar, en vida, una *Fama* de sor Juana.

Cabe aclarar que, si hacemos caso a lo que Orúe indica en su «Nota», el proceso de conformación de este inusitado Preludio parecería absolutamente espontáneo. No me parece que sea así: por un lado, es evidente que, como ya sugerí más arriba, todos los autores se han puesto de acuerdo —u Orúe los ha puesto de acuerdo— para defender a sor Juana de los mismos hipotéticos ataques y resaltar en ella las mismas virtudes; por otro, me parece difícil de creer que los responsables de un volumen tan bien estructurado y cuidado no hayan previsto, desde un inicio, que éste iría antecedido de un Preludio, innecesario tal vez para la legislación de la época, pero no para la prevención de los posibles ataques hacia un tomo que contendría obras de contenido delicado como la *Respuesta a Vieira*.[8]

Al fin, en mayo de 1692, dos años después de que sor Juana concluyera el manuscrito y casi un año después de que se firmaran los preliminares sevillanos, estuvieron al fin listos los preliminares de la capital: una Aprobación de Pedro Ignacio de Arce, la licencia y privilegio del rey, la fe de erratas y la tasa, que fijó el precio del *Segundo volumen* a ocho maravedís el pliego, lo que daba un precio total de 544 maravedís —fue el más caro de los tres: la *Inundación* costaba alrededor de 150 y la *Fama* costaría 216—. La Aprobación de Arce —caballero, como Orúe, de la Orden de Santiago, por entonces regidor de la villa de Madrid, montero de cámara de su majestad, poeta y dramaturgo— siempre ha llamado mi atención porque constituye el primer esbozo para una biografía de sor Juana, un antecedente de la que luego más propiamente desarrollaría Calleja en su Aprobación al tercer volumen. Se nos ofrecen ahí un par de datos muy concretos sobre la niñez de sor Juana que no están presentes en otros textos biográficos, ni en el de Calleja ni en la propia *Respuesta*; sorprende que aparezcan en el texto de un caballero que nunca salió de España. Juana Inés hablaba en verso, soñaba en verso y antes de leer y escribir ya componía versos: «A personas de autoridad que la han tratado he oído que antes que supiese leer ni escribir hacía versos con elegancia». El otro dato contradice lo que cuenta ella misma en la *Respuesta*: que aprendió a leer antes de cumplir tres años gracias a una maestra que daba lecciones a su hermana mayor en la «amiga», la escuela de primeras letras para niñas; dice, en cambio, Pedro de Arce,

[8] No deja de intrigarme el hecho de que debieron realizarse dieciocho copias manuscritas del *Segundo volumen*, una para cada una de los autores del preludio; me parece prácticamente imposible que todas estas copias hayan desaparecido: ¿podría aún encontrarse alguna en los fondos bibliográficos de Cádiz o Sevilla?

que la niña Juana, tal como aprenden hoy algunos niños de ingenio vivaz, preguntaba a todos los que pasaban por Nepantla por el sonido de cada letra hasta que, hilvanándolos todos, fue capaz de leer de corrido: «No había (por la cortedad de la población a donde nació soror Juana) quien la enseñase y, haciendo maestra a su aplicación ella propia, preguntaba a los pasajeros los caracteres y juntaba las voces con maravillosa advertencia» (*SV*, 1692: s.p.).

No es casualidad que don Juan de Orúe y Arbieto haya elegido la imprenta de Tomás López de Haro para publicar el *Segundo volumen*. Este impresor, de posible origen holandés, estuvo activo entre 1679 y 1694, quizá el año de su muerte, y fue fundador de una de las estirpes de impresores más poderosas e importantes de la Sevilla del Barroco tardío: luego de su deceso, su viuda se hizo cargo de la imprenta por un tiempo y, posteriormente, tomaron las riendas sus herederos, particularmente Diego, quien logró prolongar la actividad del taller de su padre hasta la década de los treinta del siglo XVIII. En 1692, López de Haro tenía instalado su taller en la sinuosa Calle de las Siete Revueltas, y fue precisamente en esa calle donde se imprimió este segundo libro de sor Juana (Hazañas, 1892: 66-68; Peñalver, 2019: 602 y ss.). Aunque este volumen en el que la Décima Musa de México dio a conocer algunas de sus obras mayores es el más célebre de cuantos salieron del taller de López de Haro —con éste «se honra la imprenta sevillana», afirma Peñalver (2019: 606)—, lo cierto es que no fue la única obra vinculada con América que realizó este impresor: también salió de sus prensas la obra de otros autores nacidos en México o aquí radicados, como Antonio Delgado y Buenrostro, Antonio de Ezcaray —¿pariente de Orúe y Arbieto?— y Luis Becerra y Tanco. Esto se debe a que nuestro impresor era, además, uno de los mayores y más hábiles libreros de la Carrera de Indias en el atardecer del siglo XVII: desde Sevilla, corazón del comercio transatlántico, gestionaba el envío de libros, impresos por el suyo propio y por otros talleres de Europa, para su venta en América.

Sabemos que el capitán Fernando Romero era el cargador responsable de transportar en las flotas y vender en América los libros de López de Haro, así como de entregarle a éste, a su regreso a Sevilla, las ganancias correspondientes (Rueda, 2016). De hecho, sabemos que viajó a México para vender libros en 1692, por lo que es muy probable que este tal capitán Romero fuera el responsable de la comercialización en América del *Segundo volumen*, el cual estuvo a disposición de los lectores sevillanos, y listo para exportarse, en junio de 1692, justo a tiempo para embarcarse en la flota que ese año zarpó el 18 de julio (Robles, 1972, II: 272). Me pregunto si también Juan de Orúe y Arbieto, ya vuelto socio comercial de Tomás López de Haro, viajaría en la flota de ese año y si participaría, dado que también era un experimentado comerciante de la Carrera de Indias, en la distribución americana del libro que él mismo había patrocinado. Habría que encontrar los documentos para probarlo.

El flamante *Segundo volumen*, como ya dije, el mejor de los libros que se publicaron de sor Juana en Europa, llegó a Veracruz la noche del 17 de octubre de 1692. Nos es imposible adivinar las emociones que, al recibirlo días después, se agolparon en el pecho de sor Juana. Se sentiría halagada y a un tiempo abrumada por el alud de los elogios, tanto que se vio orillada a responder con un famoso romance («¿Cuándo númenes divinos…?», *OC*, 51), que dejaría inconcluso y se imprimiría, años después, en la *Fama*. Se sentiría, al ver materializado aquel libro, aliviada y satisfecha: prácticamente no había parado de trabajar intensamente desde enero de 1688, fecha en que inició a reunir los materiales para la *Inundación castálida*.

Quizá ver algunas de sus obras más importantes en letra de molde, como el *Sueño* o la *Respuesta a Vieira*, significó para ella un rayo luminoso en medio de las tinieblas que por entonces se cernían sobre la Ciudad de México: aún resonarían los ecos de la multitud, hambrienta y enardecida, de indios y mulatos que, pocos meses antes, en junio, se había amotinado para prender fuego a varios edificios de gobierno, con lo que los virreyes se vieron obligados a huir por sus vidas y don Carlos de Sigüenza y Góngora, a rescatar de entre las llamas el archivo del Palacio; aún estaría la propia sor Juana envuelta en la polémica, amarga al fin, suscitada por la publicación no autorizada de la *Carta atenagórica* en noviembre de 1690.

Nos es imposible, digo, saber lo que sintió la poeta al tener el *Segundo volumen* entre sus manos, pero lo que sí sabemos es que el ambiente en el que éste fue recibido, tan oscuro, contrastaba violentamente con el ambiente en el que había sido concebido algunos años atrás, en 1689, por un caballero, entusiasmado por su inminente nombramiento como miembro de la Orden de Santiago y por su nuevo papel de mecenas, y por una monja, que estaba gozando de las mieles del aplauso tras la publicación de la *Inundación castálida* y que no podía esperar para dar a conocer a sus lectores inéditas y mejores obras.

BARCELONA SUEÑA CON SOR JUANA: LAS EDICIONES DE 1693

Juan de Orúe y Arbieto obtuvo del rey el privilegio para imprimir y vender el *Segundo volumen* por los siguientes diez años a partir de mayo de 1692. Misma prebenda había obtenido Juan Camacho Gayna para la *Inundación castálida* en 1689, y por eso le fue posible reeditar, menos de un año después, este primer tomo bajo el nombre de *Poemas*. Orúe, en cambio, no volvió a reeditar el *Segundo volumen* y, por tanto, nadie en todos los territorios bajo la legislación editorial de Castilla pudo reeditarlo durante ese periodo. ¿Por qué no sacó provecho Orúe de su privilegio? ¿Había quedado ya satisfecho su deseo de convertirse en mecenas el recién nombrado caballero?, ¿habría una negativa de sor Juana a seguir proveyendo de materiales a los editores españoles, luego de cinco años de arduo trabajo?, ¿al final el libro, caro como vimos, no se vendió como se esperaba? Imposible saberlo.

Creo, sin embargo, que de todas las razones que pudo tener el caballero vizcaíno para no reeditar el libro, la menos probable sería una tibieza de los lectores frente a este nuevo tomo de la Musa americana: los lectores parecen haberse mostrado muy entusiasmados, como prueba el hecho de que en 1693, Joseph Llopis, impresor de Barcelona —región a la que no tocaban las leyes editoriales de Castilla—, diera a la imprenta su propia edición, «y a su costa», del *Segundo volumen*, a la cual llamó *Segundo tomo de las obras de soror Juana Inés de la Cruz*. Recordemos que, también a su costa, Llopis había ya impreso una reedición del primer tomo, de *Poemas*, en 1691. Si con esa primera publicación había obtenido un considerable éxito comercial, con la publicación del *Segundo tomo* Llopis debió retacarse los bolsillos: el volumen tuvo tanto éxito que el impresor se vio obligado a reeditarlo, no una, sino dos veces más, ese mismo año.

Me permito aquí un breve paréntesis. El *Segundo volumen* dio pie a una especie de negocio secundario entre los editores peninsulares: como ha logrado determinar Celsa Carmen García Valdés en su edición de *Los empeños de una casa* y *Amor es más laberinto* (*GV*, 2010), a partir del texto de las ediciones de López de Haro y Llopis, se realizaron numerosas sueltas de estas dos comedias. Recordemos que, a diferencia de lo que ocurría en América, en donde prácticamente no se imprimían obras de teatro, en España la venta de sueltas y partes de comedias constituía un negocio bien redituable. Como casi todas las comedias de su género, el de capa y espada, *Los empeños* sigue una fórmula: dos damas, aquí doña Leonor y doña Ana, se enredan en un lío de amores con tres galanes, don Carlos, don Pedro y don Juan; por diferentes causas —la oscuridad, un disfraz, un malentendido, una mentira dicha con bajas intenciones— el enredo se complica a lo largo de la obra hasta un punto que pareciera irresoluble. En esta complicación de la trama, es fundamental —y comiquísimo— el papel de los criados: Celia, que sirve a doña Ana, y Castaño, que sirve a don Carlos. Al final, sin embargo, cada oveja se queda con su pareja y los jóvenes se unen con la bendición y aprobación de sus padres: Leonor con Carlos, Ana con Juan. Un galán, tristemente, queda suelto: Pedro. Espejo burlesco de sus amos, también se unen los criados. Siempre me ha parecido que, entre otras cosas, por la atipicidad de sus damas y galanes —la inteligencia de doña Leonor, la rara cortesía de don Carlos—, el travestismo radical de Castaño en la tercera jornada, y el hecho de que toda ella se desarrolle dentro de una misma casa, *Los empeños* es una de las mejores y más interesantes comedias de los Siglos de Oro.

La Compañía Nacional de Teatro de México montó hace no mucho la obra; en 2024, la primera vez que la vi en el Palacio de Bellas Artes —la vi varias veces en otros recintos— quedé muy complacido no sólo por la calidad y originalidad de la puesta en escena de la directora Aurora Cano, sino por la reacción del público, que se reía a carcajadas con los chistes escritos por una monja hace casi cuatro siglos. Por lo visto, despertó, como lo despierta entre nosotros aún, bastante entusiasmo entre los lectores de aquel entonces, pues de ella conocemos cuatro sueltas, las cuales he podido consultar en la Biblioteca Nacional de España: tres se imprimieron en Sevilla —por los Herederos de Tomás López de Haro (*ec2*), la Viuda de Francisco de Leefdael (*ec3*) y Joseph Padrino (*ec4*)— y otra más (*ec1*) se imprimió en Barcelona en el taller de Llopis que, como puede verse, no se cansó de enriquecerse a costa de la Musa Décima.

De *Amor es más laberinto*, que siempre ha suscitado menos interés que *Los empeños*, realizó una suelta el hijo de Tomás, Diego López de Haro, en Sevilla (*aml1*), de la cual se conserva un ejemplar, que he consultado, en la ya mencionada Biblioteca. El ejemplar de esta suelta tiene algunas notas manuscritas al margen de un entusiasmado poseedor, venido a crítico literario; apenas arrancada la lectura escribe: «Ésta es buena comedia»; ya casi al final, está convencido de su juicio y lo reitera: «ésta es buena comedia; lo digo yo, el señor don…». Por algunas otras anotaciones en el ejemplar, podemos completar esta última frase inconclusa con el nombre de «Antonio».

Si bien esta comedia mitológica no fue nunca tan popular, tiene sin duda momentos de muy alto lirismo, de los cuales el mejor, sin duda, es el monólogo de Teseo en la primera jornada, en la que expone ante el rey de Creta sus múltiples hazañas con el fin de demostrar que su fama la debe no a la «sangre», sino a sus «merecimientos», es decir, no a la nobleza que ha heredado, sino a las virtudes que se ha granjeado él mismo con esfuerzo y valentía (*GV*, 2010: vv. 427-700). De esa relación de hazañas, en romance como muchas en el teatro áureo, he podido consultar directamente dos sueltas, que la dieron a conocer aisladamente bajo el título de *Relación famosa*: una impresa en la Casa del Correo Viejo en Sevilla (*rf1*), que ostenta un bello grabado de unicornio y de la cual se conserva un ejemplar en la Hispanic Society of America (fig. 47a); otra impresa en Córdoba en la Imprenta de la calle de Carreteras (*rf2*), de la cual la Biblioteca Nacional de España resguarda un ejemplar.[9]

[9] García Valdés, en su edición de las dos comedias de sor Juana (*GV*, 2010: 81), registra otra *Relación famosa* de *Amor es más laberinto*, realizada en el taller de la Viuda de Francisco de Leefdael de Sevilla. La estudiosa asegura que este impreso se resguarda en la biblioteca de la Hispanic Society; yo no he podido encontrarlo.

RELACION FAMOSA:
AMOR ES MAS
LABERYNTHO.
POR LA MONJA DE MEXICO,
Fenix de la Nueva Eſpaña.

GEneroſo Rey de Creta,
a cuyos glorioſos hechos
ſirven de cortos archivos
las bibliotecas del tiempo.
Glorioſo Legislador,
cuyo acertado gobierno,
como da leyes a el Orbe,
darà al miſmo preceptos;
porque podrà ſu juſticia,
valor, rectitud, y zelo,
introducir la concordia
en el miſmo deſconcierto;
cuyas veneradas luces
tendràn padron tan eterno;
que eſtès en ſu execucion
reinando deſpues de muerto.
Yo (aunque ya ſabes quien ſoi)
referir de nuevo quiero
mi nombre, por ſi el olvido
le ſepulta: que es mui cierto,
que nadie conoce al que
vè en baxa fortuna pueſto.
Yo, pues, el Principe ſoi,
que de Atenas heredero,
antes pago ſus penſiones,
que gozo de ſus imperios.

Por

RELACION:
LOS EMPEÑOS
DE VNA CASA.
DEL FENIX DE LA NVEVA ESPAÑA.

SI de mis ſuceſſos quieres
eſcuchar los triſtes caſos,
con que oſtentan mis deſdichas
lo poderoſo, y lo vario:
Eſcucha, por ſi proſigo,
que divirtiendo tu agrado,
lo que fue trabajo proprio,
ſirva de ageno deſcanſo;
ò porque en el deſahogo
hallen mis triſtes cuydados
à la pena de ſentirlos,
el alivio de contarlos.
Yo naci noble; eſte fue
de mi mal el primer paſſo;
que no es pequeña deſdicha
nacer noble un deſdichado;
que aunque la nobleza ſea
joya de precio tan alto,
es alhaja, que en un triſte
ſolo ſirve de embarazo;
porque eſtando en un ſugeto;
repugnan como contrarios,
entre plebeyas deſdichas
haver reſpetos honrados.
Decirte, que naci hermoſa,
preſumo, que es eſcuſado,
pues lo ateſtiguan tus ojos,
y lo prueban mis trabajos.
Solo dirè: aqui quiſiera
no ſer yo quien lo relato,
pues en callarlo, ò decirlo
dos inconvenientes hallo;
porque ſi digo, que fui
celebrada por milagro
de diſcrecion, me deſmiente
la necedad del contarlo:
y ſi lo callo, no informo
de mi, y en un miſmo caſo
me deſmiento, ſi lo afirmo,
y lo ignoras, ſi lo callo.
Pero es preciſſo al informe,
que de mis ſuceſſos hago
(aunque paſſe la modeſtia
la verguenza de contarlo)
para que entiendas la hiſtoria;
preſuponer aſſentado,
que mi diſcrecion la cauſa
fue principal de mi daño.
Inclinème à los eſtudios
deſde mis primeros años,
con tan ardientes deſvelos,
con tan anſioſos cuydados,
que reduxe à tiempo breve
fatigas de mucho eſpacio.
Commutè el tiempo induſtrioſa
à lo intenſo del trabajo,
de modo, que en breve tiempo
era el admirable blanco

de

Fig. 47a. Primera página de la suelta de la relación de *Amor es más laberinto* (Sevilla: Imprenta Real, Casa del Correo Viejo, s.a.)

Fig. 47b. Primera página de la suelta de la relación de *Los empeños de una casa* (Sevilla: Viuda de Francisco Leefdael, s.a.)

Ahora bien, también se imprimió una relación suelta proveniente de *Los empeños de una casa*: se trata de la que sor Juana pone durante la primera jornada en boca de Leonor, personaje que bien podría ser su *alter ego*. En ésta, la dama nos revela que desde su más tierna infancia fue alabada, a la par, por hermosa y estudiosa, y que por esas mismas razones era pretendida por muchos; ella, sin embargo, sólo correspondió a don Carlos, de quien nos ofrece un maravilloso y dilatado retrato (*GV*, 2010: vv. 259-546). Esta relación suelta de *Los empeños*, de la que ningún otro sorjuanista había dado noticia hasta ahora, fue impresa también en Sevilla por la Viuda de Francisco de Leefdael (*rec*), y pude conocerla gracias a John O'Neill, quien me envió una reproducción desde la biblioteca de la Hispanic Society, donde se conserva el único ejemplar conocido (fig. 47b).

La impresión de relaciones como éstas, en un solo pliego —2 folios con su envés y su revés— se puso muy de moda en la primera mitad del XVIII, sobre todo entre los editores andaluces (González,

2021). Ninguna de las ediciones que he enlistado, ni las sueltas de comedias ni las relaciones, indican el año en su pie de imprenta, pero muchos de los talleres que las dieron a luz estuvieron activos hasta bien entrado el siglo XVIII: los tomos de obras reunidas de sor Juana se dejaron de imprimir en 1725, pero las sueltas de sus comedias o de fragmentos de ellas —así como de sus escritos religiosos en prosa, como hemos visto antes— mantuvieron viva a nuestra autora en el gusto de los lectores por muchos años más.

Vuelvo a Joseph Llopis: tengo la sensación de que los ejemplares de sus ediciones del *Segundo tomo* son muy abundantes; encuentro que prácticamente no hay biblioteca en España que no cuente con al menos uno: hay, por supuesto, en la Biblioteca Nacional de España, y en las bibliotecas de las universidades de Zaragoza, de Castilla-La Mancha, de Valladolid, en la Complutense... Tampoco son infrecuentes en Latinoamérica: hay uno en la Biblioteca Nacional de Chile, en el Centro de Estudios de Historia de México y en la biblioteca de la Facultad de Filosofía y Letras de la UNAM.

No hace mucho, David Huerta me invitó a su casa para mostrarme, con una emoción que podría calificar de infantil, un ejemplar de esta edición del *Segundo tomo* de Llopis; se lo había vendido, a un precio no tan exorbitante, su amigo Enrique Fuentes Castillo, dueño de la Librería Madero, fallecido, como David, recientemente. La tarde se nos fue hojeando el *Primero sueño* y detectando las variantes de esa edición. Lo que quiero decir con todo esto es que el Lobo de Barcelona parece haberse adueñado por completo del negocio, americano y europeo, en lo que respecta a esta segunda entrega de sor Juana. ¿Habrá ello también contribuido a disuadir a Orúe y Arbieto, pasmado ante tan abrumadora competencia comercial, de realizar otra edición?

En su «Bibliografía» de 1917, Henríquez Ureña había registrado únicamente una edición barcelonesa para el año de 1693 (núm. 27). Una década después, Dorothy Schons notó que los dos ejemplares que tuvo a la mano diferían notablemente entre sí en la «clase y tamaño del tipo de letra y el adorno tipográfico», por lo que pudo asegurar que Joseph Llopis había realizado al menos un par de ediciones en 1693 (1927: 34*n*). Durante una estancia en la Biblioteca Nacional de España, Georgina Sabat de Rivers consiguió identificar una más;

publicó el hallazgo en una nota de la *Nueva Revista de Filología Hispánica* en 1974 y, posteriormente, en su libro de 1995, *Bibliografía y otras cuestiúnculas sorjuaninas*.

Por mi parte, he descubierto que una de estas tres ediciones del *Segundo tomo* cuenta con dos emisiones: el único ejemplar de la emisión que he identificado se encuentra resguardado en la Biblioteca General de Ciudad Real de la Universidad de Castilla-La Mancha. Aunque todas presentan la misma información en sus portadas —de las que por cierto ha desaparecido del todo el nombre de Orúe y Arbieto, quien aquí ya no tiene participación alguna—, las ediciones pueden distinguirse con facilidad gracias a los grabados que las ornan. La que se encuentra, como veremos, más cerca del texto del *Segundo volumen* y, por tanto, es probable que se haya realizado antes que ninguna otra, cuenta con dos emisiones que difieren claramente en la portada, así como en los ornatos y formación de los preliminares, pero son idénticas en todo lo demás: la primera emisión presenta en la portada un ornato de imprenta con motivos vegetales (le asigno la sigla *B1*); la segunda emisión, la que he descubierto, tiene en la portada el grabado de un árbol (*B2*); la segunda edición (*B3*) lleva estampado un tazón con frutos que dos pájaros picotean; la tercera (*B4*) ostenta el grabado, bastante tosco, de una maceta de la que brotan floridas plantas (fig. 48abcd). Si revisamos los interiores de estas ediciones, nos daremos cuenta de que ahí también varían sus grabados. Véanse, por ejemplo, los ornatos de imprenta con que Llopis ha decidido indicar el final del *Primero sueño* (fig. 49abc).

Llama mi atención que en las tres ediciones el impresor barcelonés haya impreso la leyenda «Añadido en esta segunda impresión por su autora». He señalado antes que la reedición de Llopis de *Poemas*, de 1691, también llevaba en su portada la leyenda publicitaria de «Tercera edición, corregida y añadida por su autora». Lo primero era un engaño sin más: no había ningún cambio en los textos de esta edición con respecto a los publicados en *Poemas* de 1690; lo segundo era cierto a medias: Llopis sí incluía obras inéditas de sor Juana, pero no había sido ella quien se las había proveído, sino, muy probablemente, el impresor poblano Diego Fernández de León. Aquí la historia se repite: para ofrecer a sus lectores algo más que lo que podían encontrar en el sevillano *Segundo volumen*, Llopis añadió en

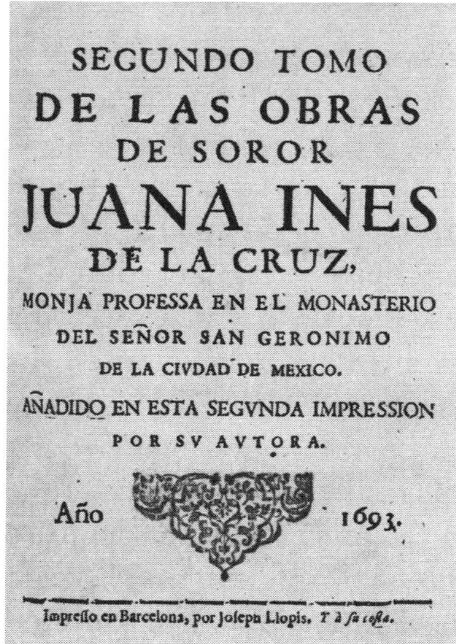
SEGUNDO TOMO
DE LAS OBRAS
DE SOROR
JUANA INES
DE LA CRUZ,
MONJA PROFESSA EN EL MONASTERIO
DEL SEÑOR SAN GERONIMO
DE LA CIVDAD DE MEXICO.
AÑADIDO EN ESTA SEGVNDA IMPRESSION
POR SV AVTORA.
Año 1693.
Impreſſo en Barcelona, por Joſeph Llopis. Y à ſu coſta.

Fig. 48a. Portada del *Segundo tomo* (Barcelona: Joseph Llopis, 1693): *B1* (Biblioteca Nacional de Austria)

SEGUNDO TOMO
DE LAS OBRAS
DE SOROR
JUANAINES
DE LA CRVZ,
MONJA PROFESSA EN EL MONASTERIO
DEL SEÑOR SAN GERONIMO
DE LA CIUDAD DE MEXICO.
AÑADIDO EN ESTA SEGUNDA
IMPRESSION
POR SU AUTORA.
Año 1693.
Impreſſo en Barcelona, por Joſeph Llopis. Y à ſu coſta.

Fig. 48b. Portada del *Segundo tomo* (Barcelona: Joseph Llopis, 1693): *B2* (Biblioteca de la Universidad de Castilla-La Mancha)

SEGUNDO TOMO
DE LAS OBRAS
DE SOROR
JUANA INES
DE LA CRVZ,
MONJA PROFESSA EN EL MONASTERIO
DEL SEÑOR SAN GERONIMO
De la Ciudad de Mexico.
AÑADIDO EN ESTA SEGVNDA IMPRESSION
POR SV AVTORA.
Año 1693.
CON LAS LICENCIAS NECESSARIAS.
Impreſſo en BARCELONA: Por JOSEPH LLOPIS.
Y à ſu coſta.

Fig. 48c. Portada del *Segundo tomo* (Barcelona: Joseph Llopis, 1693): *B3* (Biblioteca Nacional de España)

SEGUNDO TOMO
DE LAS OBRAS
DE SOROR
JUANA INES
DE LA CRUZ,
MONJA PROFESSA EN EL MONASTERIO
DEL SEÑOR SAN GERONIMO
De la Ciudad de Mexico.
AÑADIDO EN ESTA SEGUNDA IMPRESSION
POR SU AUTORA.
Año 1693.
CON LAS LICENCIAS NECESSARIAS.
Impreſſo en BARCELONA: Por JOSEPH LLOPIS.
Y à ſu coſta.

Fig. 48d. Portada del *Segundo tomo* (Barcelona: Joseph Llopis, 1693): *B4* (Biblioteca Nacional de Chile)

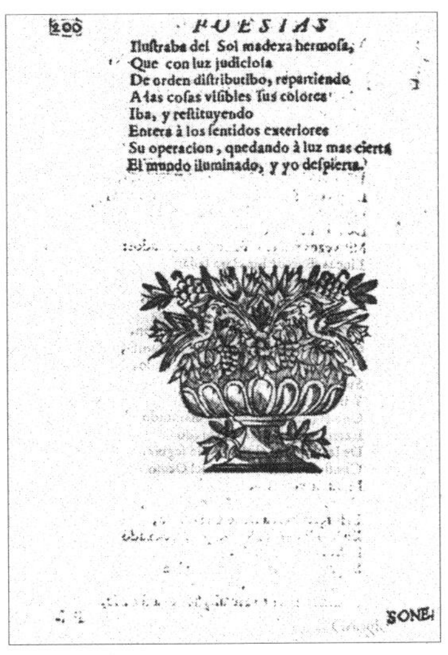

200 POESIAS

Iluſtraba del Sol madexa hermoſa;
Que con luz judicioſa
De orden diſtribuibo, repartiendo
A las coſas viſibles ſus colores
Iba, y reſtituyendo
Entera à los ſentidos exteriores
Su operacion, quedando à luz mas cierta
El mundo iluminado, y yo deſpierta.

SONE-

Fig. 49a. Grabados interiores de *B1* y *B2*

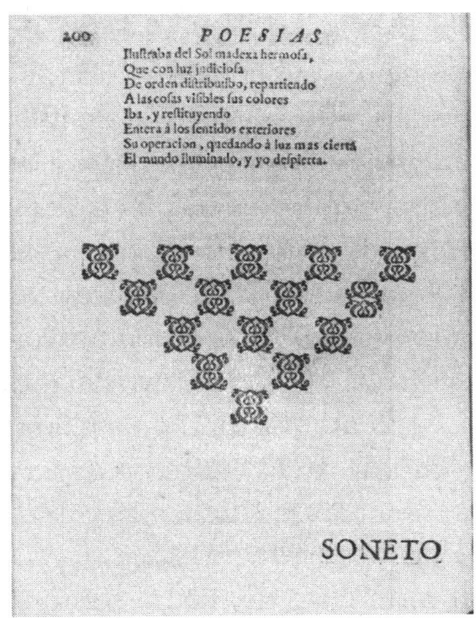

200 POESIAS

Iluſtraba del Sol madexa hermoſa,
Que con luz judicioſa
De orden diſtribuibo, repartiendo
A las coſas viſibles ſus colores
Iba, y reſtituyendo
Entera à los ſentidos exteriores
Su operacion, quedando à luz mas cierta
El mundo iluminado, y yo deſpierta.

SONETO

Fig. 49b. Grabados interiores de *B3*

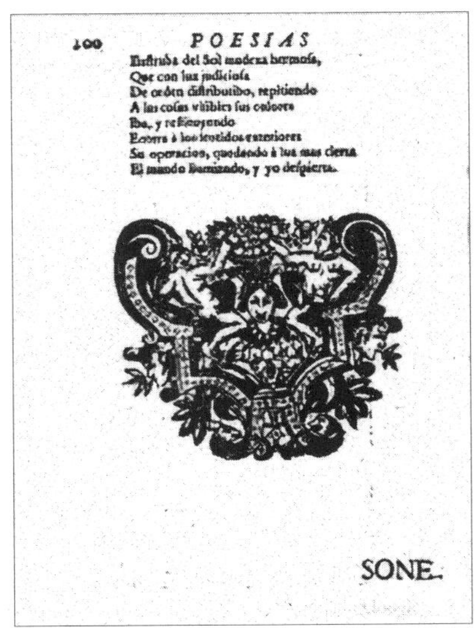

100 POESIAS

Iluſtraba del Sol madexa hermoſa,
Que con luz judicioſa
De orden diſtribuido, repitiendo
A las coſas viſibles ſus colores
Iba, y reſtituyendo
Entera à los ſentidos exteriores
Su operacion, quedando à luz mas cierta
El mundo iluminado, y yo deſpierta.

SONE-

Fig. 49c. Grabados interiores de *B4* (Barcelona: Joseph Llopis, 1693) su edición del *Segundo tomo*, en la sección de «Poesías lírico-sacras», el juego de villancicos de Santa Catarina, que sor Juana había compuesto para la Catedral de Oaxaca y había impreso, justamente, en Puebla Fernández de León a finales de 1691 —recordemos que sor Juana había enviado a Orúe los últimos materiales para el *Segundo volumen* a principios de ese año, por lo que no había manera de que incluyera entre éstos dicho juego—. Debió ser, una vez más, el impresor poblano quien proveyera a Llopis de la suelta de villancicos dedicada a la mártir de Alejandría (cap. 10).

Las obras que Llopis había incluido en su reedición del primer tomo de 1691, obtenidas gracias a Fernández de León —a saber, tres juegos de villancicos y *El divino Narciso*—, fueron incluidas, en versiones corregidas por su autora, en el *Segundo volumen*. Por eso, al momento de reeditar este último, Llopis se vio en la necesidad de suprimir todas aquellas obras que ya había dado a conocer: por ejemplo, desecha el *Narciso* y merma, así, la trilogía de autos sacramentales, ya convertida en una dilogía. Pero el Lobo de Barcelona dista mucho de ser meticuloso y tiró, como quien dice, el agua con todo y niño: suprimió dos letras a la Concepción —«Entre la antigua cizaña» (*JGR*, 2016: 13; *OC*, 229) y «Un herbolario extranjero» (*JGR*, 2016: 12; *OC*, 228)— y dos letras al Nacimiento —«¿Cómo será esto, mi Dios?» (*OC*, 361) y «Un día que amaneció» (*OC*, 362)— que se habían impreso por primera vez en el *Segundo volumen*, entre dos juegos de villancicos que sí debía suprimir, y que, por tanto, no habían aparecido en la reedición catalana de *Poemas*. Los que compraron las ediciones de Llopis jamás leyeron estas cuatro letras sagradas, ni en el primer tomo ni en el segundo. He dicho ya que las leyes editoriales de Castilla no tenían efecto sobre las imprentas catalanas: Llopis suprimió, pues no hacían falta, todos los preliminares oficiales, tanto los sevillanos como los madrileños, salvo la Censura eclesiástica del arzobispado de Sevilla, firmada por Juan Navarro Vélez. Pero también suprimió la Dedicatoria de sor Juana y, lo que es una verdadera lástima, el Preludio entero en que los ingenios de Sevilla y Cádiz ponían por las nubes y defendían los sabios versos de la monja mexicana. Esta enrevesada labor de añadir pegotes y cortar trozos con brusquedad llevada a cabo por el impresor de Barcelona deforma terriblemente, sobre todo en este caso, la idea de la estructura original del *Segundo volumen*, tan meditada y balanceada.

Aunque sabemos que antes circuló, como casi toda la poesía de la época, manuscrita, la obra más ambiciosa de sor Juana —en la que conjuntó las dos grandes pasiones de su vida: el insaciable deseo de conocimiento y la pasión por escribir versos—, el *Sueño*, se imprimió por primera vez, como ya he señalado varias veces, en la calle de las Siete Revueltas de Sevilla en junio de 1692. Su circulación manuscrita nos consta por dos testimonios: el primero, de la propia autora, quien lo menciona ya en la *Respuesta*, firmada en marzo de 1691: «no me acuerdo haber escrito por mi gusto sino es un papelillo que llaman el *Sueño*» (*OC*, 405: líneas 1266-1267); al testimonio de sor Juana hay que añadir el del anónimo «caballero recién venido a la Nueva España», que publica en el *Segundo volumen* un romance —escrito, por ende, antes de 1692— en el que dice a la monja (*OC*, 48bis: vv. 93-96):

> Descansando aquella noche
> que llegué a aqueste paraje,
> tu *Sueño* me despertó
> de mi letargo ignorante.

Gracias al ramillete de elogios compilado por Orúe, o Preludio como él mismo lo llama, nos queda claro que, de todas las obras que compondrían el *Segundo volumen*, las que más llamaron la atención de los dieciocho ingenios andaluces que leyeron el manuscrito antes que nadie fueron la *Respuesta a Vieira* y el *Sueño*. Si el poema causaba ya tanto revuelo antes de su publicación, no debe sorprendernos que haya tenido tanto éxito ya publicado.

He dicho antes que el *Segundo volumen* contenía, considerado en su conjunto, mejores y más perdurables páginas de sor Juana que la *Inundación castálida*. Hay que decir ahora que el éxito editorial de ese tomo, que obligó a Joseph Llopis a editarlo tres veces en un mismo año, se debe en buena medida a la grandeza de esas páginas, entre las cuales el *Sueño* ocupa un primerísimo lugar. De hecho, visto a la distancia, este poema constituye la mayor aportación del *Segundo volumen*: con el paso de los siglos, la *Respuesta a Vieira*, la otra joya del libro, ha devenido en un texto admirable, sí, pero que no se lee ya con el mismo entusiasmo con que se leyó en su momento; en cambio, la silva filosófica, aunque malentendida y vilipendiada, en el siglo XIX sobre todo, a causa de su tufo gongorino, devino a la postre en la obra más influyente de sor Juana, cuya deleitosa complejidad hoy cautiva, más que ninguna otra, la inteligencia y sensibilidad de los lectores.

Para mí, el lugar de la Décima Musa en la historia de la literatura debe ser entendido en tres dimensiones: como autora de villancicos y arcos triunfales, la monja es una típica autora novohispana, en perfecta consonancia con los usos y costumbres literarios del tiempo y el lugar en los que le tocó vivir; como la autora de algunos grandes sonetos, romances y otras piezas líricas, así como de grandes obras teatrales —el *Narciso* o *Los empeños*—, sor Juana reclama su sitio entre los mejores autores de los Siglos de Oro, entre los clásicos de la lengua española; el *Primero sueño* —y quizá también la *Respuesta a sor Filotea*— le confiere un carácter universal, pues sus interlocutores, ante todo, son las grandes empresas poéticas de la modernidad: *Le cimetière marin*, *The Waste Land*, *Altazor*, *Muerte sin fin*, *Piedra de sol*...

Aunque el estilo y el título remiten a la *Primera Soledad* de don Luis de Góngora —«que así intituló y compuso la madre Juana Inés de la Cruz imitando a Góngora»—, el argumento del poema no podría ser más distinto al del poema del cordobés: el *Sueño* es el relato de una visión de la totalidad. En la ya citada Aprobación que Diego Calleja publicaría en la *Fama*, se reproducen textualmente unas palabras de sor Juana a propósito del argumento del poema: «Siendo de noche, me dormí; soñé que de una vez quería comprehender todas las cosas de que el universo se compone; no pude, ni aun divisas por sus categóricas, ni a un solo un individuo. Desengañada, amaneció y desperté» (*FOP*, 1700: s.p.). Aunque parece darlo por sentado, sor Juana no explicita que ese intento de «comprehender todas las cosas de que el universo se compone» presupone la visión de todas aquellas cosas. Como Borges en una vieja casa de la calle Garay, sor Juana contempló una suerte de Aleph mientras dormía entre los muros del Convento de San Jerónimo de la Ciudad de México. En la parte central de su *Sueño*, en el eje de la obra, el alma de la durmiente se ve encumbrada en un altísimo monte intelectual, desde el cual todas las criaturas del cosmos se presentan al alma en una visión simultánea, es decir, como si estuvieran a la misma distancia, y sin que se celen ('se encubran') con su opacidad unas a otras:

> la vista perspicaz, libre de antojos,
> de sus intelectuales bellos ojos,
> sin que distancia tema
> ni de obstáculo opaco se recele
> de que interpuesto algún objeto cele,
> libre tendió por todo lo crïado
> (*OC*, 216: vv. 440-445).

Al llegar a este punto, Alatorre (2010c: 140) señala que podríamos lamentarnos de que sor Juana, en vez de quedarse pasmada con esa visión, no seleccionara, «de entre el vasto conjunto, algunas de las cosas que más valieran la pena», como sí hace Borges en *El Aleph*: ahí vio, dice el argentino, «un poniente en Querétaro», «la delicada osatura de una mano», «mi dormitorio sin nadie»... Yo creo que sor Juana sí selecciona imágenes de su visión y las despliega ante nosotros: esas hermosas imágenes son el armazón del poema mismo. Uno se pregunta por qué, para desarrollar la línea argumental ofrecida por Calleja («Siendo de noche...»), que parece tan simple, la autora se demora 975 versos. Se demora porque nos va pintando exquisitamente la pirámide de la noche, el ejército de luces y pájaros de la aurora, el león que en su caverna duerme, como se creía en la época, con los ojos abiertos, la insomne relojería del corazón, los pulmones que se hinchan con el aire, el vuelo altísimo del águila, una rosa que se abre en el prado a la caricia del rocío...

Por un lado, hay que agradecer a Joseph Llopis que haya hecho soñar, gracias a sus tres abundantes ediciones realizadas en el crepúsculo del siglo XVII, a miles de lectores a ambos lados del Atlántico con esta obra portentosa de sor Juana, piedra fundacional de la poesía moderna —¿en algún momento de la historia tanta gente leyó simultáneamente el *Sueño* como en 1693?—; por otro lado, habría que reprocharle que la haya editado tan descuidadamente. Creo que si tomamos únicamente como ejemplo el texto del *Primero sueño* presentado por las ediciones del barcelonés, nos podremos dar cuenta de la gran cantidad de errores que éstas pueden llegar a introducir.

Es comprensible: el *Segundo volumen* no era breve —tiene más páginas que cualquier otro libro de sor Juana en la época— y tanto la silva filosófica como otros textos ahí contenidos eran entonces tan arduos como lo son ahora y debieron suponer diversas dificultades al momento de su edición. Si, a causa de una altísima demanda, se tiene que editar un libro que conlleva tales dificultades tres veces en el lapso de un año, no puede esperarse que los textos ahí presentados destaquen por su pulcritud.

De la compulsa (la comparación con ojo editorial crítico) de los testimonios, puede deducirse que todas las ediciones de 1693 derivan directamente del *Segundo volumen* (*SV*), pues no presentan, consistentemente, lecturas distintas a las de esa primera edición y, cuando las hay, esas diferencias caen dentro del ámbito del error. Ello confirma que los textos que Llopis presenta no derivan, como en el caso del *SV*, de un manuscrito de la autora, sino de la previa edición sevillana.

En todos los versos del *Sueño* que se presentan a continuación, las ediciones de Llopis han cometido algún tropiezo. De los ejemplos agrupados en *a)* y *b)* puede inferirse que tanto la primera edición de 1693, con dos emisiones (*B1* y *B2*), como la segunda (*B3*) introducen errores distintos con respecto al *SV*: proceden, pues, de este testimonio, pero de forma independiente entre sí. Hay que señalar, con todo, que *B1* y *B2* suelen seguir más de cerca el texto del *SV*. De esos mismos ejemplos puede inferirse que la última de las ediciones realizadas por Llopis (*B4*) no procede directamente del *SV*, sino de *B3*, pues repite los errores de ésta. Ahora bien, de los ejemplos agrupados en *c)* puede deducirse que de todas las ediciones de Barcelona, como es lógico, *B4* —la que tiene en su portada una maceta con flores— es la que presenta una mayor distancia con respecto a las lecciones originales del *SV* e introduce una gran cantidad de errores, los cuales, por cierto, se acrecientan considerablemente hacia el final. Pareciera que el cajista de Llopis ya estaba desesperado por terminar de componer la silva: si leer el *Sueño* en la actualidad, amparados por un texto cuidado y profusamente anotado, no es una tarea sencilla, me imagino que los que en 1693 compraron esta edición del Lobo de Barcelona habrán sentido, más de una vez, ganas de arrancarse los cabellos:

a) la avergonzada Nictimene *SV B1 B2* la avergonzada Victimene *B3 B4*
incógnita aun al cierto *SV B1 B3 B2* incógnita aun al acierto *B4*

b) aire que empañaba *SV B3 B4* aire que empeñaba *B1 B2*
tan tardo compás *SV B3 B4* tan ardo compás *B1 B2*

c) la estimativa *SV B1 B3 B2* la estimava *B4*
mirar la sutil punta *SV B1 B3 B2* mudar la sutil punta *B4*

Algunos de los cambios introducidos por Llopis en sus ediciones han dado pie, además, a algunas de las discusiones más acaloradas entre los editores modernos del *Sueño* de sor Juana. Pongo por único ejemplo el caso de la que quizá sea, junto con *Alcione/Almone*,[10] la variante más discutida del poema. Traigo a colación una anécdota ilustrativa: hace algunos años, luego de exponer en un simposio organizado por él algunos de los desafíos que supondría la edición crítica de la silva, José Pascual Buxó, agobiado por la vejez pero con un ingenio e interés muy despiertos, se me acercó y, sin más, me preguntó: «¿*centrífica* o *científica*?». Tres son los órganos que, mientras el resto duerme, resisten al sueño y perseveran absortos en sus labores: el corazón, los pulmones y el estómago. Sobre este último escribe sor Juana:

> Y aquella del calor más competente
> *centrífica* oficina,
> próvida de los miembros despensera,
> que avara nunca y siempre diligente
> ni a la parte prefiere más vecina
> ni olvida a la remota,
> y en ajustado natural cuadrante
> las cuantidades nota
> que a cada cual tocarle considera

10 *Almone* es el nombre de una hechicera en la libre traducción renacentista de las *Metamorfosis* de Ovidio de Jorge de Bustamante, que sor Juana leía, muy a pesar de ciertos editores modernos.

del que alambicó quilo el incesante
calor en el manjar…
(*OC*, 216: vv. 234-244).

La lección *centrífica* está en el *SV*, en *B1* y, por tanto, en *B2*. Es *B3* la edición que introduce la variante *científica*, que reproduce *B4* y que aceptaron, entre otros editores modernos, Karl Vossler (1941), Alfonso Méndez Plancarte (1951), Georgina Sabat de Rivers (2004), Tadeo Stein (2007) y Alberto Pérez-Amador (2015). Solamente optaron por la otra lección, *centrífica*, Ermilo Abreu Gómez (1928) y Antonio Alatorre (2009). A mí me parece que el hecho de que el adjetivo *centrífico* no aparezca en ningún diccionario o en otros autores de la época no es razón suficiente para descartarlo como la palabra que la jerónima tenía en mente al momento de escribir su poema. En primer lugar, la forma del adjetivo es transparente y no es difícil, para ningún lector, atisbar a través de ella su significado: 'relativo al centro', 'central'; ello encaja perfectamente con lo que dice nuestra poeta del estómago, *oficina* que distribuye desde el centro del cuerpo los nutrientes que cada parte del cuerpo necesita, sin importar que ésta se encuentre *vecina* o *remota*. En segundo lugar, nos consta que sor Juana es creativa con su léxico, le gusta emplear palabras infrecuentes que no aparecerían en los diccionarios sino hasta muchos años después o que jamás aparecerían. Véase, por ejemplo, en el mismo *Sueño*, el caso de *conticinio* (v. 151), que el *DRAE* no consigna sino hasta 1780; o el de *fluxible*, adjetivo que aparece consignado en el *DRAE* por primera vez en 1803, pero que utiliza la poeta en diferentes lugares de su obra, como en el *Neptuno alegórico*: «…émulo de Apeles / con docta imitación de sus pinceles / al mar usurpa la *fluxible* plata» (*OC*, 402: vv. 71-73); finalmente, en sus ovillejos, tilda a una nariz de *tortizosa*, término que ella misma inventa para referir a algo 'desmesurado o desproporcionado': «que hay nariz *tortizosa*, tan tremenda, / que no hay geómetra alguno que la entienda» (*OC*, 214: vv. 265-266).

Pero más allá de todas esas razones, tengo la impresión de que los editores del poema no han tenido nunca claro el lugar que las versiones de Llopis ocupan en el panorama general de las ediciones antiguas de sor Juana: se trata de ediciones no autorizadas por la autora, que no dependen de un manuscrito revisado por ella y que, además, fueron hechas a toda prisa: *B3*, que imprime *científica* por *centrífica*, también imprime, aparte de los que ya revisamos, gazapos como *perezcan* por *parezcan*, *sombra* por *sobra*, *clamado* por *calmado*, *trae* por *atrae* o *funminante* por *fulminante*… No se puede poner este testimonio, bajo ninguna circunstancia, a la misma altura que el *SV*: no sólo ésta, sino cualquier otra enmienda que provenga de las ediciones de 1693 de Llopis, debe ser sopesada con absoluta cautela, tomada con pinzas, al momento de realizar una edición moderna del poema. Así pues, le respondería a José Pascual Buxó hoy lo mismo que le respondí entonces: «*centrífica*, ni siquiera debimos haber tenido esta discusión».

No quisiera concluir estas líneas sobre las ediciones que Llopis realizó del *Primero sueño* en 1693 sin referirme, aunque sea brevemente, a Ermilo Abreu Gómez que, como ya señalé, al igual que Alatorre conservó en su edición la lección *centrífica*. Quien se haya paseado por los tres primeros tomos de *Obras completas* de sor Juana editados entre 1951 y 1954, habrá notado que cada vez que Méndez Plancarte menciona su nombre, éste no va acompañado precisamente de un elogio: las *Poesías completas* de sor Juana editadas en México por Abreu, en 1941 y 1948 por la editorial Botas, son blanco ahí de constantes ataques por parte del cura michoacano. Ya desde antes, Méndez había emprendido una campaña de desprestigio hacia Abreu. En 1941, en un artículo aparecido en *Ábside*, «Un desafuero contra sor Juana», el cura hizo pedazos la edición de *Poesías completas* impresas ese mismo año, a la que calificó como «un turbio pozo de irresponsabilidad y descuido, de incorrección y pereza, de ausencia de respeto y probidad» (548). Concluía, parafraseando un dicho tristemente célebre de Ignacio Manuel Altamirano: «Mejor se estaba nuestra Décima Musa sin reedición, allá en sus venerables tomos añejos, muy "quietecita" entre sus pastas de pergamino» (557). Méndez Plancarte no paró ahí: entre septiembre de 1944 y junio de 1945 publicó en *El Universal* una decena de artículos que sorprenden por su tono burlón, mordaz e inexplicablemente cruel. En un artículo de 1944, que volvió a publicarse después en *Crítica de críticas sorjuaninas*, señala que las afirmaciones anticlericales del yucateco en el prólogo a sus *Poesías* selectas de 1940 le resultan comparables con «la soez agresividad irresponsable de quien regurgita sus feroces copas en maternas reminiscencias procaces contra todo pacífico transeúnte» (2000: 73). Traduzco: con 'mentadas de madre'.

A veces me había parecido excesiva la saña con que Alatorre tachó, en varios artículos y en su edición de la *Lírica personal*, a Méndez Plancarte de, entre otras cosas, «mentiroso»; lo cierto es que comparados con los que el sacerdote profirió a Abreu, los ataques de Alatorre parecen cosa de aficionados. El objetivo del cura, al fin, fue derrumbar al blasfemo enemigo y erguirse sobre sus ruinas. Y lo logró: desde aquellos primeros años de los cuarenta, Abreu Gómez no escribió una sola línea más sobre sor Juana. Sólo un año antes de su muerte, en 1970, con gallardía, dio a la imprenta de Botas una segunda edición de las *Poesías*, esta vez «revisada y corregida de acuerdo con las investigaciones más modernas»; creo que dice mucho de su talante el hecho de que Abreu, en la Advertencia a ésta, escriba, sin rencores ni aspavientos: «Tenemos a la vista las correcciones y las observaciones de la crítica más moderna y más autorizada, debidas a Alfonso Méndez Plancarte…». Mientras los blancos tomos de las *Obras completas* se reimprimen una y otra vez, los raros ejemplares de las *Poesías*, selectas o *completas* de Abreu, junto con la visión de sor Juana que éste buscó proponer, se apolillan en las librerías de viejo.[11]

[11] Salvador Novo, que odiaba con todo su ser a Abreu, le escribió este «finísimo» soneto: «Aqueste sorjuanete grafococo, / desmedrado, calvillo, yucateco, / cuyo padrote, eyaculado en seco, / le diera el semi-ser en semi-moco; // éste de ciencia no, pero sí foco / de liter-reportérico embeleco, / me viene a la memoria si defeco, / y en mis huevos lo espulgo si los toco. // Este proliferado treponema, / esta liendre de seis en bastardillo, / pegajoso producto del enema: // este que alargo para darle brillo, / este huevo de pájaro sin yema, / por abreviarlo más, este Ermililllo…» (2020: 69). A propósito de las ediciones de Abreu, Novo dedicó también a este último unas redondillas, en las que hace de portavoz de la mismísima sor Juana, que le dice a su editor: «Cálate bien los quevedos / cuando mis versos translades; / no pongas por jodes jades / ni saques por podos pedos. // ¿Te parece bien, a fe? / ¿No te parece un insulto / que donde yo puse el culto / tú me suprimas la *t*? // Y en aquella linda glosa / "qué importa cegar o ver" / hiciste cosa de oler / la que era visible cosa. // Cegaste, y en vez del *e* / una *a* me colocaste, / con que no diré cegaste, / sí que cagaste diré» (2020: 73-74).

Yo no considero preferible que sor Juana se quedara «quietecita en su sepulcro» a que Abreu Gómez diera a conocer su trabajo. El autor de la famosa novela *Canek* se dedicó asiduamente a la vida y obra de sor Juana desde al menos 1928 y hasta 1940 como nadie lo había hecho antes en México. Como resultado de esas diligencias, publicó una buena cantidad de obras en torno a la Décima Musa, entre las que destacan la primera edición moderna de la *Carta atenagórica* (que aquí llamamos *Respuesta a Vieira*), aparecida en 1930, la *Bibliografía y biblioteca* y la «Iconografía», ambas de 1934. Abreu nunca imaginó que el más ansiado fruto de su labor como sorjuanista, la edición de las *Poesías completas* en 1941, le sabría tan amargo, que pagaría tan caro el haberse atrevido a ser el pionero de los estudios sobre sor Juana en México.

A mí el mayor de sus méritos, me parece, es haber sido el primer editor moderno del *Primero sueño* de sor Juana, que publicó en la revista *Contemporáneos* en 1928. El poema, que no se había editado íntegro desde 1725, influyó en una generación que, en medio del fragor de las vanguardias, buscaba nuevos rumbos para el arte mexicano. Esta edición fue semicrítica, anotada, y constituye un testimonio interesante y *sui generis*: nunca más veríamos el *Primero sueño* entre reproducciones de los lienzos surrealistas de Giorgo de Chirico, aforismos de Jean Cocteau y anuncios de un talco llamado La Rosa de Guadalupe (fig. 50). Hay que decirlo sin rodeos: si Abreu Gómez no hubiera restituido la obra maestra de la Décima Musa en *Contemporáneos*, la obra de Jorge Cuesta, de José Gorostiza o de Xavier Villaurrutia, por mencionar algunos, no hubiera sido lo que fue y, por ende, la faz de la poesía mexicana del siglo xx sería otra. Sólo por eso, quiero creer, no merece permanecer en la sombra y el olvido al que, como sorjuanista, se le ha relegado por casi un siglo.

Aunque no puedo afirmar que Méndez Plancarte estaba del todo errado y que el trabajo editorial de Abreu es impecable, sí puedo decir que este último no es tan despreciable como el michoacano se empeñó en demostrar, sobre todo, en aquello que corresponde al texto de los poemas, a mi ver, el aspecto más importante de una edición. Fuera de la desastrosa puntuación y la desafortunada —casi siempre inexplicable— separación de la silva en estrofas, la edición del *Sueño* de Abreu es bastante buena en tanto que presenta diversas

3

CONTEMPORANEOS

SUMARIO

B. J. Gastélum: UN HOMBRE.—C. Díaz Dufóo: DIALOGO.—M. Azuela: LA LUCIERNAGA.—O. Barreda: TROMPOS.—J. Cocteau: FRAGMENTOS SOBRE CHIRICO.—Chírico: TELAS.—Sor Juana: PRIMERO SUEÑO.

MOTIVOS: Magia Negra. (J. T. B.) - Dama de Corazones. (E. G. R.) - Europa y la Pintura. (C. M.) - Cirugía Suprarrealista. (J. T. B.) - Chabás y el Pudor. (X. V.)

AGOSTO 1928 MEXICO

Precio: Un Peso.

Fig. 50. Portada de *Contemporáneos* (núm. 3, agosto de 1928), donde se publicó la primera edición moderna del *Primero sueño* de sor Juana

lecciones que Méndez Plancarte, y muchos editores modernos, luego corromperían. Lee *longos entonando* (v. 58), y no *longas*, como todos los editores modernos, que desconocían que el *longo* era una nota musical bien conocida en la época (está en *El Melopeo y el maestro* de Cerone, libro muy leído por sor Juana); no corrige *Almone* por *Alcione* (v. 94), como Vossler y Méndez Plancarte; también conserva la lección *Temis*, sin modificarla por *Tetis* (v. 627): Vossler y Méndez Plancarte creyeron imposible que sor Juana aseverara que el reino vegetal fuera *primogénito* de la diosa de la justicia y por eso la sustituyeron por una diosa acuática; no sabían que, como se registra ya desde Esquilo, *Temis* también puede ser una diosa de la tierra. Estos aciertos se deben a que Abreu realizó lo que cualquier editor del *Sueño* debería hacer, en principio: ceñirse en la medida de lo posible al texto que sor Juana cuidó, el del *Segundo volumen*, cosa que las ediciones de Joseph Llopis, y muchas otras modernas, no hicieron.

Pienso que entre las posibles labores desempeñadas por quienes nos dedicamos a la literatura, existen dos que son, sobre todas las demás, generosas: la traducción y la edición crítica. A través de una buena traducción, uno puede abandonarse por completo a la lectura de la obra y olvidar que ésta fue escrita hace siglos en una lengua que nos es ajena; hay traductores que consiguen que *El rey Lear* o la *Ilíada* parezcan haber sido escritas, originalmente, en un español fresco y nítido. El editor crítico de veras pone todas sus armas al servicio de un autor, cuyas palabras, un tiempo claras, han sido enturbiadas por la niebla de los siglos; poda, para decirlo de otro modo, la maleza en torno a una obra y nos descubre su soleado jardín. Labores generosas, decía, las del traductor y del editor, que se transparentan hasta desaparecer y sacrifican la voz propia, para entregarnos un rato a solas con Shakespeare, con Homero, con sor Juana…

ÁRBOL GENEALÓGICO DEL *SEGUNDO VOLUMEN*

Los mexicanos estamos acostumbrados a traer a sor Juana entre las manos. En uno de los diseños de nuestro billete de doscientos pesos, que todavía circula bastante, puede verse, tras la efigie de sor Juana, que nos mira desde la profundidad de sus ojos negros, un libro abierto. En ese libro abierto, que no es sino una edición antigua del segundo tomo de sus obras reunidas, pueden leerse los primeros versos del *Primero sueño*. Quienes hayan diseñado el billete tomaron como referencia una de las ediciones de Joseph Llopis de 1693, concretamente la que tiene dos emisiones (*B1* y *B2*). Lo sé porque esa edición es la única que en el verso 9 presenta una errata: ahí donde se lee *la vaporosa sombra fugitiva*, debe leerse *la pavorosa sombra fugitiva*. A los diseñadores del billete no debieron gustarles del todo los ornatos de imprenta que aparecen en esa edición de Llopis y estamparon, al final de los versos, un grabado que proviene de otra, en específico de *B4*: tres querubines con flores en las manos. Resulta curioso pensar que las ediciones de Barcelona de 1693 tuvieron una difusión y popularidad tales, que hoy todo un país paga con ellas la despensa.

Como dije antes, Orúe y Arbieto no reeditó su *Segundo volumen* aunque contaba con el permiso. Una vez transcurridos los diez años en que éste tuvo validez, un impresor madrileño, Joseph Rodríguez de Escobar, emprendió la labor de realizar unas primeras *Obras completas* de sor Juana, una edición conjunta de los tres antiguos tomos. Publicó la reedición del *Tomo primero* en 1714, y en 1715 vio la luz un *Tomo segundo*, al que llamó *Obras poéticas de la Musa mexicana* (*OP*). Una década más tarde, otro impresor madrileño, Ángel Pascual Rubio, concretó otras *Obras completas* de sor Juana; el *Segundo tomo* de éstas vio la luz en 1725 (*ST*). De estas dos ediciones hablaré un poco más a detalle; baste decir ahora que tanto *OP* como *ST* derivan directamente de la edición de Llopis que cuenta con dos emisiones (*B1* y *B2*) —así es: ambas imprimen, como en el billete, *la vaporosa sombra fugitiva*—. Es importante aclarar que *ST* de 1725 no procede de *OP* de 1715: si la edición de 1715 introduce un error que no estaba en la edición de Llopis (*B1* y *B2*), la de 1725 no lo reproduce.

Con todo lo dicho hasta aquí, me es posible proponer el siguiente *stemma*, en que, como es claro, del tronco vizcaíno del *SV* surgen dos ramas: en la primera retoñan las dos emisiones de la primera edición de Llopis de 1693, *B1* y *B2*, y en la segunda, la segunda de sus ediciones, *B3*. De ésta deriva la que debió ser la última edición hecha por Llopis ese año: *B4*. Por fortuna no fue esta última, la peor de todas, la que las ediciones subsecuentes, *OP* y *ST*, tomaron como base, sino la que, como ya dije, sigue más de cerca al *SV*, y que tuvo dos emisiones, *B1* y *B2*.[12]

Después de todas las obras con que cautivó a sus lectores en el *Segundo volumen*, sor Juana, por increíble que parezca, aún tenía varios ases bajo la manga: la *Respuesta a sor Filotea*, por ejemplo, ni más ni menos. No por nada sus coetáneos la apodaron la Fénix, la que renace una y otra vez de sus propias cenizas. Quizá concibió la idea de armar otro tomo, que repitiera el éxito de los anteriores, quizá buscó —o la buscó— algún otro mecenas, como antes lo habían sido María Luisa, Camacho Gayna y Orúe, que la ayudara a materializar ese tercer libro. Si esas ideas se albergaron en su mente nunca lo sabremos: la muerte habría de sorprenderla, entre fiebres y delirios, el 17 de abril de 1695 y le impidió preparar otro volumen. Esa labor recayó, hacia 1700, en un joven criollo, Juan Ignacio de

---

[12] Me reconforta saber que, aunque las siglas son diferentes y no contempla, naturalmente, la emisión a la que asigné la sigla *B2*, el *stemma* que propone Celsa Carmen García Valdés, basada en el cotejo realizado para su edición de *Los empeños de una casa* y *Amor es más laberinto* (2010), es en esencia el mismo que propongo yo, basado en el cotejo, sobre todo, del *Primero sueño*.

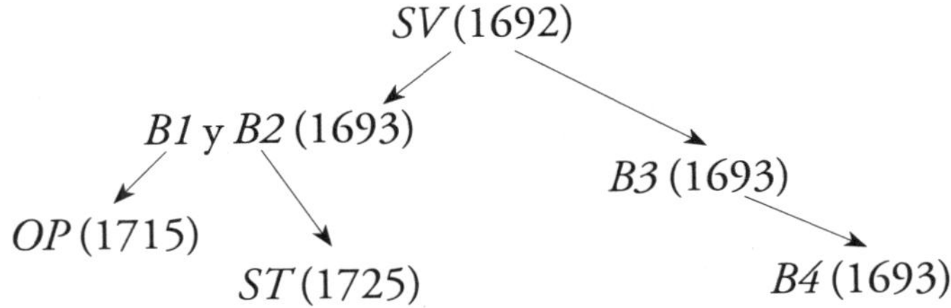

Fig. 51. *Stemma* del *Segundo volumen*

Castorena y Ursúa, que entonces tenía poco más de treinta años: mientras cumplía con los trámites para doctorarse, preparó y dio a la imprenta, aunque póstumamente, las últimas obras de la Fénix de América que se publicarían en Europa. Preservó, con ello, su nombre y su fama.

14. Renglones escritos con sangre (1695)

La publicación de la *Carta atenagórica* en 1690 marca el inicio de los misteriosos y controvertidos años finales de sor Juana. Como veremos, a partir de diversas afirmaciones vertidas tanto por Diego Calleja como por Juan Ignacio de Castorena y Ursúa en los preliminares de la *Fama y obras póstumas* (1700), se ha venido afirmando que, hacia el final de su vida, sor Juana experimentó una suerte de conversión o crisis espiritual que implicó una renuncia a las letras humanas, la venta de sus libros e instrumentos músicos y científicos, y el inicio de una carrera en la mortificación de la carne. No corresponde, por ahora, abordar tan espinoso y delicado asunto, sobre el cual volveré cuando corresponda hablar de la *Fama*, pero lo traigo a cuento porque la obra que ahora nos ocupa, la *Protesta de la fe y renovación de los votos religiosos*, se ha relacionado directamente con esta supuesta conversión.

Aparte de una *Docta explicación* y una *Petición causídica* (*OC*, 408 y 410), tenemos noticia de que a inicios de 1694 sor Juana escribió tres protestas de fe —o sea, una declaración de las cuestiones religiosas en las que creía—, y las tres las escribió y/o rubricó con su sangre. En su conjunto, esos cinco documentos constituyen la «evidencia» más temprana (y la única escrita en vida de la poeta) de la mencionada crisis espiritual de los años finales. Hay que destacar un par de cosas: en primer lugar, justamente en febrero de 1694 sor Juana cumplía veinticinco de haber tomado los hábitos (profesó el 24 de febrero de 1669), por eso es comprensible que, en el contexto de ese aniversario, refrende sus creencias y sus votos; en segundo lugar, hay que recalcar que en ninguno de esos cinco textos habla su autora, ni mínimamente, de una renuncia a las letras o de cualquier otra cosa parecida.

Dicho esto, volvamos a las protestas. La más antigua es manuscrita: se halla en el *Libro de profesiones del Convento de San Jerónimo*, que fue propiedad de Dorothy Schons y actualmente se resguarda en la Benson Latin American Collection de la Universidad de Texas (*OC*, 412). En esta protesta, firmada con su sangre el 8 de febrero, sor Juana expresa, de manera sucinta, que cree en la Inmaculada Concepción de María y la defiende, y que reitera sus votos religiosos. Es extremadamente singular el hecho de que sor Juana sea la única monja en todo el *Libro* que hace la protesta y que, además, la firma con su sangre. De todas las demás hermanas sólo constan dos registros: el de su entrada al convento y el de su muerte. Pues bien, además de estos dos registros, en el caso de sor Juana se consigna la protesta: «de las trescientas cincuenta monjas incluidas en dicho libro es la única que lo hizo [...] Ninguna otra monja firmó con su sangre el *Libro de profesiones*, únicamente sor Juana» (Schmidhuber, 2013: 19). La segunda es la *Protesta que, rubricada con su sangre, hizo de su fe y amor a Dios* (*OC*, 409), firmada el 5 de marzo. Se publicó por primera vez en la *Fama* (1700: 124-126), al igual que la *Docta explicación* y la *Petición causídica*, textos a los cuales el editor del volumen, Juan Ignacio de Castorena y Ursúa, debió acceder a través de copias manuscritas.

En esta segunda *Protesta*, sor Juana declara creer en la Trinidad, la Eucaristía, y todo lo que enseña la Iglesia católica; vuelve, asimismo, a declarar su fe en la Inmaculada Concepción y confiesa sus pecados y culpas. En el epígrafe que en la *Fama* la antecede, de la autoría de Castorena y Ursúa, se afirma que la monja rubricó esta *Protesta* con su sangre, pero el editor parece no decidirse, porque en el Prólogo y en la tabla de ese mismo volumen afirma que no sólo la rubricó, sino que la escribió toda entera con su sangre. Me parece que escribir un texto de esta longitud con pura sangre habría provocado a su autora (y donante) cuando menos un desmayo, así que prefiero creerle a sor Juana, que al final de su *Protesta* aclara: «Y en señal de cuanto deseo derramar la sangre en defensa de estas verdades, lo firmo con ella».[1]

[1] En algún punto de esta *Protesta* que se publicó por primera vez en la *Fama*, sor Juana escribe: «en presencia de todas las criaturas del Cielo y de la Tierra, *hago esta nueva protestación*, reiteración y confesión de la santa fe» (*OC*, 409: líneas 37-39). Por su parte, Diego Calleja afirma en su Aprobación y protobiografía incluida entre los preliminares de la *Fama*: «presentó al tribunal divino [...] *dos protestas*, que escribió

La jerónima escribió, además de las dos anteriores, otra *Protesta de la fe*, que es la que aquí nos interesa dado que fue la única que gozó de una edición suelta. Aunque no tiene fecha, creo que es posible situar su redacción, por el tono y los contenidos, también a inicios de 1694. En mayo de 1992, el entusiasta y asiduo Guillermo Schmidhuber —a quien se le deben no pocos hallazgos sobre sor Juana y dio a conocer éste en particular en 1993— hojeaba en la Biblioteca Bloomington-Lilly, de la Universidad de Indiana, la edición de 1731 de una obrita de Antonio Núñez de Miranda titulada *Testamento místico de una alma religiosa* (México: José Bernardo de Hogal, 1731), consignada en nuestra bibliografía bajo la sigla *tm*; he podido consultar, en la Biblioteca Nacional de Chile, otro ejemplar de esa misma edición.[2]

Schmidhuber se dio cuenta de que, al final de este escrito piadoso, se había impreso, para su sorpresa, una *Protesta de la fe*, firmada por sor Juana, que hasta entonces no se conocía y que, por ende, no se incluyó en sus *Obras* por lo visto no tan *completas*; reproduzco aquí la portada del *Testamento* y la primera página con la *Protesta* de sor Juana gracias a la generosidad del propio Guillermo (fig. 52ab). Ésta, sí enteramente «escrita con su sangre», según ella misma confiesa —«escribo con ella estos renglones» (en Schmidhuber, 2011: 112)—, es una suerte de versión abreviada de la *Protesta* que ya conocíamos por la *Fama*, pero presenta tales diferencias con respecto a aquélla que ha de considerarse como una obra aparte: sor Juana declara creer en la Trinidad, en la Iglesia, confiesa dolerse de sus pecados y culpas, renueva la obligación de sus cuatro votos

---

con su sangre, sacada sin lástima, pero repasada, no sin ternura, todos los días» (1700: s.p.). Creo que tanto sor Juana como Calleja se refieren a la que conocemos como la *Docta explicación*, firmada el 17 de febrero, y que en la tabla de la *Fama* lleva el título de *Protesta y fórmula de refrendar el voto de defender la Purísima Concepción de Nuestra Señora, que también dejó escrita con su sangre, y revalidaba todos los días.* ¡Cuánta sangre derramó sor Juana para escribir todos estos «papelillos»!

2 Como se indica en el colofón, ésta de 1731 es una reedición del *Testamento místico*; Alatorre y Tenorio (2014: 168*n*-169*n*) afirman conocer cinco ediciones distintas: la primera de 1701 y la última de 1830; Dolores Bravo (1993) cita por la de 1707, que fue impresa en México por Miguel de Ribera Calderón. Habría que corroborar que en cada una de estas ediciones se haya impreso, o no, la *Protesta de la fe*, de sor Juana.

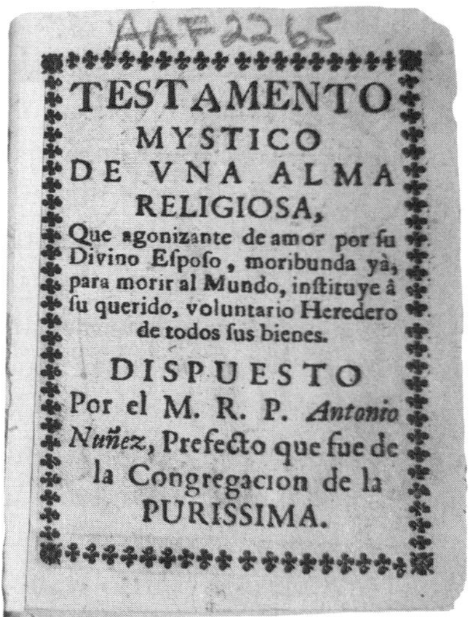

TESTAMENTO
MYSTICO
DE VNA ALMA
RELIGIOSA,
Que agonizante de amor por ſu Divino Eſpoſo, moribunda yà, para morir al Mundo, inſtituye à ſu querido, voluntario Heredero de todos ſus bienes.
DISPUESTO
Por el M. R. P. *Antonio Nuñez*, Prefecto que fue de la Congregacion de la
PURISSIMA.

Fig. 52a. Portada del *Testamento místico*, de Núñez de Miranda (México: José Bernardo de Hogal, 1731)

PROTESTA DE LA FEE, y renovacion de los Votos Religioſos, que hizo, y dejò eſcrita con ſu ſangre la M. JVANA YNES DE LA CRUZ Monja Profeſſa en S. Geronymo de Mexico.

JESUS, MARIA, Y JOSEPH.

YO Monja Profeſſa de eſte Convento de de Mexico, proteſto, que creo en Dios todo poderoſo, tres

Fig. 52b. *Protesta de la fe*, de sor Juana, incluida en el *Testamento místico*, de Núñez de Miranda.

como monja profesa —obediencia, pobreza, castidad y clausura— y, finalmente, hace voto de creer en la Inmaculada Concepción. Como puede verse, en la edición del *Testamento místico*, suerte de literatura interactiva, se sustituyeron el nombre de sor Juana y del Convento de San Jerónimo por espacios en blanco en los que la religiosa que adquiriera un ejemplar podía escribir, entremezclados con las fervorosas palabras de la autora, su propio nombre y el de su convento.

Avivado su interés a raíz del hallazgo de Guillermo Schmidhuber, el padre José Gerardo Herrera Alcalá, bibliófilo y miembro de la Sociedad Mexicana de Historia Eclesiástica, dio con un ejemplar de la muy valiosa e interesante edición suelta mexicana de la *Protesta de la fe*, realizada en 1695 en México por la imprenta de María de Benavides, Viuda de Juan de Ribera (*pf*). El padre Herrera Alcalá, luego de haberla albergado en su biblioteca según consta por el *ex libris*, donó ese ejemplar —hasta ahora el único que se conoce— a la biblioteca del Centro de Estudios de Historia de México, donde actualmente se resguarda (fig. 53).

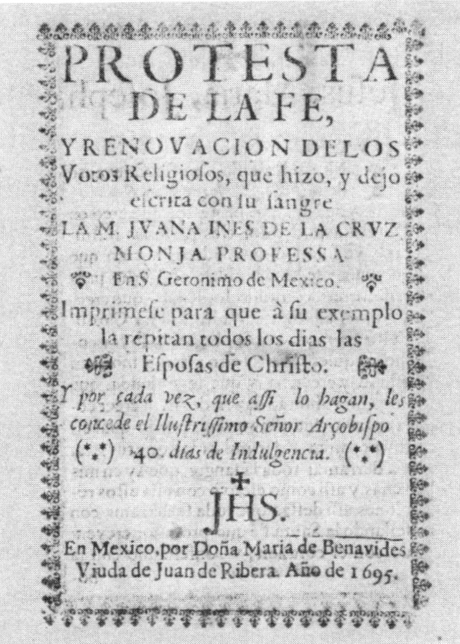

PROTESTA
DE LA FE,
Y RENOVACION DE LOS
Votos Religioſos, que hizo, y dejo
eſcrita con ſu ſangre
LA M. JVANA INES DE LA CRVZ
MONJA PROFESSA
En S. Geronimo de Mexico.
Imprimeſe para que à ſu exemplo
la repitan todos los dias las
Eſpoſas de Chriſto.
Y por cada vez, que aſſi lo hagan, les
concede el Illuſtriſſimo Señor Arçobiſpo
(*.*) *40. dias de Indulgencia.* (*.*)
JHS.
En Mexico, por Doña Maria de Benavides
Viuda de Juan de Ribera. Año de 1695.

Fig. 53. Portada de la *Protesta de la fe*, de sor Juana (México: María de Benavides, Viuda de Juan de Ribera, 1695)

Aunque no haya alguna inscripción que lo confirme (algo así como el «Que Dios haya» en los *Ofrecimientos del rosario*), es probable que esta suelta de 1695 se haya impreso a raíz de la muerte de sor Juana, hecho que provocaría quizá —tal como ocurre en nuestro tiempo— que se vendieran más ejemplares. De su portada hay que destacar tres cosas. La primera, el hecho de que vuelva a reiterarse que la obra fue «escrita con [...] sangre». La segunda, que se indique el público lector al que se dirige: «Imprímese para que a su ejemplo la repitan todos los días las esposas de Cristo», o sea, las monjas. La tercera, que la edición esté amparada por el mismísimo «señor arzobispo»; en 1695 ése no era otro que Francisco de Aguiar y Seijas que, además, concede a quien repita esta protesta de sor Juana «40 días de indulgencia».

Esa leyenda en la portada parece indicar que fue justamente Aguiar el responsable de que esta suelta viera la luz, por lo que habrá que contarlo, también a él, entre los editores de la Décima Musa. De hecho, Aguiar y Seijas era, a su modo, un editor entusiasta y también una especie de —diríamos hoy— gestor editorial. En su *Breve relación de la vida y muerte* del arzobispo, José de Lezamis (1699: s.p.)

refiere que una de las artimañas de éste para «desterrar los vicios y plantar las virtudes» en México era «acabar con los libros profanos de comedias y otros, y repartir libros devotos». Para ello, «persuadía a los libreros que no tomasen libros de comedias»; si los tenían, se los intercambiaba todos por ejemplares de una edición española de *Consuelo de pobres y consuelo de ricos*, tratado en elogio de la limosna escrito por Matías de Aguirre, de los cuales, según Lezamis, había traído «unos mil y quinientos» cuando vino de España en 1678.[3] Una vez efectuado el trueque de libros, Aguiar y Seijas «quemaba los de comedias». Y no sólo distribuía los libros que consideraba edificantes, sino que «todos los años hacía imprimir a su costa muchos libros de devoción [...]. De éstos, solía llevar a las visitas unos tres mil, que repartía a cuantos sabían leer».

De que Aguiar costeaba numerosas ediciones devotas y que, además, concedía indulgencias a quienes las leyeran tenemos pruebas numerosas. En 1682, por ejemplo, se publicaron unos *Silbos con que el pastor divino avisa a todos los sacerdotes, padres y ministros de su Iglesia y pastores de su rebaño las graves obligaciones de tan alto ministerio*, de fray José Ledesma; en su portada se lee que fue justamente el «celo» de Aguiar el que «mandó se diesen a la estampa»; el arzobispo «concede cuarenta días de indulgencia a todos los padres sacerdotes que con la debida atención los leyeren» (México: Juan de Ribera). En 1685, «A expensas del ilustrísimo señor don Francisco de Aguiar y Seijas», vieron la luz las *Cuatro máximas de cristiana filosofía*, de Juan Bautista Manni (México: María de Benavides, Viuda de Juan de Ribera). En 1694, se publicó el *Destierro de ignorancias* (México: José Guillena Carrascoso), de Raimundo Lumbier, «por orden y con mandato de su ilustrísima el señor arzobispo, en obsequio de las señoras religiosas»; la portada de esta obra indica que «su ilustrísima concede 40 días de indulgencia a cualquiera persona de los interesados en la materia por cada vez que leyere algún párrafo de éstos». En 1695, el mismo año que se publicó la *Protesta de la fe*, vio la luz *El penitente instruido para confesarse bien*, de Pablo Señeri: «su señoría ilustrísima concede 40 días de indulugencias [*sic*] a todas las personas

[3] Debió de tratarse de la edición madrileña de 1677, impresa por Antonio González de Reyes.

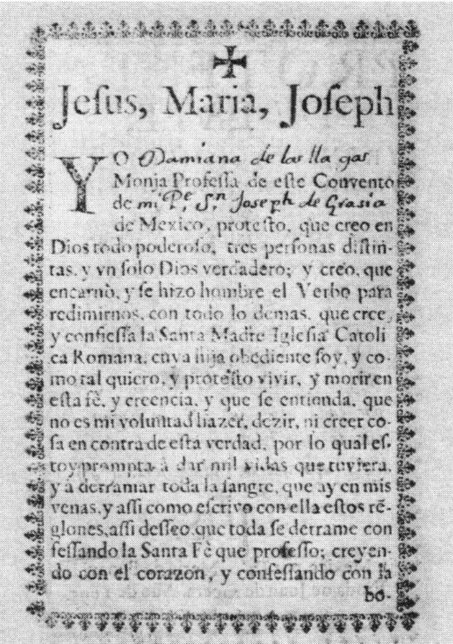

Jesus, Maria, Joseph

YO Damiana de los lla gas Monja Professa de este Convento de mi P.e S.n Joseph de Grasia de Mexico, protesto, que creo en Dios todo poderoso, tres personas distintas, y vn solo Dios verdadero; y creo, que encarnò, y se hizo hombre el Verbo para redimirnos, con todo lo demas, que cree, y confiessa la Santa Madre Iglesia Catolica Romana, cuya hija obediente soy, y como tal quiero, y protesto vivir, y morir en esta fè, y creencia, y que se entienda, que no es mi voluntad hazer, dezir, ni creer cosa en contra de esta verdad, por lo qual estoy prompta à dar mil vidas que tuviera, y à derramar toda la sangre, que ay en mis venas, y assi como escrivo con ella estos rēglones, assi desseo que toda se derrame confessando la Santa Fè que professo; creyendo con el corazon, y confessando con la bo-

Fig. 54. Primera página de la *Protesta de la fe*, en la que los espacios en blanco han sido llenados por sor Damiana de las Llagas

que leyeren este libro» (México: Juan José Guillena Carrascoso). Así pues, insisto: con base en todo lo que sabemos, me parece sumamente probable que la edición suelta de esta obra devota de sor Juana se deba a las diligencias del arzobispo de México.

Como puede verse en la imagen (fig. 54), la edición suelta de la *Protesta de la fe* tiene espacios en blanco, al igual que el *Testamento místico*. En este caso, esos espacios fueron llenados por sor Damiana de las Llagas, monja del Convento de San José de Gracia de la Ciudad de México (en la actual calle de Mesones). Sor Damiana profesó en 1728 y era conocida como «La Serafina» por su «melodiosa voz en canto de sacras e improvisadas composiciones producto de su fervor» (Herrera Alcalá *apud*. Soriano, 2010: 31). Como bien notaron Alatorre y Tenorio, La Serafina habría firmado el impreso con sangre, tal como antes había hecho la autora de la *Protesta*, pero, dado que el papel consume y hace palidecer la sangre con que sobre él se escribe, «cuidadosamente se reescribió encima con tinta» (2014: 169*n*).

Muy poco tengo que decir del texto de esta tercera *Protesta de la fe*. Quien realice una edición de la misma, habrá de atenerse, por fuerza, al texto presentado en la suelta mexicana de 1695, el más antiguo y pulcro de los testimonios con los que hasta ahora contamos. El texto que se incluye en el *Testamento místico* de 1731 parece derivar directamente de esta suelta, porque sólo presenta tres *loci critici* más bien insignificantes. El primero tiene que ver con la superlativización de un adjetivo y la omisión de un *que*: en vez de *y por la preciosa sangre, que por mí derramó*, la edición del *Testamento* lee *y por la preciosísima sangre, por mí derramó*; la segunda es una vacilación vocálica: en vez de *Y así mesmo* imprime *Y así mismo*; el tercero involucra un añadido y un error: *(de que doy infinitas gracias) renuevo la obligación* se trueca por *(de que doy infinitas gracias a S. M.) nuevo la obligación*.

Aunque esta *Protesta* y las otras dos que conocemos están firmadas por la Décima Musa, hay que decir que no se trata de textos excepcionales. Los fieles católicos han hecho protestas de fe como la de sor Juana a lo largo de los siglos, ya sea en un momento crítico (al final de sus vidas por ejemplo) o, si son muy fervorosos, en su día a día. Hay muchos testimonios impresos de ello en el siglo XVII: encuentro una protesta muy parecida a la de sor Juana en la Vida (la biografía, diríamos hoy), impresa en Madrid, de *Don Baltasar de Moscoso y Sandoval, presbítero cardenal*, citada textualmente por su biógrafo, fray Antonio de Jesús María (1680: lib. VII, cap. 12). Tampoco era infrecuente, aunque nos parezca en nuestros tiempos un despliegue de desaforado dramatismo, el escribir este tipo de protestas con sangre. Considérese esta cita extraída de la *Vida de la serenísima infanta sor Margarita de la Cruz*, escrita por Juan de Palma e impresa en Sevilla en 1653:

> Arrebatada de la fuerza del amor, se fue de la capilla a su aposento y, rompiendo con un cuchillo su pecho virginal, con su misma sangre escribió a su esposo Jesucristo esta cédula: «Yo, sor Margarita de la Cruz, de toda mi voluntad ofrezco a Dios mi cuerpo y alma, y ratifico los votos que le tengo hechos, estando en todo sujeta a su voluntad, en fe de lo cual lo firmo con mi nombre» (f. 154v).

Ya en la segunda mitad del siglo XVIII, una monja profesa en el Convento Real de Jesús María, María Josefa de San Ignacio, costeó una reedición de la *Protesta de la fe*, la última de la que tengo noticia:

se imprimió en México por los Herederos de la Viuda de José de Hogal en 1763. Ese ejemplar único, que encontré en la Biblioteca Nacional de Chile, da cuenta de que, muchos años después de la muerte de sor Juana, las fervorosas líneas que en 1694 escribiera con su sangre todavía se musitaban entre las paredes de los conventos americanos. Así como los amantes en sus requiebros hacían —hacen— suyos los versos profanos de la madre Juana, también las religiosas tomaban de la Décima Musa las palabras —que no hallaban en sí mismas— para dirigirse a Cristo y a la Virgen.

15. *Fama y obras póstumas* (1700)

RETRATO DE UN OBISPO

En el Museo Nacional del Virreinato, en Tepotzotlán, se conserva uno de los tres retratos de Juan Ignacio María de Castorena Ursúa y Goyenche que ha sobrevivido a los rigores del tiempo (fig. 55); los otros dos cuelgan de los muros de la Catedral de Mérida; al parecer hubo uno más, hoy perdido, en el Colegio de San Ildefonso. El de Tepotzotlán, atribuido al pincel de Nicolás Rodríguez Juárez, pintor radicado en la Ciudad de México, es probablemente el más conocido. Debió pintarse, al natural, entre 1728 y 1730, periodo transcurrido entre el nombramiento del modelo como obispo de Yucatán y su partida, desde la capital del virreinato, hacia la diócesis tropical de la que había sido designado pastor.

De hecho, el retrato debió encargarse justamente para celebrar aquel nombramiento, que supondría la cumbre de la carrera eclesiástica de Castorena: al final de todos los cargos y dignidades que se enlistan en la cartela del retrato, se lee, en una línea aparte, «Obispo de Yucatán», como si este título coronara todos los anteriores; sobre la mesa, atrae las miradas una dorada mitra, brocado y perlas, símbolo de su jerarquía episcopal. Para el tiempo en que fue retratado, Castorena rondaba ya los sesenta años: sobre su erguida figura, estatuaria y enjuta, caen las ricas telas de la sotana, el alba y la casulla purpúrea; la blancura en el fino encaje de sus mangas compite con la de sus manos, azucenas mortecinas; la mirada es un enigma: entre la nariz recta, la frente amplia, los pómulos salientes, asoma con una mezcla de serenidad, dulzura y penetrante inteligencia.[1]

---

[1] De los cuatro retratos hablan dos de sus principales biógrafos: Crescencio Carrillo y Ancona, quien también fuera mitrado de la diócesis, en su obra *El obispado de Yucatán*

A partir de los abundantes datos biográficos con los que contamos —él mismo se afanó en dejar huellas de su paso por el mundo—, alcanzo a distinguir tres rasgos particularmente acentuados de la personalidad de Castorena, en ocasiones quizá contradictorios. Primero que nada, habría que decir que estamos ante un clérigo ambicioso, no sólo ávido por escalar en la jerarquía eclesiástica de su tiempo, sino de ocupar cuanto cargo de poder estuviera a su alcance. He dicho antes que su nombramiento como prelado de Yucatán fue la cúspide de su carrera. El día en que aceptó ese nombramiento —según nos cuenta el número 9 de la *Gaceta de México*, publicada en agosto de 1728— la ciudad se halló sumida, durante una hora entera, en un repique de campanas. Retumbó el campanario de la Catedral, en cuyo Cabildo Castorena había escalado por todos los puestos, desde el de racionero hasta el de chantre; repicaron las campanas de la Real Universidad de México, en la que el recién electo prelado se había licenciado y doctorado en Leyes, en la que había dictado por décadas cátedras diversas y de la que había sido rector; repicó el Colegio de San Pedro y San Pablo, del que había sido abad por cinco años; replicó la espadaña del Colegio Mayor Insigne de Todos Santos, que podía ostentar el título de «Mayor» gracias a sus diligencias; con sus ecos respondieron las campanas del Real Colegio de San Ildefonso, del que había sido primero colegial y luego vicerrector. En fin, cuanta iglesia, colegio o congregación hizo sonar aquel día sus campanas tenía algo que agradecer y estaba ligada, de un modo u otro, al flamante obispo.

Note el lector que, en su retrato, la mano derecha reposa sobre uno de los varios libros que, junto al tintero, se apilan sobre la mesa. La mitra, y esto me parece muy significativo, descansa sobre una torre de libros. Hay que reconocer que Castorena ascendió hasta los más altos cargos de la Iglesia novohispana, sobre todo, por la escala de su inteligencia y dedicación incansable a los estudios. Existe una *Relación de méritos* —hoy le diríamos currículum vitae— que se conserva en el Archivo General de Indias y que Castorena presentó al rey en 1710, por considerarse «digno y merecedor de que su majestad

(1892, II: 745-746) y Moisés Ochoa Campos, el único y último estudioso que ha escrito un libro entero sobre nuestro personaje, el cual hoy es una rareza bibliográfica, *Juan Ignacio María de Castorena. Primer periodista mexicano* (1968: 63-64).

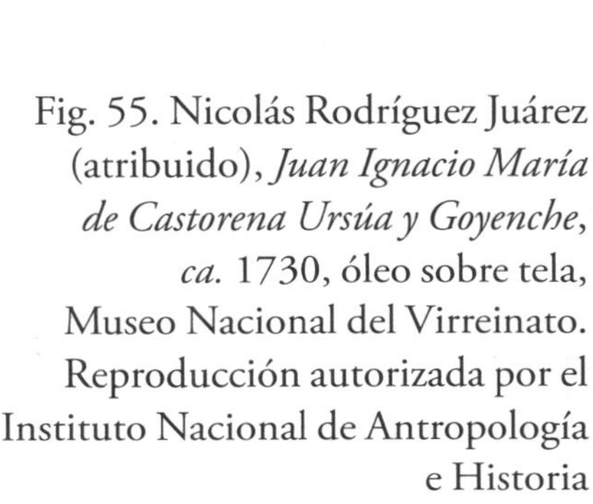

Fig. 55. Nicolás Rodríguez Juárez (atribuido), *Juan Ignacio María de Castorena Ursúa y Goyenche*, *ca.* 1730, óleo sobre tela, Museo Nacional del Virreinato. Reproducción autorizada por el Instituto Nacional de Antropología e Historia

le ascienda a otras prebendas de mayor grado» (Indiferente, 215, N.61). Ningún estudioso, que yo sepa, había consultado este importante documento; gracias a éste, que constituye una de las fuentes primarias más antiguas hasta ahora conocidas sobre el personaje, sé que la Universidad de México le otorgó cuatro bachillerías —en Artes, en Teología, en Leyes y en Cánones— y una licenciatura también en Leyes; es, además, doblemente doctor: en Leyes, una vez más, por esa misma casa de estudios, y en Teología, por la Universidad de Ávila en España —doctorarse una vez, entonces como ahora, ya constituiría bastante mérito—. Presentó oposición en la universidad mexicana a las cátedras de Filosofía, Artes y Leyes, fue catedrático sustituto de la de Santo Tomás y la de Prima de Leyes, y fue titular de la de Sagradas Escrituras.

Todo lo hacía, además, bien: según consta en su *Relación de méritos*, en 1705 predicó diez sermones en la Catedral de México, lo cual «ejecutó mereciendo la aprobación en la gran concurrencia de personas que hubo a oírle, de todas las de mayor calidad, nobleza y literatura de aquella ciudad»; presidió numerosos exámenes de grado, «en que cumplió con su acostumbrado lucimiento». No atiborro al lector con una retahíla de logros académicos de nuestro Juan Ignacio: basten los ejemplos hasta ahora referidos para dar cuenta de que éste fue un diligente y erudito geniecillo.

Sobre el pecho de Castorena cuelga una pesada cruz de oro y pedrería, la cruz pectoral que, al igual que la mitra, lo distingue como obispo. A la ambición sustentada en el estudio, hay que añadir un segundo rasgo en el retrato, digamos psicológico, que venimos bosquejando de nuestro personaje: la devoción, el celo piadoso. Percibo con facilidad que Castorena —amén de ser un fervoroso creyente, como seguramente lo eran todos sus coetáneos— estaba en verdad preocupado por fungir como guía, como un verdadero pastor, en la vida de los fieles. Así, lo vemos no sólo encaminando a las instituciones, sino también a las almas: fue, por ejemplo, «capellán de honor de su majestad desde 16 de abril de 1698», según consta en su *Relación de méritos*; celoso guardián de la ortodoxia, fue calificador del Santo Oficio; fue también un predicador asiduo y notable, según se desprende de la lista de diecisiete obras publicadas —todas religiosas— que ofrece José Mariano Beristáin de Souza en su *Biblioteca hispanoamericana septentrional* (1816-1821, I: 312-314), de las cuales diez pertenecen al género de la literatura homilética: sermones, oraciones panegíricas y fúnebres.[2] Las otras obras son devocionarios y ejercicios espirituales. Me llama la atención una, la *Escuela mística de María santísima* (México: José Bernardo de Hogal, 1731), en la que Castorena ha extraído secciones específicas de la *Mística Ciudad de Dios*, la extensa obra de sor María de Jesús de Ágreda de la que ya hemos hablado (cap. 6), «para que con mayor suavidad sean agradable provecho espiritual de las almas de todos estados». La fervorosa devoción de Castorena no es, pues, la estéril y recogida del místico

[2] Urge, por cierto, realizar una bibliografía cuidadosa y detallada de Castorena. La lista de obras que ofrece Beristáin, y que repiten a la letra todos sus biógrafos, consigna casi todos los títulos indebidamente: el *Elogio de la Inmaculada Concepción* en realidad se llama *La planta de la Concepción*; el *Elegio* [*sic*] *de san Felipe Neri* no es sino la obra intitulada *Cíngulos del espíritu*; el verdadero nombre de un tal *Panegírico del apóstol san Pablo* es *El predicador convertido en los principios de su predicación*. Habría que añadir, claro está, la gran cantidad de textos preliminares escritos por Castorena para obras ajenas.

o del eremita; es, yo diría, diligente, pragmática, anda por las calles y entre la gente.

De hecho, esta devoción es tan pragmática que termina muchas veces hermanándose con el dinero. Castorena no sólo era pródigo con los bienes de su alma sino también y, sobre todo, con los de su bolsillo. En su *Relación de méritos* se habla de un «Colegio de las niñas doncellas, que a sus expensas mantiene y da estado». Se trata del Colegio de los Mil Ángeles Marianos para el que nuestro personaje obtuvo la licencia, así como los fondos para su construcción, según nos cuenta Elías Amador en su *Bosquejo histórico de Zacatecas* (1892: 452-453). Beristáin, uno de sus más antiguos biógrafos, se detiene particularmente en esa filantropía suya: «reedificó y adornó la capilla de Nuestra Señora del Pilar del cerro de Chapultepec, de la que no ha quedado vestigio alguno» y dotó, es decir, patrocinó, entre otras, las fiestas de san Ignacio de Loyola en la Casa Profesa de México, la de la Concepción en el Colegio de Porta Coeli y el novenario de los Dolores de la Virgen en la villa de Ágreda, en España. Llegó a costear, asimismo, la impresión de obras religiosas: tal es el caso de *Voces del Cielo repetidas en la tierra, en obsequio de la purísima Concepción de María*, sermón predicado por Francisco Navarro, y «a cuyas expensas se imprime», tal como indica la portada (México: Miguel de Ribera Calderón, 1703). Su devota generosidad podía llegar a ser ostentosa —vaya que su mano izquierda se enteraba de lo que hacía la derecha—: al ser nombrado obispo de Yucatán, según el número ya citado de la *Gaceta de México*, ofreció a san Pedro «una cadena de oro de primorosa fábrica, con dos argollas y ciento y cincuenta y tres eslabones, en correspondencia al número misterioso de los ciento y cincuenta y tres peces que recogió el santo apóstol sólo en un lance, cuando en nombre de Cristo arrojó al mar su red prodigiosa». Su devoto fervor era, pues, como la cruz que cuelga de su pecho: de oro macizo.

Como ha quedado claro, Castorena provenía de una familia adinerada y, por tanto, «no conoció de pobrezas ni de prejuicios de castas» (Ochoa, 1968: 47). En la esquina superior izquierda del retrato, aunque ya oscurecido por el polvo de los siglos, se divisa un escudo de armas. No puede ser otro que el de la aristocrática familia de origen vasco de los Goyenche, «dividido en cuatro cuarteles, entre los que figura en la parte inferior derecha uno jaquelado [o ajedrezado] de treinta piezas, quince de plata y quince de gules» (Ochoa, 1968: 47).

Pero Castorena, aunque descendía de los nobles linajes de Vizcaya, era criollo: había nacido, como la plata, un 31 de julio de 1668 en Zacatecas, ciudad que pertenecía entonces al reino de la Nueva Galicia (Carrillo, 1892, II: 733). Y aquí conviene sumar el último rasgo definitorio de su personalidad: el amor a su patria, el criollismo. Margo Echenberg, la única, hasta donde sé, que en años recientes se ha dedicado al estudio de nuestro personaje, habla incluso de su «protonacionalismo». Ese protonacionalismo de Castorena, hay que decirlo, no plantea en modo alguno una escisión, por el contrario, reafirma la sumisión de América ante la Corona, «pero es precisamente desde su lugar de acato y sumisión que argumentará por la paridad intelectual y espiritual de la Nueva España» (Echenberg, 2015: 78).

Paridad en lo espiritual: Castorena —a quien, ya se ve, no le faltan títulos— era provisor y vicario de los indios de México, y en tanto tal, escribió un Parecer para la obra *La gracia triunfante en la vida de Catarina Tegakovita, india iroquesa*, biografía escrita por Francisco Colonec y traducida del francés por Juan de Urtassum (México: José Bernardo de Hogal, 1724). En este dilatado texto, escrito en medio de la polémica suscitada por la fundación del Convento de Corpus Christi para indias cacicas (hoy el Archivo de Notarías de la Ciudad de México), Castorena defiende que las mujeres nativas de América son tan capaces como cualquier otra de profesar en una orden religiosa. Destaca, por ejemplo, su capacidad para el estudio de la lengua latina: «puedo asegurar [....] haber sido tal su fervor, aplicación y habilidad, que en brevísimo tiempo las más de ellas leían de suerte el latín, que en el acento, pronunciación y en lo corriente, podían competir con las más hábiles españolas». Al fin, valiéndose de una preciosa metáfora vegetal, concluye que la fe sembrada por los españoles en tierras americanas puede dar frutos tan dulces y nutricios como los que ofrece en suelo europeo: «Y si otras especies, de que no había uso, trasplantadas en esta tierra de las Indias, han dado tan copiosos frutos, que si no exceden, compiten con los de su natalicio suelo, ¿por qué no se puede esperar que las virtudes religiosas trasplantadas en las indias de esta tierra no lo den abundante y copioso de perfección religiosa?» (75).

Paridad en lo intelectual: se me viene a la memoria la primera página, del primer número de la *Gaceta de México*, que Castorena dio a la imprenta en enero de 1722 —fue el primer periodista de México, quizá de todo el continente—; allí, en el segundo centenario de la Conquista de México, daba el criollo una razón de peso para la impresión de su periódico: «la feliz duración de esta Corte estrena su tercer siglo, con el cual comienza a dar a las prensas sus memorias dignas de mayor manifestación, apuradas en estas *Gacetas*, pues imprimirlas es política tan racional como autorizada de todas las cortes de Europa». Paridad, sí, pero también distinción: «se distingue una voz que imita los valores europeos y, a la vez, reconoce no sólo las diferencias en el español nacido en la colonia —producto de otro mundo y otro paisaje— sino el hecho de que dichas distinciones lo enriquecen» (Echenberg, 2015: 87).

El retrato que hasta aquí he esbozado de Juan Ignacio de Castorena y Ursúa, y en el que he destacado los que me parecen los tres rasgos definitorios de su carácter —ambición, piedad, criollismo—, puede echar luz, como se irá viendo en las líneas siguientes, sobre los motivos que llevaron a este personaje a compilar las obras póstumas, mayoritariamente religiosas, de sor Juana, a solicitar a los mayores ingenios americanos y europeos decenas de textos, en prosa y verso, en alabanza de la autora y a publicar quizá a su costa, como haría en otras ocasiones, todo ello en Madrid, finalmente, en la *Fama y obras póstumas*, tercer y último volumen de los que conformaron la empresa editorial de sor Juana en Europa, impreso en los talleres de Manuel Ruiz de Murga en 1700 (fig. 56), con el que buscó enlazar para siempre su nombre al de la Fénix de América.

Aunque no todas las secciones de su obra han gozado siempre del general aplauso, la fama de sor Juana continuó viva luego de su muerte —sobre la que volveré más tarde— y atravesó los siglos hasta llegar al día de hoy. Apenas hay, en cambio, quien recuerde en nuestros días el nombre del que en su tiempo fuera el ilustre y eminente Castorena y Ursúa. Los méritos más celebrados y valorados por una época pueden resultar insignificantes para otra.

Se le recuerda, de vez en vez, cuando alguno menciona la *Fama y obras póstumas*; el Poder Legislativo de Zacatecas otorga una presea al mérito periodístico que lleva su nombre; si un distraído transeúnte

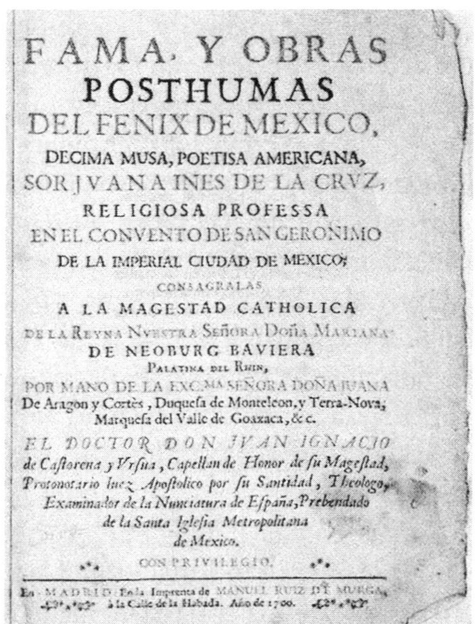

FAMA, Y OBRAS
POSTHUMAS
DEL FENIX DE MEXICO,
DECIMA MUSA, POETISA AMERICANA,
SOR JVANA INES DE LA CRVZ,
RELIGIOSA PROFESSA
EN EL CONVENTO DE SAN GERONIMO
DE LA IMPERIAL CIUDAD DE MEXICO;
CONSAGRALAS
A LA MAGESTAD CATHOLICA
DE LA REYNA NVESTRA SEÑORA DOÑA MARIANA
DE NEOBURG BAVIERA
PALATINA DEL RHIN,
POR MANO DE LA EXC.MA SEÑORA DOÑA JUANA
De Aragon y Cortès, Duquesa de Monteleon, y Terra-Nova;
Marquesa del Valle de Goaxaca, &c.
EL DOCTOR DON JVAN IGNACIO
de Castorena y Vrsua, Capellan de Honor de su Magestad,
Protonotario Juez Apostolico por su Santidad, Theologo,
Examinador de la Nunciatura de España, Prebendado
de la Santa Iglesia Metropolitana
de Mexico.
CON PRIVILEGIO.
En MADRID: En la Imprenta de MANUEL RUIZ DE MURGA,
à la Calle de la Habada. Año de 1700.

Fig. 56. Portada de la *Fama y obras póstumas* (Madrid: Manuel Ruiz de Murga, 1700)

se detiene en la esquina de las calles de Monte de Piedad y Tacuba de la Ciudad de México, podrá leer sobre una ajada y deslucida placa esta dorada inscripción: «En el extremo sur de este edificio estuvo la imprenta de los Herederos de la Viuda de Miguel de Rivera Calderón en donde, de enero a junio de 1722, se imprimió la *Gaceta de México* del Dr. Juan Ignacio Ma. de Castorena y Ursúa. Homenaje en el tricentenario del natalicio del primer periodista mexicano y latinoamericano. 1668 / 1968».

Nuestro primer periodista, académico genial, filántropo y amante de su tierra, editor de sor Juana, a cuyo cargo estuvieron prácticamente todas las instituciones religiosas de este país, dejó la Ciudad de México, ricamente ataviado, tal como lo vemos en el retrato que cuelga en Tepotzotlán, para ocupar el más alto de los cargos en el que habría de desempeñarse, el de obispo de Yucatán, en 1730. Tenía ya sesenta y dos años. Las constantes visitas a las diversas parroquias de su obispado y el ardoroso clima tropical mermaron sus débiles fuerzas. Murió, poco después, en Mérida el 13 de julio de 1733. Su cuerpo fue enterrado en la Catedral, en una cripta debajo de la Capilla del Cristo de las Ampollas. Aunque hoy los fieles veneran la imagen en su sagrado recinto, la capilla y el Cristo originales, los que conoció Castorena, fueron completamente destruidos en 1915 por las tropas revolucionarias. Actualmente, los restos mortales del obispo están perdidos.

VENTURAS Y DESVENTURAS DEL JOVEN CASTORENA

Castorena y Ursúa era veinte años menor que sor Juana. Cuando la monja murió, en 1695, a sus cuarenta y seis años, estaba en la cumbre de su carrera literaria: había probado su valía como escritora en casi todos los géneros de su tiempo, se habían editado ya dos volúmenes de sus obras en España —para entonces entre los dos ya sumaban seis ediciones— y su fama, que siempre había sido mucha, había crecido como la espuma a partir de 1690, a causa de la polémica en torno a la publicación de la *Respuesta a Vieira* (cap. 11). En ese momento, Castorena tenía apenas veintiséis años y, aunque ya era doctor, era un simple clérigo presbítero. Meses después de la muerte de la escritora, acaecida en abril, predicaría su primer sermón, dedicado, como muchos que vendrían después, a la Inmaculada Concepción de María, en diciembre de 1695; la prédica vería la luz al año siguiente bajo el título de *Abraham académico en el racional juicio de los doctores* (México: Viuda de Francisco Rodríguez Lupercio, 1696). Su primer sermón le significaría, pues, su primera publicación. Lo que quiero decir con esto es que, por un lado, los años en que sor Juana y Castorena mantuvieron alguna relación tuvieron que ser pocos —los últimos cinco, quizá, de la vida de la monja—, y, por otro, que esa relación no pudo ser en ninguna medida entre iguales: sor Juana le profesaría alguna simpatía a ese joven brillante, cuya carrera parecía promisoria, y Castorena, desde sus veinitipocos años, miraría a la Musa Décima hacia arriba.

Cuando se publicó por vez primera la *Respuesta a Vieira*, Castorena no dudó en sumarse a la polémica y escribir un texto para defender a su admirada sor Juana. En agradecimiento, la monja le dedicó una ingeniosa décima, publicada después en la *Fama* de 1700, a la que el propio editor antepondría el siguiente epígrafe: «Con graciosa agudeza, recompensa con el mismo aplauso al doctor don Juan Ignacio de

Castorena y Ursúa, por un papel que discurrió en elogio y defensa de la poetisa». En el poemita, sor Juana dice, básicamente, a su defensor: soy incapaz de pagarte, de agradecerte, estos «favores» tan «llenos», que no merezco; pero no te preocupes, tú te has recompensado a ti mismo por haber salido en mi defensa, pues con ello, sacaste a «lucir vuestro entendimiento».

Favores que son tan llenos
no sabré servir jamás,
pues debo estimarlos más
cuanto los merezco menos;
de pagarse están ajenos
al mismo agradecimiento,
pero ellos mismos intento
que sirvan de recompensa,
pues debéis a mi defensa
lucir vuestro entendimiento
(*FOP*, 1700: 165; *OC*, 112).

Son muy pocos los papeles que han llegado hasta nosotros de los varios que, sabemos, se escribieron tanto en defensa como en contra de la *Respuesta a Vieira*. De uno de éstos, la ahora relativamente célebre *Carta de Serafina de Cristo*, dio noticia Elías Trabulse en 1995 en el esbelto volumen *El enigma de Serafina de Cristo. Acerca de un manuscrito inédito de sor Juana Inés de la Cruz (1691)*; un año después, reprodujo y transcribió el documento íntegro en una edición facsimilar.[3] Como ya se adivina por el título, cuando Trabulse dio a conocer la *Carta*, estaba convencido de que ésta había sido escrita, de puño y letra, por sor Juana, quien, tras el velo del pseudónimo, la dirigía a Manuel Fernández de Santa Cruz. Que tras el nombre de Serafina se ocultaba el de su verdadero autor o autora tiene sustento en el hecho de que la carta está firmada «en este convento que es de

[3] El título completo de la *Carta* en el manuscrito original es como sigue: *Carta que, habiendo visto la* Atenagórica *que con tanto acierto dio a la estampa sor Filotea de la Cruz del Convento de la Santísima Trinidad de la Ciudad de los Ángeles, escribía Serafina de Cristo en el Convento de Nuestro Padre San Jerónimo de México.*

nuestro padre San Jerónimo de México» el 1 de febrero de 1691. Trabulse revisó cuidadosamente el *Libro de profesiones* del convento y señaló, desde que dio a conocer el manuscrito, que no profesó en éste ninguna monja con ese nombre por aquellos años; yo también he revisado, a partir del facsimilar publicado por Guillermo Schmidhuber (2013), el dichoso *Libro de profesiones*, hoy resguardado en la Benson Latin American Collection de la Universidad de Texas, y he corroborado que, efectivamente, el nombre de Serafina de Cristo no figura por ningún lado.

Pocos años después de que Trabulse diera a conocer la *Carta de Serafina* y sus hipótesis en torno a ella, Antonio Alatorre y Martha Lilia Tenorio publicaron, en 1998, *Serafina y sor Juana*, en medio de un ambiente tan tenso que recuerda, guardando las salvedades, al que debió rodear la aparición de la *Respuesta a Vieira*. En este estudio, demostraron contundentemente que Trabulse se había equivocado: sor Juana no era la autora del texto, sino su destinataria, y el autor no era sino uno de los varios que salieron en su defensa —creo que desde el título ya se anuncia que los autores están convencidos de que la Musa Décima y Serafina son dos personas distintas—. La pseudo Serafina pone a sor Juana por las nubes —la compara con la Camila de la *Eneida*, le confiere a su texto el rango de Evangelio— y la defiende, sobre todo, del ataque de un escrito grosero, firmado por un «Soldado castellano», otro pseudónimo —por lo visto, no muchos se atrevieron a dar la cara en medio de esta polémica—. He dicho que Alatorre y Tenorio demostraron con contundencia que la lectura que Trabulse había dado de la *Carta de Serafina* era errónea; habría que añadir que esta demostración se hizo, a juicio de muchos, en un tono desmedidamente sarcástico. Aunque Martha Lilia me ha confesado que ese sarcasmo no era suyo, sino de Alatorre, con los años se ha ido convenciendo, tal como lo estaba su maestro, de que, y esto lo escribe en su presentación a la reedición del libro de 2014, «el sarcasmo es un procedimiento retórico, estilístico y conceptualmente válido» (10).

Válido o no, Elías Trabulse, luego de esta polémica, optó por retirarse, digámoslo así, del sorjuanismo, y también del país, ya que hoy radica, hasta donde sé, en Estados Unidos —aunque lo intenté, no conseguí entrevistarme con él antes de la redacción de estas líneas—. Luego de publicar la *Carta de Serafina*, publicó un par de trabajos más sobre la célebre monja, el último en 1999. Desde entonces guarda silencio sobre cualquier asunto relacionado con sor Juana. En las semblanzas suyas más relevantes que pueden encontrarse en la red —en Wikipedia, o en los sitios de la Academia Mexicana de la Lengua o de la Historia, instituciones de las que es miembro— se omiten por completo sus trabajos sobre Serafina de Cristo. Creo que, independientemente de que su lectura del texto haya sido errada, hay que conferirle a Trabulse el crédito de habernos revelado, lo cual no es poca cosa, un texto hasta entonces inédito en torno a la polémica de la *Respuesta a Vieira*.

¿Pero quién se esconde, pues, tras el velo de Serafina de Cristo? Basándose, sobre todo, en el estilo, Alatorre y Tenorio (2014: 177 y ss.) conjeturaron que podría tratarse, ni más ni menos, que de nuestro Castorena y Ursúa, y que la décima que antes comentamos la habría escrito sor Juana en agradecimiento justamente a este papel, a la *Carta de Serafina de Cristo*. A mí la atribución me resulta imposible. Es cierto que Castorena, como señalan los mencionados autores, suele valerse, al igual que Serafina, «de una prosa recargada y florida para decir cosas muy simples» (179), sin embargo, otro tanto podría decirse de casi cualquier texto de la época. El estilo de Serafina, además, me parece demasiado brusco si lo comparamos con el estilo —rebuscado, sí, pero exquisito y sumamente culto— de Castorena, que ni siquiera a sus veintidós años, la edad que tenía en febrero de 1691, escribiría tan torpemente. Ahora bien, y me baso sobre todo en esto para negar la atribución, la letra de Serafina en nada se parece a la del que luego sería obispo de Yucatán.

Habría que convenir, antes que nada, en que la *Carta de Serafina de Cristo* es autógrafa, hecho que han supuesto todos cuantos la han estudiado; un copista no se hubiera esmerado en reproducir —aunque se trate de un pseudónimo— la firma y la rúbrica que figuran al final de la *Carta* (fig. 57ab). He consultado directamente el manuscrito de Serafina, que se conserva en el Archivo Histórico de la Provincia de México de la Compañía de Jesús, y del cual su coordinadora, Leticia Ruiz Rivera, gentilmente me ha proporcionado una reproducción digital. He comparado este documento con otro, autógrafo, de Castorena y Ursúa, firmado en 1700: se trata de una solicitud para volver a México, desde España, dirigida a las

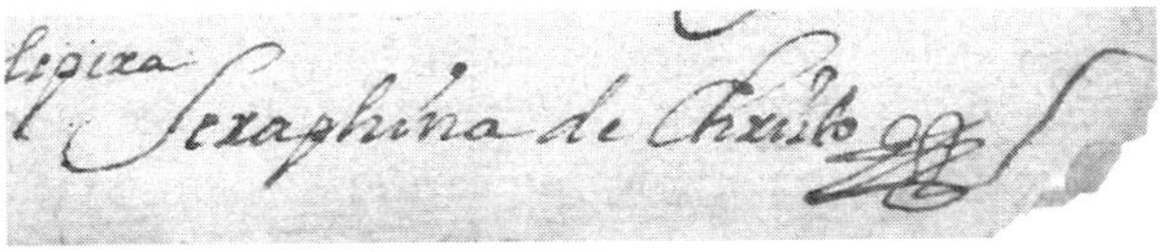

Fig. 57a. Firma de Serafina de Cristo

Fig. 57b. Firma de Juan Ignacio de Castorena y Ursúa

autoridades de la Casa de Contratación de Sevilla, que se conserva en el Archivo General de Indias (Contratación, 5460, N.1, R.17) y que, hasta donde sé, no ha sido referida por ningún estudioso hasta ahora. Sobre los contenidos de esa solicitud, que nos servirán para trazar la historia de la *Fama y obras póstumas*, volveré más tarde; lo que ahora importa es destacar el hecho de que la firma de Castorena es radicalmente distinta a la de Serafina: nótese solamente el trazo de la *C* mayúscula en ambas firmas y la rúbrica, visiblemente más elaborada en el clérigo que en la supuesta monja.

Y no sólo las rúbricas son distintas. Si comparamos la caligrafía, nos daremos cuenta muy fácilmente de que estos documentos han sido escritos por dos personas distintas. Las *c* de Serafina se elevan como una ola y cubren bajo su cresta las letras subsecuentes; las *c* de Castorena, en cambio, se repliegan y reconcentran en su propio espacio. También presentan trazos notoriamente diferentes las mayúsculas como la *M*, la *R*, la *A* y la *Y*.

Dicho lo anterior, creo que pueden afirmarse con bastante seguridad dos cosas. Primero, que bajo el velo de Serafina de Cristo no se oculta nuestro Castorena y Ursúa. A mí me parece importante notar que Serafina, aunque firma su *Carta*, como ya se dijo, desde el Convento de San Jerónimo, no antepone a su nombre el «Sor». ¿Cabrá la posibilidad de que no estemos ante un pseudónimo sino ante una mujer de carne y hueso que, aunque vivía en el convento, por no contar con el rango de monja de velo negro, no aparece en el ya mentado *Libro de profesiones*? Lo segundo que habría que afirmar es que el papel que Castorena y Ursúa escribió en defensa de sor Juana en la atenagórica controversia, y al cual ésta correspondió con una ingeniosa décima, sigue perdido. Así pues, esa décima sería el único hilo con el que por lo pronto contamos para unir las vidas de estos dos personajes. He de decir que es un hilo muy delgado, apenas visible: da la impresión de que la relación entre el joven presbítero y la monja poeta no era muy estrecha que digamos.

Si tomamos en cuenta todo lo dicho hasta aquí, Castorena no parecería un candidato idóneo para llevar a cabo la edición de un tercer tomo con las obras póstumas de sor Juana. ¿Por qué no recaería esa labor, por poner sólo un ejemplo, en don Carlos de Sigüenza y Góngora, que había sido su amigo durante décadas y que, como se verá, tenía a la mano muchos más manuscritos inéditos de la monja que Castorena? No obstante, por alguna razón, el joven sacerdote asumió que debía ser él y no otro el tercer y último de los editores antiguos de sor Juana.

La idea quizá empezó a rondarle la cabeza poco después de la muerte de la poeta, acaecida, como he dicho, en abril de 1695, y debió tomar forma cuando estuvo seguro de que se embarcaría al Viejo Mundo, muy seguramente, en la flota que zarparía de Veracruz en agosto de 1696 —en la que también iba de regreso, por cierto, el conde de Galve—. El viaje de Castorena tenía un carácter oficial, pues se realizó con el amparo de la Universidad, según nos informa su ya referida *Relación de méritos* —«habiendo venido a esta Corte con poderes de la referida universidad para sus negocios»—; y tenía, como veremos, el objetivo principal de obtener prebendas y beneficios, tanto para su persona como para las instituciones de las que formaba parte. Pero Castorena «era un *careerist*» (Alatorre y Tenorio *dixerunt*) y debió ver con toda claridad que el viaje le ofrecía la oportunidad perfecta para publicar una *Fama* de su admirada Juana Inés y, de paso, inmortalizar su propio nombre junto al de la célebre autora, algo más que atractivo para un muchacho que empezaba a figurar en la élite letrada de su tiempo. Supongo que se trata de un rasgo común a los jóvenes de todas las épocas: buscar el padrinazgo, el trampolín de un grande, para hacer despegar su carrera literaria.

Sabemos, a partir de las líneas siguientes extraídas de su Prólogo a la *Fama*, que Castorena se dedicó, un poco a las prisas —habla de «la precisión de mi viaje»—, a recoger manuscritos de sor Juana en México durante los meses previos a su partida, a saber, durante la primera mitad de 1696. Sabemos también, por esas mismas líneas, que pudo recoger menos papeles de los que hubiera deseado. Quizá el artículo de Antonio Alatorre, «Para leer la *Fama y obras póstumas…*» de 1980, sea, aunque de ardua lectura por la cantidad abrumadora de notas y datos, no sólo uno de los más sólidos del maestro, sino uno de los más sagaces y puntuales escritos en torno a este tercer volumen; se trata de uno de esos trabajos ante los cuales uno se siente incapaz de añadir algo más al asunto. Pues bien, en ese artículo, Alatorre señala el tono de reproche con que Castorena habla en el Prólogo de lo «huraño», de la «mesurada prudencia» de quienes se negaron a entregarle las obras de la poeta que tenían en su poder:

> Esperaba también recoger otros manuescritos de la poetisa [...]. Quedáronseme en la América, pues cuando mi [*sic*] transporté de Nueva España a estos reinos no los pude haber a las manos, pero sí con certidumbre a la memoria. Retirómelos lo huraño, con noble ambición de atesorarlos, o recatolos la discreción de mesurada prudencia, que malogré obligar con mis instancias por la precisión de mi viaje (*FOP*, 1700: s.p.).

Esos papeles inéditos de sor Juana, dice, no los pudo «haber a las manos», pero sí «con certidumbre a la memoria». Más adelante, Castorena enlista en concreto varios de esos manuscritos; de haberlos conseguido, afirma refiriéndose al volumen, «tendría más alma este pequeño cuerpo». En esa lista de la que ya he hablado más arriba, y que nos duele porque nos ofrece, como casas deshabitadas, títulos de obras de sor Juana que hemos perdido tal vez para siempre, se mencionan, con su nombre y apellido, algunos individuos: José de Porras tenía en su poder las *Súmulas*; Sigüenza y Góngora, *El equilibrio moral*; Francisco de las Heras, un poema de Salazar y Torres concluido por sor Juana.

Castorena, que suele ser oscuro y rebuscado, en esta materia es claro como el agua; es obvio que está dolido con los avaros poseedores. Ahora bien, francamente no me cuesta trabajo imaginar al polemista y malgeniudo de Sigüenza, por poner un ejemplo, negándose a entregarle a un muchachito rico y aristócrata, que de pronto se erige como editor de sor Juana, aquellos preciados manuscritos. Al parecer toda su vida Castorena despertó envidias entre sus coetáneos: Beristáin aclara que, a raíz de la publicación de la *Gaceta de México*, nuestro primer periodista fue víctima de «murmuraciones de los egoístas e ignorantes, enemigos de la luz y de la común utilidad» (1816-1821, I: 313).

Ciertamente, fueron muy pocas las obras de sor Juana que nuestro joven editor pudo conseguir. Se trata sólo de dieciséis o, mejor dicho, de quince, porque uno de los poemas incluidos en la *Fama*, proveniente del *Triunfo parténico*, no es de sor Juana (cap. 5). Debo decir que, a pesar de que profeso un singular afecto por los *Ejercicios de la Encarnación* y los *Ofrecimientos del rosario*, el volumen incluye solamente dos composiciones de veras importantes: la magna *Respuesta a sor Filotea*, texto tan vigente ahora como hace tres siglos, autobiografía en la que sor Juana nos narra el cumplimiento de su destino: las letras y el saber; y el «Romance gratulatorio a las plumas de Europa», que sor Juana dejó inconcluso poco antes de morir y del cual se desprenden algunos versos espléndidos que ya he citado aquí («Y diversa de mí misma»). Ello convierte, me temo, a la *Fama y obras póstumas* no sólo en el más breve sino en el menos sustancial e interesante de todos los volúmenes antiguos de sor Juana, al menos desde el punto de vista de un lector del siglo XXI.

La *Respuesta*, corona de este tercer tomo, debió obtenerla Castorena a partir de una copia manuscrita provista por su mismísimo destinatario, Manuel Fernández de Santa Cruz, con quien debía mantener, en vista de los elogios que le propina en su Prólogo, una relación más o menos estrecha, mediada por la reverencia y la admiración. Al revelarnos que detrás del pseudónimo de sor Filotea se embozaba el prelado, Castorena destaca «su modestia siempre ilustrísima», y habla asimismo del «respeto» y «veneración» que le profesa. De las autoridades del Convento de San Jerónimo, probablemente valiéndose de su posición dentro de la jerarquía eclesiástica, obtuvo la *Protesta de la fe*, la *Docta explicación* en defensa de la Inmaculada y la *Petición causídica*, prosas más bien destinadas al ámbito de lo privado y escritas por la monja hacia el final de su vida; también del Convento tuvo que provenir el «Romance gratulatorio», al que la muerte de sor Juana privó de su final. Los *Ejercicios* y los *Ofrecimientos* corrían ya impresos y, por lo que dije antes, debían ser bastante populares (cap. 6): no sería raro que Castorena poseyera alguna copia. También poseía, naturalmente, la ya citada décima que la propia autora le había dedicado y la cual debía atesorar «como oro en paño» (Alatorre, 1980: 441). El resto de las piezas, únicamente siete poemas sueltos, debió obtenerlos de particulares. Insisto: fueron muy pocos los que le confiaron a nuestro editor manuscritos inéditos de sor Juana.

Además de esas pocas obras, Castorena llevó consigo a Europa un libro entero, compilado por Lorenzo González de la Sancha, que contenía una serie de poemas escritos por los vates mexicanos, entre los que se cuenta el propio compilador, a raíz de la muerte de la poeta: «A este asunto traje de México a Madrid un libro muy erudito, en rumboso estilo, intitulado *Exequias mitológicas, llantos piérides, coronación apolínea en la fama póstuma de la singular poetisa*» (*FOP*, 1700: 166). Ya con el solo título uno entiende por qué Castorena califica el volumen de «rumboso», que según el *Diccionario de Autoridades* significa 'pomposo, adornado y magnífico'.

Gracias a la tesis de Juan Francisco Rangel Yáñez (2017), sé que González de la Sancha, a quien Castorena califica como un «ingenio de los más floridos de nuestra América», fue un clérigo y poeta que gozó en México de cierto renombre a fines del siglo XVII y principios del siguiente. Tenía más o menos la edad de Castorena (nació hacia 1670) y llegó a ocupar algunos cargos de importancia dentro de la iglesia novohispana, así como a escribir, entre otras obras, sermones y villancicos. Su carrera se vio truncada por una muerte prematura, en 1716, tal vez antes de cumplir los cuarenta años.

Es curioso: al igual que Castorena, el joven González de la Sancha no quiso perder la oportunidad de hacerse notar a propósito de la muerte de sor Juana y, ni tardo ni perezoso, compiló las *Exequias mitológicas* en el lapso de poco más de un año que media entre la muerte de la monja y la salida hacia España de su colega zacatecano. Cometió, empero, el error de confiarle el libro a este último:

Castorena terminaría por no publicar sino una pequeña parte de las *Exequias* al final de la *Fama y obras póstumas*, a pesar de que seguramente González de la Sancha le había entregado el manuscrito con la única intención —¿para qué más si no?— de que lo diera íntegro a las prensas españolas (sobre este asunto volveré más tarde).

Hay un famoso soneto de sor Juana que comienza: «Si los riesgos del mar considerara / ninguno se embarcara...». Castorena, al zarpar en agosto de 1696, con las obras de sor Juana y el libro compilado por González de la Sancha bajo el brazo, consideró los riesgos que conllevaba la travesía transatlántica y, aun así, se embarcó. Al salir de Veracruz, nos informa el *Diario* de Robles en su entrada del 11 de agosto, la flota «llevaba miedo del francés». Y el miedo no era injustificado: días después, en La Habana, adversarios franceses tomaron «un navío de los que iban a convoyar la flota, con muerte de setenta hombres y doscientos heridos»; «está la armada francesa —continúa Robles— esperando la flota para llevársela».

El peligro que corrían los navíos era tan grande que los novohispanos acudieron en México a una medida desesperada, de emergencia: trajeron en procesión a la Catedral a la mismísima Virgen de los Remedios «para hacerle novenario por el buen suceso de la flota que va a España, habiendo enemigos» (1972, III: 49). La flota, anota Robles en su entrada del 5 de octubre, pudo llegar finalmente a La Habana, «habiéndose ido el enemigo por el mal tiempo que tuvo y habérsele apestado la gente». Cuando la noticia se supo, los novohispanos respiraron aliviados y repicaron las campanas en señal de júbilo; como no podía ser de otro modo, la buena nueva se atribuyó «a milagro de Nuestra Señora de los Remedios» (1972, III: 51).

Castorena y los manuscritos de sor Juana llegaron a la bahía de Cádiz, pues, de puro milagro, luego de un trayecto inusualmente largo de ocho meses, en marzo de 1697. Cuesta imaginarse las penurias, las angustias, que debió atravesar nuestro joven en altamar. No debieron ser pocas, considerando que el conde de Galve, otrora virrey de la Nueva España, protector de sor Juana y quien iba junto con Castorena en la flota, murió en el Puerto de Santa María, con tan sólo cuarenta y cuatro años, «a pocos días de desembarcado» (Robles, 1972, III: 60).

Durante ese año y principios del siguiente, nuestro editor oriundo de Zacatecas no perdió el tiempo y se dedicó a hacer carrera en la

Corte de Madrid. Gracias a la *Relación de méritos* conservada en el Archivo General de Indias, y a la que me he referido más arriba, sabemos que el 16 de abril de 1698 fue nombrado capellán de honor de su majestad. Se encaminó luego a la Universidad de Ávila, donde obtuvo, el 25 y 26 de septiembre los grados de licenciado y doctor en Teología. Ya de vuelta en Madrid, el 5 de noviembre de 1698, el nuncio de su santidad en la Corte lo designó como teólogo de su tribunal y examinador. También por entonces debió echar a andar las diligencias para obtener el título de Colegio Mayor para el de Santa María de Todos los Santos, dato consignado años después en el *Diario* de Robles, en su entrada del 16 de octubre de 1700: «cuya cédula de Colegio Mayor trajo y agenció en Madrid» (1972, III: 114). Ante tanto honor, Castorena debió sentir que las penurias oceánicas habían valido la pena. Estoy seguro de que fue a lo largo de este año de 1698 que el zacatecano, a la par que se hacía de un lugar en Europa y pugnaba por doctorarse, puso de veras manos a la obra en lo que concierne a la edición de la *Fama*.

Lo primero que se propuso fue conseguir poemas laudatorios de distinguidas personalidades radicadas en la Península. Esos poemas, junto con los que había traído de México, constituirían propiamente la *Fama* de sor Juana. Para que los panegiristas conocieran el libro al cual sus poemas servirían de antesala, Castorena debió sacar numerosas copias de las obras de la monja que había traído desde América, para los cuales redactaría él mismo los correspondientes epígrafes.

En un principio, pensó acompañar esos manuscritos con una Vida, una biografía de sor Juana escrita por él mismo, sin embargo, tal vez a principios de 1698, debió recibir otra, que luego se estamparía, disfrazada de Aprobación, en la *Fama*. Ésta había sido escrita por Diego Calleja, jesuita madrileño, ya por entonces un experimentado poeta y dramaturgo que rondaba los sesenta años, y quien anteriormente había escrito otra Aprobación para la *Inundación castálida*. Castorena tenía muchas ganas de figurar pero no era tonto: vio enseguida que la biografía de Calleja, hoy muy célebre y muy citada, era infinitamente superior, así que se deshizo para siempre de la suya, según confesaría después en su Prólogo (*FOP*, 1700: s.p.): «omití encomendar [mi Vida de sor Juana] a la estampa, rasgando la que tuve escrita» —Alatorre opina: «con lo cual no sentimos que se haya perdido gran cosa»—.

Así, dos años antes de que se imprimieran, los ingenios españoles se valieron de «las copias de la *Respuesta a sor Filotea* y de la Vida de Calleja que hizo circular en Madrid» nuestro joven editor (Alatorre, 1980: 485). Logró reunir veintisiete poemas, cadena de panegíricos, al principio de los cuales puso, «llave de oro», diría en su Prólogo, un soneto del duque de Sessa, y al final, como una «corona», un romance del conde de Galve, hijo del ya difunto exvirrey. Como he dicho antes, muchos de esos poemas que Castorena recibió retoman detalles biográficos de sor Juana referidos puntualmente en la Vida, en la *Respuesta* o en ambas. Las composiciones que no retoman detalles de esas dos fuentes se centran en elogiar la empresa editorial del tercer tomo liderada por Castorena.

Quizá una de estas copias manuscritas que Castorena hizo circular de la Vida de Calleja sobrevivió al trajín de los siglos: se conserva en la Biblioteca Nacional de España (MSS/18734/5) y de ella dio cuenta, antes que nadie, Amado Nervo en su *Juana de Asbaje* de 1910, donde la transcribe. En «Para leer la *Fama*...», Alatorre (1980: 448-449*n*) señala numerosas variantes entre esta versión manuscrita y la que circuló impresa en 1700; las tres más importantes, sin duda, radican en el título (en el manuscrito estamos ante una Vida y en el impreso ante una Aprobación), en el párrafo inicial (éste, que aparece en el impreso y es propiamente el arranque de una Aprobación en toda forma, «He leído un libro intitulado...», falta en el manuscrito), y en un *post scriptum* (que incluye un soneto anónimo, pero que obviamente es de Calleja, y que también falta en la versión manuscrita). Lo anterior me hace pensar que el texto circuló en un principio simple y llanamente como una Vida; cerca de la impresión de la *Fama*, quizá Castorena tomaría la decisión de utilizarlo como una Aprobación, para lo cual pediría a su autor, entre otras cosas, la adición del primer párrafo.

A finales de 1698, el libro estaba listo: Diego de Heredia firma su Aprobación el 19 de diciembre; la consecuente Licencia de Alonso Portillo y Cardos, vicario de Madrid, se otorga al día siguiente. Poco después, el 17 enero de 1699, el doctor Castorena y Ursúa obtiene el privilegio para imprimir por diez años la *Fama y obras póstumas*.[4] El

[4] Por eso discrepo con Alatorre cuando afirma que Castorena hizo circular la Vida y la *Respuesta* entre los peninsulares durante 1699 (1980: 485). Los preliminares de

libro, sin embargo, no se dirigió a las prensas, sino que se mantuvo manuscrito un año más. La razón de ello, piensa Alatorre, sería la esperanza, todavía viva en Castorena, de que sus compatriotas le enviaran más textos inéditos de sor Juana para engrosar el volumen: «en 1699 tuvo que haber habido una enojosa correspondencia entre Castorena y sus paisanos: enojosa por lo lento y esporádico del correo, y enojosa sobre todo por su ningún resultado» (Alatorre, 1980: 444).

Hay que añadir que la correspondencia entre ambas orillas del Atlántico, de por sí enojosa, lenta y esporádica, lo sería aún más por aquel periodo, en que, como ya vimos, las sendas marítimas que unían a la Nueva y la Vieja España se veían obstaculizadas por navíos enemigos. Sin embargo, la comunicación no se vio del todo interrumpida: a lo largo de 1699, siguiendo los datos proporcionados por el *Diario* de Robles (1972, III), entraron tres navíos de aviso provenientes de España: el 15 de mayo, el 26 de junio, el 22 de agosto… En alguno de éstos —o en los tres— bien pudieron venir cartas con las solicitudes, casi súplicas, de Castorena, dirigidas a los celosos guardianes americanos de los manuscritos. Y si tres avisos entraron a México, ¿no pudieron salir otros tantos? Si así fue, en ninguno de éstos viajaron los anhelados papeles para nuestro indiano en la Corte que, a finales de 1699, reanuda las diligencias para la impresión del volumen, alentado por los madrileños que ansiaban ver materializada la *Fama* de la Fénix. En su Prólogo, con evidente resignación, luego de mencionar que no ha podido recoger todos los papeles de sor Juana que hubiera querido, Castorena escribe: «y ya impaciente al respeto, y ruidoso aparato de los que en esta Corte lograron ver manuescrito este tercero libro, lo entrego a los moldes» (*FOP*, 1700: s.p.).

Entre los preliminares de la *Fama y obras póstumas*, Castorena da a conocer una carta, del 1 de enero de 1700, dirigida a Jacinto Muñoz Castilblanque, como él, capellán de honor de su majestad, en la cual le solicita una Aprobación para los «cuadernos» del volumen, que le

los que hablo aprueban un libro conformado por una *Fama* y unas *obras póstumas*, es decir, que contenía ya, además de los textos de sor Juana, los poemas laudatorios que, por fuerza, tuvieron que escribirse antes de diciembre de 1698.

remite —esto implica otra copia manuscrita más de la *Fama*: ¡cuántas no se hicieron!—. Muñoz Castilblanque, en un lapso brevísimo, leyó esos cuadernos y redactó su Parecer, firmado el 5 de enero.

Es entonces cuando, por fin, arranca la impresión del volumen en el taller de Manuel Ruiz de Murga, impresor activo entre 1694 y 1717, avecindado en la Calle de la Abada de Madrid, misma en la que, a partir de 1719, continuarían trabajando sus Herederos. La calle, que desemboca en la Gran Vía, todavía existe y en los azulejos que la identifican, como otras calles de la ciudad, además de su nombre puede verse el dibujo de un rinoceronte: *abada* no es otra cosa que el término portugués para referirse a la hembra de este animal. Parece que una abada, traída como espectáculo por unos artistas callejeros portugueses, mató allí a un muchacho hace ya varios siglos. La calle debe su nombre a este suceso infausto. Que Castorena haya elegido la imprenta de Ruiz de Murga parece lógico si consideramos que, entre 1694 y 1703, ésta fue la responsable de alumbrar los pliegos de villancicos del Convento de las Descalzas Reales (Borrego, 2013), lo que indica que, al momento de la impresión de la *Fama*, existía buena relación entre el taller tipográfico y la Casa Real, de la que nuestro editor, como capellán de honor, formaba parte.

Uno esperaría que, una vez iniciadas las labores de la imprenta, el parto, hasta aquí prolongado y tortuoso, del tercer volumen, póstumo, de sor Juana, se deslizaría ya sin mayores dificultades hacia su conclusión, pero no fue así: al pobre de Castorena aún le aguardaban varios quebraderos de cabeza. Ya cuando se estaban imprimiendo los elogios en verso de los ingenios españoles que nuestro editor había recopilado a lo largo de 1698, otros no quisieron perder la oportunidad de sumarse al coro que cantaría la *Fama* de la gran poeta de las Américas, y enviaron sus poemas de última hora: «muchos honraron mis súplicas cuando, ya impresos, favorecían otros la estampa», señala en su Prólogo Castorena (*FOP*, 1700: s.p.).

Como todos los libros de su tiempo, cada uno de los pliegos de papel que conforma la *Fama* se identifica con una signatura diferente, una discreta marca que se imprime en la parte inferior de las páginas, y que posibilita su ordenación; la *Fama* es un libro en cuarto, lo que quiere decir que cada uno de sus pliegos se dobló a la mitad dos veces para dar como resultado cuadernillos de ocho páginas.

Los cuadernillos en que se imprimieron los preliminares del libro se ordenaron con un sistema de calderones: el primer cuadernillo lleva como signatura un calderón (¶), el segundo dos (¶¶), y así sucesivamente hasta el décimo cuadernillo que se identifica con una signatura de diez calderones (¶¶¶¶¶¶¶¶¶¶). En total, pues, se imprimieron en un primer momento ochenta páginas de preliminares que comprendían, en ese orden, dos dedicatorias de Castorena —a la reina Mariana de Neoburgo y a Juana Piñateli Aragón Cortés Carrillo de Mendoza, marquesa del Valle de Oaxaca y descendiente de Hernán Cortés—, las aprobaciones de Diego de Heredia y de Diego Calleja, los veintisiete poemas laudatorios debidos a las plumas de los españoles y, finalmente, la carta que nuestro editor dirigió a Muñoz de Castilblanque y el consecuente Parecer de este último.

Alatorre (1980: 437), luego de un análisis sumamente cuidadoso y riguroso de la materialidad del volumen, observó que, entre los cuadernillos de preliminares marcados con calderones, se intercalaron otros tres marcados con las signaturas *a*, *b* y *c*, lo que le permitió suponer que los diez poemas impresos en esas veinticuatro páginas fueron justamente los que Castorena recibió tardíamente, luego de que ya se habían impreso todos los folios marcados con calderones.[5]

Parece ser, por lo que afirma en su Prólogo, que Castorena pensaba mandar al final de la sección de elogios españoles esta decena de poemas remisos: «En los papeles que a estos primeros se siguen, y son de los florecientes ingenios de esta Corte, van impresos como vinieron escritos (en el orden fue el acaso árbitro de la colocación) y no por ir en la prensa pospuestos; temo queja en alguno: no es de recelar mesure a tan sustanciales juicios lo inculpable de un accidente» (*FOP*, 1700: s.p.). Al final, se optó por intercalar estos tres cuadernillos entre los que ya estaban impresos: así lo prueban todos los ejemplares de la *Fama* consultados por Alatorre (1980:

[5] El décimo y último de estos poemas, en la última página del cuadernillo *c*, es un soneto anónimo —de «un ingenio cortesano»— dirigido a sor Filotea de la Cruz; Alatorre (1980: 447*n*) cree, y creo que tiene razón, que esta composición es del propio Castorena: al ver que esta página del cuadernillo, luego de imprimir los nueve poemas restantes, le quedaba en blanco, tuvo que llenarla con otro de su propia inspiración.

447*n*); puedo decir, por mi parte, que en todos los ejemplares que consulté, los dichos cuadernillos se insertaron entre el marcado con seis calderones y el marcado con siete.

La impresión de los preliminares no paró ahí: entre los últimos días de enero y los primeros días de febrero, se imprimieron otros cuatro cuadernillos (32 páginas) marcados con signaturas que van desde un asterisco (*) hasta cuatro (****), y que se insertaron luego del último cuadernillo marcado con calderones. En éstos se imprimieron, en ese orden, una elegía anónima en tercetos encadenados, el Prólogo de Castorena, que por la gran cantidad de información que provee nos ha sido hasta aquí de gran utilidad, un romance de arte mayor firmado con el pseudónimo de Marcial Beneta Sua Gudeman o Gutman —anagrama de Manuel García Bustamante (Alatorre, 2010b: XLVI*n*)—, un soneto anónimo, dos composiciones latinas de Gabriel Ordóñez —un acróstico séxtuple y un dístico numeral— y, por último, un romance también anónimo. La identidad del autor de la elegía la revela el propio Castorena en su Prólogo: «no la discurras de los Argensolas, por la elegante propriedad del estilo, pues, como hidalgo, es pariente muy cercano de la segunda crisis» (*FOP*, 1700: s.p.); dado que más arriba en ese mismo párrafo llama «segunda censura» a la Aprobación de Diego Calleja, podemos concluir que a su pluma y no a otra se deben estos tercetos.

La elegía es ciertamente hermosa, transparente y reveladora: sabemos por ella, entre otras cosas, que sor Juana y Calleja fueron amigos por correspondencia durante más de veinte años, y que no sólo intercambiaban versos, sino comentarios a los mismos —hoy diríamos que se tallereaban los poemas—. Como todos los demás poetas, Calleja, diez años mayor que sor Juana, intentó igualarla en el manejo de sílabas, consonantes y metáforas pero fue imposible: tal como dice en unos versos de su elegía, ¿cómo podría un buey con las patas laceradas de tanto andar alcanzar a una cierva en medio del pedregal?

Versos más adelante, Calleja admite haber quedado deslumbrado cuando conoció el rostro de su amiga, gracias a un retrato que atravesó el océano: «de rara calidad fue su hermosura». Si la elegía se incluyó en los pliegos que se imprimieron en una fase muy avanzada del proceso editorial, debió ser porque Calleja no se la envió a Castorena desde un principio. Cosa rara, ya que estaba escrita desde 1695; el epígrafe reza «que se compuso a raíz de llegar a España la nueva de haber muerto la poetisa». ¿Le parecía a Calleja demasiado íntima y por eso no se animaba a incluirla en el volumen?, ¿o simplemente no la envió hasta que le pareció lo bastante pulida —tanto como si sor Juana la hubiera tallereado— para darla a la imprenta? También debió recibir Castorena muy tardíamente el romance de García Bustamante y los poemas latinos de Ordóñez: debió considerar ambos de suma importancia y, por eso, se tomó la molestia de incluirlos en la edición final de la *Fama*, aunque eso le acarreara dificultades: el soneto y el romance anónimos quizá sean de su autoría, y los habrá escrito de emergencia para rellenar las páginas que sobraban de estos cuadernillos marcados con las signaturas de asteriscos. Como puede verse, ya desde 1700 la mayoría de los autores, tal como ahora, no mostraban el mínimo respeto por el *deadline* impuesto por el editor.

El resto del libro, en términos materiales, no ofrece mayores dificultades: se trata de 216 páginas numeradas en las que se imprimen, propiamente, las obras póstumas de sor Juana (pp. 1-165), la sección de poemas laudatorios de los vates mexicanos que Castorena había traído consigo en su viaje (pp. 165-212) y la «Tabla de lo que este libro contiene» (pp. 213-215; la última página quedó en blanco). Son en total veintisiete cuadernillos: veintitrés marcados con las signaturas *A-Z* (faltan la *J*, la *Ñ*, la *U* y la *W*) y cuatro más marcados con las signaturas *Aa-Dd*.

He dicho antes que Castorena no imprimió entero el libro compilado en México por González de la Sancha. Hasta que no encontremos una copia de ese manuscrito, de las *Exequias mitológicas*, no podremos saber cuántos ni quiénes vertieron en verso sus lamentaciones a raíz de la muerte de la Musa Décima. Mientras tanto, contamos únicamente con los poemas que Castorena seleccionó, que suman dieciocho. Para excusar el hecho, antepone a esta sección final del libro, con los poemas fúnebres de los mexicanos, una nota aclaratoria en la que señala:

> Ha sido preciso, por no abultar este tercer tomo con demasía, no imprimirlos todos, sacando a luz estas prensas los más principales, no por mejoría, que todos son iguales, sí por la recomendación a los sujetos de la Real Universidad y los célebres colegios de la imperial

> México. Los dueños, pues, de los que no se hallaren aquí podrán tener allá su sentimiento, mas no justa queja, pues no habiendo contra la fuerza razón, en su mesmo conocimiento encontrará la satisfación su cortesanía (*FOP*, 1700: 166).

La excusa no resulta convincente, porque el grosor del libro parece no haberle importado demasiado cuando añadió, no una sino dos veces, conjuntos de poemas entregados a destiempo por poetas peninsulares. Convenenciero, solamente publicó aquellos poemas escritos por los universitarios y académicos, a saber, por los individuos pertenecientes a su círculo más cercano. Todos los demás autores debieron llevarse una gran desilusión al ver, tras una larga espera, que sus poemas se habían descartado de la edición final de la *Fama*. Castorena apela a la «cortesanía» de aquellos cuyos poemas fueron eliminados, e insiste en que no tuvo opción —«no habiendo contra la fuerza razón»—: se vio obligado a descartarlos para no engrosar demasiado el libro. Alatorre, a quien tampoco le convence esta excusa de nuestro editor, escribió: «la drástica reducción de la sección mexicana parece una especie de venganza» (1980: 444). Venganza por no haber contribuido con manuscritos inéditos de sor Juana para su publicación en estas *Obras póstumas*.

Haya sido por venganza o por cualquier otra razón, es una verdadera pena que Castorena haya preferido no dar a la imprenta todos los poemas de sus compatriotas y haya optado, en cambio, por conceder absoluta preferencia a los poemas de los españoles. Estoy de acuerdo con el siempre combativo Francisco de la Maza —aunque parezca que hay una pizca de nacionalismo en esto— cuando afirma que los de los gachupines «todos son malos sonetos y sólo los salva el entusiasmo y el estar dedicados a sor Juana» (1980: 190). Pero la verdad es que no sólo son malos los sonetos; de hecho, además de la elegía de Calleja que ya comentamos, son pocas las composiciones dignas en esta sección. Probablemente la más insufrible de todas las composiciones de esta sección española sea el romance endecasílabo de Manuel García Bustamante, una suerte de biografía en verso en sor Juana, en un tono prosaico y repleta de lugares comunes. Así da cuenta, por ejemplo, del ingreso de la joven al Palacio Real, como dama de compañía de la marquesa de Mancera:

La opinión de tus prendas singulares,
sobre tu calidad notoria y limpia,
corrió y, corriendo, fuiste al Real Palacio,
de estimación y ruego conducida.
    Observastes en él, si un virrey justo,
una virreina cuerda, amable y linda,
y que en consorcio tal se mutüaban
los jocundos semblantes de las dichas
(*FOP*, 1700: s.p.).

Sólo diré que si Leonor Carreto se hubiera visto descrita como «una virreina cuerda, amable y linda», se hubiera vuelto a morir.

Los poemas de los mexicanos son por lo general de mejor factura y, además, como no podía ser de otro modo, mucho más hermosos y sentidos: se deben a la pluma de individuos que departieron con sor Juana los trabajos y los días.

Ahí están, por mencionar un par, Martín de Olivas, su maestro —el único que tuvo— de latín, y José Miguel de Torres, su cuñado. Me parece particularmente bien logrado el soneto de Alonso Ramírez de Vargas, poeta profesional y primo lejano de sor Juana (Schmidhuber y Peña, 2018: 116 y ss.). El epígrafe dice: «Admiración que, con ejemplares [o sea, 'ejemplos'], estraña ['se sorprende de'] la muerte de la madre Juana Inés, y [ofrece una] piadosa respuesta de lo que duda». El primer cuarteto se pregunta si muere el sol; la respuesta es no: mientras que en un hemisferio parece que se pone, en el otro amanece y, así, en «giros eternos» siempre irradia su luz. El segundo cuarteto se pregunta si muere el querub o querubín; tampoco: su «esencia soberana», inteligencia angélica, es un mar de luz que mana inagotable. Entonces, se preguntan los tercetos, ¿por qué en Julia —nombre poético de sor Juana—, que era, como el querub, un «espíritu de ciencia», ha cundido el ocaso de la muerte? Porque era tan «única», «tan peregrina», que su muerte fue una «providencia» cuyo fin fue recordarnos que era «humana» y no «divina».

¿Agoniza del sol la edad luciente?
No, que a giros eternos se devana,
y en los dos hemisferios es mañana
lo que parece en ambos occidente.

¿Muere el querub? No muere que, eminente,
del saber vive, esencia soberana:
mar de iluminación que siempre mana,
luz que siempre es aurora y es oriente.
Pues, ¿cómo, siendo espíritu de ciencia
Julia, el ocaso su esplendor domina?
Fue acaso porque, humana inteligencia,
tan única murió, tan peregrina,
que en ella fue la muerte providencia,
porque no la tuvieran por divina
(*FOP*, 1700: 175).

En un poema que lleva por título «Elogio funeral», Lorenzo González de la Sancha recalca que sor Juana nació en América, es decir, «Acá donde, si a falta de las prensas / no zozobrara el más tirante estudio, / más hojas floreciera su distancia / que dio laureles a su oriente Augusto» (*FOP*, 1700: 191). Si los estudios de los americanos no zozobraran por la falta de la imprenta, éstos florecerían tan abundantes como los laureles, los triunfos, del emperador Augusto. Espero que Castorena, que decidió dejar fuera de la edición de la *Fama* tantos elogios de sus compatriotas, haya sentido al menos un poco de remordimiento al dar a conocer estos versos de González de la Sancha.

Luego de la impresión de todos los pliegos con las obras de sor Juana y los elogios en verso de los americanos, ya sólo faltaba añadir, en la imprenta de Ruiz de Murga, algunos folios sueltos, a saber, la portada, un grabado (al que volveré más tarde), y otro más con los preliminares oficiales del volumen: la suma del privilegio, que estaba lista desde el 17 de enero de 1699, la fe de erratas, del 12 de febrero de 1700, y la certificación de la tasa, del 25 de febrero del mismo año.

Quizá el lector, ya un poco mareado luego de tantos pliegos, cuadernillos y signaturas, estará deseando que aquí diga que finalmente el libro se puso a la venta y llegó a manos de los lectores madrileños. No fue así: aún falta un paso más, de no poca importancia, en este tortuoso camino hacia la publicación de la *Fama y obras póstumas*. Sucede que, ya al final de todo el proceso editorial, Castorena recibió una colaboración más, la décima acróstica de «una gran señora muy discreta y apasionada de la poetisa». La autora era tan prominente que el editor no pudo sino añadir un folio suelto más, que se intercaló entre la sección de los preliminares y la que contenía las obras de sor Juana; sin duda, un lugar prominente, que le confiere primacía sobre todos los poemas laudatorios incluidos en el volumen.

En la primera cara del folio, Castorena imprime una Advertencia en la que, sin decir su nombre, nos provee de información sobre esta poeta añadida de última hora: es «uno de los más peregrinos ingenios de nuestra España, muy delicado y muy discreto»; la «soberanía de la cuna», o sea su *pedigree*, no le impide producir «exquisitas flores», abiertas entre las ramas del Parnaso, es decir, poemas; y es «una de las señoras damas de la reina, nuestra señora». Con lo dicho por Castorena, Alatorre deduce que esta poeta no puede ser sino María Luisa Manrique de Lara, la condesa de Paredes, gran mecenas de sor Juana, y quien había concebido y amparado la edición de la *Inundación castálida* una década antes: «la autora de la décima es esa encantadora dama a quien sor Juana hizo inmortal» (1980: 458) —añado: y que hizo inmortal a sor Juana—.

Tiene sentido: María Luisa en 1700 era, efectivamente, dama de compañía de Mariana de Neoburgo, era Grande de España —altísima nobleza—, y sí, sabemos que no sólo gustaba de la poesía sino que ella misma cultivaba su ejercicio.[6] Castorena asegura que, con estos versos, no han sudado tinta, sino «perlas los moldes»; sus negros caracteres son constelaciones que bañan «de luz los rasgos de este papel». Me temo que la décima, ripiosa y sin gracia, no está a altura del elogio de Castorena; no dice, además, nada nuevo, sino que se limita a repetir el tópico de que sor Juana constituye un raro compendio de todos los saberes, lo que se resume muy bien en el último

6 Castorena afirma haberle rogado para que le entregara alguna colaboración para la *Fama* —«nunca más envanecido el ruego»—, pero María Luisa tenía preocupaciones por aquellos años más urgentes que entregar un poema para su difunta amiga Juana Inés: «A partir de 1699 mantiene diversos pleitos y en litigios fechados entre 1704 y 1708 realiza reclamos por la usurpación de jurisdicción en su villa de Paredes de Nava» (Calvo y Colombi, 2015: 95-96).

verso: la monja es «singular en todas ciencias» (fig. 58).[7] Excelsa o no, esta flor de versos proveída por la exvirreina era el broche de oro que nuestro editor necesitaba para cerrar, de una vez por todas, la elaboración de la *Fama y obras póstumas*, que finalmente debió ver la luz en aquel taller de la calle del rinoceronte durante los primeros días de marzo de 1700. María Luisa Manrique de Lara, si es que fue ella la autora de esta décima, abre la empresa editorial de sor Juana en Europa y también, de algún modo, le da fin.

Salta a la vista que ninguno de los volúmenes antiguos de sor Juana supuso, como sí supuso la *Fama y obras póstumas*, un trabajo editorial tan atropellado y complejo. Su gestación, por eso, es la más prolongada: entre su concepción, que he fijado en 1696, y su alumbramiento median aproximadamente cuatro años. La *Inundación castálida* se vio impresa al año y once meses de ser ideada, y el *Segundo volumen*, a los dos años y ocho meses. Si ya resulta sorprendente el frenético trabajo de Castorena durante la preparación del volumen, creo que resultará más sorprendente saber que la *Fama* no fue el único proyecto editorial liderado por Castorena durante los primeros meses de 1700. Creo que hasta ahora nadie había señalado el hecho de que el capellán de honor del rey preparó simultáneamente para la imprenta la edición de su sermón intitulado *La planta de la Concepción, descalza de culpa, vestida de gracia, adornada de gloria*, dedicado a la Inmaculada y predicado en su octava, diciembre de 1699, en el Convento de las Descalzas Reales. Para el joven zacatecano de treintaiún años el hecho de predicar un sermón en Madrid, ante los monarcas, y en un recinto de tanta alcurnia, debió significar un acontecimiento importantísimo en su trayectoria vital y profesional, uno que coronaba muchos años de tenacidad y estudio. La impresión del sermón busca dejar constancia de ese logro.

En la portada del volumen, nuestro predicador ostenta ya todos los títulos que había logrado cosechar durante su estadía en Europa, mismos que ostenta también en la portada de la *Fama*: «capellán de honor de su majestad, protonotario juez apostólico y teólogo de la

---

[7] No debe juzgarse a María Luisa como poeta a partir de esta sola décima, un tanto desafortunada; creo que prueba mejor su pericia en la escritura de versos en el romance que escribió para los *Enigmas ofrecidos a la Casa del Placer* (véase nota 5).

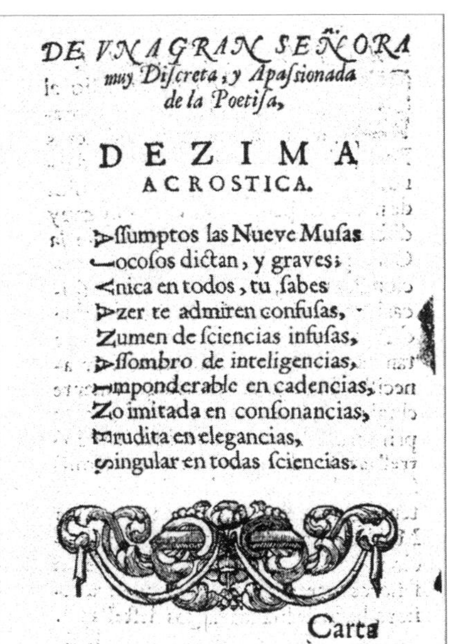
DE VNA GRAN SEÑORA
muy Diſcreta, y Apaſsionada
de la Poetiſa,

DEZIMA
ACROSTICA.

Aſſumptos las Nueve Muſas
Iocoſos dictan, y graves;
Vnica en todos, tu ſabes
Azer te admiren confuſas,
Numen de ſciencias infuſas,
Aſſombro de inteligencias,
Imponderable en cadencias,
No imitada en conſonancias,
Erudita en elegancias,
Singular en todas ſciencias.

Carta

Fig. 58. Décima acróstica atribuida a María Luisa Manrique de Lara en la *Fama y obras póstumas* (Madrid: Manuel Ruiz de Murga, 1700, s.p.)

nunciatura de España, prebendado de la Metropolitana de México». Este último alude a una media ración en la Catedral, obtenida, según consta en su *Relación de méritos*, en 1699. Como diría Juan Ruiz de Alarcón, *Mudarse por mejorarse*: cuando publicó su primer sermón, todavía en la capital del virreinato, en 1696, Castorena no era sino un simple «clérigo presbítero». Aunque *La planta de la Concepción* se imprimió sin indicar el taller en el cual fue alumbrado, he logrado determinar, por medio de la comparación de los ornamentos tipográficos, que, al igual que la *Fama*, éste salió de la imprenta de Manuel Ruiz de Murga. Así pues, Castorena no tenía que trasladarse de un taller a otro mientras trabajaba en estas dos obras que logró publicar en Madrid.

Tanto la Aprobación, firmada por Juan de las Hebas, como la licencia de *La planta de la Concepción* tienen fecha del 27 de marzo de 1700. En cuanto estuvieron listos estos documentos, debió arrancar la impresión del sermón, que no llevaría mucho tiempo, ya que estamos hablando de una edición con apenas una treintena de páginas; se tirarían, además, no demasiados ejemplares. Es claro que apenas tuvo la certeza de que esta otra obra suya vería la luz,

Castorena comenzó las diligencias para volver a casa. He hablado más arriba de un expediente, conservado en el Archivo General de Indias, que contiene una serie de documentos relativos a la solicitud de Castorena y Ursúa para embarcarse rumbo a México.

En este expediente hay una carta, también firmada en Madrid el 27 de marzo de 1700, en la que el mismísimo Carlos II ordena a los presidentes y jueces de la Casa de Contratación que a «mi capellán de honor, a quien tengo hecha merced de una media razón [*sic*] de la Iglesia Metropolitana de la Ciudad de México, le dejen embarcar en el navío que con azogues está para salir a la Nueva España». Para el 30 de abril, Castorena ya está en el puerto de Cádiz, seguramente provisto con cajones repletos de ejemplares de la *Fama* y de *La planta de la Concepción*, recién salidos de la imprenta, en donde realiza los trámites, como lo deja ver su carta autógrafa, «para que me pueda embarcar en el navío que con azogues de su majestad está para salir a la Nueva España, y que pueda llevar dos criados para mi servicio». Todo se tuvo que hacer a las prisas, según él mismo nos revela: «está el tiempo tan adelante y tan próxima la salida del dicho navío».

Por eso, ese mismo día, el marqués de Narros, «presidente de la Real Audiencia y Casa de la Contratación de las Indias», y Juan Bautista de Aguinaga, «juez oficial de la dicha Real Audiencia», autorizan la salida del joven doctor y de sus dos criados: Matías Díaz —de apenas catorce años, «natural de Madrid, cariabultado, ojos pardos»— y Gregorio Irigoyen —«natural del reino de Navarra, espigado, cejas gruesas, cabello liso», de dieciocho años—.

Si en su viaje de ida había logrado llegar a su destino gracias a la milagrosa intervención de la Virgen de los Remedios, habría que agradecer a San Juan Bautista —así se llamaba el navío— que el viaje de vuelta por el Atlántico se realizara en poco más de dos meses y, por lo visto, sin complicación alguna. Ello debió ser un gran alivio para Castorena, considerando lo atribulado de su último viaje en altamar. De cualquier modo, con esta travesía oceánica de ida y vuelta quedó curado de espanto: pasaría el resto de su vida en tierra firme. Qué razón tenía sor Juana, debía pensar: «Si los riesgos del mar considerara, / ninguno se embarcara...».

Cuatro años después de haber partido, en julio de 1700, Castorena divisó en el horizonte la costa de Veracruz: «llegó a aquel puerto [el navío de aviso], y trae dos mil cuatrocientos noventa y cuatro quintales de azogue, y se repicó generalmente por la salud de sus majestades por espacio de una hora» (Robles, 1972, III: 100). El mayor tesoro que ese barco transportaba no era, por supuesto, los quintales de azogue, sino las *Obras póstumas* de sor Juana, en letra de molde y rescatadas del olvido por el —estoy tentado a escribir *heroico*— doctor Juan Ignacio de Castorena y Ursúa.

El propio volumen de la *Fama y obras póstumas* puede verse como una suerte de metáfora del viaje transatlántico de nuestro editor criollo y de los papeles de la monja de México. En la mente de Castorena, el volumen constaba de tres grandes partes, según nos deja entrever en su Prólogo: primero, tenemos «una prosa que la anima [a sor Juana]», es decir, la Vida o Aprobación de Calleja, que parece revivirla; luego, vienen «unos versos que la lloran», a saber, los poemas de los vates europeos y mexicanos, que despiden la existencia corporal de la poeta pero que abren las puertas del futuro a su obra, a su *Fama* imperecedera; por último, están «su prosa y versos que la definen».

Sin embargo, esas tres partes, ya en el volumen impreso, se desdibujaron, reordenaron y adquirieron nuevas jerarquías. Yo leo la macroestructura de la *Fama* como un puente que se tiende entre dos continentes, entre dos mundos. Tenemos, en sus primeras páginas, el oriente, la sección de los poetas peninsulares; el sol luego transcurre iluminando la sección intermedia, la de las obras de la madre Juana; finalmente, el astro expira entre fulgores del ocaso en la sección de los ingenios mexicanos. También en su Prólogo, aquí haciendo gala de su criollismo, rasgo de su personalidad al que ya me he referido, Castorena asegura que las obras de la madre Juana que da a la imprenta aventajan en el estilo y mejoran en los asuntos a las previamente publicadas, «motivos que han empeñado mi diligencia, sobre mis leales ansias, de que se conozcan en ambos orbes los delicadísimos y agudos ingenios de nuestra América» (*FOP*, 1700: s.p.).

Esta idea de los dos orbes podrá el lector hallarla enunciada en múltiples ocasiones a lo largo del volumen; espigando sus páginas, hallo las frases «dos Españas», «entrambos mundos», «uno y otro mundo», «dos mundos» —varias veces—, «cuantos debemos cuna al Nuevo Mundo, / duplicada su pérdida sentimos»... Se ve también reforzada por la dedicatoria doble: una a la reina de España y la otra

Fig. 59. Grabado de la *Fama y obras póstumas* (Madrid: Manuel Ruiz de Murga, 1700)

a la marquesa del Valle de Oaxaca, descendiente, como ya dije, del conquistador de Tenochtitlan. Queda plasmada, finalmente, con suma elocuencia, en el grabado que engalana este tercer tomo, ideado por José Caldevilla y delineado por Clemente Puche (fig. 59). En la parte superior, el escudo de la reina, en la inferior, el de la marquesa. Del lado izquierdo, Europa, armada a la usanza de los soldados castellanos; del lado derecho, América, ataviada como un indio: penacho, arco y carcaj, taparrabos. Cada una está parada frente a una columna —las de Hércules, que marcaban en el estrecho de Gibraltar los límites del mundo en la Antigüedad— y sobre un pedestal cuyas inscripciones juntas forman el lema *Plus ultra* —que los españoles opusieron al *Non plus ultra* cuando se aventuraron en el mar para encontrarse con las Américas—. Sobre estas dos alegorías, dos querubines, uno con la corona de laurel y otro con la trompa de la Fama; según el Prólogo de Castorena, estas dos criaturas aladas son «jeroglífico de los ingenios matritenses y mexicanos», porque «lo que uno publica [los españoles que imprimen el tomo en sus prensas], otro corona [los mexicanos que lo cierran con sus versos]» (*FOP*, 1700: s.p.). Y en medio, insisto, como un puente que une ambos orbes, emerge entre el fuego y la nieve de nuestros dos volcanes, armada con un libro y una pluma, la madre Juana Inés de la Cruz.

HOJAS, FLORES Y FRUTOS

Creo que todos tenemos más o menos claro que, al final de su vida, sor Juana —eso es lo que se dice— tuvo una especie de conversión espiritual, a raíz de la cual vendió sus libros, trocó la pluma por el cilicio, y murió, casi mártir, luego de contagiarse cuando atendía caritativamente a sus hermanas enfermas, víctimas de una epidemia que se propagó en el convento. Prácticamente no hubo ningún estudioso durante el siglo XX que no tratara el asunto. Los primeros trabajos del sorjuanismo moderno, debidos a la pluma de Amado Nervo —su *Juana de Asbaje* de 1910— o de Dorothy Schons —«Nuevos datos para una biografía de sor Juana» de 1929—, abrieron una senda, al dedicar mucha de su atención a este periodo de la vida de la monja, por la que luego transitarían muchos.

La discusión se ha centrado, sobre todo, en los motivos, en aquello que pudo estar detrás de esa conversión y venta de los libros; en este sentido hay dos extremos: por un lado tenemos a los críticos católicos —pondré a Alfonso Méndez Plancarte a la cabeza— a quienes no les cabe la menor duda de que sor Juana efectivamente al final de sus días decidió despojarse de todo lastre que le impidiera volar hacia la santidad; por otro, tenemos a la crítica laica —podría decirse que con Octavio Paz a la cabeza— que alega que sor Juana no actuó en estos años nunca por voluntad propia, sino que fue perseguida, silenciada y despojada de sus libros por los jerarcas de la Iglesia novohispana. Ésta es, de hecho, la tesis central de *Las trampas de la fe* y la que le da título: sor Juana, como otros intelectuales en regímenes comunistas del siglo XX, fue víctima del Estado teocrático al que por muchos años sirvió.

En medio de estos extremos podemos encontrar posturas variadas que van de lo más a lo menos interesante: Martha Lilia Tenorio habla de una crisis «muy personal», de una «íntima revuelta de su espíritu», motivada quizá por los bien conocidos disturbios de 1692, protagonizados por indios y negros que se morían de hambre: «su sensibilidad hacia las cuestiones sociales es patente en varias composiciones» (2017: 22-23); Francisco Ramírez Santacruz habla también de una crisis en el fuero interno, pero más bien artística: «abrumada por su gloria y sin saber exactamente hacia dónde ir como *creadora* entró en crisis su identidad de letrada» (2019: 228). Quizá todas esas explicaciones acerca de los motivos de la crisis de sor Juana hablen más de quienes las han propuesto que de sor Juana misma.

Todos hemos escuchado, pues, que algo ocurrió en los años finales de sor Juana, algo importante. Lo que me parece que no se sabe, o no se trae a colación con tanta frecuencia, es el hecho de que prácticamente toda la información con la que contamos al respecto de la conversión final de sor Juana proviene justamente de los paratextos de la *Fama y obras póstumas*. Por fortuna, este no es un ensayo sobre los años finales de sor Juana. Y digo «por fortuna» porque, personalmente, confío en que el ahora joven sorjuanismo del siglo XXI deje de centrarse paulatinamente en esos últimos y misteriosos tres años, sobre los que poseemos además tan poca documentación, y encamine sus esfuerzos e investigaciones al estudio del resto de la vida de la poeta, mucho más luminoso, y a lo que verdaderamente importa: su obra. Sin embargo, creo que ningún estudio de la *Fama* puede evitar hacer un comentario, aunque sea somero, sobre este peliagudo asunto de la santidad última de sor Juana.

Lo primero a lo que habría que prestar atención es a los propios contenidos del volumen. Como ya dije más arriba, fueron escasas las obras inéditas de sor Juana que Castorena logró reunir, quince, para ser exactos. De esas quince obras, once son estrictamente religiosas, cinco en prosa y seis en verso; dos obras, la *Respuesta a sor Filotea* y la décima, ya comentada, con que sor Juana agradeció a Castorena que la defendiera, aunque no son de tema estrictamente religioso, están vinculadas a la polémica de la *Atenagórica*, relativa a las finezas de Cristo. Nos quedan, por tanto, sólo dos obras en verso, un romance al conde de la Granja —que se acompaña del romance del propio conde al que sor Juana da respuesta— y el dedicado a los panegiristas del *Segundo volumen*, inconcluso, desligadas por completo de cualquier asunto sacro. Lo anterior da como resultado un corpus compuesto en un 87 por ciento por textos de tema sagrado o relacionados con un asunto sagrado, y en un 13 por ciento por textos de carácter profano. Si atendemos al número de páginas la diferencia es más apabullante: 145 páginas (92 por ciento) del volumen están ocupadas por los fervores de la Musa sacra, y únicamente 12 páginas (8 por ciento), por los versos de la Musa palaciega.

Este predominio de obras religiosas no estaba previsto por Castorena cuando inició la recopilación de los materiales del volumen: como hemos visto, a él le hubiera gustado dar a las prensas cualquier obra inédita de sor Juana, ya fuera religiosa o profana, pero al final fue lo que pudo conseguir, quizá porque su círculo más inmediato, que lo habrá proveído de los materiales, era el de la alta jerarquía de la Iglesia novohispana. Como consecuencia de ello se vio obligado a generar, desde los paratextos, un discurso que arropara y justificara, que diera sentido, al conjunto de los materiales que daba a conocer en este tercer volumen. Le saca provecho al asunto en la Dedicatoria a la reina de España, en donde afirma que ha traído desde muy lejos, desde el otro lado del mar, estas obras de sor Juana para que su majestad las sume a otras obras piadosas con que se recrea y «edifica a todos sus criados»:

> Cuidadoso mi estudio trajo de los fines de universo esta racional Fénix mexicana, para que entre las lecciones espirituales de libros devotos, con que el celo de vuestra majestad nos edifica a todos sus criados, logren la elección de atendidas, por discretas, las *Meditaciones* [se refiere a los *Ejercicios de la Encarnación*], y por sagrados, los *Ofrecimientos* de esta religiosa (*FOP*, 1700: s.p.).

Después, en el Prólogo, Castorena señala que a él le hubiera gustado reeditar los tres tomos —fue el primero, hasta donde sabemos, en concebir unas *Obras completas*—, pero siguiendo el criterio siguiente: en el primer tomo se incluirían «las poesías de asuntos humanos»; en el segundo, la poesía dedicada a los asuntos divinos; el tercero, finalmente, contendría los «escritos a sagrados asuntos en prosa». Castorena se vale de una metáfora vegetal para darle un sentido global a esos tres tomos proyectados por él, en los que se dispondrían de ese modo las obras de la monja «para que por los moldes brotase esta primavera en lo intelectual, según el orden vegetativo: hojas, flores y frutos» (*FOP*, 1700: s.p.).

La proyección de Castorena, de hecho, no se alejaba tanto de lo que ya se había impreso: como he dicho, la *Inundación castálida* es un volumen, sobre todo, profano y palaciego —las hojas—; el *Segundo volumen* propone un equilibrio, casi total, entre las obras sacras y las profanas —las flores—; el tercero, la *Fama*, da a conocer obras religiosas, sobre todo, en prosa —los frutos—. Con la impresión de este tercer y último volumen se cumplía, pues, una profecía lanzada por fray Luis Tineo, expresada también en términos vegetales desde su Aprobación a la *Inundación castálida*, y que Castorena retoma: «¿Qué árbol no produce primero la flor que el fruto? [...] Soror Juana [...] ha de ser muy santa y muy perfecta» (*IC*, 1689: s.p.). La *Fama y obras póstumas* ofrece entonces al lector los dulces frutos producidos por el árbol de la Décima Musa. No podemos perder de vista, pues, que las noticias sobre la santidad final de sor Juana provienen de un volumen que intenta darse sentido a sí mismo y, más aún, a la entera empresa editorial que había dado a luz las obras de sor Juana en Europa.

Ahora bien, hay que dejar muy en claro que de la sola lectura de las obras contenidas en la *Fama y obras póstumas*, sin los paratextos, no se pueden deducir ni la conversión, ni la venta de los libros ni el camino hacia la santidad. Nos daremos cuenta, por los *Ejercicios* y los *Ofrecimientos*, escritos al menos diez años antes de la mentada conversión, de que sor Juana era, como no podría ser de otra forma, una católica creyente y preocupada, como todas las personas de su tiempo, por la salvación y la pureza espiritual de sus hermanas. Nos daremos cuenta, asimismo, gracias a la *Protesta de la fe*, la *Docta explicación* y la *Petición causídica*, de que en 1694 —como ya dije antes, en el vigésimo quinto aniversario de su profesión—, la monja se confesó pecadora y refrendó sus votos religiosos, así como su fe en el misterio de la Inmaculada Concepción.

No menciona, sin embargo, ni una sola palabra a propósito de la conversión; quien sí lo hace es Castorena, en el epígrafe a la *Protesta*, donde dice que la escribió «al tiempo de abandonar los estudios humanos para proseguir, desembarazada de este afecto, en el camino de la perfección» (*FOP*, 1700: 124).[8] Aun cuando este tipo de documentos, algunos de los cuales sor Juana escribió y firmó con su sangre, nos pudieran parecer a nosotros los modernos cuando menos melodramáticos, no eran para nada infrecuentes entre los católicos de aquella época (cap. 14). Y, sobre todo, al pasear la mirada por las líneas de la *Respuesta a sor Filotea*, firmada el primero de marzo de 1691 y aún fuente de inspiración para todas las mujeres que a ella se acercan, nos daremos cuenta del valor que tuvo Juana Inés para defender, contra viento y marea durante toda su vida, su derecho, y el de todas sus congéneres, al conocimiento —«el estudiar, escribir y enseñar privadamente, no sólo les es lícito, pero muy provechoso y útil» (*FOP*, 1700: 41; *OC*, 405: líneas 920-921)— y al cultivo de la poesía —«he buscado muy de propósito cuál sea el daño que puedan tener [mis versos] y no le he hallado» (*FOP*, 1700: 52; *OC*, 405: líneas 1222-1224)—. Hay que decirlo llanamente: si sor Juana atravesó una conversión al final de sus días, no escribió, hasta donde sabemos, ni una sola línea al respecto.

El primero que escribió del asunto, años después de la muerte de la monja, fue el jesuita español Diego Calleja, quien, ya lo dije, aunque se carteaba con sor Juana no la conoció nunca personalmente. Fue el primero, hasta donde tenemos noticia, que dio testimonio por escrito de la conversión de la monja, en su ya citada Vida o Aprobación a la *Fama*, cuando escribió estas líneas: «Estas disposiciones de natural tan limpio y compuesto [se refiere a las virtudes de su carácter] halló el año de mil seiscientos y noventa y tres la divina gracia de Dios, para hacer en el corazón de la madre Juana su morada de asiento» (*FOP*, 1700: s.p.). Este posarse de la divina gracia en el corazón de la monja lo atribuye Castorena —y esta es «creación exclusiva» suya como dijo Alatorre (1980: 500)— a las amonestaciones de Fernández de Santa Cruz, alias sor Filotea.

Calleja, por su parte, no da las causas pero sí las consecuencias de la conversión. Primero que nada, hizo una «confesión general de

[8] Esto lo señala, incluso, Alejandro Soriano Vallès, ferviente defensor de la santidad de la monja: «La segunda parte del rótulo menciona un tema del que no habla el cuerpo del texto, que es precisamente el del "abandono de los estudios humanos"» (2020: 309).

toda su vida», la cual queda plasmada en las ya mencionadas *Protesta*, *Defensa* y *Petición causídica* que, convenientemente, «en este tercer libro irá impresa»; luego se deshizo de sus libros y de sus «instrumentos músicos y matemáticos», de los cuales «remitió copiosa cantidad al señor arzobispo de México, para que vendidos, hiciese limosna a los pobres», de tal modo que la Musa Décima se quedó en su celda sólo con «tres libritos de devoción y muchos cilicios y disciplinas»; también se inició en la mortificación de la carne, guiada por el padre Núñez, quien una vez, cuenta el propio Calleja, preocupado por su hija espiritual, exclamó: «es menester mortificarla para que no se mortifique mucho, yéndola a la mano en sus penitencias por que no pierda la salud y se inhabilite, porque Juana Inés no corre en la virtud, sino vuela» (*FOP*, 1700: s.p.). Al fin, la muerte la encontró, casi en olor de santidad, atendiendo compasiva a sus hermanas enfermas por una mortífera epidemia, el 17 de abril de 1695. Naturalmente, varios de los panegiristas españoles, que tenían a la mano la Vida de Calleja, tomaron como inspiración algunos de estos episodios, casi hagiográficos, para componer sus versos.

La conversión, según confiesa el propio Calleja, fue tan secreta que parece que muy pocas personas se enteraron de ella. La misma sor Juana, nos dice, se empeñaba en ocultar a sus hermanas las señales de su mortificación corporal: «mas, siendo fuerza que tantos ayunos y penitencias como hacía pintasen hacia el rostro, se esforzaba más a bañarle de su agrado antiguo y dulcísima labia». Más o menos lo mismo, pero en verso, nos cuenta en dos tercetos de su elegía:

En los dos años últimos de viva
se alimentó de ayunos y asperezas,
que es bien que más volumen las escriba.
   Nunca de penitente las tristezas
en su rostro dejó que se notasen:
Dios sólo fue salario a sus finezas
(*FOP*, 1700: s.p.).

Así pues, no fue sino hasta que la *Fama* llegó de Madrid a las manos de los lectores mexicanos cuando éstos se enteraron de este cambio radical en los últimos años de Juana Inés. Robles, en la entrada de su *Diario* del 17 de abril de 1695, no menciona para nada el asunto; en cambio, lamenta la muerte de la «insigne mujer en todas facultades y admirable poeta» (1972, III: 16).

No deja de llamar mi atención, tal como ya había llamado la de Alatorre, el hecho de que en la sección de elogios mexicanos de la *Fama*, recogida por Castorena antes de su partida a Madrid, no hay un solo poema dedicado a la conversión de sor Juana: el tema sencillamente «brilla por su ausencia» (1980: 501*n*). Ningún autor, como ya dije, mencionó el hecho sino hasta después de publicada la *Fama y obras póstumas*. Me planteo, necesariamente, un par de dudas: ¿sor Juana le confiaría, por correspondencia, algo tan importante como esto a un individuo, a quien no había visto nunca en su vida, y no a sus allegados en México? ¿Acaso la idea de ensalzar la conversión última le vino a Castorena, siempre preocupado por la edificación de su grey, ya estando en España o durante su viaje, al momento de revisar los materiales que conformarían el volumen?

No quisiera que parezca que descreo totalmente de la dichosa conversión. No cabe duda, por ejemplo, de que sor Juana, a raíz de la hambruna que se cernió sobre la Nueva España luego de que se malograran las cosechas por el exceso de lluvia en 1692, entregó algunos libros al capellán José de Lombeida para que los vendiera y entregara el dinero obtenido de dicha venta al arzobispo Francisco de Aguiar y Seijas, quien a su vez lo daría como limosna a los más necesitados. Lo anterior lo sabemos gracias a una cláusula del testamento del propio Lombeida, que murió exactamente tres meses después que sor Juana, el 17 de julio de 1695. El documento lo descubrió en el Archivo General de la Nación Ken Ward y de él dio noticia Alejandro Soriano Vallès en 2011. Mi maestra María Águeda Méndez, que conocía como nadie los intríngulis del Santo Oficio, fallecida hace pocos años, dio a conocer el testamento completo en un artículo, publicado también en 2011, de donde extraigo la referida cláusula:

> Declaro que la madre Juana Inés de la Cruz, religiosa que fue del Convento del Glorioso Doctor San Jerónimo, ya difunta, me entregó distintos libros para que los vendiese. Y habiendo fallecido dicha religiosa, en virtud del mandato del ilustrísimo señor arzobispo de esta diócesis, continué en la dicha venta, y su procedido lo he ido entregando

a su señoría ilustrísima. Y los que han quedado en ser están en mi poder. Ordeno y mando se entreguen a dicho señor arzobispo (116).

Es claro, insisto, que sor Juana entregó —del documento no se puede desprender que por voluntad propia— «distintos libros» para su venta a Lombeida, pero no una biblioteca entera con todo y los curiosos instrumentos científicos y musicales, como asegura Calleja. Además, si hacemos caso a lo que dice José de Lezamis en su *Breve relación*, texto biográfico sobre Aguiar y Seijas, muchos ciudadanos en ese momento de crisis entregaron —no sabemos si de buena gana— sus bienes al arzobispo para que con las ganancias obtenidas de su venta diese limosna; este curioso Robin Hood no tuvo siempre la costumbre de saquear a los ricos para colmar a los pobres, pero en los últimos años de su vida, debido a las adversas circunstancias de la Nueva España, se vio orillado a actuar de esa manera: «las muchas y extraordinarias necesidades que hubo en estas tierras, le hicieron mudar su dictamen y estilo, y en este tiempo no sólo recibía lo que le daban, sino que pedía, y hacía listas de todos los ricos de la ciudad y los llamaba, y pedía que le socorriesen con alguna limosna para los pobres, que perecían, con que juntó mucho dinero y hizo muy extraordinarias limosnas estos últimos años» (1699: s.p.). Y si no se puede inferir de la cláusula del testamento de Lombeida que sor Juana entregó su biblioteca para que el arzobispo la vendiera, tampoco podría decirse que ello fue resultado de una profunda conversión religiosa. Y mucho menos considerando que no fue la única que se desprendió de algunos de sus bienes: ¿o acaso todos los ricos que entregaron sus posesiones al arzobispo lo hicieron porque de súbito la «divina gracia de Dios» hizo en sus corazones «su morada de asiento»?[9]

[9] Creo que la prueba más contundente de que Aguiar y Seijas recogía más bienes y dinero de los que los fieles estaban dispuestos a entregar se encuentra en los reclamos que, a su muerte acaecida en 1698, hicieron varios conventos y personas particulares. Las monjas de San Jerónimo exigieron que se les restituyese una fuerte suma de dinero que había pertenecido a sor Juana y que el arzobispo había tomado apenas muerta la monja. El espolio con toda esta información se resguarda en el Archivo General de Indias de Sevilla y fue dado a conocer desde 1929 por Dorothy Schons; en «Las monjas se inconforman...» (1996), Antonio Rubial volvió sobre el asunto.

Desde mi punto de vista, Calleja conoció el hecho de que sor Juana había vendido «distintos libros» —¿a través de la misma sor Juana o de Castorena?— y lo magnificó, entre otras cosas porque convenía a la imagen de sor Juana que el volumen de la *Fama y obras póstumas* pretendía difundir. Que nuestra poeta, como todos los ciudadanos de la Nueva España en ese momento, se vio afectada por los infaustos acontecimientos de 1692 es obvio, pero ¿dejó de escribir, de leer, de estudiar? Que tenía libros al final de sus días quizá lo pruebe el inventario que el capellán de San Jerónimo, Nazario López de la Vega, hizo a petición del conde de la Cortina en 1843. Aunque no tiene fecha, ese inventario da cuenta de los bienes que sor Juana tuvo en su celda en determinado momento, entre los cuales se cuenta «un estante con ciento ochenta volúmenes de obras selectas» (en Alatorre, 2007, I: 653). Si, como parecería más probable, el inventario hubiera sido hecho al momento de la muerte de la monja, es notoria la mucha diferencia que hay entre estos casi dos centenares de libros y los «tres libritos» piadosos que refiere Calleja.

Estas líneas, como dije, no pretenden constituir un comentario exhaustivo sobre los últimos y misteriosos años finales de sor Juana, asunto que ameritaría muchas más páginas; no han tenido otro objetivo que el de hacer hincapié en que hay que tomar muy en cuenta el contexto específico en que Diego Calleja vertió las noticias sobre la supuesta conversión religiosa que la monja experimentó al final de su vida, a saber, el volumen de la *Fama y obras póstumas* que, a su vez, formaba parte de una empresa editorial que comprende, además, los otros dos tomos de obras reunidas publicados en Europa, la *Inundación castálida* y el *Segundo volumen*.

Me sorprende que haya todavía quien lea la Vida de Calleja como si nos revelara una verdad histórica incontestable: no cabe duda de que nos proporciona información muy valiosa acerca de la vida de sor Juana, pero también es obvio que su principal interés no es relatar los hechos con absoluta objetividad. Calleja está construyendo un relato con intereses muy concretos y en un contexto muy específico, para lo cual se permite alterar, adornar o enaltecer ciertos acontecimientos de la vida de la biografiada. Creo que nadie, por poner un ejemplo, ha notado la clave simbólico-numérica que subyace a la Aprobación: ¿no es curioso que el biógrafo tienda constantemente al número cuatro?

Son «cuarenta y cuatro años» los que vivió sor Juana —siguiendo sus propios datos, en realidad serían cuarenta y tres—, el número de los sabios que la examinó cuando era una adolescente «llegaría a cuarenta» —tantos otros también pusieron a prueba a Catarina de Alejandría—, «cuatro mil amigos» eran los libros que tenía en su biblioteca, su vida terminó «a las cuatro de la mañana» del 17 de abril de 1695 —Robles en su *Diario*, por cierto, dice que fue «a las tres»—.

Como todas las monjas de su comunidad, sor Juana Inés de la Cruz fue enterrada en el coro bajo del Convento de San Jerónimo. Según informa Castorena y Ursúa, en sus exequias don Carlos de Sigüenza y Góngora leyó «una valiente y erudita oración fúnebre», hoy irremediablemente perdida. Entre 1978 y 1979, se excavó el coro bajo: los arqueólogos hallaron 106 entierros. Uno de éstos, por la profundidad a la que fue encontrado, por ciertos rasgos que lo distinguían entre el conjunto —un medallón de carey sobre el esternón— y por la edad que tenía aquella mujer al momento de fallecer —entre treinta y ocho y cuarenta y ocho años— se atribuyó a sor Juana.

La osamenta —perteneciente a una mujer menuda y bajita, de 1.53 metros, y que antes de morir perdió un premolar y dos muelas— sigue ahí, dentro de un sobrio ataúd de madera, en un nicho construido en uno de los muros. Tiene muy cerca un saco con tierra de Nepantla. Las monjas eran enterradas en el coro bajo para que, al congregarse ahí a atender los oficios religiosos a través de la reja que daba al templo, las vivas y las muertas siguieran conformando una sola comunidad. Cuando las y los estudiantes de la universidad en la que hoy se ha convertido su convento cruzan frente al nicho para asistir a alguna conferencia u obra de teatro en el auditorio Divino Narciso —así se llama ahora el templo de San Jerónimo— sonrío: es una comunidad a la que sor Juana, sin duda, le gusta pertenecer.

«VOLÓ LA *FAMA* PARLERA»: EDICIONES DE 1701, 1714 Y 1725 (Y PROPUESTA DE ÁRBOL GENEALÓGICO)

Los fervores de la Musa sacra no prendieron con mucha intensidad en el pecho de los lectores europeos: de todos los volúmenes antiguos de sor Juana, el tercero, la *Fama y obras póstumas*, fue el que menos fortuna tuvo desde el punto de vista editorial. Es curioso: algunas obras incluidas en el volumen como los *Ofrecimientos del rosario* tuvieron mucho éxito en sus ediciones sueltas que, como vimos, siguieron imprimiéndose durante todo el siglo XVIII y principios del XIX (cap. 6): estaban concebidas, desde un inicio, para llevarse de un lado para otro en el bolsillo, en su pequeño formato, y no para reposar en los estantes. Quizá por ésa, entre otras razones, en los años inmediatamente posteriores a su publicación, la *Fama* solamente tuvo dos reediciones, aparecidas ambas en 1701: así pues, como diría Leonor en *Los empeños de una casa*, «voló la *Fama* parlera», como conviene a tal criatura mitológica, pero su vuelo no fue muy remontado que digamos.

La primera (consignada en la bibliografía con la sigla *L*), de Lisboa, fue producida por los talleres de Miguel Deslandes, célebre impresor francés naturalizado portugués desde 1687, quien se casaría con Luiza Maria da Costa, hija de otro célebre impresor lusitano, João de Costa, y quien moriría un año después de imprimir la *Fama*, en 1703. Su taller, que heredó el material tipográfico de su suegro, era multilingüe: imprimió obras en portugués, latín, español, francés e italiano (Cunha, 1895: 595 ss.).

La otra es de Barcelona y estuvo a cargo de la imprenta de Rafael Figuerò (*RF*), impresor oriundo de Manlleu, activo en la imprenta barcelonesa desde la década de 1660 y hasta su muerte en 1726, quien, como era usual en la época, fortalecería el negocio mediante las relaciones familiares: se casaría en 1667 con Elisabet Jolis, hija del impresor Joan Jolis (Camprubí, 2013: 515 ss.). Desde 1668, la imprenta de Figuerò, instalada en la Calle Cotoners, fue en asenso continuo, y de ella salieron «algunas de las obras más reconocidas e influyentes de todas las que aparecerían durante aquel periodo»; cuando publicó la *Fama* de sor Juana, la imprenta de Figuerò ya era «la más grande e importante de toda la industria editorial catalana de la época moderna» (531; la traducción es mía).

Estas dos ediciones, a pesar de haberse realizado en un extremo y otro de la Península, podrían considerarse ediciones gemelas. Ya desde sus portadas, queda clara la voluntad que tuvo la una de igualar a la otra: salvo porque la de Lisboa está impresa a dos tintas y la de

Barcelona a una sola, sus portadas presentan exactamente la misma información, dispuesta en idénticas líneas, y los ornatos que componen la orla son muy similares, aunque no exactamente iguales, según podrá corroborar quien los mire de cerca y con cuidado (fig. 60ab). En el interior la emulación continúa: los contenidos son los mismos y se disponen en la misma cantidad de páginas; hay una voluntad, asimismo, de reproducir la formación de las páginas, incluso, en lo que concierne a la utilización de los grabados: si el editor de una remata la página con una maceta florida, el de la otra buscará entre su repertorio un grabado que se asemeje para estamparlo en el mismo lugar. Debo añadir que ambas son ediciones realizadas con extremo cuidado, que reproducen casi a la letra los textos de la *Fama*, y en las que es muy difícil encontrar alguna errata, algún error de copia: se nota por qué Deslandes y Figuerò eran considerados los mejores impresores de su ciudad y de su tiempo.

La pregunta obligada sería, claro está, ¿cuál fue primero? La pregunta ya se la había hecho Georgina Sabat de Rivers, quien antes que nadie estudió con detenimiento estas ediciones en su artículo publicado en un *Homenaje a José Durand* de 1993, y recogido luego en *Bibliografía y otras cuestiúnculas sorjuaninas* (1995). Luego de lamentarse de que ya los jóvenes, «conocedores de más interesantes teorías literarias», se aventuren tan poco en la aridez de los estudios bibliográficos, determinó, basándose en diferencias de índole tipográfico, que la edición de Lisboa, la de Deslandes, precede a la catalana de Figuerò.

Quise corroborar la hipótesis mediante la compulsa de ambas ediciones, con el fin de encontrar diferencias en el plano de lo textual. Aunque no fue una tarea sencilla pues, como he dicho, ambas ediciones sorprenden por su pulcritud, he logrado determinar, a partir del cotejo cuidadoso de las ediciones, que Sabat de Rivers tenía razón: la edición portuguesa (*L*) sigue mucho más de cerca la *editio princeps* (*FOP*), mientras que la edición de Barcelona tiende a distanciarse de este primer testimonio. La edición de Figuerò sigue a pie juntillas la de Deslandes, incluso en sus, aunque escasos, errores evidentes. En consecuencia, todos los cambios introducidos en estas ediciones con respecto a la primera, tendríamos que atribuirlos a la imprenta de Miguel Deslandes.

El primero, muy evidente, sería la supresión de la doble dedicatoria, a la reina y a la marquesa de Oaxaca. Tiene sentido, porque quien buscaba quedar bien con esos textos era Castorena, responsable de la primera edición, y que ya nada tiene que ver con éstas: nuestro doctor en 1701 ya estaba en México ocupado en otros asuntos. También el clima político había cambiado considerablemente: «la Corona pasó, rápidamente, de los Austrias a los Borbones» (Sabat de Rivers, 1995: 57). El otro cambio importante tiene que ver con el reordenamiento de los textos preliminares. Hemos visto cómo, debido a las venturas y desventuras del joven Castorena, estos textos en la *Fama y obras póstumas* dan la sensación de estar un tanto desordenados, ya que el editor les fue dando cabida en el volumen en tanto que los iba recibiendo. Ya sin presiones, Deslandes pudo conferirle un mayor orden al conjunto.

En primer lugar, envió al principio de todo el tomo la décima, atribuida a la condesa de Paredes, acompañada de la correspondiente Advertencia de Castorena. Si el poemita ya destacaba en la edición original, aun cuando se encontraba al final de todos los preliminares, en esta nueva posición adquiere una notoriedad mucho mayor. Luego de las aprobaciones de Heredia y de Calleja, la edición imprimió los veintisiete poemas que Castorena reunió inicialmente, a saber, aquella cadena iniciada por el soneto del duque de Sessa y concluida por el conde de Galve. Después viene el Parecer de Muñoz Castilblanque, en prosa, seguido de la elegía de Calleja y de todos aquellos poemas que habían llegado tarde, y que en la primera edición se habían intercalado entre los veintisiete iniciales. La decisión quizá tenga que ver con lo que dice Castorena en su Prólogo, aquello de que éstos irían «en la prensa pospuestos». Deslandes habrá visto que esto no se cumplía y puso los poemas de los remisos donde Castorena advertía que irían, lo cual revela un estudio y una comprensión muy fina de los materiales. Al final, como parece mucho más lógico, va el Prólogo de Castorena, que funciona aquí como el umbral que conduce a las *Obras póstumas* de sor Juana, que se imprimen, junto con los poemas finales de los vates mexicanos, en el mismo orden que tenían en la primera edición.

La imprenta de Deslandes en 1701, pues, no sólo introdujo mejoras al volumen original, si es que podríamos llamarlas así, sino que realizó una reedición cuidadísima, misma que reprodujo, también con extremo cuidado y durante ese mismo año, la imprenta de Figuerò. ¿Por qué se basa esta última en la edición de Lisboa y no en la de Madrid, de 1700, ciudad que está varios cientos de kilómetros más cerca? Como hemos visto en algunos casos a lo largo de este trabajo, las distancias en el mapa del mundo editorial no se corresponden necesariamente con las distancias geográficas: Puebla está más cerca de Barcelona que de Madrid, y Barcelona también está más cerca de Lisboa que de la capital del imperio.

Pasaron muchos años para que la *Fama y obras póstumas* volviera a imprimirse en Europa. La nueva edición, que sería la cuarta, vio la luz en 1714 y salió de la imprenta de Antonio González de Reyes, impresor madrileño que parece que murió ese mismo año (la consigno en la bibliografía bajo las siglas *GR*). No se imprimió aisladamente: a la par, ese mismo año, vio la luz una reedición del primer tomo, de *Poemas de la única poetisa americana*, alumbrada por el taller, también madrileño, de José Rodríguez y Escobar (*M*).

Las ediciones forman parte del que podríamos llamar un mismo proyecto editorial, pues ambas fueron costeadas por un conocido librero de la ciudad, Francisco Laso, «gran amigo de la literatura» y quien, aunque no poseía imprenta propia, solía asociarse con impresores de Madrid para llevar a cabo proyectos de este tipo (Rodríguez Cepeda, 1998: 58). Su nombre aparece al pie de las portadas de las dos ediciones: en *M* se lee «Véndese en la casa de Francisco Laso, mercader de libros, frente a las Gradas de San Felipe»; en *GR*, además, se indica que la impresión se realizó «a su costa». Con dicha leyenda publicitaria, la librería de Laso no tenía pierde: las Gradas del Convento de San Felipe, que estaban muy cerca de la Puerta del Sol, eran un famosísimo mentidero del Madrid de los Siglos de Oro, al que todo mundo acudía a nutrirse del delicioso e indispensable chisme. Luis Vélez de Guevara, en *El diablo cojuelo*, escribió que de las mentadas Gradas salían «las nuevas primero que los sucesos».

Aunque hemos mencionado ya al impresor González de Reyes, desde mi punto de vista, los socios principales en esta empresa editorial y quienes parecen tener su control son Rodríguez de Escobar

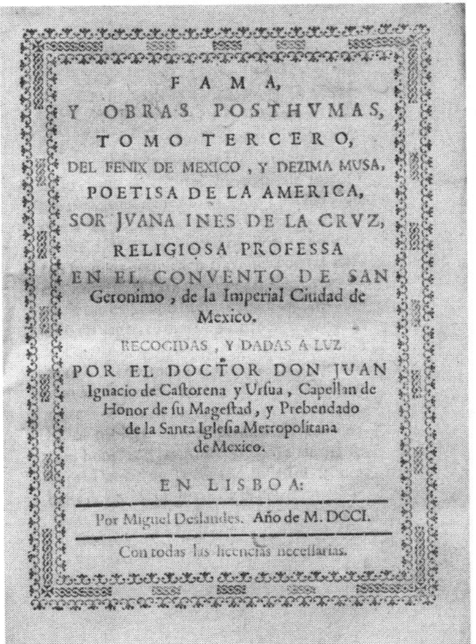
FAMA,
Y OBRAS POSTHVMAS,
TOMO TERCERO,
DEL FENIX DE MEXICO, Y DEZIMA MVSA,
POETISA DE LA AMERICA,
SOR JVANA INES DE LA CRVZ,
RELIGIOSA PROFESSA
EN EL CONVENTO DE SAN
Geronimo, de la Imperial Ciudad de
Mexico.
RECOGIDAS, Y DADAS A LVZ
POR EL DOCTOR DON JVAN
Ignacio de Caſtorena y Urſua, Capellan de
Honor de ſu Mageſtad, y Prebendado
de la Santa Igleſia Metropolitana
de Mexico.
EN LISBOA:
Por Miguel Deslandes. Año de M.DCCI.
Con todas las licencias neceſſarias.

Fig. 60a. Portada de la *Fama y obras póstumas* de 1701, Lisboa: Miguel Deslandes

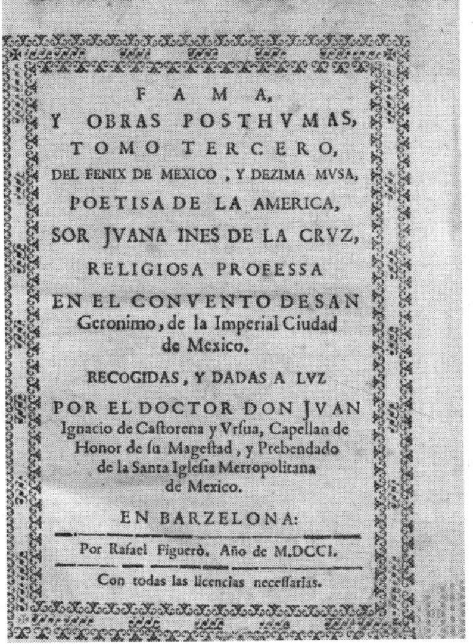
FAMA,
Y OBRAS POSTHVMAS,
TOMO TERCERO,
DEL FENIX DE MEXICO, Y DEZIMA MVSA,
POETISA DE LA AMERICA,
SOR JVANA INES DE LA CRVZ,
RELIGIOSA PROEESSA
EN EL CONVENTO DE SAN
Geronimo, de la Imperial Ciudad
de Mexico.
RECOGIDAS, Y DADAS A LVZ
POR EL DOCTOR DON JVAN
Ignacio de Caſtorena y Vrſua, Capellan de
Honor de ſu Mageſtad, y Prebendado
de la Santa Igleſia Metropolitana
de Mexico.
EN BARZELONA:
Por Rafael Figuerò. Año de M.DCCI.
Con todas las licencias neceſſarias.

Fig. 60b. Portada de la *Fama y obras póstumas* de 1701, Barcelona: Rafael Figuerò

y Laso. Por supuesto, el principal objetivo de estos dos era hacer dinero, pero no el único: la gente de aquel entonces perseguía a través de la elaboración de los libros otros fines quizá menos pedestres.

Para cada una de las ediciones, impresor y librero escriben sendas dedicatorias. En *Poemas*, volumen consagrado «al glorioso patriarca señor san José y a la doctora mística y fecunda madre santa Teresa de Jesús», González de Reyes estampa una Dedicatoria en la que ofrece a estos santos las obras «de aquella religiosa mexicana, tan abundantísima en ciencia como conocida en todo el orbe» para, en primer lugar, agradecerles «los singulares favores que por su intercesión he recibido del Altísimo» y, en segundo, para «ponerlos por mis abogados para una pretensión que ha cerca de once años tengo» (*M*, 1714: s.p.). ¿Cuál sería esa pretensión de Rodríguez y Escobar tan largamente anhelada? No lo sabemos. Ojalá que san José, santa Teresa —y sor Juana— hayan intercedido para que se le lograra. Al dedicar la *Fama* de 1714 a la Virgen, «soberana emperatriz de cielo y tierra», Laso confía

> que cuanto hay en este libro rinda muy copiosos frutos de agrados de Dios, de gusto vuestro, provecho de las almas y salvación de muchos pecadores, y que yo, el mayor de todos, sea el que debo para que os sirva y agrade como deseo y os vea, bendiga y alabe eternamente en el Cielo, como de vuestra gran piedad y eficaz intercesión espero (*GR*, 1714: s.p.).

No deja de resultar interesante que muchos años después de la muerte de la monja y de las ediciones originales, impresores y libreros como Laso y Rodríguez y Escobar volvieran a dar las obras de sor Juana a las prensas con el propósito de agradecer al Cielo por algún favor recibido, para pedir que se les cumpla una pretensión, para rogar por la salvación de su alma…

Dado que para 1714 ya habían perdido validez tanto el privilegio concedido a Camacho Gayna para imprimir la *Inundación castálida* en 1689 como el concedido a Castorena y Ursúa para imprimir la *Fama* en 1700, ambos con una duración de diez años, estas obras estaban, por decirlo en términos actuales, libres de derechos dentro de la jurisdicción de Castilla. Fue Rodríguez y Escobar el responsable de tramitar una nueva licencia, firmada por Francisco Ortiz de Rozas en Madrid el 25 de abril de 1714, en la que se autoriza al impresor «que por una vez pueda volver a imprimir y vender los tres tomos de poesías de la madre soror Juana Inés de la Cruz». Aunque ese año de 1714 sólo lograrían imprimirse dos de esos tres tomos, es importante notar que cuando Rodríguez y Escobar solicita la licencia, tiene en mente realizar una edición conjunta, la primera de la historia, de los tres tomos de sor Juana: estamos ante el primer proyecto de *Obras completas* que se echó a andar. Idéntica licencia aparece en la reedición de *Poemas*, primer tomo, y en la de la *Fama*, el tercero, esta última alumbrada en los talleres de González de Reyes que, me parece, lo único que hizo fue prestar sus moldes a la empresa coordinada primordialmente por Laso y Rodríguez y Escobar. Quizá la imprenta de este último se viera rebasada con la realización del primer tomo y hubo necesidad de recurrir a la de González de Reyes. Parece haber, en todo caso, una relación estrecha entre estos impresores madrileños; el hecho de que las dos ediciones de sor Juana realizadas en 1714 compartan algunos de sus grabados me hace pensar que quizá existiera algún intercambio de material tipográfico entre las imprentas que las produjeron.

Por alguna razón, parece que a Francisco Laso no le interesaba costear más que nuevas ediciones del primero y el tercer tomo; Rodríguez y Escobar, en cambio, que había solicitado licencia para imprimir y vender los tres de una sola vez, se aferró a ver todas las obras de sor Juana publicadas de manera conjunta. En 1715, dio a las prensas una nueva edición del *Segundo volumen*, al que extrañamente llamó *Obras poéticas* (lo consigno con las siglas *OP*).

De su portada, llamo la atención sobre tres aspectos. Primero, que se señale que estamos ante un «Tomo segundo», leyenda que establece una continuidad con la edición, realizada un año antes, de *Poemas*, en cuya portada se leía «Tomo primero». Segundo, que se mencione explícitamente que este es el volumen «en que va el *Crisis sobre un sermón de un orador grande entre los mayores*», es decir, la *Respuesta a Vieira*. Ésta es la única portada entre todas las de las ediciones antiguas de sor Juana en las que se menciona una obra en específico: es evidente que la *Crisis* seguía despertando un vivísimo interés entre los lectores del primer cuarto del XVIII. Este señalamiento es el equivalente a los cintillos que hoy en día ceñimos a nuestros libros para que se vendan mejor, en los que se anuncia que la publicación ha ganado algún premio o se reproduce la opinión positiva de algún crítico. El último aspecto que quiero destacar de la portada de *Obras poéticas* es el hecho de que Rodríguez y Escobar ahora presuma ser no sólo «impresor de la Santa Cruzada», sino de la flamante y recién fundada «Real Academia Española», honor que le había sido otorgado un año antes, en 1714.

Uno de los primeros libros realizados por el impresor de la Real Academia fue, pues, el que contenía el *Primero sueño* de sor Juana. Me parece que la institución, desde entonces, no ha vuelto a editar la obra de la monja de México, un clásico, en toda la extensión de la palabra, de nuestra lengua.

Con la impresión de las *Obras poéticas*, Rodríguez y Escobar pudo al fin ofrecer a los lectores la posibilidad de comprar de una vez los tres tomos de sor Juana, en una edición más o menos unitaria (fig. 61abc). Lo que no les ofreció fueron unas verdaderas *Obras completas*. Los textos de su reedición del primer tomo, de *M*, dependen

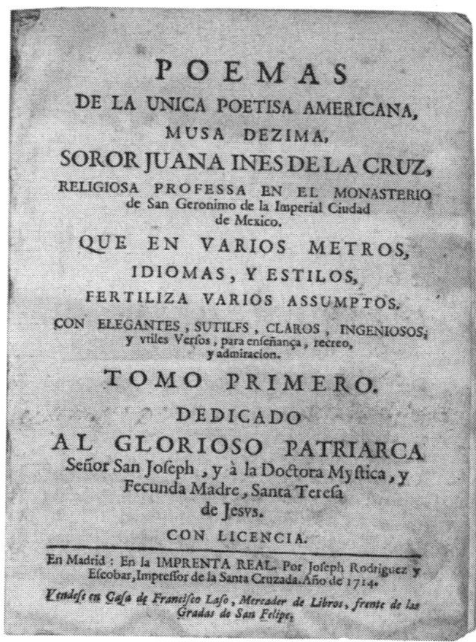
POEMAS
DE LA UNICA POETISA AMERICANA,
MUSA DEZIMA,
SOROR JUANA INES DE LA CRUZ,
RELIGIOSA PROFESSA EN EL MONASTERIO
de San Geronimo de la Imperial Ciudad
de Mexico.
QUE EN VARIOS METROS,
IDIOMAS, Y ESTILOS,
FERTILIZA VARIOS ASSUMPTOS.
CON ELEGANTES, SUTILES, CLAROS, INGENIOSOS,
y vtiles Versos, para enseñança, recreo,
y admiracion.
TOMO PRIMERO.
DEDICADO
AL GLORIOSO PATRIARCA
Señor San Joseph, y à la Doctora Mystica, y
Fecunda Madre, Santa Teresa
de Jesvs.
CON LICENCIA.
En Madrid: En la IMPRENTA REAL. Por Joseph Rodriguez y
Escobar, Impressor de la Santa Cruzada. Año de 1714.
*Vendese en Casa de Francisco Laso, Mercader de Libros, frente de las
Gradas de San Felipe.*

Fig. 61a. Portada de *Poemas* (Madrid: José Rodríguez y Escobar, 1714)

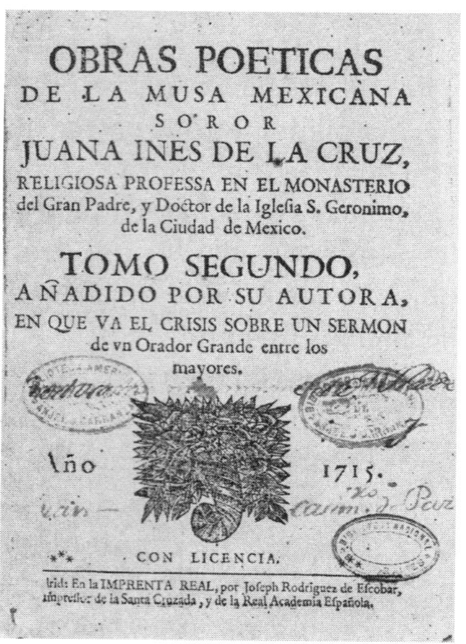
OBRAS POETICAS
DE LA MUSA MEXICANA
SOROR
JUANA INES DE LA CRUZ,
RELIGIOSA PROFESSA EN EL MONASTERIO
del Gran Padre, y Doctor de la Iglesia S. Geronimo,
de la Ciudad de Mexico.
TOMO SEGUNDO,
AÑADIDO POR SU AUTORA,
EN QUE VA EL CRISIS SOBRE UN SERMON
de vn Orador Grande entre los
mayores.
Año 1715.
CON LICENCIA.
[Mad]rid: En la IMPRENTA REAL, por Joseph Rodriguez de Escobar,
Impressor de la Santa Cruzada, y de la Real Academia Española.

Fig. 61b. Portada de *Obras poéticas* (Madrid: José Rodríguez de Escobar, 1715)

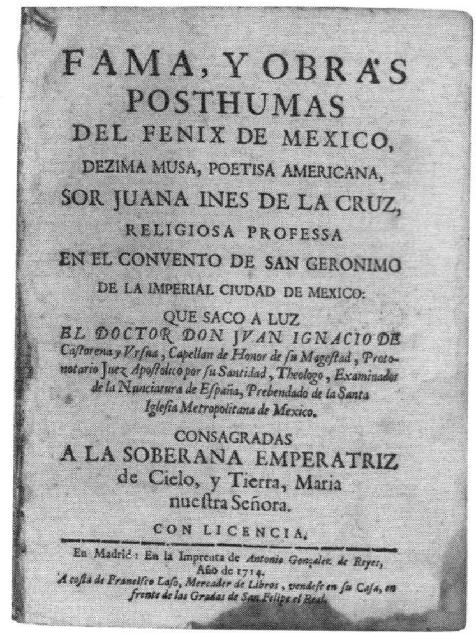
FAMA, Y OBRAS
POSTHUMAS
DEL FENIX DE MEXICO,
DEZIMA MUSA, POETISA AMERICANA,
SOR JUANA INES DE LA CRUZ,
RELIGIOSA PROFESSA
EN EL CONVENTO DE SAN GERONIMO
DE LA IMPERIAL CIUDAD DE MEXICO:
QUE SACO A LUZ
EL DOCTOR DON JUAN IGNACIO DE
Castorena y Vrsua, Capellan de Honor de su Magestad, Protonotario Juez Apostolico por su Santidad, Theologo, Examinador de la Nunciatura de España, Prebendado de la Santa Iglesia Metropolitana de Mexico.
CONSAGRADAS
A LA SOBERANA EMPERATRIZ
de Cielo, y Tierra, Maria
nuestra Señora.
CON LICENCIA.
En Madrid: En la Imprenta de *Antonio Gonçalez de Reyes*,
Año de 1714.
A costa de Francisco Laso, Mercader de Libros, vendese en su Casa, en frente de las Gradas de San Felipe el Real.

Fig. 61c. Portada de *Fama y obras póstumas* (Madrid: Antonio González de Reyes, 1714) directamente de la edición de *Poemas* de 1690 (*P*); los del tercero, la *Fama* (*GR*), dependen directamente de la *editio princeps* de Castorena (*FOP*). En los casos anteriores, el texto base fue el mejor de cuantos había disponibles. Sin embargo, en su reedición del segundo tomo, las *Obras poéticas* (*OP*), Rodríguez y Escobar reproduce los textos ofrecidos por las ediciones barcelonesas de Llopis realizadas en 1693 (en concreto *B1*). Por tanto, quienes compraron estas primeras *Obras «completas»* de sor Juana, nunca tuvieron los tres juegos poblanos de villancicos que habían aparecido en el *Segundo volumen*, ya corregidos por su autora, y que Llopis no incluyó en su segundo tomo por haberlos ya incluido en su primero; también falta —gravísima omisión— *El divino Narciso* con su loa.

Transcurrió una década para que lograra concretarse, ahora sí, un primer proyecto de *Obras completas* verdaderamente unitario. Éste se debe a la imprenta del madrileño Ángel Pascual Rubio, «posiblemente el más modesto y gris de todos los impresores que se dedicaron a sor Juana» (Rodríguez Cepeda, 1998: 64), quien en 1725 logró dar a las prensas una edición conjunta de los tres tomos, cuyas portadas destacan por su visible unidad: ostentan la misma orla y el mismo grabado, algo tosco, claramente inspirado en el que había aparecido en la primera edición de la *Fama y obras póstumas*.

El retrato es el de una monja regordeta y grandes ojos —evidentemente no es sor Juana—, con un libro en la mano izquierda y una pluma en la derecha; si no me equivoco, la circunda una corona compuesta, en una de sus mitades, de hojas de palma —símbolo del triunfo—, y en la otra, de laurel —planta de Apolo con que se premia a los grandes poetas—; en las filacterias de la parte superior se lee «Sor Juana Inés de la +» y «Religiosa jerónima en México», mientras que en las inferiores: «De edad de 44 años» y «Nació año de 1651» (fig. 62abcd).

La edición del tomo primero, que siempre fue el que más llamó la atención de los lectores, contó con dos emisiones, que sólo varían en la portada y en sus respectivas dedicatorias; en lo demás, son idénticas: mismos contenidos, misma estructura e, incluso, misma formación tipográfica, ornamentos y paginación. En el pie de imprenta de la primera (a la que asigno las siglas *TP1*) aparece el nombre del impresor, Ángel Pascual Rubio, quien la dedica a «María Santísima en su milagrosa imagen de la Soledad».

El plagio es una cosa de siempre: el muy vivo de Pascual Rubio no escribió una sola palabra de su Dedicatoria, sino que se limitó a reproducir, palabra por palabra, la que Joseph Cardona había escrito para la Virgen de los Desamparados de Valencia en 1709. Quien sí escribió una Dedicatoria enrevesada y suntuosa fue Francisco López, también librero avecindado frente a las Gradas de San Felipe, quien costeó una parte del tiraje del primer tomo, y cuyo nombre sustituye al del impresor y aparece al pie de la portada de la segunda emisión (*TP2*).

Consagra la obra a Bernarda Dominica Sarmiento de Valladares Guzmán Dávila y Zúñiga, condesa de Fuensalida, hija de José Sarmiento Valladares, conde de Moctezuma, quien había sido virrey de la Nueva España de 1696 a 1701. López ofrece las obras de sor Juana, «la sin igual Americana Musa (mejor, ya que no primera, hija de Apolo)», a esta noble señora que, por lo visto, era una gran amante de la poesía, pues de ella destaca «el aplicado, sutil ingenio con que aficionadamente estudiosa exprime los más recónditos, profundos conceptos de los Atlantes de la poesía, que, no sin mucha fortuna suya, adornan la curiosa escogida librería que ocupa los eruditos ocios de vuestra excelencia» (*TP2*, 1725: s.p.).

Los textos de *TP1* y *TP2* siguen los de las ediciones de Valencia, realizadas por Antonio Bordazar en 1709 (*V1* y *V2*), las cuales, a su vez, reproducen los de la de Joseph Llopis de 1691 (*B*; el *stemma* del primer tomo puede verse en el cap. 9). Ello implica que tanto los tres juegos de villancicos poblanos y *El divino Narciso* con su loa, que estaban ausentes en las ediciones de 1714 y 1715, aquí sí aparecen. La edición de 1725 del *Segundo tomo* (*ST*) se basa en la edición de Llopis de 1693 (concretamente en *B1*; el *stemma* del tomo segundo puede verse en el cap. 13). Estas *Obras*, un poco más *completas* que las de Pascual Rubio, únicamente carecen de cuatro poemas religiosos que se imprimieron en el *Segundo volumen* y que el editor barcelonés suprimió de su edición del segundo tomo por error: dos letras a la Concepción («Entre la antigua cizaña» y «Un herbolario extranjero») y dos letras al Nacimiento («¿Cómo será esto, mi Dios?» y «Un día que amaneció»). Salvo por esas cuatro composiciones, quienes adquirieron las ediciones madrileñas de los tres tomos en 1725 tuvieron entre sus manos todas las obras que de sor Juana se imprimieron en Europa.

TOMO PRIMERO.
POEMAS
DE LA VNICA POETISA AMERICANA,
MUSA DEZIMA,
SOR JUANA INES
DE LA CRUZ,
RELIGIOSA PROFESSA EN EL MONASTERIO DE
San Geronimo de la Ciudad de Mexico.
DEDICALAS
A MARIA SANTISSIMA EN SU MILAGROSA IMAGEN
de la Soledad.
SACOLAS A LUZ
DON JUAN CAMACHO GAYNA, CAVALLERO DEL
Orden de Santiago.
Quarta impression, completa de todas las Obras de su Authora.

Pliegos 50.

Con Licencia: En Madrid. En la Imprenta de Angel Pasqual Rubio. Año de 1725.

Fig. 62a. Portada de la edición impresa por Ángel Pascual Rubio en Madrid en 1725: primera emisión

TOMO PRIMERO.
POEMAS
DE LA VNICA POETISA AMERICANA,
MUSA DEZIMA,
SOR JUANA INES
DE LA CRUZ,
RELIGIOSA PROFESSA EN EL MONASTERIO DE
San Geronimo de la Ciudad de Mexico.
DEDICALAS
A LA EXCELENTISSIMA SEÑORA DUQUESA
de Fuensalida.
SACOLAS A LUZ
DON JUAN CAMACHO GAYNA, CAVALLERO DEL
Orden de Santiago.
Quarta impression, completa de todas las Obras de su Authora.

Pliegos 50.

Con Licencia: En Madrid. A costa de Francisco Lopez, vive enfrente de las Gradas de San Felipe el Real. Año de 1725.

Fig. 62b. Portada de la edición impresa por Ángel Pascual Rubio en Madrid en 1725: segunda emisión de *Poemas*

SEGUNDO TOMO
DE LAS OBRAS
DE SOROR
JUANA INES
DE LA CRUZ,
MONJA PROFESSA EN EL
Monasterio del Señor San Geronimo de la Ciudad de Mexico.

Pliegos 56 y m.

Con Licencia: En Madrid. En la Imprenta de Angel Pasqual Rubio. Año de 1725.

Fig. 62c. Portada de la edición impresa por Ángel Pascual Rubio en Madrid en 1725: *Segundo tomo*

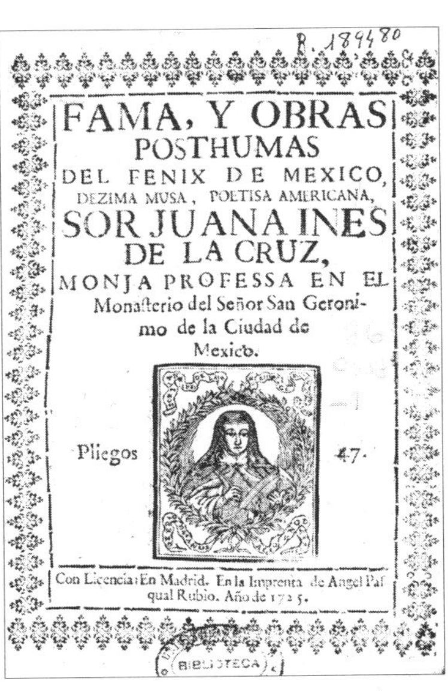
FAMA, Y OBRAS
POSTHUMAS
DEL FENIX DE MEXICO,
DEZIMA MUSA, POETISA AMERICANA,
SOR JUANA INES
DE LA CRUZ,
MONJA PROFESSA EN EL
Monasterio del Señor San Geronimo de la Ciudad de Mexico.

Pliegos 47.

Con Licencia: En Madrid. En la Imprenta de Angel Pasqual Rubio. Año de 1725.

Fig. 62d. Portada de la edición impresa por Ángel Pascual Rubio en Madrid en 1725: *Fama y obras póstumas*

Ya vimos que la edición de la *Fama* impresa por González de Reyes en 1714 (*GR*) basaba sus textos en los de la primera edición del volumen, la de Castorena de 1700; se impone la pregunta de si la edición de la *Fama* de 1725, impresa por Pascual Rubio (*PR*), se basa directamente en los textos de la *princeps* o en los de la de 1714. Creo que con los ejemplos presentados a continuación, extraídos del Prólogo, de la *Respuesta a sor Filotea* y de un romance de sor Juana, puede determinarse que ambas ediciones siguieron, directa y autónomamente, la edición príncipe de 1700:

a) se embaraza toda tu admiración *FOP GR*
se embaraza toda admiración *PR*
b) ver manuescrito este tercero libro *FOP PR*
ver manuscrito este tercero libro *GR*
c) no sólo en carecer de maestro *FOP PR*
no sólo en carecer de maestros *GR*
d) de sólo la conversación con Dios *FOP GR*
de sola la conversación con Dios *PR*
e) Qué siniestras perspectivas *FOP GR*
Qué funestas perspectivas *PR*

Con lo dicho hasta ahora, creo que es posible proponer, me parece que por primera vez, un *stemma* para las cinco ediciones de la *Fama y obras póstumas*, realizadas a lo largo del primer cuarto del siglo XVIII. De la edición *princeps* de 1700 (*FOP*), conformada con los papeles que, a través de navíos enemigos, Castorena trasladó de México a Madrid, surgen tres ramas. La primera, la más temprana, la componen dos ediciones: la realizada en Lisboa por Miguel Deslandes en 1701 (*L*), de la cual depende la que corrió a cargo de los talleres de Rafael Figuerò (*RF*). La segunda y la tercera ramas rematan en dos ediciones que, a partir de la primera edición, se realizaron de forma independiente; se trata de las que formaron parte de proyectos que buscaron imprimir de forma conjunta los tres tomos: la impresa en los talleres de Antonio González de Reyes en 1714, aunque costeada por Francisco Laso y concebida por José Rodríguez y Escobar (*GR*), y la impresa por Ángel Pascual Rubio en 1725 (*PR*).

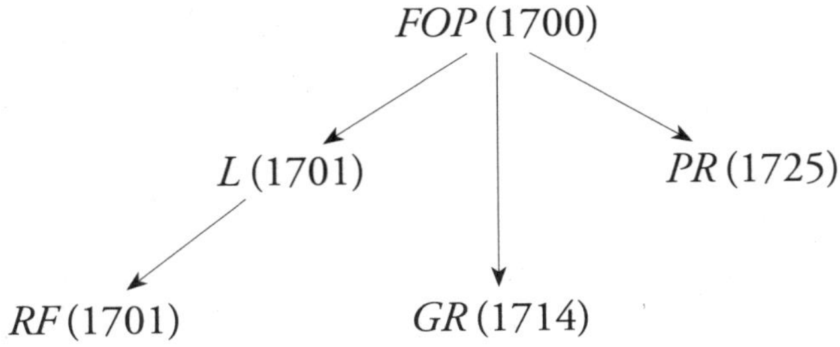

Fig. 63. *Stemma* de *Fama y obras póstumas*

Los dos primeros tomos de las ediciones de Pascual Rubio carecen de preliminares de carácter legal; éstos sólo se imprimieron en el tercer tomo: gracias a éstos sabemos que el 4 de mayo de 1725, en Madrid, Baltasar de San Pedro concede licencia a Pascual Rubio para «que por una vez pueda imprimir y vender las obras de sor Juana Inés de la Cruz». El hecho de que la fe de erratas sea del 24 de noviembre de ese año quizá revele que completar la magna impresión de los tres tomos tomó alrededor de siete meses. La tasa, del 28 de noviembre de 1725, revela un dato por demás interesante: se tasó «a seis maravedís cada pliego, y los dichos tres tomos tienen ciento y cincuenta pliegos, sin principios ni tablas, que al dicho respecto montan 900 maravedís, y a este precio mandaron se vendan, y no más».

Por primera vez se tasaron los volúmenes no por separado, sino en conjunto: en el frío diciembre madrileño de 1725, aquellos que contaban con 900 maravedís, pudieron llevarse a casa las primeras *Obras completas* de sor Juana, en toda forma, realizadas por Ángel Pascual Rubio, quien a pesar de ser «modesto y gris», logró lo que otros impresores, célebres y renombrados, que lo precedieron, no lograron.

Pasarían 226 años para que otro editor, Alfonso Méndez Plancarte, emprendiera en 1951 la edición de otras *Obras completas*, esos cuatro tomos del Fondo de Cultura Económica, en cuyas páginas casi todos leímos por primera vez y aprendimos a amar a sor Juana. Curiosamente, los textos de esos blancos cuatrillizos tomaron casi siempre como base los ofrecidos por las ediciones de Pascual Rubio.

Luego de 1725, los antiguos tomos de sor Juana Inés de la Cruz no volverían a imprimirse en Europa: con la empresa editorial de Pascual Rubio, se escribe el último capítulo de esta historia, de la historia de cómo la espléndida literatura de una monja de Nepantla, nacida a las faldas de dos volcanes, conquistó durante treinta y seis años las prensas europeas, verdadero *bestseller*, y cautivó, tal como cautiva en nuestro tiempo, a los lectores de ambas orillas del Atlántico.

Conclusiones

HACIA UNA EDICIÓN CRÍTICA INTEGRAL

Hace ya casi veinte años, en una mañana soleada, la doctora Dolores Bravo, siempre vestida de blanco, pelo corto, paso lento y mente ágil, entró a una de las aulas de la Facultad de Filosofía y Letras de la UNAM. Por los ventanales entraba una luz abundante y también la visión de los murales pétreos de la Biblioteca Central, en los que Juan O'Gorman sintetizó las cosmovisiones, mesoamericana y europea, del pueblo de México. Luego de dejar sobre el escritorio su bolso estampado con los nenúfares de Monet y su pequeña botella de agua, comenzó a moverse de un lado a otro del salón, a ejecutar una suerte de danza perfeccionada luego de cinco décadas de docencia: delineó con sus palabras el perfil de una mujer fascinante, excéntrica e inusual; dijo que los grandes mitos de este país eran todos femeninos —Malinche, Guadalupe, María Félix, Frida Kahlo—; me parece que calificó al *Sueño* como una *summa artis*.

Entre la multitud de muchachas y muchachos que se abarrotaba en aquel salón para escucharla dictar su cátedra, estaba yo, sentado hasta el frente, apuntando frenéticamente. No recuerdo con exactitud lo que dijo Dolores esa mañana, pero sí recuerdo que luego de esa clase tuve claro que iba a dedicarme al estudio de la vida y la obra de sor Juana Inés de la Cruz. Como todos los grandes maestros, Dolores no sólo me compartió información sobre nuestro objeto de estudio, sino que me contagió su pasión por el mismo, en este caso, por la monja de México. Ahora me corresponde a mí dar esa clase, en esas mismas aulas que miran al espléndido mural de O'Gorman.

Supongo que algo en la historia de esa muchacha, que se había trasladado desde su volcánica Nepantla hasta la Muy Noble y Muy Leal Ciudad de México, resonaba en mí, muchacho recién llegado al entonces Distrito Federal y que de tanto en tanto extrañaba las montañas de su tierra. Me cautivaba también la determinación con que, en un mundo que muchas veces le fue adverso, Juana Inés había defendido su vocación de poeta, de intelectual, y su derecho a ser ella misma. Descubrí que compartimos una entusiasta egiptomanía. Pensé que, a través de ella, podría adentrarme a su mundo, al reino de la Nueva España —estoy convencido de que éste sería un mejor país si se restituyera a sí mismo su pasado virreinal—. Más que nada, me deslumbró, y cada día me deslumbra aún más, el entreverado de pasión e inteligencia en su escritura, esa sutil y transparente geometría, verbal arquitectura, que cada uno de sus poemas edifica.

Pero lo que más me gusta de sor Juana es su capacidad, como conviene a todo símbolo de veras vivo, de mutación. Me fascina que, frente a los mismos documentos y poemas, dos personas puedan extraer sobre la figura conclusiones radicalmente distintas. En 1925, en los albores de los estudios modernos sobre sor Juana, Dorothy Schons la convirtió en la primera feminista del Nuevo Mundo, que desafió a los hombres de su tiempo, que fue silenciada y perseguida; tan sólo dos años antes, en 1923, Gabriela Mistral la quiso santa, la imagino morir, ya desprovista de «vanidad intelectual», con «un pobre Padrenuestro entre los labios». En nuestro tiempo, esos contrastes no se han atenuado: hay quien quisiera canonizarla; mayoritariamente, es un símbolo de lucha para los feminismos y para la comunidad LGBTQ+ —yo he escuchado en la Marcha del Orgullo de la Ciudad de México la consigna «¡si sor Juana viviera / con nosotros estuviera!»—. También se ha convertido en estandarte para la promoción de nuestra cultura en el extranjero.

¿Quién entre todos tiene la razón? ¿Quién determina quien tiene la razón? Sor Juana le dice a su propio pensamiento en un romance: «Y si no hay quien lo sentencie, / ¿por qué pensáis vos, errado, / que os cometió Dios a vos / la decisión de los casos?». A como yo lo veo, el sorjuanismo no debería consistir solamente en la búsqueda de la sor Juana «histórica» que, de algún modo, no es sino una más de sus múltiples versiones: sor Juana siempre es otra, diversa de sí misma. Debería, en cambio, en vez de desacreditarlas o descartarlas, preocuparse por el estudio y las razones que llevan a una sociedad, a un individuo, a construir su propia versión de sor Juana. El sorjuanismo no es —no debería ser— únicamente el estudio de un personaje histórico documentado y constatable; es también el estudio de lo que ese personaje ha significado para un pueblo a lo largo del tiempo. El estudio de sor Juana, sí, pero también de su leyenda, de su invención.

Creo que el verdadero legado e importancia de cualquier poeta, de cualquier escritor, radica en sus escritos. Por eso, de todas las posibilidades en las que puede encarnar ese símbolo, yo he querido perseguir en este libro a la sor Juana escritora y a la figura autoral que construyen, desde y en torno a ella, sus editores y sus ediciones; una sor Juana con una temprana, constante y ascendente dedicación a la escritura, que forma parte de la comunidad de escritores de su tiempo y de su ciudad, que tiende puentes desde sí misma y hacia su sociedad a través de sus versos, que participa en certámenes poéticos, que se acoge a los mecenazgos —como hoy nosotros a las becas— para desarrollar una obra, que sueña con verse publicada al otro lado del Atlántico.

Como ha quedado claro a lo largo de este ensayo, las *Obras completas* de Alfonso Méndez Plancarte y Alberto G. Salceda realizadas a mediados del siglo pasado, aunque en extremo valiosas y encomiables, distan mucho de ser una edición crítica: pocas veces se preocupan por la calidad y la historia del texto que les sirve de base y, por tanto, terminan por ofrecer a los lectores, en numerosas ocasiones, versos deturpados —eslabones finales de una cadena de errores—, pasajes incompletos, versiones de obras que no constituyen la última voluntad de la autora. Aunque después de las *Obras completas* han ido apareciendo ediciones bien cuidadas de varios textos individuales, aún no existe un proyecto que busque publicar en su conjunto, en textos verdaderamente críticos, la obra de sor Juana.

Las verdaderas conclusiones de este libro no están en estas líneas porque todavía no existen. Las labores de búsqueda de cada edición en las bibliotecas alrededor del mundo, del estudio de sus responsables y de sus motivaciones específicas, del análisis de sus contenidos, del cotejo o compulsa de sus textos, aunque ciertamente contribuyen a echar luz sobre algunos aspectos fundamentales de la vida y de la obra de sor Juana, así como del mercado y las redes editoriales de su tiempo, en sí mismas no se cumplen: resultarían estériles si no dieran pie a una edición crítica integral. Me gustaría sumarme a ese grupo de personas, a quienes estudio y admiro, conformado por los editores de sor Juana.

Imagino una nueva edición de las *Obras completas* de sor Juana dividida en cuatro tomos, de los cuales los primeros tres se corresponderían con los antiguos de sus obras reunidas publicados en Europa. Creo que es necesario que los lectores actuales leamos a sor Juana tal como fue presentada a los lectores de los siglos XVII y XVIII. En primer término, existen relaciones entre composiciones específicas que es posible entablar a partir del lugar en que éstas fueron dispuestas en el interior de los tomos; asimismo, cada uno de éstos presenta, a pesar de la variedad, un discurso que busca dar unidad y sentido al conjunto de las piezas que publica; por último, no sólo cada volumen es coherente dentro de sí mismo, sino que pretende entablar un diálogo con los contenidos del resto, complementar, ampliar y proponer nuevas claves de lectura de la obra y de la figura de sor Juana.

Muchas ediciones sueltas americanas, así como las numerosas reediciones europeas, contienen paratextos particulares que no aparecieron en las primeras ediciones de los antiguos volúmenes o bien son completamente distintos a los presentados en éstas. El cuarto tomo de estas nuevas *Obras completas* que aquí conjeturo tendría que contener ese conjunto de paratextos, por ejemplo, la Dedicatoria en la suelta poblana de los villancicos de santa Catarina firmada por Jacinto de Lahedesa Verástegui o las dedicatorias de impresores y libreros a sus respectivas ediciones realizadas en la Península a lo largo de más de tres décadas. Lo más sustancial de este cuarto tomo lo constituiría, sin embargo, el conjunto de obras de sor Juana que se nos han transmitido solamente a través de manuscritos y las composiciones *extra opera omnia*, repasadas a lo largo de este libro, que nunca fueron añadidas a las ediciones de sus obras reunidas pero que sí llegaron a imprimirse en América.

Es necesario que los volúmenes se editen con sus paratextos: aprobaciones, prólogos, licencias, pareceres, etcétera; la supresión de éstos en las ediciones modernas constituye, a mi ver, una mutilación grave: son la palestra donde se exponen las principales ideas que sostienen el andamiaje de cada volumen y constituyen una antesala valiosa e iluminadora para la lectura de las obras de la monja. Los lectores modernos tendríamos que acostumbrarnos a vincular estrechamente estos paratextos con las composiciones de sor Juana, tal como vinculamos a *Howl* con el prólogo de William Carlos Williams, a *El árbol de Diana* de Alejandra Pizarnik con las palabras preliminares de Octavio Paz, o a la traducción de los *Cuentos* de Edgar Allan Poe con la introducción de Julio Cortázar. Naturalmente, a los paratextos antiguos, cada volumen deberá sumar una introducción o prólogo moderno escrito expresamente para esta nueva edición.

Esta nueva edición, además de partir de los testimonios que se han determinado como los óptimos en este mismo ensayo, deberá presentar un aparato de variantes en el que se cotejen todas las ediciones antiguas, tanto americanas como europeas, así como las más importantes entre las modernas, para cada uno de los textos.

Quizá esta disposición de acuerdo con los volúmenes antiguos pueda parecer problemática para algunos lectores. Si uno quisiera, por ejemplo, leer las famosas redondillas de sor Juana a los hombres necios, ¿a cuál de los tres volúmenes acudiría? Si consideramos la disposición, lógica en apariencia, de las *Obras completas* de Méndez Plancarte, uno se dirigiría al primero de los tomos, el de *Lírica personal*, buscaría luego la sección de «Redondillas» y, finalmente, daría con la página en la que se imprime la célebre invectiva contra los hombres. En esta nueva edición, el obstáculo se vería sorteado justamente por la elaboración de completos y claros índices de géneros —poesía, teatro, prosa—, de formas métricas y de primeros versos. Quienes leemos habitualmente a sor Juana no nacimos conociendo el ordenamiento de sus obras propuesto por Méndez Plancarte; el repaso constante nos conducirá a habituarnos a la disposición de las antiguas ediciones, a asimilar la lógica de cada uno de los volúmenes: así pues, sabremos, por ejemplo, que los poemas dirigidos a María Luisa se reconcentran en la *Inundación castálida*, tomo casi por entero dedicado a la gran mecenas de la monja; que el *Sueño* y la *Respuesta a Vieira* constituyen las piezas mayores de cada una de las dos secciones, profana y sagrada, presentes en el *Segundo volumen*; que los *Ejercicios de la Encarnación* no pueden estar sino en la *Fama*, volumen conformado principalmente por la prosa religiosa.

Ahora bien, creo que actualmente las posibilidades para materializar unas *Obras completas* de sor Juana no se limitan únicamente al libro tradicional. Hemos visto cómo los antiguos volúmenes europeos aparecieron en un momento de gran efervescencia y transformación en lo que concierne a la distribución de la poesía, pues ese género, que antes llegaba rara vez a las prensas, comenzó a encontrar la forma de distribuirse, por medio de los libros misceláneos, entre el gran público; hoy, me parece, además de la forzosa edición en papel, un sitio de internet de libre acceso que ponga a disposición esta edición crítica parece no sólo una opción viable sino necesaria.

Imagino un buscador que nos lleve, a partir de un título, alguna palabra clave, un primer verso, a cualquier obra de la monja jerónima, a cualquiera de los paratextos. Veo también la posibilidad de desplegar, en ventanas emergentes, notas explicativas así como notas textuales, con el correspondiente aparato de variantes. Sería magnífico que los lectores tuvieran la opción de ver no sólo los textos editados modernamente sino, a la par, reproducciones facsimilares de los antiguos testimonios.

Muchas de las notas de Méndez Plancarte, a pesar de ser informativas e iluminadoras, han envejecido mal: de pronto uno puede encontrar en ellas al editor pasmado ante una «impropiedad teológica» —«éste es uno de los pasajes por los que la Inquisición... habría podido, sin total injusticia, "buscarle ruido"»—, lamentarse del origen bastardo de la autora —al que tilda dramáticamente de «su irremediable verdad»— o, incluso, proponer un final alternativo —más «correcto» desde el punto de vista de la doctrina católica— para el *Mártir del sacramento, san Hermenegildo*. Así como las notas de Méndez Plancarte hoy nos parecen inadecuadas, quizá más temprano que tarde, las de esta nueva edición también terminarán por parecer inadecuadas a los lectores futuros. Una edición digital permitiría mantener abierto a modificaciones constantes el aparato de notas, siempre sujetas a nuevas investigaciones y perspectivas.

Pedro Henríquez Ureña dijo alguna vez que cada generación «debe justificarse críticamente rehaciendo las antologías, escribiendo de nuevo la historia literaria y traduciendo nuevamente a Homero». Añadiría: y editando, de nueva cuenta, a sus clásicos. Una edición es, entre otras cosas, una propuesta de lectura integral de la obra de un autor. Los clásicos como sor Juana, lo he dicho ya, se resisten al estatismo: ante cada generación se presentan con un ropaje distinto, a cada una le muestran facetas que la anterior ni siquiera sospechaba.

Cada generación, en suma, los lee de una forma distinta y es eso, precisamente, lo que los mantiene vivos. La edición de las *Obras completas* de los años cincuenta fue la propuesta de lectura que aquella generación necesitó en su momento; quizá sea tiempo, más de setenta años después, de que nosotros propongamos la nuestra: una sor Juana a la altura del presente.

El camino que he trazado en estas conclusiones, hacia una nueva edición crítica integral que busque restituir el texto de las obras de sor Juana, va hacia el futuro, pero al mismo tiempo es una propuesta de viaje hacia un pasado remoto: a lo largo de esta investigación, he trazado el camino que cada verso, cada línea impresa, siguió, de editor en editor, de edición en edición, de puerto en puerto a través de los mares, hasta llegar a nuestras manos. Ese camino es para desandarlo, para recorrerlo a la inversa, viaje a la semilla, hasta encontrar a sor Juana en su celda del Convento de San Jerónimo. La veo, a través de la niebla de los siglos, escribir: en el día, ayudada de la liviana luz del Valle del Anáhuac que se abre paso por los ventanales; por las noches, la alumbra la lámpara vacilante —«Apolo nocturno al estudioso»—. La veo leer sobre el escritorio, guarecida por varias torres de libros: corrobora una cita, encuentra inspiración en quienes escribieron antes que ella, en quienes escriben a la par de ella. La veo tachar y corregir hasta encontrar la forma más exacta de decir el amor, la rosa, la pirámide, hasta dar con la mejor versión posible de algún verso. La veo, por fin, enviar esa página, no a sus editores, sino al futuro: los destinatarios somos nosotros.

Bibliografía

EDICIONES ANTIGUAS (1668-1812)

1668

PD Diego de Ribera. *Poética descripción de la pompa plausible.* México: Francisco Rodríguez Lupercio.
Incluye el soneto: «Suspende, cantor cisne, el dulce acento» (s.p.).

1676

a1 *Villancicos que se cantaron en la Santa Iglesia Metropolitana de México en honor de María santísima madre de Dios en su Asunción triunfante.* México: Viuda de Bernardo Calderón.

c1 *Villancicos que se cantaron en la Santa Iglesia Metropolitana de México en los maitines de la purísima Concepción de nuestra señora.* México: Viuda de Bernardo Calderón.

DE Diego de Ribera. *Defectuoso epílogo, diminuto compendio.* México: Viuda de Bernardo Calderón.
Incluye el soneto: «¿Qué importa al pastor sacro que a la llama[?]» (s.p.).

1677

spn *Villancicos que se cantaron en los maitines del gloriosísimo padre san Pedro Nolasco.* México: Viuda de Bernardo Calderón.

sp1 *Villancicos que se cantaron en la Santa Iglesia Catedral de México a los maitines del gloriosísimo príncipe de la Iglesia, el señor san Pedro.* México: Viuda de Bernardo Calderón.

1679

a2 *Villancicos que se cantaron en la Santa Iglesia Metropolitana de México en honor de María santísima madre de Dios en su Asunción triunfante*. México: Viuda de Bernardo Calderón.

1680

es *Explicación sucinta del arco triunfal que erigió la Santa Iglesia Metropolitana de México en la feliz entrada del excelentísimo señor conde de Paredes, marqués de la Laguna*. México: Juan de Ribera.

pan Carlos de Sigüenza y Góngora. *Panegírico con que la Muy Noble Imperial Ciudad de México aplaudió al excelentísimo... conde de Paredes, marqués de la Laguna*. Mexico: Viuda de Bernardo Calderón.
Incluye el soneto: «Dulce, canoro cisne mexicano» (s.p.).

1680-1681

na *Neptuno alegórico, océano de colores, simulacro político*. México: Juan de Ribera.

1681

FP José de la Barrera Barahona. *Festín plausible con que el religiosísimo Convento de Santa Clara... celebró... a la excelentísima señora... condesa de Paredes, marquesa de la Laguna*. México: Juan de Ribera.
Incluye la décima: «En tus versos si se apura» (s.p.).

1683

sp2 *Villancicos que se cantaron en la Santa Iglesia Catedral de México en los maitines del gloriosísimo príncipe de la Iglesia, el señor san Pedro*. México: Viuda de Bernardo Calderón.

TP Carlos de Sigüenza y Góngora. *Triunfo parténico*. México: Juan de Ribera.
Incluye el romance: «Cuando, invictísimo Cerda» (f. 113rv).

1685

a3 *Villancicos que se cantaron en la Santa Iglesia Metropolitana de México en honor de María santísima madre de Dios en su Asunción triunfante*. México: Herederos de la Viuda de Bernardo Calderón.

***ca.* 1685**

ee *Ejercicios devotos para los nueve días antes del de la purísima Encarnación del Hijo de Dios, Jesucristo, señor nuestro*. [¿México? ¿Impresor?].

or1 *Ofrecimientos para el santo rosario de quince misterios que se ha de rezar el día de los Dolores de nuestra señora la Virgen María*. [¿México? ¿Herederos de la Viuda de Bernardo Calderón?].

1689

c2 *Villancicos que se cantaron en la Santa Iglesia Catedral de la Puebla de los Ángeles en los maitines solemnes de la purísima Concepción de nuestra señora*. Puebla: Diego Fernández de León.

n1 *Villancicos que se cantaron en la Santa Iglesia Catedral de la Puebla de los Ángeles en los maitines solemnes del Nacimiento de nuestro señor Jesucristo*. Puebla: Diego Fernández de León.

n2 *Villancicos que se cantaron en la Santa Iglesia Catedral de la Puebla de los Ángeles en los maitines solemnes del Nacimiento de nuestro señor Jesucristo*. Puebla: Diego Fernández de León.

IC *Inundación castálida*. Madrid: Juan García Infanzón.

1690

sj1 *Villancicos con que se solemnizaron en la Santa Iglesia Catedral de la Ciudad de la Puebla de los Ángeles los maitines del gloriosísimo patriarca señor san José*. Puebla: Diego Fernández de León.

sj2 *Villancicos con que se solemnizaron en la Santa Iglesia Catedral de la Ciudad de la Puebla de los Ángeles los maitines del*

	gloriosísimo patriarca señor san José. Puebla: Diego Fernández de León.
dn1	*Auto sacramental del Divino Narciso*. México: Viuda de Bernardo Calderón.
a4	*Villancicos que se cantaron en la Santa Iglesia Metropolitana de México en honor de María santísima en su Asunción triunfante*. México: Herederos de la Viuda de Bernardo Calderón.
ca1	*Carta atenagórica*. Puebla: Diego Fernández de León.
ca2	*Carta atenagórica*. Puebla: Diego Fernández de León.
ca3	*Carta atenagórica*. Puebla: Diego Fernández de León.
P	*Poemas de la única poetisa americana, Musa Décima*. Madrid: Juan García Infanzón.

1690-1709

dn2	*Auto sacramental del Divino Narciso*. Madrid: Francisco Sanz.

1691

sc	*Villancicos con que se solemnizaron en la Santa Iglesia y primera Catedral de la Ciudad de Antequera, Valle de Oaxaca, los maitines de la gloriosa mártir santa Catarina*. Puebla: Diego Fernández de León.
TJE	Carlos de Sigüenza y Góngora. *Trofeo de la justicia española en el castigo de la alevosía francesa*. Mexico: Herederos de la Viuda de Bernardo Calderón. Incluye la silva: «No cabal relación, indicio breve» (pp. 83-88).
B	*Poëmas de la única poetisa americana, Musa Décima*. Barcelona: Joseph Llopis.

1692

ca4	*Carta atenagórica*. Mallorca: Miguel Capò.
Z	*Poemas de la única poetisa americana, Musa Décima*. Zaragoza: Manuel Román.
SV	*Segundo volumen de las obras*. Sevilla: Tomás López de Haro.

1693

B1 *Segundo tomo de las obras*. Barcelona: Joseph Llopis.
B2 *Segundo tomo de las obras*. Barcelona: Joseph Llopis.
B3 *Segundo tomo de las obras*. Barcelona: Joseph Llopis.
B4 *Segundo tomo de las obras*. Barcelona: Joseph Llopis.

1695

pf *Protesta de la fe y renovación de los votos religiosos que hizo y dejó escrita con su sangre la madre Juana Inés de la Cruz*. México: Doña María de Benavides, Viuda de Juan de Ribera.

***ca.* 1695**

or2 *Ofrecimientos para el rosario de quince misterios, que se ha de rezar el día de los Dolores de nuestra señora la Virgen María*. México: Herederos de la Viuda de Bernardo Calderón.
ec1 *Comedia famosa Los empeños de una casa*. Barcelona: Joseph Llopis.

1700

FOP *Fama y obras póstumas del Fénix de México, Décima Musa, poetisa americana*. Madrid: Manuel Ruiz de Murga.

***ca.* 1700**

or3 *Ofrecimientos para el rosario de quince misterios que se ha de rezar a los Dolores y Soledad de nuestra señora la Virgen María*. México: Viuda de Francisco Rodríguez Lupercio.
ec2 *Los empeños de una casa, comedia famosa del Fénix de la Nueva España*. Sevilla: Herederos de Tomás Lopez de Haro.
rf1 *Relación famosa: Amor es más laberinto*. Sevilla: Imprenta Real, Casa del Correo Viejo.

1701

L *Fama y obras póstumas, tomo tercero del Fénix de México y Décima Musa, poetisa de la América*. Lisboa: Miguel Deslandes.
RF *Fama y obras póstumas, tomo tercero del Fénix de México y Décima Musa, poetisa de la América*. Barcelona: Rafael Figuerò.

1709

or4 *Ofrecimientos para el rosario de quince misterios que se ha de rezar el día de los Dolores de nuestra señora la Virgen María.* México: Francisco de Ribera Calderón.

V1 *Poèmas de la única poetisa americana, Musa Décima*. Valencia: Antonio Bordazar.

V2 *Poemas de la única poetisa americana, Musa Décima*. Valencia: Antonio Bordazar.

1714

M *Poemas de la única poetisa americana, Musa Décima.* Madrid: Imprenta Real, Joseph Rodríguez y Escobar, Impresor de la Santa Cruzada.

GR *Fama y obras póstumas del Fénix de México y Décima Musa, poetisa americana*. Madrid: Antonio González de Reyes.

1715

OP *Obras poéticas de la Musa mexicana*. Madrid: Imprenta Real, Joseph Rodríguez de Escobar, Impresor de la Santa Cruzada y de la Real Academia Española.

1725

TP1 *Tomo primero. Poemas de la única poetisa americana, Musa Décima*. Madrid: Ángel Pascual Rubio.

TP2 *Tomo primero. Poemas de la única poetisa americana, Musa Décima*. Madrid: A costa de Francisco López.

ST *Segundo tomo de las obras*. Madrid: Ángel Pascual Rubio.

PR *Fama y obras póstumas del Fénix de México y Décima Musa, poetisa americana*. Madrid: Ángel Pascual Rubio.

***ca.* 1725**

rf2 *Relación famosa Amor es más laberinto*. Córdoba: Imprenta de la Calle Carreteras.

***ca.* 1730**

ec3 *Los empeños de una casa, comedia famosa del Fénix de la Nueva España*. Sevilla: Viuda de Francisco de Leefdael.

aml1 *Amor es más laberinto. Comedia famosa del Fénix de la Nueva España*. Sevilla: Diego López de Haro.

rec *Relación: Los empeños de una casa, del Fénix de la Nueva España*. Sevilla: Viuda de Francisco de Leefdael.

1731

tm Antonio Núñez de Miranda. *Testamento místico de una alma religiosa*. México: Joseph Bernardo de Hogal.
Incluye: *Protesta de la fe* (s.p.).

1736

or5 *Ofrecimientos para el rosario de quince misterios que se ha de rezar el día de los Dolores de nuestra señora la Virgen María*. México: Imprenta Real del Superior Gobierno.

***ca.* 1750**

ec4 *Comedia famosa Los empeños de una casa*. Sevilla: Joseph Padrino.

1755

or6 *Ofrecimientos para el rosario de quince misterios que se ha de rezar el día de los Dolores de nuestra señora la Virgen María*. México: Imprenta Nueva de la Biblioteca Mexicana.

1767

or7 *Ofrecimientos para el rosario de quince misterios que se ha de rezar el día de los Dolores de nuestra señora la Virgen María*. México: Felipe de Zúñiga [*sic*] Ontiveros.

1804

or8 *Ofrecimientos para el santo rosario de quince misterios que se han de rezar el día de los Dolores de nuestra señora la Virgen María y el Viernes Santo*. México: María Fernández de Jáuregui.

1812

or9 *Ofrecimientos para el santo rosario de quince misterios que se ha de rezar el día de los Dolores de Nuestra Señora la Virgen María y el Viernes Santo*. México: María Fernández de Jáuregui.

EDICIONES MODERNAS CITADAS EN ESTE LIBRO (1924-2017)

1924

JJR *El divino Narciso. Auto Sacramental compuesto a instancia de la Excelentísima señora Condesa de Paredes, Marquesa de la Laguna, Virreina de la Nueva España para llevarlo a la Corte de Madrid y representarlo en ella.* —Impreso por primera vez en el año de 1690. México: Imprenta Zamorano. [Con una Advertencia de Julio Jiménez Rueda].

1926

MT1 *Poemas inéditos, desconocidos y muy raros de soror Juana Inés de la Cruz, la Décima Musa*, descubiertos y recopilados por Manuel Toussaint. México: Manuel León Sánchez.

1928

AG «Primero Sueño», edición de Ermilo Abreu Gómez, *Contemporáneos*, 2 (julio), pp. 272-313.

1930

AG2 *Carta atenagórica*, [advertencia y edición de Ermilo Abreu Gómez], *Contemporáneos,* 22 (marzo), pp. 215-268.

AG3 *Carta atenagórica*, edición y notas de Ermilo Abreu Gómez. México: Ediciones Contemporáneos.

1931

XV *Sonetos*, edición y notas de Xavier Villaurrutia. México: Ediciones de «La Razón», S. A. (Colección de Clásicos Mexicanos Agotados, 2).

1934

AG4 *Carta atenagórica. Respuesta a sor Filotea*, edición, prólogo y notas de Ermilo Abreu Gómez. México: Botas (Clásicos Mexicanos).

1940

AG5 *Poesías*, edición prólogo y notas de Ermilo Abreu Gómez. México: Botas.

1941

KV «Primero Sueño», en Karl Vossler, *Die Welt im Traum. Eine Dichtung der «Zaehnten Muse von México», Sor Juana Inés de la Cruz, Spanisch und Deutsch.* Berlín: Herausgegeben, pp. 73-107.

PC *Poesías completas*, [advertencia y edición de Ermilo Abreu Gómez]. México: Botas.

1948

PC2 *Poesías completas*, recopilación y prólogo de Ermilo Abreu Gómez, segunda edición. México: Botas.

1951

OC *Obras completas*. I. *Lírica personal*, edición, prólogo y notas de Alfonso Méndez Plancarte. México: Fondo de Cultura Económica.

1952

OC *Obras completas*. II. *Villancicos y letras sacras*, edición, prólogo y notas de Alfonso Méndez Plancarte. México: Fondo de Cultura Económica.

MT2 *Loa con la descripción poética del arco que la Catedral de México erigió para honrar al virrey, conde de Paredes, el año de 1680. Imaginó la idea del arco y lo describió Sor Juana Inés de la Cruz.* Reprodúcela en facsímile de la primera edición el Instituto de Investigaciones Estéticas como homenaje a la excelsa poetisa en el tercer centenario de su nacimiento. Con un estudio de Manuel Toussaint. México: Universidad Nacional Autónoma de México.

1955

OC *Obras completas*. III. *Autos y loas*, edición, prólogo y notas de Alfonso Méndez Plancarte. México: Fondo de Cultura Económica.

1957

OC *Obras completas*. IV. *Comedias, sainetes y prosa*, edición, introducción y notas de Alberto G. Salceda. México: Fondo de Cultura Económica.

1970

AG6 *Poesías*, edición, prólogo y notas de Ermilo Abreu Gómez, segunda edición revisada y corregida de acuerdo con las investigaciones más modernas. México: Botas.

1982

SR *Inundación castálida*, edición, introducción y notas de Georgina Sabat de Rivers. Madrid: Castalia.

1991

SC La segunda Celestina. *Una comedia perdida de sor Juana*, edición, prólogo y notas de Guillermo Schmidhuber, con la colaboración de Olga Martha Peña Doria, presentación de Octavio Paz. México: Vuelta.

1994

E *Enigmas ofrecidos a la Casa del Placer*, edición y estudio de Antonio Alatorre. México: El Colegio de México.

1999

GCW1 Grady C. Wray, *Spiritual Calisthenics: the Devotional Exercises of Sor Juana Inés de la Cruz*. Bloomington: Indiana University. Tesis de doctorado.

2004

SR2 *Poesía, teatro, pensamiento: lírica personal, lírica coral, teatro, prosa*, edición, prólogo y notas de Georgina Sabat de Rivers y Elías Rivers. España: Espasa Calpe.

2005

RAR *El divino Narciso*, edición de Robin Ann Rice. Pamplona: Ediciones Universidad de Navarra, S. A. (Anejos de *RILCE*, 50).

GCW2 *The* Devotional Exercises/*Los* Ejercicios devotos *of Sor Juana Inés de la Cruz, Mexico's Prodigious Nun (1648/51-1695)*,

A Critical Study and Bilingual Annotated Edition by Grady C. Wray. Nueva York: E. Mellen Press, Lewiston.

2007

TS *Primero sueño*. Incluye los facsimilares de la transcripción del poema hecha por Pedro Álvarez de Lugo Usodemar, prólogo de Sonia Contardi, edición del texto y notas de Tadeo P. Stein. Rosario: Serapis.

2009

OC *Obras completas*. I. *Lírica personal*, edición, introducción y notas de Antonio Alatorre. México: Fondo de Cultura Económica.

VM *Neptuno alegórico*, edición de Vincent Martin y Electa Arenal. Madrid: Cátedra.

2010

GV *Los empeños de una casa / Amor es más laberinto*, edición de Celsa Carmen García Valdés. Madrid: Cátedra.

2015

PA Alberto Pérez-Amador Adam, *El precipicio de Faetón. Edición y comento de* Primero Sueño *de Sor Juana Inés de la Cruz*. Madrid/Frankfurt/México: Iberoamericana-Vervuert/Universidad Autónoma Metropolitana-Iztapalapa.

2016

JGR *Los villancicos de sor Juana Inés de la Cruz*, edición crítica, prólogo y notas de Jorge Gutiérrez Reyna. México: Universidad Nacional Autónoma de México. Tesis de maestría.

2017

STP *Un amar ardiente. Poemas a la virreina*, compilación e introducción de Sergio Téllez-Pon, prólogo de Ramón Martínez. Madrid: Flores Raras.

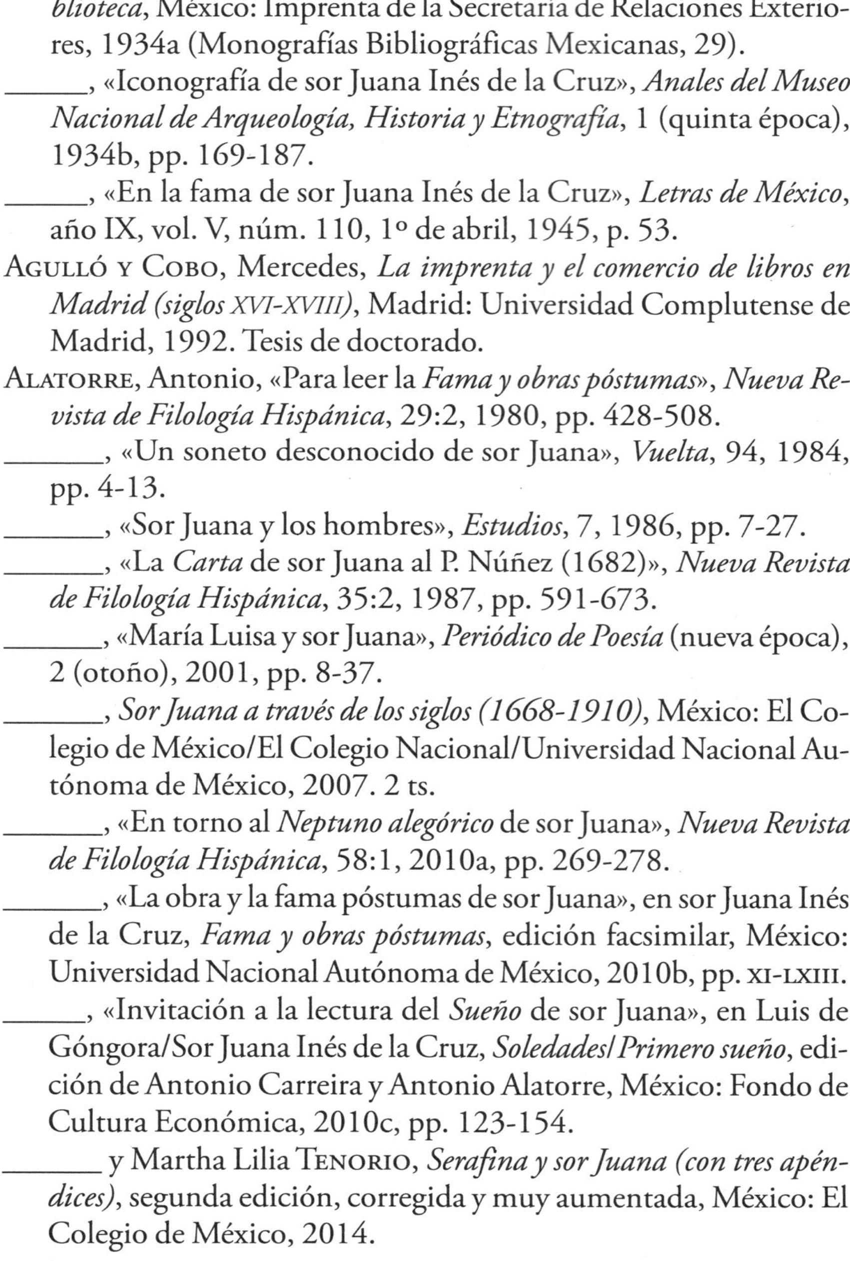

REFERENCIAS BIBLIOGRÁFICAS

ABREU GÓMEZ, Ermilo, *Sor Juana Inés de la Cruz. Bibliografía y biblioteca*, México: Imprenta de la Secretaría de Relaciones Exteriores, 1934a (Monografías Bibliográficas Mexicanas, 29).

______, «Iconografía de sor Juana Inés de la Cruz», *Anales del Museo Nacional de Arqueología, Historia y Etnografía*, 1 (quinta época), 1934b, pp. 169-187.

______, «En la fama de sor Juana Inés de la Cruz», *Letras de México*, año IX, vol. V, núm. 110, 1º de abril, 1945, p. 53.

AGULLÓ Y COBO, Mercedes, *La imprenta y el comercio de libros en Madrid (siglos XVI-XVIII)*, Madrid: Universidad Complutense de Madrid, 1992. Tesis de doctorado.

ALATORRE, Antonio, «Para leer la *Fama y obras póstumas*», *Nueva Revista de Filología Hispánica*, 29:2, 1980, pp. 428-508.

______, «Un soneto desconocido de sor Juana», *Vuelta*, 94, 1984, pp. 4-13.

______, «Sor Juana y los hombres», *Estudios*, 7, 1986, pp. 7-27.

______, «La *Carta* de sor Juana al P. Núñez (1682)», *Nueva Revista de Filología Hispánica*, 35:2, 1987, pp. 591-673.

______, «María Luisa y sor Juana», *Periódico de Poesía* (nueva época), 2 (otoño), 2001, pp. 8-37.

______, *Sor Juana a través de los siglos (1668-1910)*, México: El Colegio de México/El Colegio Nacional/Universidad Nacional Autónoma de México, 2007. 2 ts.

______, «En torno al *Neptuno alegórico* de sor Juana», *Nueva Revista de Filología Hispánica*, 58:1, 2010a, pp. 269-278.

______, «La obra y la fama póstumas de sor Juana», en sor Juana Inés de la Cruz, *Fama y obras póstumas*, edición facsimilar, México: Universidad Nacional Autónoma de México, 2010b, pp. XI-LXIII.

______, «Invitación a la lectura del *Sueño* de sor Juana», en Luis de Góngora/Sor Juana Inés de la Cruz, *Soledades/Primero sueño*, edición de Antonio Carreira y Antonio Alatorre, México: Fondo de Cultura Económica, 2010c, pp. 123-154.

______ y Martha Lilia TENORIO, *Serafina y sor Juana (con tres apéndices)*, segunda edición, corregida y muy aumentada, México: El Colegio de México, 2014.

Álvarez-Coca González, María Jesús, «La concesión de hábitos de caballeros de las órdenes militares: procedimiento y reflejo documental (s. xvi-xix)», *Cuadernos de Historia Moderna*, 14, 1993, pp. 277-298.

Amador, Elías, *Bosquejo histórico de Zacatecas*, Zacatecas: Tipografía de la Escuela de Artes y Oficios en Guadalupe, 1892.

Andrade, Vicente de P., *Ensayo bibliográfico mexicano del siglo XVII*, México: Imprenta del Museo Nacional, 1899. Archivo General de Indias. Archivo Histórico Nacional de España.

Arenal, Electa, «Introducción», en sor Juana Inés de la Cruz, *Neptuno alegórico*, edición de Vincent Martin y Electa Arenal, Madrid: Cátedra, 2009, pp. 11-45.

Arganzuela, Dehesa de la, *Todo Madrid es teatro. Los escenarios de la Villa y Corte en el Siglo de Oro*, Madrid: Comunidad de Madrid/ Casa Museo Lope de Vega, 2018.

Baranda Leturio, Consolación, «Las cartas de sor María de Jesús de Ágreda a don Fernando y a don Francisco de Borja: los manuscritos de las Descalzas Reales», en Miguel Zugasti (ed.), *Sor María de Jesús de Ágreda y la literatura conventual femenina en el Siglo de Oro*, Soria: Cátedra Internacional Alfonso VIII, 2008, pp. 13-32.

Bas Martín, Nicolás, «La colaboración intelectual de Mayans con el impresor Antonio Bordazar», en Antonio Mestre Sanchis (coord.), *Actas del Congreso Internacional sobre Gregorio Mayans: Valencia-Oliva, 6 al 8 de mayo de 1999*, Oliva: Ayuntamiento de Oliva, 1999, pp. 457-487.

Bennasy-Berling, Marié-Cécile, *Humanismo y religión en Sor Juana Inés de la Cruz*, México: Universidad Nacional Autónoma de México, 1983.

Beristáin de Sousa, José Mariano, *Biblioteca hispanoamericana septentrional*, México: Oficina de Don Alejandro Valdés, 1816-1821. 3 ts.

Blecua, Alberto, *Manual de crítica textual*, Madrid: Castalia, 2018.

Bolduc, Jacobo, *De Oggio Christiano*, Lyon: Herederos de Gabriel Boissat y Laurencio Anisson, 1640.

Borao, Gerónimo, *La imprenta en Zaragoza. Con noticias preliminares sobre la imprenta en general*, Zaragoza: Imprenta y Librería de Vicente Andrés, 1860.

Borrego Gutiérrez, Esther, «Un siglo de impresión de pliegos de villancicos. El caso de los Monasterios Reales de la Encarnación y las Descalzas (1649-1752)», *Criticón*, 119, 2013, pp. 127-143.

Bravo, Dolores, «Estudio introductorio», en *Teatro mexicano, historia y dramaturgia*. VII. *Sor Juana Inés de la Cruz*, México: Consejo Nacional para la Cultura y las Artes, 1992, pp. 11-61.

_____, «La excepción y la regla: una monja según el discurso oficial y según sor Juana», en Sara Poot Herrera y Elena Urrutia (coords.), Sara Poot Herrera (ed.), *Y diversa de mí misma entre vuestras plumas ando. Homenaje Internacional a Sor Juana Inés de la Cruz*, México: El Colegio de México, 1993, pp. 35-41.

Bringas, fray Diego Miguel, *Índice apologético de las razones que recomiendan la obra intitulada* Mística Ciudad de Dios, *escrita por la venerable madre sor María de Jesús Coronel y Arana*, Valencia: Oficina de D. Francisco Brusola, 1834.

Bryant, William, «Reaparición de una poesía de sor Juana Inés de la Cruz, perdida desde 1714», *Anuario de Letras*, 4, 1964, pp. 277-285.

Burgos Rincón, Javier, *Imprenta y cultura del libro en la Barcelona del setecientos (1680-1808)*, Barcelona: Universitat Autònoma de Barcelona, 1993. Tesis de doctorado.

Calderón de la Barca, Pedro de, *Autos sacramentales, alegóricos y historiales, dedicados a Cristo, señor nuestro sacramentado*, Madrid: Imprenta Imperial por Joseph Fernández de Buendía, 1677.

Calvo, Hortensia y Beatriz Colombi (eds.), *Cartas de Lysi. La mecenas de sor Juana Inés de la Cruz en correspondencia inédita*, Madrid/Frankfurt/México: Iberoamericana-Vervuert/Bonilla Artigas, 2015.

Camprubí i Pla, Xevi, *L'impressor Rafael Figueró (1642-1726) i la premsa a la Catalunya del seu temps*, Barcelona: Universitat de Barcelona, 2013. Tesis de doctorado.

Carrillo y Ancona, Crescencio, *El obispado de Yucatán. Historia de su fundación y de sus obispos desde el siglo XVI hasta el XIX*, Mérida de Yucatán: Ricardo B. Caballero, 1892. 2 ts.

Castaño Navarro, Ana, «Sermón y literatura. La imagen del predicador en algunos sermones de la Nueva España», *Acta Poetica*, 29:2, 2008, 191-212.

Castorena y Ursúa, Juan Ignacio, *La planta de la Concepción, descalza de culpa, vestida de gracia, adornada de gloria*, Madrid: [Manuel Ruiz de Murga], 1700.

Castro Morales, Efraín (edición, estudio preliminar y notas), Diego de Ribera, *Poética descripción de la pompa plausible*, Puebla: Ediciones Altiplano, 1986.

Cervantes, Miguel de, *Viaje del Parnaso. Poesías sueltas*, edición, introducción y notas de Vicente Gaos, Madrid: Castalia, 2001.

Collantes, Carlos M. e Ignacio García Aguilar, «Dedicatarias femeninas en la poesía impresa del bajo barroco», *Criticón*, 125, 2015, pp. 49-64.

Colombi, Beatriz, 2024, "En torno al archivo sorjuanino: Francisco de las Heras en cartas inéditas del marqués de la Laguna", en Sara Poot Herrera, Antonio Cortijo Ocaña (eds.), *Sor Juana en la rueda voluble del tiempo*, México: Universidad del Claustro de Sor Juana, 2024, pp. 265-283.

Cruz, Salvador, *Juana Inés de Asuaje —o Asuage. El verdadero nombre de sor Juana. Con un facsímil del impreso donde sor Juana publicó su primer poema (1668)*, Puebla: Benemérita Universidad Autónoma de Puebla/Biblioteca José María Lafragua, 1995a.

______, «Felipe de Salaizes Gutiérrez no fue un seudónimo de sor Juana», en *Memoria del Coloquio Internacional Sor Juana Inés de la Cruz y el Pensamiento Novohispano*, Toluca: Instituto Mexiquense de Cultura, 1995b, pp. 77-80.

______, «Sor Juana y su generación», en Margo Glantz (ed.), *Sor Juana y sus contemporáneos*, México: Universidad Nacional Autónoma de México/Centro de Estudios de Historia de México, condumex, 1998, pp. 117-122.

Cunha, Xavier da, *Impressões deslandesianas. Divulgações bibliographicas*, Lisboa: Imprensa Nacional, 1895. 2 ts.

Curcio-Nagy, Linda A., «Sor Juana Inés de la Cruz and the 1680 viceregal entry of the Marquis de la Laguna into Mexico City», en J. R. Mulryne, Helen Watanabe-O'Kelly, Margaret Shewring (eds. generales), Elizabeth Goldring, Sarah Knight (eds. generales asociados), *Europa Triumphans. Court and Civic Festivals in Early Modern Europe*, volumen II, Cornwall: The Modern Humanities Research Association/Ashgate, 2004, pp. 352-429.

Díaz Cíntora, Salvador, «La loa de Juana Inés», *Letras Libres*, 34 (octubre), 2001. En línea: <https://www.letraslibres.com/mexico/la-loa-juana-ines>.

Echenberg, Margo, «Juan Ignacio de Castorena Ursúa: en nombre de los florecientes ingenios criollos novohispanos y en pro de la mujer», en Rocío Olivares Zorrilla (ed.), *Pliegos de semiótica y literatura novohispana*, México: Destiempos, 2015, pp. 69-88.

Eguía-Lis Ponce, Gabriela, «*La prisa de los traslados*». *Análisis crítico e interpretación de variantes encontradas en las ediciones antiguas (siglos XVII y XVIII) de los tres tomos de la obra de sor Juana Inés de la Cruz*, México: Universidad Nacional Autónoma de México, 2002. Tesis de doctorado.

Eguiara y Eguren, Juan José de, *Bibliotheca Mexicana Sive Eruditorum Historia Virorum*, México: Ex nova Typographia in Aedibus Authoris, 1755.

______, *Prólogos a la* Biblioteca mexicana, nota preliminar de Federico Gómez de Orozco, versión española anotada, con un estudio biográfico y la bibliografía del autor de Agustín Millares Carló, México: Fondo de Cultura Económica, 1984.

______, *Bibliotheca mexicana*, prólogo y versión española de Benjamín Fernández Valenzuela, estudio preliminar, notas, apéndices, índices y coordinación general de Ernesto de la Torre Villar, con la colaboración de Ramiro Navarro de Anda, México: Universidad Nacional Autónoma de México, 1986.

Escamilla González, Iván, «El Siglo de Oro vindicado: Carlos de Sigüenza y Góngora, el conde de Galve y el tumulto de 1692», en Alicia Mayer (coord.), *Carlos de Sigüenza y Góngora. Homenaje 1700-2000*, II, México: Universidad Nacional Autónoma de México, 2002, pp. 179-203.

Establés Susán, Sandra, *Diccionario de mujeres impresoras y libreras de España e Iberoamérica entre los siglos XVI y XVIII*, Zaragoza: Prensas de la Universidad de Zaragoza, 2018.

Eudave Loera, Carmen Araceli, *Diego de Ribera (1630-1688): cronista lírico de la Ciudad de México*, México: El Colegio de México, 2009. Tesis de doctorado.

Farfán Caudillo, Miguel Ángel, «Bibliografía Mexicana e Instituto de Investigaciones Bibliográficas», *Nueva Gaceta Bibliográfica*, 17:65 (enero-marzo), 2014, pp. 14-40.

Farré, Judith (edición, estudio y notas), *Festín plausible con que el Convento de Santa Clara celebró en su felice entrada a la ex.ma d. María Luisa, condesa de Paredes, marquesa de la Laguna y virreina de esta Nueva España*, México: El Colegio de México, 2009.

Fernández de Béthencourt, Francisco, *Historia genealógica y heráldica de la monarquía española. Casa real y grandes de España*, tomo V, Madrid: Establecimiento Tipográfico de Enrique Teodoro, 1904.

Fernández, Sergio, «Sor Juana: la idea del arte; su concepción política», en sor Juana Inés de la Cruz, *Inundación castálida*, edición facsimilar, México: Universidad Nacional Autónoma de México, 2010, pp. xi-xxix.

Florencia, Francisco de, *La estrella del norte de México,* México: María de Benavides, Viuda de Juan de Ribera, 1688.

Frenk, Margit, *Entre la voz y el silencio. La lectura en tiempos de Cervantes*, México: Fondo de Cultura Económica, 2005.

Fumagalli, Carla, «*Inundación castálida*: aproximaciones a una portada», *Perífrasis. Revista de Literatura, Teoría y Crítica*, 8:16, 2017, pp. 29-47.

______, «Sor Juana Inés de la Cruz hace sudar las prensas españolas», *Esferas Literarias*, 1, 2018a, pp. 87-98.

______, «*Inundación castálida* (1689) y la presentación de sor Juana a España. Legitimaciones de autor y obra en sus paratextos», *Bibliographica Americana. Revista Interdisciplinaria de Estudios Coloniales*, 14, 2018b, pp. 131-143.

Galicia Lechuga, David y Jorge Gutiérrez Reyna, «Un impresor seducido por sor Juana: los textos de las sueltas novohispanas publicados por José Llopis en *Poemas* (1691)», *Calíope*, 23:2, 2018, pp. 217-233.

García Lorca, Federico, *Obras completas*, recopilación, cronología, bibliografía y notas de Arturo del Hoyo, Madrid: Aguilar, 1991. 3 ts.

García-Luengos, Germán Vega, «El predominio de Calderón también en las librerías: consideraciones sobre la difusión impresa de sus comedias», en Aurelio González (ed.), *Calderón 1600-2000. Jornadas de investigación calderoniana*, México: El Colegio de México/Fondo Eulalio Ferrer, 2002, pp. 15-33.

GARONE, Marina, *Historia de la imprenta y la tipografía colonial en Puebla de los Ángeles (1642-1821). Primera parte*, México: Universidad Nacional Autónoma de México, Instituto de Investigaciones Bibliográficas, 2018.

_____, «Imprenta y libro antiguo. Consideraciones para el estudio material de la literatura novohispana», en Jessica C. Locke, Ana Castaño y Jorge Gutiérrez Reyna (coords.), *Historia de las literaturas en México. Siglos XVI al XVIII. El primer siglo de las letras novohispanas (1519-1624)*, tomo 1, México: Universidad Nacional Autónoma de México, 2021.

GASPAR DE ALBA, Alicia, «Decolonial Feminists Unite! Dorothy Schons and Sor Juana Inés de la Cruz», *Portal.* Web Magazine of Lilias Benson Latin American Studies and Collections, 30 de octubre, 2020. En línea: <https://llilasbensonmagazine.org/2020/10/30/decolonial-feminists-unite-dorothy-schons-and-sor-juana-ines-de-la-cruz/>.

GLANTZ, Margo, *Sor Juana Inés de la Cruz: ¿hagiografía o autobiografía?*, México: Grijalbo/Universidad Nacional Autónoma de México, 1995.

_____, «El elogio más calificado», en sor Juana Inés de la Cruz, *Segundo volumen de sus obras*, edición facsimilar, México: Universidad Nacional Autónoma de México, 2010, pp. XI-LXIX.

GÓMEZ, José Luis, *El beso de la virreina*, México: Booket, 2013.

GONZÁLEZ CAÑAL, Rafael, «Las relaciones de comedias áureas: el caso de Antonio Enríquez Gómez», *Hipogrifo. Revista de literatura y cultura del Siglo de Oro*, 9:1, 2021, pp. 191-240.

GUIJO, Gregorio M. de, *Diario (1648-1664)*, México: Porrúa, 1986. 2 ts.

GUTIÉRREZ REYNA, Jorge, «La controvertida teatralidad de los villancicos novohispanos», en *El teatro clásico en su(s) cultura(s): de los Siglos de Oro al siglo XXI*, Esther Fernández Rodríguez, Alejandro García Reidy, José Miguel Martínez Torrejón (eds.), New York: Asociación Internacional de Teatro Español y Novohispano de los Siglos de Oro/Hispanic Seminary of Medieval Studies, 2017, pp. 133-151.

_____, «Una guía de lectura para monjas del confesor de Sor Juana: el capítulo séptimo de la *Distribución de las obras ordinarias y extraordinarias del día*, de Antonio Núñez de Miranda», *Prolija Memoria. Estudios de Cultura Virreinal*, segunda época, 2:1 (mayo), 2018, pp. 75-101.

_____, «La conquista poética de México», *Revista de la Universidad de México. Imperialismos*, 878 (nueva época), 2021, pp. 30-37.

_____, «Fiesta y poesía. Los certámenes en el México virreinal», en Concepción Company (coord.), *Hablar y vivir en América*, México: El Colegio Nacional/Universidad Nacional Autónoma de México, 2023, pp. 385-428.

Hazañas y la Rúa, Joaquín, *La imprenta en Sevilla. Ensayo de una historia de la tipografía sevillana y noticias de algunos de sus impresores desde la introducción del arte tipográfico en esta ciudad hasta el año de 1800*, Sevilla: Imprenta de la Revista de Tribunales, 1892.

Henríquez Ureña, Pedro, «Bibliografía de sor Juana Inés de la Cruz», *Revue Hispanique*, 40:97, 1917, pp. 161-214.

Herrejón Peredo, Carlos, «La oratoria en Nueva España», *Relaciones*, 57, 1994, pp. 57-80.

Index Librorum Prohibitorum Innocentii XI Pontificis maximi, Roma: Ex Typographia Reu. Cam. Apost., 1685.

Jesús de Ágreda, sor María de, *Mística Ciudad de Dios, milagro de su omnipotencia y abismo de la gracia, historia divina y vida de la Virgen Madre de Dios, reina y señora nuestra, María santísima, restauradora de la culpa de Eva y medianera de la gracia*, Madrid: Imprenta de la Causa de la Venerable Madre, 1670. 3 ts.

Jesús María, fray Antonio de, *Don Baltasar de Moscoso y Sandoval, presbítero cardenal*, Madrid: Bernardo de Villa-Diego, 1680.

Johansson, Patrick, "Sor Juana Inés de la Cruz: cláusulas tiernas del mexicano lenguaje", *Literatura Mexicana*, 6:2, 1995, pp. 459-478.

King, Willard F., «La ascendencia paterna de Juan Ruiz de Alarcón y Mendoza», *Nueva Revista de Filología Hispánica*, 19:1, 1970, pp. 49-86.

Krutitskaya, Anastasia, *Villancicos que se cantaron en la Catedral de México (1693-1729)*, México: Universidad Nacional Autónoma de México, 2018.

______, *Pliegos de villancicos conservados en ocho bibliotecas mexicanas*, coordinación e introducción de Anastasia Krutitskaya, catalogación e índices de Karina Johanna Gutiérrez Mondragón y Erick Esponda Suazo, catalogación de Mario Antonio Izúcar Durán, Madrid: Iberoamericana-Vervuert/Universidad Nacional Autónoma de México, 2020.

Laske, Trilce, «La conquista del mercado editorial peninsular por un novohispano o la renovación de la catequesis urbana en el imperio hispánico (siglo xviii)», *Estudios de Historia Novohispana*, 65, 2021 (julio-diciembre), pp. 87-117.

Leonard, Irving A., «Torneos de poetastros», en *La época barroca en el México colonial*, traducción de Agustín Ezcurdia, México: Fondo de Cultura Económica, 1974, pp. 191-212.

León Marchante, Manuel, *Obras poéticas póstumas*, Madrid: Gabriel del Barrio, 1733.

Lezamis, José de, *Breve relación de la vida y muerte del ilustrísimo y reverendísimo señor doctor don Francisco de Aguiar y Seijas*, México: María de Benavides, 1699.

Lima, Ambrosio de, *Espicilegio de la calidad y utilidades del trigo que comúnmente llaman blanquillo*, México: Herederos de la Viuda de Bernardo Calderón, 1692.

Locke, Jessica C., *Certámenes poéticos novohispanos. Historia y actualidad*, México: Universidad Nacional Autónoma de México, Centro de Enseñanza para Extranjeros, 2025.

Luiselli, Alessandra, «Tríptico virreinal: los tres sonetos a la rosa de sor Juana Inés de la Cruz», en Sara Poot Herrera y Elena Urrutia (coords.), Sara Poot Herrera (ed.), *Y diversa de mí misma entre vuestras plumas ando. Homenaje Internacional a sor Juana Inés de la Cruz*, México: El Colegio de México, 1993, pp. 137-157.

Maria y Campos, Armando de, «A propósito de la representación de *Los empeños de una casa*, de sor Juana, en la sala de Bellas Artes. II», *Novedades*, 21 (noviembre), 1951. En línea: <http://criticateatral2021.org/html/resultado_bd.php?ID=897&BUSQ=divino%20narciso>.

Marini Palmieri, Enrique, «Notas a la "Loa" del *Divino Narciso*, auto sacramental de sor Juana Inés de la Cruz», *Revista de Literatura*, 71:141 (enero-junio), 2009, pp. 207-232.

Martín Puya, Ana Isabel y Pedro Ruiz Pérez, «El nombre de la cosa: títulos, modelos poéticos y estrategias autoriales en el bajo barroco», *Criticón*, 125, 2015, pp. 25-48.

Maza, Francisco de la, «Primer retrato de sor Juana», *Historia Mexicana*, 2:1 (julio-septiembre), 1952, pp. 1-22.

______, *Sor Juana Inés de la Cruz ante la historia. (Biografías antiguas. La* Fama *de 1700. Noticias de 1667 a 1892)*, revisión de Elías Trabulse, México: Universidad Nacional Autónoma de México, 1980.

Mendía, Benito y Antonio M. Artola Arbiza, *El proceso eclesiástico de la «Mística Ciudad de Dios» de la venerable madre María de Jesús de Ágreda*, prólogo de J. I. Tellechea Idígoras, epílogo de Vicente Jiménez, Ciudad del Vaticano: Pontificia Academia Mariana Internationalis, 2015.

Méndez, María Águeda, «Joseph de Lombeida o la ajetreada vida de un presbítero novohispano», *Prolija Memoria*, 5:1-2, 2010-2011, pp. 91-120.

Méndez Plancarte, Alfonso, «Un desafuero contra sor Juana», *Ábside*, 5:7 (julio), 1941, pp. 548-557.

______, *Crítica de críticas sorjuaninas*, recopilación e introducción de Octaviano Valdés, bienvenida de Tarsicio Herrera Zapién, Toluca: Instituto Mexiquense de Cultura, 2000.

Moll, Jaime, «Un tomo facticio de pliegos sueltos y el origen de las "Relaciones de comedias"», *Segismundo: Revista Hispánica de Teatro*, 12:23-24, 1976, pp. 143-169.

______, «El libro en el Siglo de Oro», *Edad de Oro*, 1, 1982, pp. 43-54.

______, *Problemas bibliográficos del libro del Siglo de Oro*, Madrid: Arco Libros, 2011.

Montiel Ontiveros, Ana Cecilia y Luz del Carmen Beltrán Cabrera, «Paula de Benavides: impresora del siglo xvii. El inicio de un linaje», *Contribuciones desde Coatepec*, 10 (enero-junio), 2006, pp. 103-115.

Moreno Gamboa, Olivia, «Una lectura de la devoción seglar en Nueva España. Los manuales de ejercicios espirituales de los terciarios franciscanos (1686-1793)», en María del Pilar Martínez

López-Cano y Francisco Javier Cervantes Bello (coords.), *Expresiones y estrategias. La Iglesia en el orden social novohispano*, México: Universidad Nacional Autónoma de México/Benemérita Universidad Autónoma de Puebla, 2017, pp. 337-362.

Nervo, Amado, *Juana de Asbaje. Contribución al Centenario de la Independencia de México*, introducción y edición de Antonio Alatorre, México: Consejo Nacional para la Cultura y las Artes, 1994.

Novo, Salvador, *Sátira*, México: Alias, 2020.

Ochoa Campos, Moisés, *Juan Ignacio María de Castorena. Primer periodista mexicano*, tercera edición, México: Universidad Nacional Autónoma de México, 1968.

Ovando Santarén, Juan de, *Ocios de Castalia*, Málaga: Mateo López Hidalgo, 1663.

Ovidio, *Metamorfosis*, edición y traducción de Consuelo Álvarez y Rosa Ma. Iglesias, Madrid: Cátedra, 2007.

Oviedo, Juan Antonio de, *Vida ejemplar, heroicas virtudes y apostólicos ministerios del venerable padre Antonio Núñez de Miranda*, México: Herederos de la Viuda de Francisco Rodríguez Lupercio, 1702.

Pacheco, José Emilio, *Tarde o temprano*, México: Fondo de Cultura Económica, 1980.

Palma, Juan de, *Vida de la serenísima infanta sor Margarita de la Cruz*, Sevilla: Nicolás Rodríguez de Ábrego, 1653.

Parker, Alexander A., «The Calderonian Sources of *El divino Narciso* by Sor Juana Inés de la Cruz», *Romanistisches Jahrbuch*, 19:1, 1968, pp. 257-274.

Parodi, Claudia, «La edición crítica del *Neptuno alegórico* de sor Juana Inés de la Cruz», en Manuel Pérez (coord.), *Libros desde el Paraíso. Ediciones de textos indianos*, Madrid: Iberoamericana-Vervuert, 2016, pp. 159-167.

Pascual, Pedro, «Los editores de Calderón y la industria editorial», en Ignacio Arellano (ed.), *Calderón 2000. Homenaje a Kurt Reichenberger en su 80 cumpleaños* (Actas del Congreso Internacional, IV Centenario del nacimiento de Calderón, Universidad de Navarra, septiembre, 2000), vol. 2, Zaragoza: Kassel/Edition Reichenberger, 2002, pp. 707-724.

Pascual Buxó, José, *Arco y certamen de la poesía mexicana colonial (siglo XVII)*, Xalapa: Universidad Veracruzana, 1959.

_____, «Luis de Sandoval Zapata: la poética del fuego y las cenizas», en Luis de Sandoval Zapata, *Obras*, México: Fondo de Cultura Económica, 2005, pp. 9-77.

Paz, Octavio, *Sor Juana Inés de la Cruz o Las trampas de la fe*, México: Fondo de Cultura Económica, 1983.

_____, *Obras completas. 13. Miscelánea I. Primeros escritos*, edición del autor, México: Círculo de Lectores/Fondo de Cultura Económica, 1998.

Peñalosa, Joaquín Antonio, *Flor y canto de poesía guadalupana. Siglo XIX*, México: Jus, 1985.

_____, *Flor y canto de poesía guadalupana. Siglo XVII*, México: Jus, 1987.

_____, «El capitán Juan Camacho Jayna, alcalde mayor de San Luis Potosí y primer editor de sor Juana Inés de la Cruz», en *Letras virreinales de San Luis Potosí*, San Luis Potosí: Universidad Autónoma de San Luis Potosí, 1988, pp. 111-136.

_____, *Alrededores de sor Juana Inés de la Cruz*, San Luis Potosí: Universidad Autónoma de San Luis Potosí, 1996.

Peñalver Gómez, Eduardo, *La imprenta en Sevilla en el siglo XVII (1601-1700)*, Sevilla: Universidad de Sevilla, 2019. Tesis de doctorado.

Pérez-Amador, Alberto, «De los villancicos verdaderos y apócrifos de sor Juana Inés de la Cruz, puestos en metro músico», *Literatura Mexicana*, 19:2, 2008, pp. 159-178.

_____, *De finezas y libertad. Acerca de la* Carta Atenagórica *de Sor Juana Inés de la Cruz y las ideas de Domingo de Báñez*, México: Fondo de Cultura Económica, 2011.

Pérez González, Andrea M., *Censura, crítica y legitimación en los paratextos de la literatura novohispana (siglos XVI-XVIII)*, México: El Colegio de México, 2018. Tesis de doctorado.

Pérez-Rincón, Héctor, «Evocación Don José María El Mejicano», *Letras Libres*, 54 (junio), 2003, pp. 82-84. En línea: <https://letraslibres.com/revista-mexico/evocacion-de-don-jose-maria-el-mejicano/>.

Petrarca, *El cancionero*, traducción e introducción de Atilio Pentimalli, Barcelona: Ediciones 29, 1992.

Poot Herrera, Sara. «Volviendo al prólogo de *Inundación castálida*. Primeros apuntes», en Sara Poot Herrera, Antonio Cortijo Ocaña (eds.), *Sor Juana en la rueda voluble del tiempo*, México: Universidad del Claustro de Sor Juana, 2024, pp. 329-375.

Pound, Ezra, *Ensayos literarios*, selección y prólogo de T. S. Eliot, traducción de Julia J. de Nantino y Tal Pinto, Santiago de Chile: Tajamar, 2016.

Prieto López, Leopoldo José, «El pensamiento político de Suárez en el *De opere sex dierum* y sus nexos con Filmer y Locke», en *Isegoría. Revista de Filosofía Moral y Política*, 63, 2020, pp. 583-602.

Puccini, Dario, *Una mujer en soledad. Sor Juana Inés de la Cruz, una excepción en la cultura y la literatura barroca*, traducción de Esther Benítez, México: Fondo de Cultura Económica, 1997.

Ramírez Santacruz, Francisco, *Sor Juana Inés de la Cruz. La resistencia del deseo*, Madrid: Cátedra, 2019.

Rangel Yáñez, Juan Francisco, *Vida y obra de Lorenzo Antonio González de la Sancha*, México: Universidad Nacional Autónoma de México, 2017. Tesis de licenciatura.

Real Academia Española, *Diccionario de Autoridades*. En línea: <https://webfrl.rae.es/DA.html>.

Robles, Antonio de, *Diario de sucesos notables*, México: Porrúa, 1972. 3 ts.

Rodríguez Cepeda, Enrique, «Las impresiones antiguas de las *Obras* de sor Juana en España (un fenómeno olvidado)», en José Pascual Buxó (ed.), *Sor Juana Inés de la Cruz y las vicisitudes de la crítica*, México: Universidad Nacional Autónoma de México, 1998, pp. 13-75.

Rodríguez Garrido, José Antonio, *La* Carta atenagórica *de sor Juana. Textos inéditos de una polémica*, México: Universidad Nacional Autónoma de México, Instituto de Investigaciones Bibliográficas, Seminario de Cultura Literaria Novohispana/Consejo Nacional de Ciencia y Tecnología, 2004.

Rodríguez-Moñino, Antonio, *Poesía y cancioneros (siglo XVI)*, Discurso leído ante la Real Academia Española el día 20 de octubre de 1968 en su recepción pública, Madrid: Real Academia Española, 1968.

Rubial, Antonio, «Las monjas se inconforman. Los bienes de sor Juana en el espolio del arzobispo Francisco de Aguiar y Seijas», *Temas y Variaciones de la Literatura*, 7, 1996, pp. 61-72.

_____, *El paraíso de los elegidos. Una lectura de la historia cultural de Nueva España (1521-1804)*, México: Universidad Nacional Autónoma de México/Fondo de Cultura Económica, 2010.

Rubio Mañé, José Ignacio, *El Virreinato*, México: Universidad Nacional Autónoma de México, Instituto de Investigaciones Históricas/Fondo de Cultura Económica, 1983. 4 ts.

Rueda Ramírez, Pedro, «Los catálogos de Tomás López de Haro: las redes atlánticas del negocio europeo del libro en Nueva España (1682-1683)», en Pedro Rueda Ramírez y Lluís Agustí (eds.), *La publicidad del libro en el mundo hispánico (siglos XVII-XX): los catálogos de venta de libreros y editores*, Madrid: Calambur, 2016, pp. 43-64.

Ruiz Pérez, Pedro, «La edición zaragozana a mediados del siglo xvii y la sistematización del libro de poesía», *Bulletin Hispanique*, 113:1, 2011, pp. 69-101.

Sabat de Rivers, Georgina, «Nota bibliográfica sobre sor Juana Inés de la Cruz: son tres las ediciones de Barcelona, 1693», *Nueva Revista de Filología Hispánica*, 23:2, 1974, pp. 391-401.

_____, *Bibliografía y otras cuestiúnculas sorjuaninas*, Salta: Biblioteca de Textos Universitarios, 1995.

Sánchez Arteche, Alfonso, La segunda Celestina. *Una comedia que no escribió sor Juana*, México: Presencia, 1991.

Sariñana y Cuenca, Isidro, *Noticia breve de la solemne, deseada, última dedicación del templo metropolitano de México*, México: Francisco Rodríguez Lupercio, 1668.

Saucedo Zarco, Carmen, «Decreto del Cabildo Catedral de México para que a sor Juana Inés de la Cruz se le paguen 200 pesos por el *Neptuno alegórico*», *Relaciones*, 77:20 (invierno), 1999, pp. 185-191.

Schmidhuber, Guillermo, «Hallazgo y significación de un texto en prosa perteneciente a los últimos años de sor Juana Inés de la Cruz», *Hispania*, 76:2, 1993, pp. 189-196.

_____, *Los cinco últimos escritos de sor Juana. Hallazgo de* Protesta de la fe y renovación de los votos religiosos, con la colaboración de la

Dra. Olga Martha Peña Doria, México: Instituto Mexiquense de Cultura, 2011.

_____, *Dorothy Schons, la primera sorjunista*, con la colaboración de Olga Martha Peña Doria, Buenos Aires: Fundación ProAsuaje/ Dunken, 2012.

_____, *De Juana Inés de Asuaje a Juana Inés de la Cruz. El* Libro de profesiones del Convento de San Jerónimo de México, con la colaboración de Olga Martha Peña Doria, México: Instituto Mexiquense de Cultura, 2013.

_____ y Olga Martha Peña Doria, *Las redes sociales de sor Juana Inés de la Cruz*, México: Bonilla Artigas, 2018.

Schons, Dorothy, *Bibliografía de sor Juana Inés de la Cruz*, introducción de Genaro Estrada, México: Imprenta de la Secretaría de Relaciones Exteriores, 1927 (Monografías Bibliográficas Mexicanas, 7).

_____, «Nuevos datos para la biografía de sor Juana», *Contemporáneos*, 9 (febrero), 1929, pp. 161-176.

Shergold, N. D. y J. E. Varey, *Los autos sacramentales en Madrid en la época de Calderón. 1637-1681. Estudio y documentos*, Madrid: Ediciones de Historia, Geografía y Arte, S. L., 1961.

Sigüenza y Góngora, Carlos de, *Seis obras*, prólogo de Irving A. Leonard, edición, notas y cronología de William G. Bryant, Caracas: Biblioteca Ayacucho, 1984.

Soriano Vallès, Alejandro, «Estudio introductorio», en sor Juana Inés de la Cruz, *Protesta de la fe*, México: Centro de Estudios de Historia de México carso/Planeta, 2010, pp. 12-56.

_____, *Sor Juana Inés de la Cruz. Doncella del Verbo*, México: Jus/ Fondo Editorial del Estado de México, 2020.

Spell, Lotta M., *Cuatro documentos relativos a sor Juana*, México: Imprenta Universitaria, 1947.

Tapia Méndez, Aureliano, *Carta de sor Juana Inés de la Cruz a su confesor. Autodefensa espiritual*, Monterrey: Al Voleo El Troquel, 1993.

Tello, Aurelio, «Sor Juana en catedrales peninsulares», en Anastasia Krutitskaya, Édgar Alejandro Calderón Alacántar (coords.), *Celebración y sonoridad en las catedrales novohispanas*, Morelia:

Universidad Nacional Autónoma de México/Escuela Nacional de Estudios Superiores Morelia, 2018a.

_____, Nelson Hurtado, Omar Morales y Bárbara Pérez, *Colección Sánchez Garza. Estudio documental y catálogo de un acervo musical novohispano*, México: Secretaría de Cultura/Instituto Nacional de Bellas Artes/Apoyo al Desarrollo de Archivos y Bibliotecas de México, 2018b.

Tenorio, Martha Lilia, *Los villancicos de sor Juana*, México: El Colegio de México, 1999.

_____, «Sor Juana y León Marchante», *Nueva Revista de Filología Hispánica*, 50:2, pp. 543-561, 2002.

_____, *Poesía novohispana. Antología*, México: El Colegio de México/Fundación para las Letras Mexicanas, 2010.

_____, «Prólogo. Para leer a sor Juana», en Sor Juana Inés de la Cruz, *«Ecos de mi pluma». Antología en prosa y verso*, edición, prólogo y notas de Martha Lilia Tenorio, índices de Lázaro Tello Pedró y José de Jesús Palacios Serrato, México: Penguin Random House/Universidad Nacional Autónoma de México, 2017, pp. 9-38.

_____, (estudio preliminar, edición y notas), *El* Triunfo parténico *de Carlos de Sigüenza y Góngora*, México: El Colegio de México, 2021.

Tolkien, J. R. R., *The Lord of the Rings*. III. *The Return of the King*, London: HarperCollins, 2008.

Toribio Medina, José, *La imprenta en la Puebla de los Ángeles (1640-1821)*, Santiago de Chile: Imprenta Cervantes, 1908.

_____, *La imprenta en México (1539-1821)*, Santiago de Chile: Casa del Autor, 1909-1911. 8 ts.

Torrente, Álvaro y Miguel Ángel Marín, *Pliegos de villancicos en la British Library (Londres) y la University Library (Cambridge)*, Kassel: Reichenberg, 2000.

Trabulse, Elías, *El enigma de Serafina de Cristo. Acerca de un manuscrito inédito de sor Juana Inés de la Cruz (1691)*, México: Instituto Mexiquense de Cultura, 1995.

_____, *La muerte de sor Juana*, México: Centro de Estudios de Historia de México condumex, 1999.

Unseld, Siegfried, *Goethe y sus editores*, traducción de Rosa Pilar Blanco, Barcelona: Galaxia Gutenberg, 2000.

Urtassum, Juan de, *La gracia triunfante en la vida de Catarina Tegakovita, india iroquesa, y en las de otras de su nación como de esta Nueva España. Parte traducido de francés en español de lo que escribe el padre Francisco Colonec, parte sacado de los autores de primera nota y autoridad como se verá en sus citas*, México: José Bernardo de Hogal, 1724.

Veitia Linaje, José de, *Norte de la contratación de las Indias Occidentales*, Sevilla: Juan Francisco de Blas, 1672.

Vitoria, Baltasar de, *Segunda parte del Teatro de los dioses de la gentilidad*, Madrid: Imprenta Real, 1657.

Zugasti, Miguel, «Loas, encomios, jácaras y otros textos autógrafos de Pérez de la Fuente, en náhuatl y español. (A propósito también de la loa infantil de sor Juana, que sigue perdida)», *Nueva Revista de Filología Hispánica*, 66:2, 2018, pp. 555-625.

Agradecimientos

A mis grandes maestras, a cuyas enseñanzas se deben estas líneas: Dolores Bravo, Ana Castaño y Rocío Olivares. A Olivia Moreno y Marina Garone, por su lectura generosa de este libro. A Pedro Pablo Zegers, Mario Monsalve y Soledad Bravo Sánchez, de la Biblioteca Nacional de Chile. A John O'Neill, de la Hispanic Society of America. A Mario Zeni, de la Universidad Autónoma de Nuevo León. A Sara Poot Herrera, Miguel Zugasti y Carlos Ceceña, que me han dado la oportunidad de compartir mis indagaciones sobre sor Juana. A Guillermo Schmidhuber y Martha Lilia Tenorio. A Concepción Company. A David Huerta, siempre, por tanto. A María Luisa Amezcua y a Diana Vega. A mis amigos, sal de la vida: Jorge Rodrigo Limón, Antonio Resendiz, Samuel Bravo Hurtado, Analaura Hernández, Johann Rodrigo Romero, Carlos Córdova, Jessica Locke y David Galicia. A mi familia. A todos y cada uno de mis estudiantes de la Facultad de Filosofía y Letras de la UNAM y de la Universidad del Claustro de Sor Juana, porque al enseñarles, he aprendido esto que sé sobre la Décima Musa. Y, sobre todo y muy especialmente, a mi cómplice en la publicación de este libro, Nayeli García, la editora que me inventa.

Índice

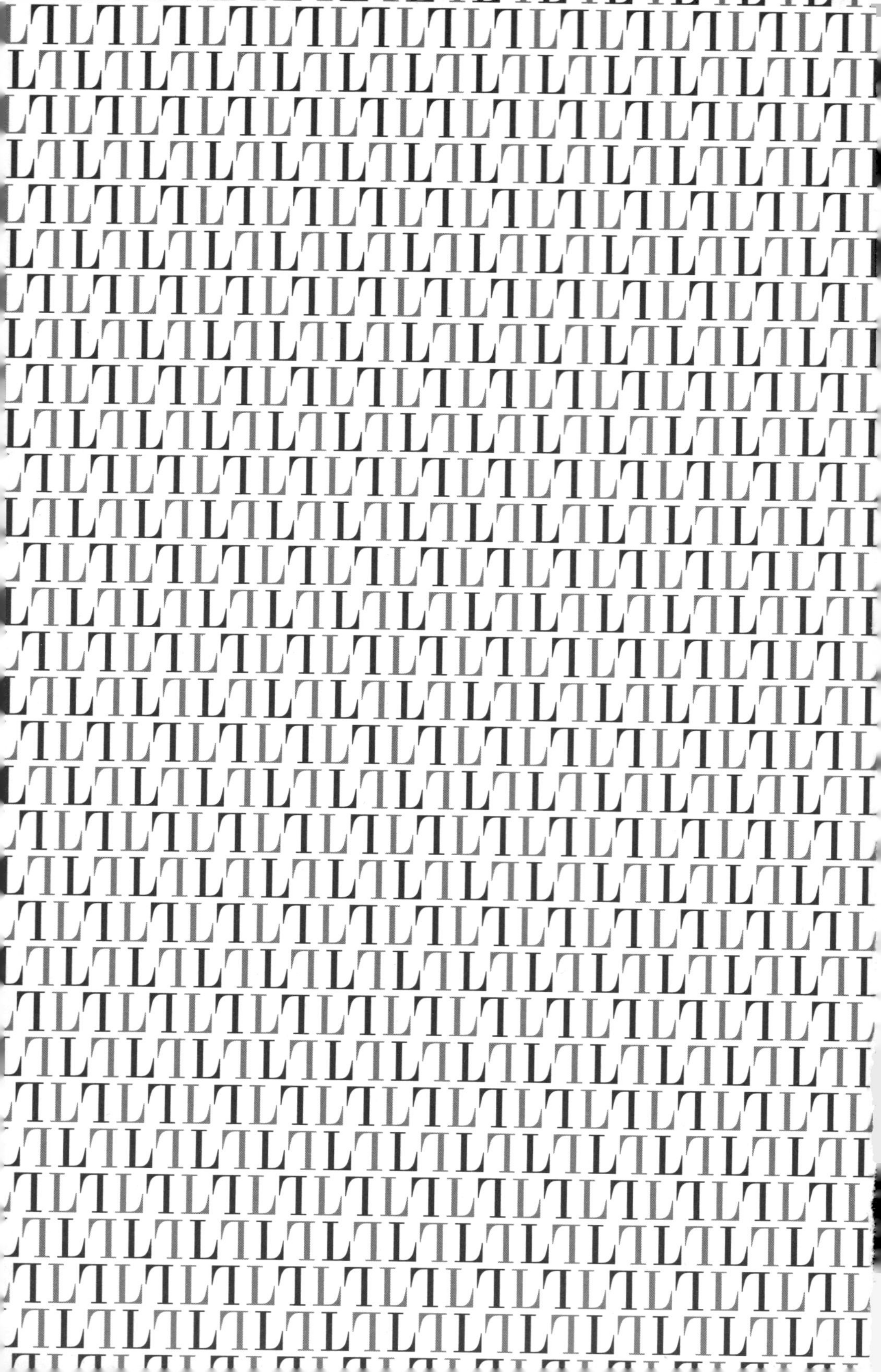